PEINTURE ET RÉALITÉ

ÉTIENNE GILSON
À LA MÊME LIBRAIRIE

Dante et la Philosophie, 4 e éd., 1986
D'Aristote à Darwin... et retour, 1971
Études sur le rôle de la pensée médiévale dans la formation du système cartésien, 5 e éd., 1984
Héloïse et Abélard, 3 e éd. revue, 1997
Index scolastico-cartésien, 2 e éd., 1979
Introduction à l'étude de Saint Augustin, 2 e éd., 2003
Introduction aux arts du beau, 2 e éd., 1998
Jean Duns Scot. Introduction à ses positions fondamentales, 1952
L'École des Muses, 1951
L'esprit de la philosophie médiévale. Gifford Lectures (Université d'Aberdeen), 2 e éd. revue, 1998
L'Être et l'Essence, 3 e éd., 1984
La liberté chez Descartes et la théologie, 1987
La philosophie de Saint Bonaventure, 3 e éd., 1953
La société de masse et sa culture, 1967
La théologie mystique de Saint Bernard, 5 e éd., 1986
Le philosophe et la théologie, 2 e éd., 2005
Le thomisme. Introduction à la philosophie de Saint Thomas d'Aquin, 6 e éd. revue, 1997
Les idées et les lettres, 1955
Les métamorphoses de la cité de Dieu, 2 e éd., 2005
Les tribulations de Sophie, 1967
Linguistique et Philosophie, 1981
Matières et Formes, 1964
Peinture et réalité, 2 e éd., 1998
Pourquoi Saint Thomas a critiqué Saint Augustin, 1986
Réalisme thomiste et critique de la connaissance, 1986

ŒUVRES COMPLÈTES
– Tome I : *Un philosophe dans la cité 1908-1943*, textes présentés et annotés par Florian Michel, 2019
– Tome II : *Un philosophe dans la cité 1944-1973*, textes présentés et annotés par Florian Michel, 2023

PROBLÈMES ET CONTROVERSES

PEINTURE ET RÉALITÉ

par

Étienne GILSON

de l'Académie française

LIBRAIRIE PHILOSOPHIQUE J. VRIN
6 place de la Sorbonne,
PARIS V[e]

Imprimé en France

ISSN 0249-7875

ISBN 978-2-7116-0290-2

www.vrin.fr

A. J. G.
qui m'apprit à comprendre
ce que j'aimais

Dein Wissen teilest Du mit vorgezognen Geistern
Die Kunst, *O Mensch, hast du allein.*
F. SCHILLER, *Die Künstler.*

PREFACE

En 1955, les Curateurs de la *Bollingen Foundation* nous invitèrent à faire, à la *National Gallery of Art* (Washington), six leçons, sur un sujet intéressant les beaux-arts. Aux termes de l'invitation, ces leçons devaient former le noyau d'un livre. Les leçons furent faites et le livre a été publié, sous le titre de *Painting and Reality*, à New-York, en 1957.

Le présent ouvrage n'en est pas une traduction. C'en est plutôt un équivalent français, d'esprit semblable mais d'allure entièrement libre, retranchant, ajoutant, modifiant selon l'occasion, sans pourtant changer le fond de la doctrine.

Qu'il s'agisse de sa version anglaise ou de sa version française, le livre ne veut pas être une introduction philosophique à la peinture mais, au contraire, une introduction picturale à la philosophie. On ne s'y est pas proposé d'enseigner aux peintres l'art de peindre ; ils sont seuls à le connaître. Simplement, on a tenté de philosopher à partir d'un certain ordre de faits, qui sont les tableaux, pour en inférer des conclusions d'ordre philosophique. Les écrits de plusieurs peintres ont été consultés, principalement le *Journal* d'Eugène Delacroix. Quant aux positions philosophiques soutenues, on en trouvera l'origine dans un article de la Revue de Métaphysique et de Morale, publié en 1915 sous le titre d'*Art et Métaphysique*. Ce qu'il peut y avoir eu de continuité et de discontinuité dans le mouvement qui relie le livre à l'article, ou l'en sépare, est une question qu'un historien des idées discuterait plus aisément que ne peut le faire le philosophe lui-même. Sa propre pensée s'offre d'ordinaire à lui comme une continuité alors que l'historien n'a plus grand chose à dire quand la discontinuité lui fait défaut. De toute manière la philosophie n'a d'autre choix qu'entre sombrer immédiatement dans l'oubli ou se soumettre de bonne grâce aux métamorphoses de l'histoire. La sagesse est de l'abandonner le plus tôt possible à son destin.

CHAPITRE PREMIER

EXISTENCE

La première question qu'un philosophe puisse poser touchant les peintures, ou tableaux[1], est celle de leur existence. On dirait peut-être mieux : de leur mode d'existence. De ce qui n'existe pas, il n'y a rien à dire et quant à savoir si les objets que nous nommons des tableaux existent réellement ou non indépendamment de notre pensée, c'est une question qui, sous sa forme absolue, est incluse dans le problème général de l'existence du monde extérieur. De ce point de vue, sa réponse appartient à la seule métaphysique. On pourra donc la formuler soit à la manière du réalisme ; soit encore, comme l'idéalisme critique, à la manière de Kant, soit enfin, comme l'idéalisme absolu, à la manière de Berkeley. Mais nous n'aurons pas à discuter ce problème pour lui-même. Quelle que soit l'attitude spéculative adoptée par les esthéticiens touchant l'existence du monde extérieur, leur attitude pratique est la même. Dans l'ordre de l'expérience empirique, tout esthéticien doit payer pour acheter un tableau ou simplement pour entrer dans une exposition de peinture ; aucun d'eux n'admet que voler une toile qui plaît soit chose légitime ; bref, tous les amateurs d'art se comportent comme si les tableaux étaient autant d'êtres réels, doués d'une existence indépendante de la nôtre et subsistant en eux-mêmes dans ce qu'on nomme le monde extérieur. En fait, les esthéticiens se comportent comme si leurs préférences métaphysiques n'avaient pas à intervenir sur le terrain qu'ils occupent d'ordinaire. Tout se passe comme si, pour eux aussi

1. Peinture et tableau sont pratiquement interchangeables ; tout ouvrage de peinture est une peinture ou de la peinture. Un tableau est un « ouvrage de peinture exécuté sur toile, sur bois, etc. » (Larousse). Nous emploierons donc indifféremment les deux mots sauf les cas où le progrès de l'analyse invitera à spécialiser chacun d'eux dans un sens distinct. Même alors on ne se proposera pas de réformer l'usage commun, mais de préciser le sens de deux mots à l'intérieur de ce livre. La même remarque s'applique à la distinction, réelle cette fois, que nous introduirons entre peintures ou tableaux d'une part et images d'autre part. Pourtant, là encore, il ne s'agira que de préciser le sens de ces mots dans notre propre analyse, et non pas de réformer.

bien que pour le commun de ceux qui ne se soucient pas de métaphysique, le réalisme naïf était la réponse correcte à la question.

Ce sera donc aussi notre réponse, et nous l'adopterons d'autant plus volontiers en fait que, philosophiquement et en droit, nous la tenons pour vraie[2]. Nous ne la ferons pourtant intervenir dans la discussion du mode d'existence propre aux œuvres peintes que lorsque des positions philosophiques différentes de la nôtre prétendront s'assurer simultanément les bénéfices du réalisme naïf sur le plan de la pratique et ceux de l'idéalisme critique sur le plan de la spéculation. Nous n'aurons d'objection qu'à ce que nous nous efforcerons nous-même de ne pas faire : passer d'un plan à l'autre autant de fois qu'il le faut pour se trouver toujours sur celui où l'on a raison.

Notre notion d'existence sera donc empirique. Considérant les tableaux comme des êtres, nous n'écrirons pas une métaphysique de la peinture. L'existence réelle du peintre, des matériaux dont il use et des œuvres qu'il produit sera tenue pour accordée. L'être mis en question dans cette étude n'y sera pas scruté en sa profondeur. On n'y poussera pas jusqu'à l'acte vraiment premier sans lequel rien ne mérite ce nom. A cet égard, nos conclusions ne prétendront à rien de plus qu'à respecter celles de la science première, à s'accorder avec elles, à s'ordonner vers elles, à s'offrir enfin à leur lumière sous laquelle seule tout savoir particulier devient pleinement intelligible.

On ne se contentera pourtant pas d'une simple phénoménologie de la peinture. Ceci n'est pas dit pour déprécier des recherches dont l'importance est extrême. Toute phénoménologie est utile pourvu qu'elle évite de dégénérer en littérature ou de se prendre pour une métaphysique. Pour nous, mettant sans scrupule à profit les informations et lumières venues de tous côtés, nous nous efforcerons le plus souvent de suivre une voie moyenne, au-dessous de la métaphysique et au-dessus de la phénoménologie. Puisqu'il s'agira de scruter le mode d'être propre aux tableaux, on pourrait peut-être nommer sans inexactitude « ontologie de la peinture » l'ordre de recherches où nous nous proposons d'entrer.

2. *L'être et l'essence*, Paris, Librairie philosophique J. Vrin, 1948.

I. Existence physique

Aucune déduction n'est requise pour établir que les peintures, ou tableaux, appartiennent à la catégorie des choses auxquelles le sens commun attribue une existence réelle. Chaque tableau commence d'exister à une certaine date et, comme il sera dit plus loin, chacun d'eux cessera d'être dans un avenir plus ou moins éloigné. Tandis qu'ils durent entre ces deux termes, les tableaux sont autant d'existants[3]. La modalité propre à leur existence en tant que tableaux pendant qu'ils existent sera le premier objet de notre investigation.

La nature ontologique de cette étude d'une classe particulière d'œuvres d'art lui impose des limites auxquelles les philosophes et les esthéticiens n'ont pas nécessairement à se soumettre. La plupart d'entre eux se donnent pour objet l'étude de l'« art » en général, lui-même considéré comme une fonction de ce qu'ils nomment « poésie », entendant par là, au sens universel du mot, le processus fondamental qui est la vie de tous les arts en général et de chaque art en particulier[4]. Cette attitude est légitime et justifiée par les faits. De ce point de vue supérieur, il n'y a en effet aucune raison de ne pas considérer toute réflexion sur les arts plastiques comme intéressant directement la poésie ainsi

3. Nous entendons par « existence » la condition de ce qui, ayant un acte d'être propre, se trouve posé par là hors du néant. Ce qui est en état ou condition d'existence est un « existant ». L'objet de la métaphysique est l'être conçu comme dérivant son nom de son acte *(actus essendi)*. Celui de l'ontologie est l'être abstraction faite de son acte. On le nomme souvent substance, chose, etc. Puisque notre enquête tient pour accordée l'existence actuelle de l'artiste et des matériaux dont il use, nous ferons nous même, le plus souvent, abstraction de l'acte d'être. Toute notre enquête le suppose donné. C'est pourquoi la communication d'existence effectuée par l'artiste ne nous entraînera au-delà de l'ontologie que rarement et seulement dans les cas où notre enquête nous fera franchir le seuil de la métaphysique. L'ontologie des œuvres d'art inclut leur ontogénèse (qui est la théorie de l'art comme cause de ses œuvres). L'esthétique a pour objet l'expérience de l'œuvre d'art. Le beau relève de la métaphysique ; c'est un transcendental et, comme tel, il est convertible avec l'être.

4. J. Maritain, *Creative Intuition in Art and Poetry* (Bollingen Series XXXV-I) Pantheon Books, New York, 1953, ch. I, p. 3.

entendue. Celle-ci devient alors l'art des arts et son étude porte sur les conditions communes qui président à la production de toutes les œuvres d'art en général[5].

Il n'en est pas ainsi dans l'enquête présente. Partant du fait empirique que les peintures sont, ou existent, on n'a pas le droit de supposer *a priori* qu'il existe une « poésie universelle » dont l'étude conduirait à des conclusions également valides pour la peinture, la sculpture, la musique et la littérature. Sans nier aucunement la possibilité d'une esthétique générale, on peut légitimement retarder le moment de l'aborder jusqu'à ce que des enquêtes préalables aient préparé le terrain en procédant à l'étude de ce que le mot poésie signifie dans chaque art en particulier[6].

Eugène Delacroix a eu claire conscience de la nature du problème. Il pensait, comme à peu près tous les peintres, que son art dépendait de quelque chose d'analogue à ce que l'on nomme poésie dans l'art d'écrire ; mais il regrettait que le nom de ce quelque chose fût emprunté à l'esthétique des belles-lettres comme si le principe dit poétique était de même nature dans les deux cas[7]. Delacroix savait combien de confusions résultent, dans l'art

5. Ainsi entendue, « la poésie, quoique engagée dans le mouvement de l'art, transcende l'art ; elle lui est donc attachée, non comme une âme animant un corps, mais plutôt comme un de ces esprits séparés qui, dans l'astronomie d'autrefois, mouvaient les corps célestes ». J. Maritain, *op. cit.*, ch. V, p. 171. Nous n'avons aucune objection contre cette notion ; il se trouve seulement que, puisque nous partons empiriquement de l'œuvre peinte, nous ne pourrons observer la poésie qu'au niveau où elle est incluse dans cette espèce définie d'œuvres d'art. — Cf. la note de Grimm dans l'*Essai sur la peinture* de Diderot, *Œuvres*, éd. A. Billy, La Pléiade, Paris, 1946, p. 1458, note 17.

6. J. Maritain dit avec raison que « la musique demande une analyse séparée, tout à fait spéciale », *op. cit.*, p. 4. Cela est vrai de chaque art, et c'est seulement si l'on avait ces ontologies artistiques particulières qu'on pourrait en constituer une générale. *Creative Intuition*, plein de vues pénétrantes sur tous les arts, est centré sur la poésie propre à l'art des Lettres. Les plus grands peintres ont proclamé à l'envi qu'il n'y a pas de peinture sans poésie ; J. Maritain a donc entièrement raison d'en généraliser la notion. Il faut seulement ajouter que, dans le genre commun qu'est la poésie, celle des Lettres et celle de la peinture sont deux espèces tout à fait distinctes.

7. « Il est vrai, la peinture vit surtout des formes de l'extérieur des objets, la ligne, la couleur, l'effet, toutes conditions qui n'ont rien de commun avec l'idée littéraire ; je n'ai pas dit avec l'idée poétique, ce qui est tout autre chose. Ce mot de poésie, qu'il faut bien employer même quand il est question de peinture, révèle une indigence de la langue qui a amené une confusion dans les attributions, dans les privilèges de chacun des beaux-arts. Ce mot étant employé à signifier la qualité par excellence de tous les arts et désignant en même temps l'art de peindre avec la parole, semblerait

et dans la critique d'art, de celle qui consiste à prendre la poésie peinte pour une variété de la poésie écrite et la peinture pour l'une des espèces du genre littérature. Si l'on veut éviter ce péril, le plus sage est de considérer les différentes classes d'œuvres d'art du point de vue de leurs natures propres et du mode spécifique d'existence qui leur appartient. C'est ce que l'on se propose ici de faire. Les comparaisons entre la peinture et d'autres arts, s'il s'en rencontre dans cette étude, auront moins pour objet de les assimiler que de souligner leurs différences. Il se peut que certaines des conclusions qui valent pour la peinture vaillent aussi pour d'autres arts, on verra qu'elles ne valent certainement pas toutes pour tous les arts.

Pour simplifier le problème, considérons en premier lieu ce que l'on peut nommer le mode physique d'existence d'une œuvre d'art. Son « mode physique d'existence », est l'existence qui lui appartient à titre d'objet matériel doué des propriétés communes à tous les objets inclus dans la même classe. A cet égard, les peintures, ou tableaux, ont le même mode d'existence que les matériaux employés pour les faire. Le mode physique d'existence d'un mur peint reste pratiquement le même, qu'il ait été peint à la fresque par Botticelli, ou qu'il ait été simplement enduit d'une ou deux couches de couleur par quelque peintre en bâtiments. A cet égard, l'œuvre d'un peintureur a les mêmes effets que celle d'un peintre. Le mode physique d'existence d'un mur peint, d'un panneau peint ou d'une toile peinte est le même que celui du mur, du bois ou de la toile sur lesquels des couleurs ont été appliquées. A cet égard, tous les tableaux existent d'un mode d'existence pratiquement identique, celui des matériaux dont ils sont faits.

La remarque est si simple qu'on se demandera si elle vaut la peine d'être faite. Elle est pourtant d'importance capitale et ses conséquences affectent toutes les questions concernant l'esthétique de la peinture. Il suffira de s'interroger sur le mode d'existence d'autres espèces d'œuvres d'art pour découvrir le sens et la portée de la question.

indiquer que ce dernier art est l'art par excellence puisque la qualité dominante dans les autres arts n'est en quelque sorte qu'un emprunt qui lui est fait. » *Le Journal de Eugène Delacroix*, vol. III, p. 134. Cette note est datée de Paris, 29 octobre 1857 (N. B., page 133, dernière ligne, nous avons remplacé « politique » par « poétique »). Delacroix n'élevait donc aucune objection contre la notion d'un principe « poétique » commun à tous les arts ; il regrettait seulement que le nom en eût été emprunté à l'art d'écrire, dont la « poétique » est autre que celle de la peinture.

Prenons en exemple le mode d'existence propre à la poésie. En quel sens peut-on dire qu'une fable de La Fontaine, ou qu'une tragédie de Racine soient des êtres doués d'existence actuelle, ou, comme on dit, des « existants ? ». Répondre à cette question n'est pas facile et il suffit d'essayer pour comprendre que peu d'esthéticiens aient tenté l'aventure. D'abord, tout paraît simple : un poème existe pendant qu'on le lit ou qu'on l'entend lire. Son être physique est alors celui de son auditeur ou de son lecteur. Mais dans l'intervalle entre deux lectures, en quel sens peut-on dire encore que le poème existe ? Il n'a plus d'être actuel que celui d'un certain nombre de lettres et de mots tracés ou imprimés en un certain ordre sur une feuille de papier. L'analyse de ce mode d'être fantomatique va à l'infini. Elle révèle l'existence d'un poète inventant un poème et celle du langage même dont il use ; elle découvre l'existence d'un système de signes conventionnels pour les sons constituant ce langage, plus celle d'un lecteur connaissant la valeur de ces signes et le sens de ces sons, capable par conséquent de reproduire dans son esprit le poème d'abord conçu dans l'esprit du poète. Mais il n'y a pas de relation nécessaire entre l'alphabet conventionnellement adopté et les sons qu'ils représentent. Il n'y en a pas non plus entre les sons articulés, ou mots, et les choses ou les notions que les mots signifient. Cela est si vrai qu'une image ancienne continue de signifier pour nous quelque chose, au lieu qu'une inscription ou un poème anciens, écrits en une langue aujourd'hui inconnue, n'ont plus de sens pour personne. La pierre gravée, la brique, la coquille ou le parchemin couverts de signes ont encore un être propre et une existence actuelle ; leur lecteur éventuel est, lui aussi, un existant ; mais le poème écrit en signes dont on ne sait plus déchiffrer le sens, peut-on dire encore qu'il existe ? Il n'est pas contradictoire d'imaginer un temps où quelques exemplaires du théâtre de Shakespeare survivront à tous leurs lecteurs possibles : en quel sens la poésie de Shakespeare existera-t-elle encore ? Exactement au sens où elle existe aujourd'hui pour ceux qui ne comprennent pas l'anglais : elle n'existera plus du tout.

Sans entrer dans une analyse détaillée des faits, et sous bénéfice d'un examen plus attentif, on peut dire, que le mode d'existence de la musique est analogue à celui de la poésie. En quel sens une œuvre musicale est-elle douée d'un être propre ? Elle existe d'abord sous forme de signes conventionnels écrits ou imprimés sur des feuilles de papier et qui, pour ceux dont on dit qu'ils savent déchiffrer la musique, signifient certains sons ou certaines combinaisons de sons. Ces signes, ou symboles possèdent en propre une existence actuelle, mais ils ne sont pas de la musique[8]. La substance réelle qui constitue physiquement la musique est le son musical produit par la voix humaine ou par des instruments intentionnellement fabriqués en vue de le produire. La musique n'a d'autre être actuel que celui des sons dont elle se compose, et parce que ceux-ci n'existent que tandis qu'on les produit, la musique n'existe, précisément comme musique, que tandis qu'on l'exécute.

Il suit de là que les œuvres musicales ont une existence discontinue. Une sonate, une symphonie, un opéra ne subsistent que le temps de leur exécution. Dès que la masse orchestrale et les chœurs qu'elle soutient ont fait entendre le dernier accord de la *Neuvième symphonie* avec chœurs, le chef-d'œuvre de Beethoven rentre dans le néant dont son exécution vient de le faire sortir. Rien n'en reste, sauf la partition, un souvenir reconnaissant et l'espoir de réentendre la même œuvre ou, plutôt, une nouvelle interprétation de la même œuvre. Mais quelle qu'en soit la probabilité, on n'est jamais absolument certain qu'il y en aura encore une. Des partitions musicales sans nombre ont été détruites au cours des siècles ; la lecture de celles qui survivent abonde en problèmes de lecture dont la solution est incertaine ; les instruments musicaux eux-mêmes pour lesquels ces partitions furent écrites ont parfois cessé d'exister ou ont évolué de manière telle qu'on peut se demander si les musiques anciennes que nous entendons aujourd'hui ressemblent vraiment à celles que leurs auteurs ont voulues et entendues. De toute manière, il est normal qu'entre deux de ses exécutions une œuvre musicale cesse d'exister. Or, l'intervalle peut être long. La *Marcus-Passion* de Jean-Sébastien Bach semble avoir perdu l'existence pour toujours ; la *Johannes-Passion* et la *Matthäus-Passion*, que d'assez fréquentes exécutions font revivre de nos

8. Sur l'existence musicale en général, voir Étienne Souriau, « L'insertion temporelle de l'œuvre d'art », dans Ch. Lalo..., *Formes de l'art, formes de l'esprit*, pp. 42-45. Cette analyse fait toucher du doigt la difficulté du problème. La phénoménologie de l'existence musicale est encore plus complexe que celle de l'existence picturale, surtout si ce que l'on prend en considération est le seul mode physique d'existence, abstraction faite du mode esthétique d'existence. On trouvera une interprétation phénoménologique du problème plus curieuse de ses données physiques dans H. Osborne, *Theory of Beauty. An Introduction to Aesthetics*, London, Routledge and Kegan Paul, 1952 ; sur la musique, pp. 101-110 ; sur la peinture, pp. 110-112.

jours, ont pourtant cessé d'être pendant le temps assez long qui s'est écoulé entre la mort du maître et leur résurrection par les soins de Félix Mendelssohn-Bartholdy. L'*Orfeo* de Monteverdi a dû patienter dans ses limbes plus longtemps encore. Bref le mode physique d'existence de la musique est discontinu, parce qu'il consiste en sons dénués de subsistance propre, sauf tandis qu'ils sont actuellement produits.

Ce caractère de la musique en entraîne un autre. Précisément parce qu'elle manque du genre de subsistance propre aux corps solides, une œuvre musicale n'a pas d'existence simultanée. Elle ne possède jamais le genre de présence totale dont jouissent naturellement les tableaux. La remarque n'est pas nouvelle. Saint Augustin l'a déjà faite dans le passage des *Confessions*[9] où il examine la nature paradoxale du temps. Son analyse du mode d'existence d'un poème est directement applicable à un chant, à une sonate, à un opéra. Le caractère fragmentaire de leur existence est évident. Qu'entend-on réellement d'une sonate ? Ce n'est pas la sonate entière. Ce n'est même pas un de ses mouvements ni une de ses mesures ; c'est, tout au plus, un de ses accords ou une de ses notes, pourvu que leur durée soit si brève que leur perception n'exige pas l'intervention de la mémoire. Au piano, une ronde est une croche étirée dans le temps par la mémoire que nous en conservons. Quand une note ou un accord sonnent, les autres sont encore à naître et les précédents ont déjà cessé d'exister. Prise comme un tout, une œuvre musicale n'a donc d'existence que métaphoriquement parlant, dans le souvenir du passé et l'attente de l'avenir. Pour exprimer cette condition ontologique de la musique dans le langage de la philosophie traditionnelle, il faudrait la décrire comme le type même de ce qui n'*est* jamais parce qu'il ne cesse pas de *devenir*. L'œuvre musicale fragmente en moments successifs une présence totale qu'elle ne réalisera jamais.

Quelque mode d'être qu'on lui attribue, la musique ne peut du moins avoir celui d'une chose, au sens propre de ce mot. Au contraire, un tableau est très assurément une chose. Il est vrai qu'en usant de notions premières telles que celles d'« être » et de « chose », on éprouve la gêne de ne pouvoir les définir, précisément parce qu'étant premières, elles-mêmes sont inévitablement incluses dans les définitions qu'on en propose. Pourtant, faute de

9. St. AUGUSTIN, *Confessions*, XI, 27, 35 — 28, 38 ; éd. M. Skutella, Leipzig, Teubner, 1934, pp. 289-292.

les définir, on peut les décrire. En effet, les choses douées d'existence actuelle présentent certains caractères qui permettent de reconnaître leur présence.

Le plus frappant de ces caractères est bien exprimé par le mot qui, en allemand, signifie précisément l'existence actuelle : *Dasein*. Une chose actuellement existante se reconnait d'abord au fait qu'elle *est là*. Les deux notions de chose réelle et de place sont inséparables dans l'esprit parce qu'une chose actuellement existante est toujours quelque part. Comme l'on dit encore : elle s'y trouve, et c'est une preuve de son existence qu'on puisse en effet l'y trouver. Mais où est la musique ? A la question : où est la *Sonate à Kreutzer ?* il n'y a pas de réponse. Les partitions s'en trouvent en beaucoup d'endroits, et chacune y est dans une place définie, comme dans un certain lieu, parce qu'une partition musicale est une chose. La sonate elle-même n'existe nulle part, sinon, métaphoriquement parlant, dans la pensée de ceux qui l'entendent, ou qui s'en souviennent après l'avoir entendue. Dans l'espace de la salle où on l'exécute, nous avons dit que ses parties n'ont pas d'existence simultanée. Il est donc littéralement vrai qu'une œuvre musicale n'est jamais *là*. Au contraire, un tableau est toujours quelque part ; on peut le situer avec précision dans l'espace, et le lieu où il est est même le seul où il puisse réellement être vu. Parce que cette œuvre est une chose, *La mort de Procris*, par Piero di Cosimo, occupe une certaine place dans l'espace, et seulement une. Qui veut la voir doit se rendre à Londres et visiter, dans la National Gallery, la salle où cette œuvre se trouve. Elle est une *chose*, parce qu'elle est *là*.

L'extrême simplicité de ces remarques ne doit pas en faire méconnaître la portée. Si l'on veut maintenir que *Parsifal* existe quelque part, il faudra concéder que ce drame lyrique existe dans tous les endroits où il est actuellement représenté. Il peut donc avoir simultanément plusieurs existences différentes, mais cela même n'est possible que parce qu'il n'y a en aucun lieu du monde un *Parsifal* subsistant en soi à la manière d'une substance. Au contraire, chaque tableau á sa place dans l'espace parce qu'il possède en propre un *Dasein* dont la duplication n'est pas possible. Quand ils savent qu'une toile existe encore, bien qu'ils ne puissent dire où elle se trouve, les historiens de l'art disent qu'elle est « perdue ». Pourtant, une œuvre perdue doit se trouver quelque part. Elle est même généralement en quelque lieu où elle n'est pas perdue pour tout le monde. Elle continue d'y exister pour celui qui s'en réserve exclusivement le plaisir.

Toute comparaison entre la peinture et la musique devrait prendre d'abord en considération la différence radicale qui sépare leurs modes d'existence respectifs. On peut légitimement discuter, au sujet d'une œuvre musicale, beaucoup de questions qu'il est impossible de poser au sujet d'un tableau. Par exemple, nous aurons à chercher quelles relations il y a entre un tableau original et ses copies. La question a un sens intelligible, car toute copie d'un tableau peut, en principe, être comparée à un original doué d'existence réelle et situé quelque part. La critique dispose même ici d'une règle de jugement qui lui confère une certitude objective à laquelle elle ne peut toujours prétendre. Il n'en va pas de même en musique. Un nombre indéfini d'exécutions de la *Neuvième symphonie* de Beethoven, sont possibles, et il y a des raisons pour que certaines d'entre elles soient meilleures que d'autres, mais il n'existe aucun prototype auquel chacune de ces exécutions puisse être comparée et par rapport auquel elle puisse être jugée. Ce que Beethoven a laissé est une partition musicale ; il n'a pas laissé une symphonie au sens où Michel-Ange a laissé le plafond de la chapelle Sixtine. Bref, il n'y a pas d'original en musique, au lieu qu'en peinture tout tableau, même s'il s'agit d'une copie, est un original ou peut le devenir.

Une autre manière de signifier la même différence fondamentale dans le mode d'être de ces deux classes d'œuvres d'art, serait de dire qu'on peut posséder un tableau de Bonnard, de Matisse ou de tout autre peintre, mais qu'il est impossible de posséder une sonate de Mozart ou une symphonie de Beethoven sauf, bien entendu, sous la forme de partitions musicales qui ne sont ni des symphonies ni des sonates. Posséder la partition manuscrite originale d'un quatuor de Haydn n'est en aucun sens posséder l'original de ce quatuor. Même du vivant de Haydn, la première exécution de ce quatuor, sous sa propre responsabilité et peut-être avec sa participation personnelle, ne fut que la première d'une série indéfinie d'exécutions possibles dont aucune ne saurait être considérée comme *le* quatuor en question. Les techniques modernes d'enregistrement permettent de multiplier indéfiniment les copies gravées d'une même exécution. Elles rendent leur comparaison possible, mais elles ne modifient pas les données du problème. Posséder une de ces gravures musicales permet d'écouter un grand nombre de fois l'image sonore de l'une des interprétations possibles d'une œuvre d'art dont l'original ne se trouve nulle part. On ne peut donc dire par quels traits telle copie particulière est fidèle à un modèle ni à quels moments ou comment elle le trahit. Alors qu'il suffit de placer côte à côte la copie d'un tableau et son original pour juger de la fidélité ou des infidélités de l'image à l'égard de son modèle, le modèle même fait défaut dans le cas de la musique. Aucune comparaison ne peut avoir lieu.

Nous aurons, plus tard, à prendre en considération quelques autres conséquences du mode d'être propre aux œuvres peintes. Il suffira présentement de noter que ce que l'on nomme un tableau est une chose matérielle, solide, occupant un lieu défini dans l'espace et jouissant en permanence de l'existence simultanée de toutes ses parties. L'ontologie de la peinture repose sur ce fait, et c'est lui encore qui rend raison de la nature particulière de nos relations avec les tableaux. Notre comportement à leur égard est physiquement, intellectuellement, économiquement et socialement différent de ce qu'il est à l'égard de la musique, précisément parce qu'œuvres musicales et tableaux n'ont pas la même manière d'exister.

II. Existence artistique et esthétique

Pour simplifier le problème, on considère ici chaque tableau comme une seule unité physique constituée d'éléments divers dont l'existence est solidaire dans le temps et dans l'espace. De ce point de vue, un tableau est un support quelconque (plâtre, bois, carton, papier, toile, etc.) recouvert d'une préparation convenable (elle-même parfois fort complexe) et portant la couche des pigments colorés utilisés par le peintre, y compris, s'il y a lieu, les vernis. On peut objecter qu'un tableau ainsi conçu ne diffère en rien des autres corps solides donnés dans l'expérience ; tout ce qui vient d'en être dit, ou presque, s'appliquerait indifféremment à n'importe quel objet matériel, si bien que l'envisager sous cet aspect, c'est laisser de côté ce qui fait de lui un tableau. Les brosses et le chevalet sont aussi des objets solides, maniables, situés quelque part dans l'espace et doués d'une existence continue dans le temps. On a conclu de là que bien que l'être physique des peintures soit différent de celui d'autres œuvres d'art, par exemple la poésie et la musique, la même différence ne se retrouve pas entre leurs modes artistiques d'existence. En effet, il est vrai que la musique n'a d'existence actuelle que tandis qu'elle est exécutée et entendue, mais si l'on considère un tableau comme œuvre d'art, lui non plus n'a pas d'existence hors des moments où quelque spectateur le perçoit comme tel.

Cette position a été soutenue avec force par d'excellents esthéticiens. Pour la comprendre, il faut d'abord se souvenir de la distinction moderne introduite par les philosophes entre l'ontologie et la phénoménologie. L'ontologie porte sur l'être, ou sur les êtres, tels qu'ils sont en eux-mêmes, indépendamment du fait qu'ils sont appréhendés ou non et de la manière particulière dont ils sont appréhendés. La phénoménologie dérive de la thèse, développée par Kant dans sa *Critique de la raison pure*, qu'on ne peut spéculer sur ce que les choses sont en elles-mêmes, puisque ceci équivaudrait à connaître les choses telles qu'elles sont en tant qu'elles ne sont pas connues. Pour éviter cette contradiction, la phénoménologie substitue la psychologie à la métaphysique. Elle remplace notre connaissance des choses telles qu'elles sont en elles-mêmes par celle des choses telles qu'elles sont dans la connaissance que nous en avons. En d'autres termes, ce que les philosophes nomment un « phénomène », c'est l'être dans la modalité qui lui appartient comme objet d'expérience. A la lumière de cette distinction, on dirait donc que le seul être d'un tableau qui puisse intéresser notre enquête n'est pas son être physique, mais bien l'être phénoménologique qui lui appartient lorsque étant appréhendé comme œuvre d'art il est véritablement un tableau.

D'un point de vue strictement phénoménologique, cette distinction ne devrait pas se borner au tableau considéré comme une substance matérielle ou comme objet d'expérience esthétique. Les philosophes s'intéressent surtout au problème de la connaissance, c'est pourquoi le type d'existence phénoménologique auquel ils s'attachent de préférence est celui qui appartient aux choses en tant qu'elles sont connues, mais il y en a bien d'autres et la fécondité de la notion de phénomène est telle que l'analyse de l'être phénoménal n'a pas de terme. N'importe quel objet peut devenir objet d'expérience en un nombre pratiquement infini de manières différentes ; l'analyse de ses divers modes d'existence phénoménologique peut donc être poursuivie, non certes sans fruit, mais sans fin.

C'est ce qui fait la grandeur et la misère de la phénoménologie. Elle commence comme une philosophie et finit en littérature. Car il est vrai qu'outre son mode physique d'existence, une peinture a celui d'une chose appréhendée comme telle, ou saisie comme objet d'une expérience esthétique, mais elle a aussi celui d'une œuvre à faire, puis, une fois faite, celui d'une œuvre à vendre, et de très grands peintres, tel Van Gogh, ont appris qu'il y a loin d'une œuvre faite à une œuvre vendue[10]. Le mode d'être phénoménologique d'une peinture est même différent pour celui qui désire la vendre et pour celui qui désire l'acheter, puisque le vendeur préfère au tableau l'argent que lui en rapportera la vente, au lieu que l'amateur d'art préfère le tableau à l'argent que lui en coûtera l'achat. On pourrait énumérer des modes d'existence plus modestes encore que ceux qui consistent à être-pour-la-vente ou à être-pour-l'achat. Qu'il s'agisse d'œuvres sans intérêt ou de chefs-d'œuvre de l'art de peindre, les tableaux sont des choses à emmagasiner, à exposer, à emballer ou à expédier ; ce sont des choses à nettoyer, à réparer, à restaurer ; ce sont même simplement des choses à surveiller et à protéger contre l'indiscrétion des spectateurs. Comme exercice d'imagination, qu'on se représente l'indignation comique de Monsieur Ingres le jour où, venant à l'atelier pour y prendre le portrait de Cherubini et le porter chez l'encadreur, un portefaix s'empara de la toile, la posa sur son crochet, la cala, ficela le tout et l'emporta sans un mot. « Cet imbécile! » grommela Ingres, « il n'a rien dit du tout ». Pour le portefaix, le tableau n'avait que l'être phénoménologique d'un faix à porter ; pour le peintre, son être phénoménologique était celui d'une œuvre d'art[11]. Ou encore essayons d'imaginer ce que représente-

10. S'il faut en croire son biographe Charles Terrasse, le seul tableau que Van Gogh ait jamais vendu est *La vigne rouge.* Son frère Théo le vendit en février 1890 ; Vincent mourut en mai la même année ; voir l'Introduction aux *Lettres de Vincent Van Gogh à son frère Théo*, Paris, Grasset, 1937, p. 16.

11. AMAURY-DUVAL, *L'atelier d'Ingres*, Paris, G. Crès, 1924, p. 203. — Sur les divers modes d'existence phénoménologique attribuables aux œuvres d'art, Étienne SOURIAU, *La correspondance des arts*, Paris, Flammarion, 1948, pp. 70-71. L'univocité de nature de l'existence esthétique, quelles qu'en soient les spécifications selon les différents arts, est maintenue par le même auteur dans son travail sur *L'insertion temporelle de l'œuvre d'art*, dans le recueil *Formes de l'art...*, p. 41. La notion de correspondances entre les arts est parfaitement saine (voir Th. MUNRO, *The Arts and their Interrelations*, New York, 1949) mais il ne faudrait pas la pousser au point d'oblitérer

rait pour nous un chef-d'œuvre universellement connu si, au lieu d'avoir la joie de lui faire parfois visite, nous étions un gardien de musée chargé de veiller, huit heures par jour, à ce que nul ne le vole, ne le détériore, ne le touche. La vue du chef-d'œuvre nous inspirerait surtout un violent désir d'être ailleurs, tant il est vrai qu'une seule et même réalité peut être cent choses différentes. C'est dans ce cadre plus vaste que se pose le problème particulier du rapport de l'être physique à l'être artistique de l'œuvre d'art.

Ce problème est encombré de difficultés dont certaines peuvent être écartées si l'on recourt à la distinction élémentaire qu'il convient d'introduire entre le mode d'être artistique et le mode d'être esthétique des tableaux. Le mode d'être artistique d'une œuvre peinte est celui qu'elle tient de l'artiste et de l'art auxquels elle doit d'exister. Le mode d'être esthétique d'une peinture est celui qu'elle tient de l'expérience par laquelle et dans laquelle elle est appréhendée comme œuvre d'art. Supposant que cette distinction soit acceptée, on demande s'il est vrai de la peinture, comme ce l'est de la musique, qu'un tableau ne soit une œuvre d'art que pendant qu'il est appréhendé comme œuvre d'art ?

Il ne semble pas qu'on puisse le soutenir. La notion d'œuvre d'art se rapporte à l'origine du tableau et cette origine n'est aucunement affectée par le sort ultérieur de l'œuvre en question. On dit des objets et des êtres naturels qu'ils sont des œuvres de la nature ; ils le sont en effet et ils le restent aussi longtemps qu'ils durent. Pareillement, on dit d'une peinture qu'elle est une œuvre d'art parce qu'elle a pour cause l'art d'un certain artiste. Une fois sortie de ses mains, rien ne peut faire qu'elle n'en soit pas effectivement sortie. Ce que l'art a produit restera toujours une œuvre d'art. L'existence artistique d'un tableau est donc coextensive à son existence physique ; en fait, elle n'est autre chose que le mode physique d'existence d'un objet dont l'origine est l'art.

On éprouverait quelque confusion à dire des choses aussi simples si leur négation ne passait aujourd'hui pour évidemment vraie. Le débat s'établit pourtant à un niveau si élémentaire que l'argumentation y est impossible. Chacun doit donc consentir pour son propre compte à ce qu'il voit être vrai sans espérer convaincre

les caractères spécifiques propres à chacun des beaux-arts pris en lui-même. L'idée d'un « système des beaux-arts » semble être une vue abstraite étrangère aux artistes eux-mêmes.

les autres qu'ils se trompent. On peut cependant leur demander d'être un peu plus chiches des facilités qu'ils s'accordent.

Un esthéticien commencera par déclarer : « Nous n'avons pas à nous poser de questions métaphysiques, comme celle de savoir si ces « substances matérielles » qui sont les véhicules des œuvres d'art possèdent l'existence en dehors de la perception. » Mais, d'abord, se demander si une statue qui pèse une ou deux tonnes, ou une tapisserie de vingt mètres carrés, ont ou non une existence en dehors de la perception, ce n'est pas une question métaphysique, c'est une question éminemment physique. En outre, si l'on refuse de la poser, il ne faut pas la résoudre, comme le fait pourtant ensuite le même esthéticien : « Les œuvres d'art ne sont donc pas une classe spéciale de choses matérielles — tableaux, statues, édifices — ce ne sont des choses matérielles qu'incidemment et, dans le cas de la musique, de la littérature et de la danse, il est douteux qu'on puisse les appeler des choses matérielles en aucun des sens conventionnels du mot[12] ».

On voit ici pourquoi les philosophes amusent parfois les artistes. Pour certains esthéticiens, les œuvres d'art, qu'ils n'ont jamais maniées, n'existent qu'à la manière des perceptions, des images et des idées. Leur poids et leur encombrement ne sont rien pour eux ; le Moïse de Michel-Ange et la Pyramide de Chéops ne sont qu'incidemment des choses matérielles ; ce sont pourtant des choses dont on parle. Reconnaissons d'ailleurs qu'il ne manque pas aujourd'hui d'artistes pour soutenir des thèses analogues. On prête à Walt Whitman, dont l'outil était le porte-plume, l'opinion surprenante, que « l'architecture est ce qu'on fait à un édifice quand on le regarde[13] ». Puisque des artistes pensent ainsi, le contraire n'est pas évidemment vrai, mais la notion de l'œuvre d'art qu'ils se sont formée recèle peut-être quelques confusions.

On lisait récemment dans un journal de Milan (juillet 1954) qu'une grande toile de Tintoret venait d'être découverte dans l'un des sous-sols de la cathédrale. Quand on l'identifia, elle y servait de bâche pour couvrir un tas d'objets hors d'usage. On accordera

12. H. Osborne, *Theory of Beauty*, London, Routledge and Kegan Paul, 1952, p. 96 et p. 99.

13. Eric Gill, *Art-Nonsense and Other Essays*, London, Cassell, 1929, pp. 162-163. Nous citons Whitman d'après E. Gill qui ne donne pas de référence précise à sa source. Nous avons d'ailleurs échoué à retrouver dans les œuvres de Whitman la parole qu'on lui attribue, mais nous n'avons pas eu ses œuvres complètes en prose à notre disposition.

sans hésiter qu'aux yeux de ceux qui en avaient fait cet usage, la toile en question n'était pas un Tintoret ; ce n'était qu'une bâche. Pourtant, si Tintoret n'avait pas conçu et exécuté cette œuvre, elle n'aurait jamais existé, et tandis même qu'on la faisait servir à quelque bas usage, elle ne cessait pas un instant d'être elle-même, c'est-à-dire de rester le produit d'un certain art auquel elle avait dû son être. Le cas des peintures égyptiennes oubliées dans les tombeaux des rois pendant des millénaires, celui des peintures rupestres retrouvées par hasard dans les cavernes d'Espagne ou de France, sont encore plus frappants. Qu'il s'agisse d'Altamira, de Lascaux ou d'autres stations préhistoriques du même genre, peu importe que vingt ou vingt-cinq mille ans se soient écoulés depuis que des hommes ont couvert de fresques les parois de ces grottes, il est impossible aux yeux qui les redécouvrent pour la première fois de ne pas y reconnaître immédiatement des œuvres d'art[14]. Elles n'ont pas un instant cessé de l'être. Une fois née, une

14. La position contraire est celle que l'on doit soutenir si l'on veut philosopher à la mode du temps. Exemple : « Une œuvre d'art, si ancienne et classique soit-elle, n'est une œuvre d'art en acte, non simplement en puissance, que pendant qu'elle vit dans une expérience individualisée. Comme morceau de parchemin, de marbre ou de toile, elle reste (sous réserve des ravages du temps) identique à elle-même à travers les âges. Mais comme œuvre d'art, elle est recréée chaque fois qu'elle est objet d'une expérience esthétique. » *John Dewey's Philosophy*, éd. par J. Ratner, The Modern Library, New York, 1939, p. 983. — H. Osborne s'inspire de la distinction introduite par H. S. Goodhart-Rendell (dans *Fine Art*) entre le « véhicule » et le « matériel » d'une œuvre d'art. Il définit le véhicule, « ce qui, demeurant inchangé à travers le temps et en dehors de toute perception ou appréhension, rend possible (plus ou moins) que la même *organisation de matériel* entre dans l'expérience de différentes personnes à des moments différents ». D'où la conclusion : « Le véhicule d'une œuvre d'art plastique est ce que l'on nomme communément une peinture, un arrangement de pigments sur de la toile, du bois, du plâtre, etc. ». Ainsi donc, « Si une belle peinture est peinte, la seule chose encore requise pour son actualisation comme œuvre d'art est qu'un observateur compétent la regarde » (H. Osborne, *op. cit.*, pp. 95-96). Cette position atteint sa limite dans l'essai de Johannes A. Gaertner, *Art as the Function of an Audience*, dans *Daedalus*, 86 (1955), I, pp. 80-93. « Sans un auditoire il n'y a pas d'art » (p. 81). « L'art n'est pas, il se produit *(it happens)* » (p. 82). « L'endroit où l'art se produit (le *lieu* de l'art) est l'esprit d'un auditoire. L'œuvre d'art n'existe que comme art en puissance ; de même, une allumette existe comme feu en puissance, mais tant que l'allumette reste sans brûler, il n'y a pas de feu » (p. 82). L'auteur propose le mot *vidience*, comme pendant à *audience*. Il serait intéressant, si la chose était possible, de démêler ce qui se cache d'inconscient désir de revanche dans une attitude de ce genre. Ce n'est pas alors dans la main et l'esprit de l'artiste que l'art réside, c'est en nous, qui lui conférons l'existence en ne faisant que le regarder.

peinture ne cesse d'être une œuvre d'art qu'au moment où elle cesse simplement d'exister.

Il n'en va pas de même de son existence esthétique. Puisque nous entendons par là le mode d'existence d'une peinture en tant qu'appréhendée comme œuvre d'art, on doit reconnaître que, comme celui de la poésie et de la musique, ce mode d'existence est discontinu, dure aussi longtemps que l'expérience esthétique elle-même et varie avec elle. Seulement, dans le cas de la musique, la discontinuité de l'existence esthétique est liée à celle de l'existence-physique et même de l'existence artistique au lieu que, dans le cas de la peinture, la discontinuité est tout entière du côté de l'expérience humaine, qui appréhende, d'une manière sans cesse interrompue et reprise, une œuvre d'art dont l'existence physique et artistique est continue dans le temps.

On peut donc accepter, à ce niveau seulement, la position phénoménologique du problème, car elle est justifiée dans la mesure où l'être esthétique dont on parle inclut dans sa structure, comme l'une de ses conditions, le sujet même de l'expérience esthétique. Il devient alors vrai de dire que, pendant que nul ne la regarde, ou lorsque celui qui la regarde ne la voit pas comme œuvre d'art, une peinture n'est qu'un morceau de bois, de toile ou de carton recouvert de couleurs. Si l'on considère le problème du point de vue du tableau lui-même, on peut dire qu'en tant que son être esthétique requiert qu'il soit inclus dans une expérience esthétique, cet être est fragmentaire et discontinu comme l'expérience même dont il le tient.

Il l'est plus évidemment encore si l'on considère le problème du point de vue du sujet. En soi l'expérience esthétique exige du temps. Comme tout état psychologique, elle a un commencement et une fin. Même si nous avions la liberté et le désir de contempler indéfiniment un certain chef-d'œuvre, nous n'en aurions pas le pouvoir. Mais nous n'en avons pas non plus toujours la liberté. On a beau être venu de loin pour le voir, ou pour le revoir après mainte année d'absence, il n'est si beau tableau qui ne se quitte et rien ne sert de prétendre qu'il ne cesse pas alors pour nous d'exister. Étant à l'étranger, dans quelque musée célèbre où ses chances de retourner sont faibles, parfois nulles, quel ami des arts n'a souffert de penser que, certaine porte une fois franchie, tout un monde de chefs-d'œuvre aura pour lui cessé d'être ? Mais il faut que tout voyage finisse, et la vie aussi, qui est à sa manière un voyage. Qui peut quitter Venise sans se demander, avec une angoisse au cœur, si ce n'est pas pour la dernière fois ?

Toute cause, interne ou externe, capable de modifier notre expérience esthétique ou de l'interrompre, affecte directement ce mode esthétique d'existence du tableau. L'absence de lumière en est un exemple simple. Si longtemps qu'on s'efforce de les tenir ouverts, il vient chaque jour un moment où les musées doivent fermer leurs portes. L'obscurité règne et, du point de vue de la possibilité même de l'expérience esthétique, toutes les œuvres que le musée abrite cessent provisoirement d'exister. Qui n'a éprouvé ce sentiment ? Lorsque les gardiens de l'art commencent à regarder leurs montres, puis, poliment mais fermement, à refouler les visiteurs de salle en salle jusqu'à les expulser finalement du musée, comment ne pas se demander quel genre d'existence les chefs-d'œuvre peuvent encore mener pendant que leurs couleurs sont éteintes par l'obscurité ou que personne n'est là pour les regarder ? Le même, assurément, que celui des fresques de Lascaux pendant les millénaires où pas un regard humain ne se posa une seule fois sur elles. Esthétiquement parlant, ces œuvres ont alors cessé d'exister.

Avec leur existence, la nature des tableaux perd sa continuité et sa stabilité en s'intégrant à l'expérience esthétique. Elle en contracte la variabilité. Ici encore, l'existence esthétique des tableaux ressemble davantage, au moins de l'extérieur, à celle des œuvres musicales. Dans les deux cas, le sujet de l'expérience est une conscience humaine qui change dans le temps et dont l'instabilité affecte l'existence esthétique de son objet.

Un tableau peut n'avoir qu'imperceptiblement changé pendant cinquante ou soixante ans, mais l'homme qui le voit à l'âge de soixante-dix ans est bien différent de celui qu'il était à vingt ans. Physiologiquement, sa vue et sa sensibilité ne sont plus les mêmes ; psychologiquement, il ne réagit plus de la même manière aux excitations venues de l'extérieur ; esthétiquement, il porte en soi l'expérience de toute une vie. On ne saurait exagérer l'importance de ce dernier élément. Bien peu restent fidèles aux admirations de leur jeunesse. L'homme mûr ne cherche plus dans les tableaux ce qu'il leur demandait enfant ou jeune homme et s'il continue d'aimer les mêmes œuvres, ce n'est plus pour les mêmes raisons. Cette variabilité dans les jugements ne mérite d'être ici rappelée que parce qu'elle affecte directement la nature de leurs objets. A la différence de l'être physique du tableau, son être esthétique est lié à l'expérience qui nous le livre, si bien qu'on peut ici parler d'une peinture qui, demeurant physiquement la même, revêt des modes esthétiques d'existence différents dans l'expérience d'un seul et même sujet.

Mais ce sujet est-il vraiment le même ? Quoi qu'il en soit de sa stabilité fondamentale comme organisme vivant, on vient de rappeler qu'il change dans le temps comme sujet de l'expérience esthétique, mais tandis même qu'elle dure, chacune de ses expériences particulières change avec lui. Un tableau est un solide situé quelque part dans l'espace et dont les parties sont données toutes à la fois. Néanmoins, nous aurons occasion d'y insister plus tard, il faut du temps pour voir un tableau, ou, du moins, pour le regarder. Quand un peintre comme Fromentin voit à Bruxelles *Le martyre de saint Liévin* ou *La montée au calvaire*[15] son œil et son esprit parcourent la toile dans tous les sens, passant et repassant sur les mêmes endroits, tantôt pour les considérer à part, tantôt pour les réintégrer dans l'ensemble. Quelle qu'en soit la durée, une telle inspection s'étire nécessairement dans le temps. Pendant que nous l'y soumettons, la nature même de l'objet ne cesse de changer avec l'expérience que nous en avons. Il en est d'ailleurs beaucoup plus évidemment ainsi de la manière dont un seul et même tableau existe simultanément dans la conscience de plusieurs personnes différentes le regardant en même temps. D'abord, il n'en est pas deux qui le voient identiquement sous le même angle et dans la même lumière, mais quand bien même plusieurs observateurs verraient simultanément le même tableau de la même manière, ils ne seraient pas la même personne, de sorte qu'il y aurait encore là plusieurs modes différents d'existence esthétique d'un même objet.

Il en est nécessairement ainsi dès que le mode d'être propre au sujet est admis comme forme déterminante d'une expérience. La remarque, faite par Kant, que même l'espace, forme *a priori* de l'expérience sensible, est appréhendé dans le temps, est une évidence première, à l'abri de toute critique. De ce point de vue, on pourrait donc maintenir à bon droit que le mode esthétique d'existence de la peinture est semblable à celui de la musique, mais même entre ces limites, la proposition ne serait encore pas tout à fait vraie. Les modes physiques d'existence propres aux œuvres de

15. Voir l'analyse de son expérience esthétique donnée par E. FROMENTIN, *Les maîtres d'autrefois*, ch. III, pp. 42-50.

ces deux arts sont inclus dans l'expérience que nous en avons. Leurs différences spécifiques restent confusément perceptibles dans cette expérience et il n'en faut pas davantage pour que l'existence esthétique d'une peinture soit toujours spécifiquement différente de celle d'une œuvre musicale. Il est vrai que toutes deux nous sont données dans le temps, mais on a dans le cas de la musique l'expérience fugace d'un objet lui-même fugace, dont les parties ne sont jamais données toutes à la fois ; dans le cas de la peinture, l'expérience changeante d'un objet dont l'existence physique est douée de permanence et d'une certaine stabilité. Cette différence entre les modes d'être de ces deux genres d'œuvres d'art est perçue dans l'expérience que nous en avons. Une audition musicale est la perception d'un objet fluide qui s'échappe sans cesse et dont l'être est détruit par l'effort même qui le réalise. La contemplation d'une œuvre peinte tourne au contraire autour d'un objet stable dont la subsistance est une invitation permanente à revenir vers lui pour en reprendre à nouveau l'examen. Illusion psychologique ou non, le fait demeure. Il semble que l'objet musical tienne son être de l'expérience même dans laquelle il est donné, au lieu que notre expérience de l'œuvre peinte semble tirer sa substance de la fresque ou du tableau qui, posés hors de nous dans l'espace, jouissent d'une existence physique indépendante de l'expérience que nous en prenons.

On peut s'assurer de cette vérité autrement qu'en faisant appel à l'expérience personnelle. Procédant de l'extérieur à l'intérieur, on notera d'abord une autre de ces évidences élémentaires dont la platitude ne diminue pas la portée, savoir, la différence des lieux où se rencontrent la peinture et la musique. Les partitions musicales existent, comme les poèmes, dans des bibliothèques où elles peuvent être à tout moment consultées par leurs lecteurs ; seulement, comme il a déjà été dit, les partitions musicales ne sont pas elles-mêmes de la musique. Nous le savons, nous le sentons, et cette perception de la différence des lieux habités par les deux arts entre dans la texture même de l'expérience que nous prenons de leurs œuvres. Sauf si nous en sommes nous-même l'exécutant, nous ne pouvons entendre de musique sans nous rendre à des lieux nommés salles de concert ou théâtres lyriques, et nous devons y être présents à des jours et heures convenus d'avance, parce que tel est en effet le temps où existera dans ces lieux la musique que nous désirons entendre. Durant l'intervalle entre deux répétitions, concerts ou représentations, de tels lieux sont normalement vides de musique. On le sait en y entrant ; il n'y a rien là qu'un cadre plus ou moins propice aux attentes, et celui qui prend sa place dans la salle où s'assemblent avec lui d'autres amis de la musique sait d'avance que les œuvres qu'il vient y entendre vont y naître, vivre et mourir une fois de plus en sa présence. Le Théâtre des Fêtes de Bayreuth est souvent une maison vide. La salle des Concerts de l'ancien Conservatoire de Musique de Paris n'entend presque plus jamais cette musique classique à laquelle elle est si parfaitement propice. Il en va tout autrement des musées de peinture. Nous les savons habités en permanence par un peuple d'objets faits de main d'homme dont la présence y précède la nôtre et nous espérons qu'il nous survivra longtemps. Malgré toutes les *reproductions* qu'on peut en avoir vues, en noir et blanc ou en couleurs, en dépit des préjugés pour ou contre Raphaël qu'on peut avoir accumulés au cours de mainte expérience personnelle ou de tant de lectures, il est difficile d'entrer dans la salle du musée Brera, où la seule œuvre exposée est le *Mariage de la Vierge* que les marchands d'images ont déshonorée de mille manières, sans éprouver l'impression d'être admis dans la salle d'audiences où quelque prince daigne accueillir ses visiteurs.

La solennité du lieu y est pour beaucoup, mais la nature de l'œuvre peinte, donnée dans l'expérience comme un être entièrement présent, contribue plus encore à produire cette impression. L'unité, attribut de l'être, s'impose immédiatement ici au regard et le peintre sait fort bien qu'il peut compter sur l'effet de choc que produira son œuvre, s'il réussit vraiment à la faire exister. La matière sonore que le musicien travaille ne lui permet pas cet espoir. Son œuvre n'aura d'unité, et par conséquent d'être, qu'autant que notre esprit lui en conférera. Pour obtenir cette collaboration nécessaire, le musicien devra créer et employer des artifices choisis à cette fin. A cet égard, la musique est celui de tous les arts dont la matière même est la plus complètement créée. Tout y est invention, le son musical, sa distribution selon les intervalles de la gamme, les tons, les rythmes, les mesures, les thèmes, les formes et les genres de composition. Si l'on y pense, presque toutes ces inventions ont pour effet d'imposer des formes à une matière de soi fluide ou de permettre à l'esprit de lui en imposer. Rien n'oblige le musicien à garder les mêmes règles, pourvu qu'en rejetant certaines d'entre elles il les remplace par d'autres. Des formes sonores sont nécessaires pour que l'esprit de l'auditeur puisse se poser à leur égard des problèmes, et les résoudre, c'est-à-dire y distinguer des parties et les composer pour en faire une unité.

Cette nécessité qui s'impose au musicien de conférer une sorte de continuité à la matière sonore dont il use, pour que les sons n'échappent pas à la mémoire et ne se perdent pas à mesure qu'ils sont produits, semble être à l'origine des grandes formes de composition musicale et en explique en partie la longévité. La fugue et ses deux sujets, la sonate classique avec ses deux thèmes, ses conduits, ses variations et ses reprises, il faudrait une étude spéciale pour mettre en évidence les procédés sans cesse multipliés et perfectionnés qu'emploient les musiciens pour conférer au mouvement que la musique ne peut pas ne pas être l'équivalent d'une présence simultanée. Depuis le rythme, qui construit une sorte d'espace sonore avec des unités de temps, jusqu'au leitmotiv wagnérien, qui tisse le discours de thèmes reconnaissables sous leurs variations perpétuelles, la musique semble avoir cherché tous les moyens de conquérir l'analogue d'une spatialité contraire à sa nature. *Parsifal* pourrait bien être le sommet de cet effort. Jamais musique ne fit plus confiance aux puissances d'envoûtement de la matière sonore, mais ne la réduisit plus complètement, par l'art avec lequel l'œuvre se nourrit de sa propre substance, à l'état d'un devenir sans changement. Le fleuve musical n'avance qu'en revenant sans cesse sur lui-même ; il ne progresse qu'en ramenant l'auditeur à quelque place déjà connue et comme il n'y a pas de limite précise au nombre de lieux sonores dont l'évocation simultanée est possible, une telle musique confère à son mouvement une sorte d'immobilité.

Eugène Delacroix s'est posé le problème après une audition de l'*Eroica*, mais il ne semble pas avoir pris claire conscience de la difficulté que la musique symphonique doit vaincre. Il a fort bien vu la question : par quel procédé les musiciens peuvent-ils établir l'unité dans leurs ouvrages ? Il a compris aussi que « le retour des motifs est en général celui qu'ils croient le plus efficace » ; mais il a cru pouvoir ajouter — au sortir de cette même *Symphonie héroïque* dont il avait trouvé la première partie admirable » — que « c'est aussi celui qui est le plus à portée de la médiocrité ». Un peu plus loin, Delacroix loue Mozart d'avoir écrit des airs, trios, quintettes et autres morceaux de longue haleine « dont la logique et la déduction sont admirables, sans que le motif principal soit répété », mais c'est pour regretter ensuite que, « dans ses symphonies, il répète quelquefois à satiété le motif principal[16] ». Or, c'est justement en quoi consiste une symphonie classique, musique pure dont aucune parole ne lie les moments. On s'étonne plutôt que Delacroix ne se soit pas demandé pourquoi, même dans les tableaux dont l'être est posé d'un seul coup dans l'espace, tant de peintres, dont lui-même, n'hésitent pas à créer une sorte de rythme, soit par répétition de certaines formes, de certains motifs, de certaines couleurs, soit par des séquences ou oppositions de valeurs dont la régularité divise l'espace à la manière dont les rythmes musicaux divisent le temps. Ce que le peintre cherche à obtenir n'est pas la stabilité de l'espace, c'est plutôt un mouvement du tableau.

La nature de leur existence physique exerce donc sur les œuvres des peintres une influence si déterminante, qu'au lieu d'avoir à conférer une sorte de stabilité concrète à la matière dont ils usent, ils sont plutôt hantés par la difficulté d'obtenir des objets solides et plus ou moins massifs produits par leur art quoi que ce soit qui ressemble à une suggestion de changement, de devenir, de mouvement et, en un mot, de vie[17].

Tous les peintres dignes de ce nom ont conscience de ce problème et certains d'entre eux cèdent à l'ambition d'obtenir de leur art des effets qu'il n'est pas en sa nature de produire. Si l'artiste est grand, le résultat n'est jamais indifférent, mais on peut se demander si c'est bien celui que le peintre se proposait d'obtenir. Bergson a plusieurs fois attiré l'attention sur le curieux effet d'immobilité produit par les photographies instantanées d'hommes ou d'animaux en mouvement. Il aimait faire observer que, pour donner l'impression d'un être qui se meut, les sculp-

16. *Journal d'Eugène Delacroix*, Paris, 26 mars, 1854 ; vol. II, pp. 154-155.

17. Il existe actuellement une forte tendance à inclure le mouvement dans le domaine de la peinture. La discussion des arguments mis en avant par plusieurs peintres modernes en faveur de cette tentative dégénèrerait aussitôt en dialectique. Elle serait stérile. C'est par leurs œuvres seulement que les artistes trancheront le débat. Du moins faut-il connaître leur position. — Voir Daniel-Henry Kahnweiler, *Juan Gris*, pp. 240-249. A. Ozenfant, *Foundations of Modern Art*, pp. 262-263. — Comment un peintre « cherche à appliquer à son propre art les moyens de la musique », Wassily Kandinsky, *Du spirituel dans l'art*, pp. 92 et 101-104. — Paul Klee, *Schöpferische Konfession*, 1920 (dans W. Grohmann, *Paul Klee*, p. 98). — *La matière et le temps dans les arts plastiques* (dans *XXe siècle*, nouvelle série, n. 5, juin 1955) ; P. Courthion, *Le temps libre et enchaîné*, *op. cit.*, pp. 37-40 ; P. Francastel, *L'expérience figurative et le temps*, *op. cit.*, pp. 41-48 ; G. Severini, *L'intuition futuriste du dynamisme plastique*, *op. cit.*, pp. 49-52.

teurs et les peintres représentent généralement une position imaginaire, qui tient à la fois de plusieurs positions réelles successivement occupées par l'être en mouvement et, par là-même, donne au spectateur l'illusion d'un être qui se déplace. Le fait est hors de doute ; on peut seulement se demander si, quelle que soit son habilité, un peintre peut surmonter complètement cette difficulté.

Chacun se souviendra du *Napoléon traversant les Alpes*, où Louis David représente un cavalier sur un cheval bien dangereusement cabré pour le passage d'un col et qui, s'il ne tombe pas, continue du moins indéfiniment de faire de l'équilibre sur place sans avancer d'un pouce. On dirait la même chose du cheval de John Constable qui, dans le tableau auquel il a donné son nom (*The Leaping Horse*), saute éternellement un obstacle qu'il ne parvient jamais à franchir ; ou encore, des chevaux de course du *Derby d'Epsom*, que Géricault a représentés planant comme des oiseaux, toutes jambes étendues à la fois et soustraits à la pesanteur. Quand un poète dit d'un cheval rapide qu'il semblait ne pas toucher terre, on le croit volontiers, mais si un peintre entreprend de le faire voir, l'illusion devient difficile. L'image de mouvement que nous commençons de former est trop brutalement contredite par l'immobilité des objets que le peintre a placés sous nos yeux. Quelque poussée mentale qu'on leur donne, ils ne bougent pas.

Les peintres ont été les premiers à s'en apercevoir, mais ce n'est pas sans raison qu'ils persistent dans la pratique de représenter tant de scènes où le mouvement joue un rôle considérable, telles que les chevaux se battant dans une écurie, chers à Eugène Delacroix, et les scènes de chasse et de bataille où des tourbillons d'hommes et de bêtes restent gelés dans une éternelle immobilité. Pour la plupart des spectateurs, de tels obstacles ne sont pas une gêne. Considérant les tableaux comme de simples images, ils ne voient aucun inconvénient à ce que le peintre leur signifie, à l'aide de signes appropriés, que ce qu'une toile représente doit être lu comme une indication de mouvement. Après tout, si le cheval au galop dessiné par le peintre ne court pas, le verbe « courir » prononcé par la voix ne court pas non plus. Mais il est d'autres spectateurs pour qui le plaisir de voir un tableau réside moins dans les images suggérées par sa vue que dans l'acte même de le voir. C'est en pensant à ces derniers que, si c'est principalement pour eux qu'il travaille, on se demande quel motif des peintres comme Rubens ou comme Delacroix peuvent avoir eu d'user tant d'immobilité à si mal représenter le mouvement.

La réponse à cette question ne peut être tentée sans mettre immédiatement en œuvre certaines notions fondamentales, ici prématurées, touchant l'essence de la peinture. L'inconvénient n'est peut-être pas évitable, car des notions vraiment premières dans un ordre quelconque sont inévitablement en cause à propos de toute question qu'on puisse s'y poser. Tel est ici le cas. On cherche un rapport entre le fait qu'un tableau soit un corps solide, immobile et localisé dans l'espace, et cet autre fait que la représentation du mouvement impose une sorte de limite à l'art de peindre. C'est l'ontologie même de la peinture qui est aussitôt mise en cause. On ne saurait l'éviter, mais il va de soi que toute opinion à ce sujet n'est qu'une suggestion dont la valeur dépend de celle des réflexions qui la préparent, d'une certaine position générale du problème de la peinture et du degré de lumière qu'elle peut jeter sur d'autres difficultés d'interprétation inhérentes au même art.

Nous supposerons d'abord que la possibilité de suggérer à l'esprit la notion de mouvement n'est pas ici mise en question. Dans la mesure où il est un genre d'écriture, le tableau en est assurément capable. Et non seulement la notion, mais, au moins de manière assez vague, une certaine image. Nous ne percevons jamais sans imaginer ni sans concevoir ; il n'y a donc aucune raison pour que la figuration d'un mouvement ne soit pas suggestive d'images et de concepts. Mais telle n'est pas ici la question. Les images de la course que nous formons en voyant un animal courir ne sont pas pour nous des signes de son mouvement ; au contraire, elles en résultent et nous savons fort bien que le mouvement réel lui-même est la cause de ces images comme de l'ordre de leur succession. Dans le cas d'un tableau de courses, de chasse ou de guerre, le problème est inversé. On nous demande d'aller d'une image à une autre image que nulle sensation ne soutient et de concevoir mentalement une mobilité, figée en plein mouvement, dont nulle image ultérieure n'est concevable parce que nul mouvement ultérieur ne la prolonge en réalité. C'est sur la raison que peut avoir un peintre de s'engager, et nous avec lui, dans cette difficulté, que nous devons nous interroger.

Pour fixer les idées, on peut se référer à l'un de ces sujets qui furent chéris des peintres classiques pour l'occasion qu'ils offraient de représenter le mouvement, par exemple l'enlèvement des *Sabines* plusieurs fois traité par Poussin et, au moins une fois, par Louis David. Vues comme un instantané *Les Sabines* de David sont difficilement supportables. Après un premier regard qui confirme ce que l'on sait de la maîtrise de l'auteur dans l'art de la peinture d'histoire telle qu'on la concevait alors dans les ateliers et les académies, la plupart des spectateurs modernes considèrent ce vaste tableau comme vu. Mais les peintres sont souvent plus compréhensifs pour leurs devanciers que ne l'est le public. Peu d'entre nous suspendraient au mur de leur bureau une gravure ou une photographie des *Romains de la décadence* de Thomas Couture ; Paul Cézanne, qui devait avoir ses raisons, en gardait une sous les yeux dans son atelier. Devant une toile de ce genre, un peintre ferait peut-être observer que l'artiste n'avait aucune intention de communiquer vraiment une impression de mouvement ni même de mobilité. Ce qui intéresse le peintre, et à quoi il désire nous intéresser, c'est l'arabesque de la composition et du dessin, c'est-à-dire l'ensemble formé par les lignes complexes qui représentent les mouvements censés faits par les objets ou personnages du tableau. Dès qu'on le regarde ainsi, non comme suggérant des mouvements qui se produisent dans le temps, mais comme offrant aux yeux un complexe de lignes et de formes simultanément données dans l'espace, un tableau comme *Les Sabines* de David redevient attachant pour peu que le spectateur se prête à un jeu où l'intellect et l'œil ont également part. Il est assez vain d'en donner en exemple un de ces tracés toujours arbitraires où l'analyste souligne sur une photographie ce que son propre regard perçoit comme l'arabesque d'un tableau. Une toile telle que celle de David se prête à plusieurs lectures différentes, toutes justifiées d'ailleurs, selon que l'on y considère les droites et les courbes en elles-mêmes, ou comme éléments de formes, soit fermées soit ouvertes, dont chaque partie est d'ordinaire engagée dans une pluralité de formes différentes. L'un des plaisirs que donnent de telles œuvres est de se prêter à des analyses, suivies d'autant de reconstructions imaginaires, dont la série ne s'épuise qu'avec l'attention du spectateur. Bien qu'elle-même dure dans le temps et qu'elle exige le mouvement d'un regard parcourant la toile en tous sens, une expérience esthétique de ce genre ne porte ni sur le temps ni sur du mouvement. Tout l'objet en est donné à la fois, dans l'immobilité d'un perpétuel présent.

C'est dire qu'un peintre ne se trompe pas lorsqu'il choisit un sujet où son art devra représenter une action. Peu d'œuvres classiques en sont complètement exemptes et les peintres d'histoire ont été le plus souvent guidés dans le choix qu'ils faisaient de leurs sujets par les possibilités d'actions à représenter que ceux-ci leur offraient. Certains sont allés jusqu'à dire que l'action est essentielle à la peinture[18], et ce qu'ils entendent par là est sans doute vrai, mais seulement en ce sens que toute composition dont le sujet inclut une pluralité de mouvements invite par là-même le peintre à créer des complexes de lignes et des combinaisons de formes qui sont comme les traces statiques de mouvements imaginaires en voie de s'accomplir ou déjà accomplis.

De ce point de vue, dont chacun doit rester juge, comme il l'est toujours de sa propre expérience esthétique, on peut préférer un tableau de Poussin tel que *Le baptême du Christ* aux versions qu'il a laissées de *L'enlèvement des Sabines*. Le premier de ces deux sujets permet une variété de lignes et de formes pratiquement illimitée sans obliger aux pseudo-mouvements d'une foule où chacun gesticule sur place et parle à l'imagination d'actions violentes que dément le témoignage des yeux. Par la nature plus statique de l'action qu'il représente, le *Baptême du Christ* offre l'exemple d'une composition dont le caractère s'accorde mieux au mode physique d'existence propre à la peinture. C'est d'ailleurs le sentiment de ce problème qui semble inviter les peintres à composer leurs mouvements, lorsqu'ils doivent en représenter, de telle manière que les directions se répondent, que les formes se compensent naturellement, bref que les forces opposées s'équilibrent et, au total, s'annulent. La somme de tant d'agitation dans les parties est l'immobilité du tout. Ainsi le veut d'ailleurs la substance dont les œuvres peintes sont faites. Le mode esthétique d'existence qui leur est propre doit normalement inclure la conscience de ce qu'a de continu et de stable leur mode physique d'existence, exactement comme le mode esthétique d'existence de la musique implique la conscience de ce qu'a de discontinu et de fragmentaire l'être physique de la matière sonore dont elle est faite. Il est encore plus difficile pour la peinture de se mouvoir qu'il ne l'est pour la musique de s'arrêter.

Ce mouvement que les tableaux sont incapables de représenter, étant eux-mêmes essentiellement immobiles, ne peut-on dire au

18. Position attribuée à Poussin, sans référence, dans R. Goldwater et M. Treves, *Artists on Art*, p. 155. — Il semble dailleurs que Poussin ait surtout pensé à l'« action oratoire » que Cicéron nommait le langage du corps et auquel Quintilien attachait tant d'importance que, sans elle, il considérait les pensées, les émotions et les arguments comme inéfficaces. Pareillement, concluait Poussin, s'il n'y a pas d'action dans un tableau, ses lignes et ses couleurs sont sans effet.

moins qu'ils le suggèrent à l'imagination comme si, mettant sous les yeux du spectateur une sorte de point de départ, ils le chargeaient d'animer à son tour la scène et de continuer lui-même les mouvements ainsi commencés ? Il est évident que non. Ce que l'on nomme ici des mouvements se réduit à un système de volumes et de lignes dont l'ensemble est si bien calculé qu'il en est peu dont la modification ne ruinerait l'équilibre de la composition tout entière. Tout peintre le sent pendant qu'il « cherche son esquisse ». Le déplacement d'une maîtresse ligne nécessite celui des autres. Pour qu'à notre tour, en regardant un tableau, nous permettions à notre imagination d'animer un de ses personnages, soit en prolongeant son mouvement soit en achevant son geste, il nous faut créer mentalement une œuvre nouvelle, différente de celle que nous avons sous les yeux. Pour que le mouvement ainsi commencé pût continuer, il nous faudrait même créer en imagination une série d'œuvres dont chacune, si nous avions le talent du peintre, nous coûterait autant d'efforts qu'il lui en a fallu pour produire la première, la seule réelle, celle que nous avons sous les yeux.

De telles remarques se heurtent au témoignage de peintres dont la compétence est indiscutable en la matière. Elles ont aussi contre elles des positions philosophiques dont, quoi que l'on pense de leurs implications métaphysiques, il est indéniable qu'elles s'accordent avec l'expérience. Aristote disait déjà qu'on ne pense que dans le temps, et Kant a mis en lumière cette vérité incontestable que l'espace même est perçu dans le temps. Nous avons nous-même noté que l'expérience esthétique complète d'une peinture n'est pas instantanée. Les dimensions du tableau n'interviennent ici que secondairement. Si décisive soit-elle, et suffisante en son ordre, la première vue d'une toile n'est pas tout. Peut-être même soutiendrait-on avec vraisemblance que l'exploration d'un petit Vermeer veut plus de temps que celle d'un immense Horace Vernet.

De ce point de vue, il est donc vrai que la peinture, elle aussi, est un art du temps, mais ce qui serait tout à fait vrai de l'existence esthétique du tableau appréhendé comme œuvre d'art — et nous aurons bientôt à en parler — ne l'est pas au même degré de son existence physique, dont il est ici question. Grand ou petit, le tableau existe et nous est livré tout entier à la fois. Tous les amateurs d'art le savent. On réunit sans peine des milliers d'auditeurs pour écouter la *Neuvième Symphonie* de Beethoven, ou l'*Eroïca* dont, en principe, la durée n'est guère moindre ; combien de spectateurs accepteraient de rester assis pendant une heure devant le *Ciel* de Tintoretto au Palais des Doges ou, au Louvre, devant les *Noces de Cana*[19] ?

Les spectateurs n'auraient pas tout à fait tort, car il est clair que les deux cas ne sont pas les mêmes. Matériellement parlant, il faut environ une heure pour entendre la *Neuvième Symphonie*, parce qu'il faut en effet ce temps pour qu'elle ait existé ; mais sans nier qu'on puisse légitimement désirer du temps pour approfondir le plaisir que donne la vue d'une toile peinte, celle-ci n'en est pas moins instantanément présente aux regards, et elle l'est dans sa totalité. Or, et c'est le point qui seul importe à ce moment de notre analyse, le mode d'être physique des tableaux est un élément déterminant de leur existence esthétique.

Si l'on ne s'en fie pas là-dessus à sa propre expérience, on peut consulter celle de quelque peintre, par exemple Eugène Delacroix. Il aimait beaucoup la musique, surtout celle de Mozart, en quoi d'ailleurs il s'accordait pour une fois avec Ingres, mais Beethoven était aussi l'objet de son admiration. On lui doit même une page d'une rare pénétration sur les « trois manières » du Maître et la possibilité d'un triomphe final de la troisième auprès du public de l'avenir[20]. Mais Delacroix était peintre et ce manque de pré-

19. Sans vouloir raffiner sur ce point, nous suggérons que plus certains spectateurs s'attardent devant un tableau, plus ils le voient comme une image plutôt que comme une peinture. Un exemple entre beaucoup : Walt Whitman devant le tableau de John Mulvany, *Custer's Last Rally:* « Je ne l'ai vu qu'environ une heure ; mais il a besoin d'être vu souvent ; il a besoin d'être étudié de nouveau à mainte reprise ». *Leaves of Grass and Selected Prose*, éd. par J. Kouwenhoven, Modern Library College Editions, Random House, N. Y., 1950, p. 746. Naturellement, Whitman décrit les Sioux avec leurs coiffures de guerre, Custer (les cheveux coupés courts), le capitaine Cook, les chevaux morts ou mourants, les petits nuages de fumée de poudre, etc. Ce que Whitman ne se lasserait pas de constater, c'est, bien entendu, l'« américanisme » total de la scène. Rien d'Européen dans ce « Western » ; comment pourrait-on s'en détacher ? Le point de vue est légitime, mais est-ce celui de la peinture ? — Cf. « On reconnaît bien, en parcourant ce livre [*Histoire de la Caricature*, par Champfleury] que Daumier était l'homme de ses dessins, un convaincu, un vrai républicain ». C. Pissarro, *Lettres à son fils Lucien*, p. 80.

20. Sur les « trois phases » de Beethoven (probablement d'après S. de Lenz), F. Delacroix, *Œuvres littéraires*, vol. I, pp. 28-29 : « il faut toujours parier pour le génie ». — A vrai dire, non sans en être embarrassé lui-même, Delacroix préférait encore Cimarosa *(Le mariage secret)* à Mozart (*Journal*, I, 344) et il n'est jamais venu sans réserves à Beethoven, qui lui a toujours semblé inégal, parfois vulgaire et un peu trop romantique : « quelles incultes et bizarres inspirations ! » *Journal*, I, 338. Pourtant (II, 208) Delacroix répète : « ne nous prononçons pas encore ; il faut toujours parier pour le génie ».

sence totale dont souffre nécessairement la musique mettait sa patience à l'épreuve. Il s'est si bien expliqué là-dessus qu'on ne peut mieux faire que de lire ce qu'il écrivait après une audition de « la divine » *Symphonie Pastorale :* « J'ai osé remarquer que les morceaux de Beethoven sont en général trop longs, malgré l'étonnante variété qu'il introduit dans la manière dont il fait revenir les mêmes motifs... La peinture, entre autres avantages, a celui d'être plus discrète ; le tableau le plus gigantesque se voit en un instant[21]. » Delacroix ne nie pas que si le tableau ou certaines de ses parties retiennent l'admiration, on peut s'y complaire à loisir, « plus longtemps même que sur un morceau de musique ». En effet, quand son exécution a pris fin, on ne peut plus s'attarder que sur le souvenir d'une symphonie, au lieu que le tableau reste là aussi longtemps qu'on ne s'en éloigne pas soi-même. Pour un esprit qu'ont d'abord séduit les charmes de la peinture, une certaine impatience est excusable quand il en faut venir à cette musique si lente à naître et qui n'arrive jamais tout à fait à exister. Telle que Delacroix comprenait la peinture, la qualité qui doit la dominer est toute contraire ; il faut qu'en la regardant on voie « tout à la fois ». D'autres qualités sont nécessaires, mais « elles ne doivent venir qu'après[22] ».

Cette inclusion du mode physique d'existence des tableaux dans leur mode esthétique d'existence permettrait peut-être d'expliquer la faveur croissante dont la nature morte a joui dans certaines écoles anciennes, mais plus encore peut-être de notre temps. On peut dire de ce genre, comme du portrait, qu'il a été entre les esthéticiens, et d'abord entre les peintres, un signe de contradiction. Certains, qui maintenaient l'existence et la valeur objective d'une classification hiérarchique des genres de peinture, s'accordaient à tenir la nature morte pour le plus humble et le plus bas des genres. Leur raison était simple. Ils classaient les genres de peinture selon la noblesse des sujets représentés, étant bien entendu qu'après Dieu le plus noble des sujets est l'homme. A en juger de ce point de vue, on ne pouvait que prendre en pitié le peintre qui consacrait son talent et son temps à reproduire les apparences

21. *Journal d'Eugène Delacroix,* dimanche 11 mars 1849 ; vol. I, p. 275. — 26 mars 1854 ; vol. II, pp. 155-156. — Cf., mercredi 30 novembre 1853, vol. III, p. 125 ; 13 janvier 1857, vol. II, p. 16 : « Les morceaux de Beethoven trop longs. Il fatigue en occupant trop longtemps de la même idée ». Cf. *Les carnets de Léonard de Vinci,* ch. 39, vol. II, p. 358.

22. *Journal d'Eugène Delacroix,* Paris 30 décembre 1853 ; vol. III, p. 141.

visuelles d'objets aussi vulgaires que des fruits, des miches de pain, des couteaux, des cuillers, des tasses ou assiettes, sans oublier les balais et autres ustensiles de ménage, ou les chaudrons, paniers et autres ustensiles de cuisine[23]. D'autre part, on ne peut regarder une bonne nature morte de l'école hollandaise, qui en a tant produit d'excellentes, ni l'un des meilleurs Chardin, sans constater que ce genre est l'un de ceux où l'art de peindre a déployé la plénitude de ses ressources et même, à certains égards, celui où il atteint parfois son point de perfection.

C'est que, dans la nature morte proprement dite et peinte pour elle-même, l'artiste se propose une fin exactement proportionnée aux ressources de son art. Personne n'attend d'elle le genre d'émotion que donne un vaste Véronèse, un Tintoretto ou un Gréco, mais l'impression qu'elle produit peut être plus pleine, plus comblée et, à sa manière, plus parfaite. La nature morte ne prêche pas, n'explique pas, ne raconte pas ; bref, elle ne parle pas. Son effort ne tend pas à suggérer des profondeurs ou significations cachées au-delà de ce qu'elle offre aux regards. Par définition, une nature morte est un tableau qui représente des objets inanimés. Elle peut inclure des animaux pourvu que, naguère animés, ils ne le soient plus. La satisfaction pleinière que donne une bonne nature morte vient en partie de l'adéquation parfaite que l'on y sent entre le mode d'être des objets représentés et celui de l'œuvre d'art qui les représente. De tels tableaux sont des objets immobiles et inertes jouissant du mode continu d'existence physique qui convient à des solides logés quelque part dans l'espace ; les tasses, les couteaux et les livres qu'ils représentent ont, dans la réalité, exactement le même mode d'être. En fait, dans une nature morte, ni le tableau ni les objets représentés ne font rien,

23. *The Discourses of Sir Joshuah Reynolds*, éd. J. Burnet, p. 50. — Le problème de la hiérarchie des genres de peinture d'après la noblesse des sujets a longtemps tourmenté les peintres qui voulaient tous être « peintres d'histoire » et faisaient durement payer l'infériorité de leurs genres à un paysagiste comme Constable ou à un peintre de natures mortes comme Chardin. Il a survécu dans les discussions sur la peinture : H. Taine, *Philosophie de l'art*, vol. II, pp. 344-346. Ch. Blanc, *Grammaire des arts du dessin*, pp. 598-615. M. Denis, *Leçons et charmes de l'Italie*, pp. 189-190, a voulu ressusciter cette vieille idée ; nous avouons ne pas bien voir pourquoi. S'il s'agit d'images, on conçoit que l'objet représenté soit pris en considération, car toute image participe de la dignité de son objet. Mais si, comme on proposera plus loin de le faire, la peinture est distinguée de l'imagerie, sa qualité ne dépend plus que d'elle-même. Autrement, faisait remarquer un peintre, le portrait d'un général serait nécessairement plus noble que celui d'un simple lieutenant.

sauf exercer cette opération la plus fondamentale de toutes, qui est d'exister. C'est pourquoi, traitée par un maître, la nature morte réalise la coïncidence parfaite des moyens dont dispose la peinture avec ce qu'il y a de plus profond dans la réalité qu'elle signifie. Elle constitue l'expression, sensible et perceptible aux yeux, de l'acte d'être que le métaphysicien pose, au terme de son enquête, au cœur de la réalité.

De telles considérations sont nécessairement subjectives, mais on ne les propose pas comme des vérités démontrées auxquelles chacun serait tenu de consentir. Leur seul objet est de suggérer que des faits confirment la conclusion proposée. Sans doute, toute expérience esthétique, fût-ce celle de masses aussi solidement immobiles et permanentes que les pyramides d'Égypte, présente les caractères d'impermanence et de mobilité qu'on reconnaît d'ordinaire au flux de la durée consciente. Ce n'est pas une raison pour oublier que, dans son contenu même, l'expérience esthétique dépend en grande partie, comme expérience, du statut ontologique de son objet.

III. Existence et présence

Le mode physique d'existence des tableaux exerce encore une influence déterminante sur la nature de leurs relations à l'artiste qui les produit et au public qui les regarde.

L'origine et le mode de naissance des tableaux sont entièrement spécifiés par la nature de leur être. Usons une fois de plus d'une comparaison avec la musique, non pas en vue d'éclairer la nature de la musique — ce n'est pas notre objet — mais pour mettre en plus vif relief les traits que nous désirons éclairer dans la peinture. Il semble naïf de dire que tout tableau est l'œuvre d'un peintre comme toute composition musicale est l'œuvre d'un musicien, mais, précisément, un tableau n'est pas l'œuvre d'un peintre au même sens qu'une composition musicale est l'œuvre d'un musicien. La différence que nous avons observée entre le mode d'existence de ces deux classes d'œuvres d'art entraîne ici une différence non moins profonde entre la relation de la musique au musicien (ou du poème au poète) et celle de la peinture au peintre. Produire une œuvre ne signifie pas la même chose dans les deux cas.

La nature des tableaux est telle que l'artiste qui conçoit l'œuvre est aussi celui qui l'exécute. Cette proposition n'est pas nécessairement vraie du sculpteur, mais elle l'est assurément du peintre. Sauf s'il s'agit de besognes secondaires qu'il peut sans inconvénient laisser à des aides, c'est le peintre lui-même qui confère l'existence matérielle et physique aux œuvres conçues par lui. Les peintres sont donc d'abord des artisans et des ouvriers manuels. Ils exécutent leurs œuvres dans des ateliers plus ou moins confortables, souvent après avoir revêtu des vêtements de travail comme font ceux qui, pour gagner leur vie, vaquent à des besognes salissantes auxquelles il faut mettre la main. De nos jours encore, certains artistes spécialisés dans le portrait, et trouvant leur meilleure clientèle dans la haute société, font tous leurs efforts pour que leur atelier soit une sorte de salon. Ils veulent, en peignant, ressembler autant que possible à leurs modèles et aussi peu que possible à des peintres. Reconnaissons d'ailleurs qu'il peut y avoir là simple affaire de goût personnel sans affectation d'aucune pose. Mais le problème offre un aspect social contemporain des origines de l'art occidental, ou, à tout le moins, déjà connu de l'antiquité classique. La raison pour laquelle certains peintres se défendent d'être des ouvriers est d'abord qu'ils partagent tous les préjugés sous lesquels, pendant des siècles, on a accablé la condition ouvrière et, avec elle, toute œuvre « servile », c'est-à-dire, selon la définition classique, toute œuvre où le corps prend plus de part que l'esprit[24].

C'est évidemment la question. Le travail du peintre est-il de ceux où la main a plus de part que l'esprit ? Nul n'hésiterait aujourd'hui à répondre par la négative, mais il s'en faut de beaucoup que telle ait toujours été l'opinion la plus générale à

24. L'art était si complètement assimilé aux métiers manuels que les parents du jeune Michel-Ange le réprimandèrent vivement de passer son temps à dessiner en secret. Ils allèrent parfois jusqu'à le battre, «considérant ces choses comme viles et indignes de leur noble maison ». G. Vasari, *Le opere*, vol. II, p. 977. Michel-Ange avait été mis à l'école de grammaire de François d'Urbin. — Comparer la position de Reynolds : « La valeur et le rang de tout art tient à la proportion de travail mental qu'on y emploie, ou du plaisir mental qu'il cause. Selon que ce principe est respecté ou négligé, notre profession devient soit un art libéral soit un métier manuel ». *The Discourses of Sir Joshua Reynolds*, Disc. IV, p. 52.

ce sujet. Dans la célèbre lettre 88 à son ami Lucilius, discutant la notion des arts *libéraux*, Sénèque les définissait comme des arts dignes d'un homme de condition *libre*, puis il ajoutait : « Je ne puis me résoudre à recevoir les peintres au nombre de ceux qui pratiquent les arts libéraux, non plus que les sculpteurs, les marbriers et autres gens qui travaillent pour le luxe. » Le souvenir de cette exclusion dura longtemps. C'est sans doute elle qu'il faut placer à l'origine de la question, disputée jusqu'à la nausée au temps de la Renaissance et dans les siècles suivants : la peinture est-elle un métier manuel ou doit-on l'inclure dans les arts libéraux ?

Léonard de Vinci, qui s'est saisi de la question, l'a résolue en faveur des peintres, mais il l'a traitée avec plus de hauteur que d'élévation : « Vous avez mis la peinture au rang des arts mécaniques. En vérité, si les peintres disposaient des mêmes moyens que vous pour célébrer par écrit leurs propres œuvres, je doute qu'elle eût encouru la flétrissure d'une épithète aussi vile. Si vous l'appelez mécanique parce que c'est du travail manuel, les mains représentent ce que l'imagination crée et vos écrits enregistrent avec la plume — par un travail manuel — ce qui est issu de l'esprit. L'appelez-vous mécanique parce qu'elle est rémunérée, qui donc tombe en cette erreur — si c'en est une — plus que vous-mêmes ? Quand vous dissertez dans les écoles, n'allez-vous point à qui vous paye le mieux ? Faites-vous aucune œuvre sans être rétribués[25] ? »

S'il ne s'agissait que de cela, le problème serait vite résolu, mais il est bien évident que la plume aux mains de l'écrivain n'est qu'à peine comparable avec la brosse aux mains du peintre. La plume ne produit que des lettres, des mots et des phrases, la brosse produit des tableaux ; la main de l'écrivain ne fait que tracer les symboles des mots, des phrases et des chapitres qui permettent au

25. Le texte de Sénèque se trouve dans *Ad Lucilium*, epist. 88, par. 18. — Celui de Léonard, dans *Les carnets de Léonard de Vinci*, trad. Louise Servicen, Paris, Gallimard, 1942, vol. II, p. 190. — Cf. « Bien qu'il travaille de la main, le peintre n'est pas un chirurgien, ce n'est pas dans sa dextérité que consiste son mérite. » E. DELACROIX, *Œuvres littéraires*, I, 75. — « Les gens de lettres se figurent qu'ils ne sont point des ouvriers, parce qu'ils ne travaillent point avec les mains » *op. cit.*, I, 92. Delacroix maintient au contraire que, si l'on entend par mécanisme, non pas ce qui se fait à la main, mais ce qui est pure affaire de métier et où l'inspiration n'entre pour rien, il entre « plus de mécanisme dans la composition et l'exécution littéraire que dans la composition et l'exécution en peinture. » Bien entendu, « il n'est pas question ici d'artistes ouvriers, comme est la foule des artistes » *Ibid.*

lecteur de comprendre son œuvre ; c'est l'œuvre même que la main du peintre produit[26]. On peut en dire autant du musicien, car les peintres sont liés aux travailleurs manuels par une affinité profonde que rien ne peut éliminer, au lieu que musiciens, poètes et écrivains de tout genre se retrouveraient plutôt groupés du côté des clercs. Même un compositeur de musique n'a besoin que d'encre, de papier et d'une plume pour tracer les signes d'une œuvre d'art qui, pendant qu'il est en train de l'écrire, et même une fois écrite, n'a pas d'existence physique actuelle hors de son esprit. La comparaison dont use Léonard n'est donc pas pertinente. Si la plume était à l'art d'écrire comme la brosse est à l'art de peindre, l'écrivain serait maître de sa technique dès l'âge où, encore enfant, il apprend à former ses lettres et à écrire des mots.

Ce qui caractérise le rôle de la main dans l'art du peintre c'est que, la peinture ayant pour objet de produire non des signes, mais des choses, le peintre est obligé, comme l'on dit, de mettre lui-même la main à la pâte. En termes plus simples, disons que le peintre n'est pas seulement, comme le musicien, l'inventeur de son œuvre, il en est aussi l'exécutant. Eugène Delacroix a trop bien connu Liszt et Chopin pour ne pas savoir qu'un compositeur de musique peut être son propre exécutant, mais il savait aussi que ce n'est pas toujours le cas. Un musicien peut écrire de la musique pour un instrument dont il ne joue pas, ou dont il joue mal. Dès que l'œuvre musicale dépasse l'ordre du solo, son exécution par l'auteur seul est impossible. Il ne suffit d'ailleurs pas de mettre à la disposition du compositeur un orchestre ou une troupe d'opéra pour être sûr d'obtenir de lui une bonne exécution d'une de ses symphonies ou d'une de ses œuvres lyriques. Un musicien de génie peut être un chef d'orchestre médiocre, ou

26. Dire que le travail de l'écrivain n'est pas un travail manuel n'est pas nier que ce soit un travail réel, souvent difficile, parfois dur, mais ses difficultés sont d'un autre ordre. Il n'en est que plus intéressant de lire le chapitre XVIII, *Some Notes on Pope's Poetry*, dans le beau livre d'Edith Sitwell, *Alexander Pope*. Poète elle-même, Edith Sitwell pense que « la poésie est une affaire d'aptitude physique autant que d'aptitude spirituelle » (p. 215). « Il est presque toujours possible de juger du physique d'un poète d'après sa technique » (p. 216). Ce rôle joué par le corps dans la production poétique est une notion dont la discussion ne peut être conduite que par d'authentiques poètes. « Je crois, dit Edith Sitwell, qu'un poème naît dans la tête du poète, et croît dans son sang, comme une rose entre ses feuilles sombres » (p. 215). Allant plus loin, elle ajoute (p. 215) que le poète « sent dans les veines de sa main la forme et la texture du poème avant qu'il n'ait achevé sa croissance ».

au-dessous du médiocre. Hans de Bulow ne pouvait pardonner à Brahms la manière dont celui-ci conduisait ses propres symphonies. Rien de semblable dans le cas de la peinture. Un peintre n'est pas vraiment l'auteur d'une œuvre si, comme il arrive parfois, son rôle se borne à faire le projet d'une toile ou d'une fresque qu'il laisse à son atelier le soin d'exécuter. Rien ne peut remplacer sa propre main.

Tout artiste a besoin d'apprendre son art. L'écrivain doit apprendre l'art d'écrire, et il le fait, tant par expérience personnelle qu'en prenant conseil de l'exemple des maîtres. Un savoir proprement dit lui est d'ailleurs nécessaire. Ne dit-on pas de certains écrivains qu'ils « savent bien leur langue ? » De même en musique. Il faut du temps pour apprendre les lois de l'harmonie et les règles de la composition. Là encore, ce savoir doit prendre corps dans une expérience personnelle. Le point que nous voulons mettre en lumière est que, dans ces deux arts, l'apprentissage nécessaire met en jeu les ressources de l'esprit beaucoup plus que celles de la main. On apprend vite à former les lettres et les notes, mais l'apprentissage manuel de l'art de peindre est œuvre de longue haleine. Il ressemble moins à la formation du compositeur qu'à celle de l'exécutant qui, lui aussi, doit acquérir au prix d'un travail considérable l'art de jouer d'un instrument et continuer ensuite de travailler pour ne pas perdre un acquis si chèrement payé. Ne pas laisser les doigts se rouiller est une bonne formule pour dire qu'un exécutant est tenu de travailler des doigts, du poignet et de l'avant-bras, et de le faire toute sa vie. Tel est aussi le cas du peintre, mais non celui du compositeur de musique. Une fois qu'il sait écrire les notes, celui-ci peut acquérir et perfectionner son savoir, il n'a plus rien d'autre à attendre de ses mains. C'est d'ailleurs ce qu'a bien dit Eugène Delacroix : « La peinture est le métier le plus long et le plus difficile. Il lui faut l'érudition comme au compositeur, mais il lui faut aussi l'exécution comme au violon[27]. »

27. *Le journal de Delacroix*, Paris, 18 septembre 1847 ; vol. I, p. 239. Cf. Paris, 12 octobre 1852, vol. I, pp. 492-493. — La remarque vaut pour la peinture ; elle ne vaudrait plus s'il s'agissait de gravures ou de lithographies dont l'artiste décide de confier le tirage à un autre. Voir à ce sujet les doléances d'Odilon Redon sur la « promiscuité obligée de l'imprimeur » et du lithographe. « On fait avec lui une union temporaire mal assortie, où il faut par raison s'entendre, s'accorder. Mais on ne fait pas une œuvre d'art à deux. Il faut qu'il y en ait un qui se ploie. » *A soi-même*, H. Floury, Paris, 1922, p. 123. Cf. p. 124.

Delacroix parlait pour beaucoup d'autres peintres lorsqu'il écrivait dans son *Journal* : « Quel dommage que l'expérience arrive tout juste à l'âge où les forces s'en vont ! C'est une cruelle dérision de la nature que ce don du talent, qui n'arrive jamais qu'à force de temps et d'études qui usent la vigueur nécessaire à l'exécution[28] ». Condamné par la nature même de l'art de peindre à être son propre virtuose, le peintre ne peut se flatter d'être vraiment un artiste avant d'avoir atteint l'âge qu'il faut pour maîtriser les techniques de l'exécution. C'est d'ailleurs pourquoi on ne parle qu'improprement de jeunes artistes ou d'art des enfants, du moins s'il s'agit de peinture. Quels que soient leurs dons naturels en matière de dessin et de coloris, les enfants ne peignent pas véritablement, ils écrivent. Leur peinture ne se propose pas de fins proprement plastiques ; ils veulent seulement signifier ou, tout au plus, représenter. On le voit à la perte de leurs dons naturels qui se produit si souvent lorsque, au moment d'aborder pour la première fois des tâches proprement plastiques, ils se révèlent incapables, non seulement de s'en acquitter, mais même de comprendre de quoi il s'agit. Leurs dons naturels ne sont donc même pas les prémices de ce que sera leur art, s'ils l'acquièrent jamais. De toute manière, il leur faudra pour cela du temps, parce que l'acquisition des techniques de la main, surtout lorsque l'intelligence doit en surveiller à chaque moment le progrès, est une entreprise de longue haleine. Comme l'a dit John Constable : « Il n'y a jamais eu d'enfant peintre, et il ne peut pas y en avoir. Cet art exige un long apprentissage, étant manuel aussi bien qu'intellectuel[29]. »

Ces faits, qui sont tous liés au mode physique d'existence des tableaux, expliquent le sentiment, fréquent chez les peintres, que la relation qui les unit à leurs œuvres est de nature toute particulière. Ils se sentent les auteurs et causes de leurs tableaux plus

28. *Journal de Eugène Delacroix*, 4 février 1847 ; vol. I, p. 180.
29. *Memoirs of the Life of John Constable* by C. R. Leslie, p. 276. Comparer la remarque de D.-H. Kahnweiler, *Juan Gris*, Paris, Gallimard, 1946, p. 170. Kahnweiler cite Matisse à l'appui de son opinion. Sa raison principale est que le genre de dessin pratiqué par les enfants, est une sorte d'écriture, idéographique plutôt que pictoriale, et par conséquent étrangère à l'art de peindre. Les enfants ne dessinent pas des formes, ils décrivent des concepts. Incidemment, les critiques qui ont reproché à Paul Klee de retourner au dessin d'enfant ont fait erreur. Klee a extrait et utilisé aux fins de l'art de peindre les éléments plastiques inclus dans le dessin des enfants. — Sur l'ensemble du problème, A. Lhote, *Traité de la figure*, Paris, Floury, 1950, pp. 11-13.

complètement et absolument que les musiciens ne le sont de leurs œuvres. Ceux-ci ne créent que des possibilités d'existence musicale. Les partitions livrées au public par un compositeur ne sont pas de la musique au sens où des tableaux sont de la peinture. Dans la mesure où elle répond aux intentions de l'artiste, une toile peinte lui doit non seulement d'être ce qu'elle est, mais même d'être, et, précisément parce qu'elle lui doit directement son existence[30], son auteur est intégralement responsable du fait qu'elle soit telle qu'elle est. Pas une touche en elle qui ne vienne de sa main comme de son esprit. Bref, le peintre est la cause unique et totale de son œuvre. Il n'est donc pas surprenant qu'on perçoive parfois chez lui un sentiment de supériorité lorsqu'il compare la nature et l'étendue de son pouvoir à ce qui s'observe dans les autres arts. On ne saurait dire que Wagner composant *Parsifal* soit la cause totale de son existence, ni qu'il fasse que son œuvre soit exactement telle qu'il la veut. A lui seul, Wagner est incapable de faire que *Parsifal* existe. Pour conférer à son œuvre l'existence actuelle, il lui faut recruter des chanteurs, des musiciens d'orchestre, des metteurs en scène, chefs des chœurs et chefs d'orchestre dont chacun, responsable de l'existence réelle d'un des innombrables éléments d'une œuvre aussi complexe, contribuera pour sa part à la détermination de l'ensemble. Assurément, l'auteur fait de son mieux pour en garder la direction et pour en contrôler l'exécution jusque dans les détails, mais que de choses lui échappent ! En fin de compte, et si l'on suppose réunies les circonstances les plus favorables, comme elles le sont à Bayreuth, on n'obtiendra jamais deux *Parsifal* identiques. En tant précisément qu'auteur, le musicien est impuissant à conférer lui-même à ses œuvres l'être actuel que le peintre confère à ses tableaux et, avec lui, leur mode défini d'exister.

L'importance de cette différence est certaine. Le langage courant l'exprime fort bien en distinguant, comme il le fait, entre le musicien, qui écrit la musique, et l'« exécutant » qui la joue. Or, l'exécution est le moment décisif de l'art du peintre. Dans les notes qu'il a préparées en vue d'un dictionnaire de peinture jamais

30. Nous rappelons qu'existence est employé partout dans son sens empirique, au plan ontologique de l'être substantiel. Si nous en usons par exception au sens métaphysique, le contexte l'indiquera toujours. Il n'est pas question d'attribuer à l'artiste le pouvoir de créer l'acte d'être des matériaux qu'il emploie. Plus d'un peintre s'est d'ailleurs défendu de toute prétention en ce sens.

écrit, Delacroix dit que, si elle n'est pas tout, elle est de la plus grande importance, puisqu'elle est « le seul moyen qui mette le reste en lumière et qui lui donne sa valeur[31] ». Une toile non exécutée n'existe pas ; une toile mal exécutée est une mauvaise toile, car toutes ses autres qualités, si importantes soient-elles n'accèdent à l'existence picturale que par l'exécution. Notons d'ailleurs, toujours avec Delacroix, que bien qu'elle soit l'œuvre de la main, l'exécution ne tient pas son mérite de la seule habileté ou prestesse du peintre ; tout ce qu'il y a d'intellectuel et d'affectif dans la conception de l'œuvre doit passer dans la main, s'exprimer dans la ligne et jusque dans la touche. Une exécution non inspirée laisse sur le mur ou sur la toile une composition impeccable, mais froide et sans substance proprement picturale. Leurs auteurs savent tout ce qu'on peut savoir de l'art de peindre, mais ils ne le possèdent pas[32].

On voit ce qui distingue un art où l'exécution est le principal, d'autres arts dont la notion n'inclut même pas celle d'exécution. C'est pourquoi notre relation personnelle à la peinture n'est pas la même qu'à l'égard de la musique. Deux êtres seulement sont impliqués dans l'expérience esthétique d'un tableau : le tableau lui-même et le spectateur. Sans doute, on peut dire qu'en un certain sens le peintre aussi est là, mais seulement comme cause d'un objet dont, justement parce qu'il lui a conféré un être propre, l'existence n'est plus liée désormais à la sienne. Sans doute, on se souvient avec admiration et gratitude qu'on doit au peintre la joie que donne la vue de son œuvre ; la seule cause prochaine de cette expérience esthétique n'en est pourtant pas moins, sinon le tableau lui-même tel qu'il fut jadis fait par le peintre, du moins, ce qu'il en subsiste encore dans ce que nous voyons. S'il s'agit de peinture contemporaine, on peut être à peu près certain d'avoir sous les yeux l'œuvre du peintre telle que lui-même l'a conçue. Sa propre personne n'est plus en cause ; il peut avoir disparu ou

31. *Journal de Delacroix*, 25 janvier 1857 ; III, 55. Delacroix précise dans le même passage que l'exécution ne se réduit pas à « la prestesse de la main. » Il ne sépare jamais la main de l'esprit, mais c'est bien la main qui exécute, et ce que Delacroix désigne par ce mot (dont le sens a retenu ses réflexions) c'est « le charme que la main de l'ouvrier ajoute » au dessin, à l'ordonnance, à la grandeur, à la fougue, au pathétique, au goût artistique même, bref à tous les autres mérites du tableau ; *op. cit.*, III, 53.

32. A. Lhote, *Traité de la figure.* Sur l'intelligence dans la peinture, pp. 11-27 ; précisions à propos du rôle de l'intelligence dans la peinture, pp. 28-37.

disparaître ; tout se passe désormais entre son œuvre et nous[33]

Il n'en est ainsi des tableaux que parce que l'exécution en est incluse dans l'art du peintre, mais, pour la raison inverse, le contraire est vrai de la musique. Entre le musicien et nous il faut un intermédiaire et, si l'on peut dire, une sorte de magicien pour conférer l'existence actuelle à la musique dont la partition ne contient que les signes. La musique ne prend vraiment corps pour nous, si l'on peut dire, que grâce à l'exécutant. Notre relation personnelle avec lui est donc plus immédiate qu'elle ne l'est avec le musicien même par qui l'œuvre fut d'abord conçue. L'importance extraordinaire attribuée par les amateurs de musique aux exécutants n'a pas d'autre justification, mais il faut reconnaître que c'en est une. Ils ne se méprennent assurément pas sur la nature de leur expérience esthétique. Pas un admirateur de la *Matthaeus-Passion* n'oublie un instant que cet immense édifice sonore jaillit finalement d'une seule source, qui est le génie créateur de Jean-Sébastien Bach ; mais il sait aussi que sans l'effort collectif auquel l'orchestre, les chœurs, le chef d'orchestre et le public lui-même participent, l'œuvre de Bach ne sortirait jamais des limbes où, laissée à elle-même, elle n'a que l'existence fantômale d'un pur possible. Le public ne se trompe donc pas sur la vraie cause de l'existence actuelle de l'œuvre musicale qu'il entend. Il ne communique avec Mozart ou Beethoven que par un ou plusieurs intermédiaires dont la fonction est d'actualiser, sous forme de sons physiques, les possibilités définies par quelque partition musicale.

Il ne faut donc pas s'étonner que la gratitude de l'auditeur aille immédiatement à ceux sans qui l'existence même des œuvres qu'il aime serait impossible. L'importance de ces médiateurs ne saurait être niée. Le fait est simplement que la musique n'existe pas à moins d'être jouée. L'admiration touchant parfois au culte que le public des concerts et des théâtres lyriques voue aux pianistes, violonistes, chanteurs et virtuoses de tout genre, sans oublier les

33. « On comprend donc tout ce que j'ai dit de la *puissance de la peinture*. Si elle n'a qu'un moment, elle concentre l'*effet* de ce moment ; le peintre est bien plus maître de ce qu'il veut exprimer que le poète ou le musicien livré à des interprètes ; en un mot, si son souvenir ne s'exerce pas sur autant de parties, il produit un effet parfaitement un et qui peut satisfaire complètement ; en outre l'ouvrage du peintre n'est pas soumis aux mêmes altérations, quant à la manière dont il peut être compris dans des temps différents. » *Le journal de Eugène Delacroix*, 22 octobre 1853, vol. II, p. 99. Cf. le passage du 23 septembre 1854 auquel Delacroix a donné pour titre : *Sur le silence et les arts silencieux*, surtout la comparaison entre le tableau et le livre, pp. 276-277.

orchestres eux-mêmes et leurs chefs, peut sembler parfois excessive. On parle quelque fois de l'Ut mineur de tel ou tel chef d'orchestre, et l'on se demande laquelle des deux, ou trois, ou quatre cinquièmes symphonies on préfère, comme si son véritable auteur n'était pas Beethoven, et non point l'un quelconque des chefs d'orchestre, si grands soient-ils en leur ordre, dont on compare les interprétations de ce chef-d'œuvre. Ce culte des interprètes va parfois jusqu'au comique, mais ce n'est pas une raison suffisante pour refuser de voir ce qui, dans la réalité, excuse ce genre d'illusion, ou plutôt l'explique. Précisément parce que leur auteur ne peut conférer à ces œuvres musicales une existence propre et indépendante de la sienne, les médiateurs jouent un rôle nécessaire dans l'expérience esthétique. Bien plus, il leur est impossible de conférer l'existence actuelle à une musique quelconque sans exercer eux-mêmes une efficace causale très réelle. Enfin, ces exécutants sont souvent nommés « interprètes », parce qu'en fait l'exécution d'une œuvre en est nécessairement une interprétation. Il ne peut en être autrement puisque, à la différence de ce qu'il en est dans le cas de l'œuvre peinte, l'original de l'œuvre musicale n'est qu'une notion de l'esprit. Nous l'avons dit, en dehors de l'idée que son auteur peut s'en faire ou s'en être faite, cet original n'existe pas.

La différence ontologique fondamentale qui distingue les œuvres musicales des œuvres peintes entraîne d'autres conséquences dont l'étude détaillée irait à l'infini. L'une d'elles au moins doit pourtant être jointe à celles qui précèdent, ne serait-ce que pour signaler l'existence d'un ordre de problèmes relatifs à ce que l'on pourrait nommer, d'un nom dont on a d'ailleurs grandement abusé, la sociologie des arts.

Il arrive souvent que la musique soit le plaisir d'un seul musicien, se jouant à soi-même l'une des œuvres qu'il aime. La plupart du temps, pourtant, il n'en est pas ainsi. Les concerts sont normalement des entreprises collectives qui exigent la coopération de nombreux exécutants, sans oublier celle du public, véritable société qui se constitue pour la circonstance, quitte à se défaire dès la fin du concert, mais dont la présence est indispensable. Elle le serait d'ailleurs, toute considération esthétique mise à part, pour la seule raison que la musique coûte cher. Il faut beaucoup d'argent pour entretenir un orchestre symphonique, et plus encore pour ressusciter des œuvres telles que les grands oratorios ou les drames lyriques de haute tenue qui, non pas faute de valeur mais plutôt parce qu'ils en sont trop riches, ne sauraient normalement couvrir leurs frais. Pour faire bref, disons que la production et l'expérience esthétique de la musique sont le plus souvent des entreprises sociales et collectives.

Il n'en est pas ainsi de la peinture. Sans doute, de même que jouir solitairement de la musique n'est pas de soi impossible, la notion d'une jouissance collective de la peinture n'implique pas contradiction. La différence des deux cas n'en est pas moins évidente. Il y a une sorte de satisfaction communautaire à voir une salle de concert pleine d'auditeurs dont on sait que chacun est là, comme on l'est soi-même, par amour d'un art dont on s'apprête à partager les joies. Faire jouer *Lohengrin* pour soi seul peut bien être un plaisir royal, mais c'est un plaisir triste. Dans un immense public, la joie de chacun participe de celle de tous et contribue à la nourrir. C'est pourquoi, si le choix nous en était laissé, nous aimerions mieux entendre un concert dans une salle pleine que dans une salle à moitié vide. Il est au contraire douteux que le meilleur temps pour voir un musée soit l'un de ces jours d'affluence où la foule des visiteurs est telle qu'il y en a toujours deux ou trois entre nous et les tableaux que nous tentons vainement de voir. La dégustation de la peinture n'exige pas la solitude, mais elle s'en accommode fort bien. Il y a des signes de cette différence. Les visites en groupes organisées par les musées sous la conduite d'un commentateur inspirent à l'amateur de peinture une répulsion caractérisée. Il n'est pas interdit de visiter une exposition de peinture à deux ou trois amis. L'un d'eux se détache parfois du groupe pour voir de plus près une toile et revient échanger avec les autres quelque remarque à laquelle il ne croit pas trop lui-même. Ce que l'on ne voit jamais, ce sont les cinquante visiteurs d'une salle de musée s'arrêter spontanément devant la même œuvre et, après un quart d'heure de contemplation silencieuse, éclater soudain en applaudissements. La modestie solitaire de la peinture la protège du moins contre le vacarme si peu musical qui salue d'ordinaire la fin des représentations lyriques ou des concerts symphoniques. Lorsque tout est dit, il reste que l'expérience esthétique d'un tableau est en effet affaire personnelle, au lieu que celle de la musique est le plus souvent sociale. La cause première de ces différences est que ces deux classes d'œuvres d'art n'ont pas le même mode physique d'existence. Les modalités respectives de leur présence et de leur existence esthétique sont différentes parce qu'elles ne *sont* pas de la même manière. L'ontologie détient la réponse ultime qu'il convient de donner à ce genre de questions.

CHAPITRE II

INDIVIDUALITÉ

Comme toutes les substances douées d'existence actuelle, les tableaux sont des individus, c'est-à-dire des êtres tels qu'on ne peut les diviser en parties sans qu'ils ne cessent d'être les objets qu'ils étaient. Quand un peintre n'est pas satisfait d'une de ses œuvres, il peut se contenter d'en rogner les bords pour en changer la forme : c'est ce que fit Ingres pour ses *Femmes de harem ;* mais on peut aussi diviser la toile en deux ou plusieurs parties, comme lorsque, d'une toile de Delacroix représentant George Sand écoutant Chopin au piano, on fit deux portraits, l'un de George Sand l'autre de Chopin. En pareil cas, parce que l'être et l'unité vont ensemble, le premier tableau cesse d'exister comme individu, mais deux autres individus le remplacent, dont les destinées et les modes d'existence deviennent distincts. En fait, l'une de ces toiles s'en alla au Danemark, dans la collection Hansen, tandis que l'autre restait en France, au Louvre. Rien n'interdit au peintre, s'il le juge possible et désirable, de tailler plusieurs petits tableaux dans un grand ; il détermine alors la naissance d'une pluralité d'objets dont chacun, considéré comme l'être qu'il est, devient un nouvel indivisible, un nouvel individu[1].

Ainsi prise en son sens classique, la notion d'individualité implique celle de singularité. Absolument parlant, une entité indivisible est par là-même unique. Leibniz aimait dire qu'on ne saurait trouver en aucun jardin deux feuilles identiques. En effet, comme il le disait souvent aussi, c'est une seule et même chose d'être *un* être et d'être un *être ;* c'est donc la même chose d'être et d'être l'individu même qu'on est.

1. Sur la dissection, par la famille de Manet, de son *Exécution de Maximilien* (National Gallery, Londres), voir A. VOLLARD, *En écoutant Cézanne, Degas, Renoir*, Paris, Grasset, 1938, pp. 125-126. — Bien que les anecdotes, souvent amusantes, contées par Vollard, ne soient pas toujours sûres, nous ne voyons aucune raison de douter de celle-ci. Il est en tout cas certain que cette composition de Manet est devenue plusieurs tableaux.

Individualité et singularité appartiennent à chaque être pris comme un tout, c'est-à-dire, au tout de l'être en question. Appliquant cette notion aux tableaux, on dira que chacun d'eux est une entité dont il ne peut exister qu'un seul exemplaire. La cause principale que la philosophie classique assignait à ce fait est la matière même de ces œuvres d'art. Bien que la doctrine n'ait jamais été acceptée par tous, même au moyen âge, beaucoup de philosophes enseignaient alors que la matière est le principe d'inviduation. Cette formule exprimait le fait évident qu'à l'ordre de la perception sensible, chaque partie de matière délimitée par des dimensions définies n'existe qu'une seule fois sous ces dimensions. Un ouvrier ou une machine peuvent produire un nombre illimité de cubes de bois et de métal dont la forme et la matière sont semblables. Ces cubes peuvent être faits de la même espèce de matière, mais la même espèce de bois n'est pas le même bois. Le nombre de chaises semblables que l'on peut faire dépend simplement de la quantité de bois dont on dispose pour les fabriquer, mais le morceau de bois particulier qui entre dans la fabrication d'une certaine chaise ne saurait entrer dans la structure d'une autre. Si l'on admet cette évidence si simple, les philosophes ont raison de dire qu'en vertu de son incommunicabilité la matière est le principe de l'individuation[2].

Cette notion doit s'appliquer aux tableaux en tant que, du point de vue de leur existence physique, ils sont de simples objets matériels. En vue des observations qui vont suivre, rappelons que nous considérons chaque tableau comme un seul objet, consistant en un support solide (pierre, bois, carton, etc.), plus les couches de couleur et de vernis qui le recouvrent. Bien que l'analyse puisse examiner à part ces divers éléments, on les considérera d'abord comme constituant, pris ensemble, une seule unité matérielle douée des propriétés que les solides tiennent de leur matérialité.

Une remarque semblable s'applique à la notion de matière en tant que, dans la philosophie classique, elle s'opposait à la notion de forme. Même de nos jours, fort peu d'historiens de l'art et encore moins d'esthéticiens ont réussi à éviter l'usage de ces deux notions, elles aussi classiques. Ils n'y recourent pourtant que de mauvaise grâce, en protestant que ces notions sont prises par eux

2. Cette doctrine scolastique, d'origine aristotélicienne, n'est pas invoquée ici pour ses implications métaphysiques. Elle est citée comme fournissant une formule technique exacte d'un fait d'expérience dont l'évidence relève du sens commun.

en un sens nouveau, sans rapport avec celui qu'elles pourraient sembler tenir de leur origine scolastique. Nul ne se soucie aujourd'hui de se compromettre avec la philosophie discréditée d'Aristote, et, en effet, depuis qu'elles ont été ridiculisées par Descartes, ces deux notions sont démodées.

On peut le regretter, au moins dans le cas présent, car même s'il est vrai que les notions de matière et de forme ne jouent presque plus aucun rôle dans l'ordre de la science, ce n'est pas une raison suffisante pour y renoncer dans l'ordre de l'art, dont il semble bien qu'elles tirent leur origine. Les arts n'ont pas emprunté ces notions de la philosophie ; au contraire, la philosophie d'Aristote les a toutes deux empruntées de l'art. Il suffisait d'ailleurs de voir un artisan faire quelque chose pour comprendre que toute fabrication consiste à prendre une matière convenable et à lui conférer la forme de l'objet désiré. Ceci reste vrai de tous les produits « faits à la main », qu'il s'agisse de plats, d'assiettes, de coupes et de cuillers, ou de vases peints, de tableaux et de statues. En retournant à la distinction traditionnelle entre matière et forme, l'art ne fait que reprendre son bien.

Ajoutons qu'on peut revenir à ces notions sans s'excuser de le faire ni préciser qu'on le fait en leur donnant un sens nouveau. Il faudrait d'abord pour cela connaître exactement le sens ancien de la distinction. Quand il y a recours, un esthéticien moderne fait d'ordinaire observer que, dans sa propre doctrine, matière et forme ne sont plus considérées comme deux entités séparables, mais simplement comme deux manières d'être toujours données ensemble, complémentaires plutôt qu'opposées, et qu'on offre à distinguer plutôt qu'à séparer[3]. Cette remarque est bien fondée.

3. « Les vieilles antinomies, esprit-matière, matière-forme, nous obsèdent encore avec autant d'empire que l'antique dualisme de la forme et du fond. Même s'il reste encore quelque ombre de signification ou de commodité à ces antithèses en logique pure, qui veut comprendre quoi que ce soit à la vie des formes doit commencer par s'en libérer. Toute science d'observation, surtout celle qui s'attache aux mouvements et aux créations de l'esprit humain, est essentiellement une phénoménologie, au sens étroit du mot. » Henri Focillon, *Vie des formes*, Paris, E. Leroux, 1924, p. 47. D'abord, la distinction classique matière-forme n'a pas été conçue comme une « antinomie », sauf, en effet, lorsque « matière » était entendu comme une pure notion abstraite : la matière première des scolastiques. Seulement, en pareil cas, ils soutenaient soit que la matière première n'a pas d'existence propre, soit que, supposant qu'elle en ait une, elle n'était pas pure possibilité, mais aussi acte, et par conséquent, forme. — Quant à limiter le point de vue du philosophe sur l'art à la phénoménologie (au sens critique Kantien), le fait même que nous n'y consentions pas nous invite à recommander la lecture des excellentes pages en faveur de cette position, dans Jeanne Hersch, *L'être et la forme*, Neuchâtel, Éditions de la Baconnière, 1946, pp. 51-54.

Il n'y a jamais de matière sans forme ; autrement, on ne pourrait ni la concevoir ni en parler. Dans l'ordre de la substance physique, il n'y a pas non plus de forme sans matière, car la notion même d'art plastique implique la réception, par une matière quelconque, des déterminations de la forme. Au plan empirique de notre enquête, sera matière tout élément soumis à l'acte déterminateur d'un autre élément, que l'on nommera forme. Ainsi, ce qui est matière sous un certain rapport peut devenir forme sous un autre. Exactement, une matière peut toujours agir comme forme en tant qu'elle-même est déjà déterminée.

I. La cause matérielle

Il est remarquable qu'on doive rappeler ces notions traditionnelles à l'occasion d'Henri Focillon, à qui l'esthétique moderne doit leur remise en honneur et leur approfondissement. L'auteur de *Vie des formes* a souligné avec force le rôle décisif joué par la matière dans la détermination de l'œuvre d'art, et il a simultanément établi que cette efficace de la matière vient de ce qui, en elle, est déjà forme. Cette réciprocité de la causalité matérielle et de la causalité formelle ne cessera de se manifester au cours de notre enquête ; elle est une source de complications, mais rien ne permet de l'éliminer.

Une simplification radicale du problème serait possible, si l'on pouvait soutenir qu'en dernière analyse, il n'y a pas de cause matérielle de l'œuvre d'art. Puisque la matière même n'y agit que par ce qu'elle a déjà de détermination formelle, pourquoi ne pas se contenter de dire que, dans un tableau, tout est forme ? On ne le pourrait que si ce qui joue dans sa structure le rôle de matière n'exerçait pas le genre de causalité, propre à la matérialité, qui consiste précisément à causer l'individuation.

Toute passive qu'elle est, cette causalité exercée par la matière produit des effets positifs, dont le principal est que, parlant à la lettre, aucune œuvre d'art ne peut être « reproduite ». Ceci résulte d'abord de la notion de matière première. Puisque l'effet de la matière est d'individuer la substance, il est contradictoire de concevoir deux tableaux comme possédant une seule et même matière, ou, au contraire, deux matières distinctes comme constituant un seul et même tableau. La toile et les couleurs en quoi l'un consiste ne sauraient appartenir en même temps à l'autre. Si deux œuvres étaient identiques à tous autres égards, elles seraient peut-être indiscernables, mais elles resteraient distinctes. Pratiquement c'est ce qui se passerait si l'on pouvait exposer ensemble un tableau et une copie en tout point parfaite de cet original. Il y aurait alors côte à côte deux œuvres entre lesquelles l'œil ne pourrait choisir, mais qui pourtant resteraient deux. La seule distinction subsistant entre elles serait ce que l'on nommait jadis une distinction numérique, celle précisément qu'on expliquait par les propriétés individuantes de la matière quantifiée.

On voit aussitôt paraître les problèmes nombreux, et peut-être insolubles, liés à la notion d'individualité dans l'ordre des œuvres d'art, particulièrement dans celui de la peinture. Il se peut que ces remarques ne soient pas applicables à tous les arts, même plastiques. Ce qui est vrai de deux tableaux ne l'est peut-être pas, ou pas aussi complètement, de deux statues. Il est en tout cas certain que ces remarques s'appliquent aux tableaux conçus comme objets matériels. L'inclusion d'une matière étendue dans leur structure fait de chacun d'eux un objet unique dont la duplication est impossible.

Mais on sait déjà que, dans l'ordre concret des œuvres plastiques, il n'y a ni matière pure, ni forme pure. La distinction numérique entre deux tableaux est donc nécessairement causée par deux matières dont chacune offre déjà une forme. Le problème de l'individuation des tableaux se pose en termes d'une matière déjà spécifiée comme une certaine sorte de matière, et puisque le travail du peintre atteint l'œuvre dans les moindres détails de sa structure, il est possible de prévoir qu'un tableau puisse être individué par des éléments matériels eux-mêmes identifiables grâce à leur forme. Non seulement la matière d'un tableau en général ne peut pas être celle d'un autre, mais la qualité de sa toile, celle de sa couleur, celle de sa touche, serait-ce celle d'une seule touche, n'est jamais identique à celle des éléments correspondants dans une autre toile. Les couleurs d'un tableau ne peuvent être, matériellement parlant, celles d'un autre, mais elles ne seront pas non plus qualitativement et formellement identiques. C'est dire que le problème de l'individuation se pose ici en fonction d'une matière prise avec les caractères qui la définissent comme matière du genre d'œuvres d'art que l'on nomme des tableaux.

Il faut poser d'abord en principe que la spécificité de l'œuvre d'art s'étend aux éléments dont elle se compose. Tout est naturel dans une œuvre de la nature ; tout est artistique dans une œuvre d'art. Quand l'artiste use d'un certain matériau pour son œuvre, celui-ci ne change pas physiquement de nature, mais il cesse d'être entièrement définissable par elle. En effet, l'artiste n'a choisi un matériau doué précisément de telles propriétés physiques qu'en vue de l'effet qu'il se propose d'obtenir. Dans l'analyse philosophique du mode d'être du tableau pris comme œuvre d'art, il faut donc toujours définir sa matière, non par ses propriétés physiques, mais par ses propriétés esthétiques. On doit ici distinguer entre deux « règnes », celui de la nature et celui de l'art. On peut encore dire qu'avec l'art « on voit s'instituer un ordre nouveau ». Il peut être excessif d'interpréter cette distinction comme un divorce, car les qualités physiques de la matière choisie sont les mêmes qui l'ont recommandée au choix de l'artiste pour ses vertus esthétiques. On l'a justement dit, « les matières de l'art et les matières de la nature » sont « unies entre elles par une rigoureuse convenance formelle[4] ». Il le faut bien, puisque ce sont les mêmes exerçant deux modes d'existence différents.

Les considérations scientifiques auxquelles se complaisent certains esthéticiens sur la physique des couleurs ne sont donc pas nécessaires au peintre et elles le sont moins encore au philosophe qui réfléchit à la nature de l'œuvre d'art. Le peintre seul a qualité pour dire si elles lui sont utiles ; on ne peut du moins hésiter sur leur manque de nécessité. En fait, c'est seulement à une date récente, et dans un petit nombre de cas, que l'on a vu des peintres se soucier de la physique des couleurs[5]. Si naturel que soit un

4. H. FOCILLON, *Vie des formes*, Paris, E. Leroux, 1934, p. 49. Il faut lire ces pages 49-51, à la fois pour leur vérité et pour leur beauté. Notre légère réserve touchant l'expression ne diminue pas la vérité de l'idée, qu'il faut conserver entière : « Le bois de la statue n'est plus le bois de l'arbre ; le marbre sculpté n'est plus le marbre de la carrière... La couleur, l'épiderme, toutes les valeurs qui affectent le tact optique ont changé » (p. 49). Ajoutons, elles ont été changées, ou retenues, par l'artiste en vue de leur contribution possible à l'effet qu'il poursuit.

5. On a souvent noté l'intérêt que certains peintres ont porté aux recherches de Chevreul. Celles-ci peuvent les avoir confirmés dans certaines certitudes nées de leur expérience personnelle. Voir Paul SIGNAC, *D'Eugène Delacroix au Néo-Impressionnisme*, Paris, Librairie Floury, 4e éd., 1949, p. 80.

tel intérêt, on ne saurait dire avec certitude que les conclusions des physiciens aient fait plus que confirmer certains artistes dans des certitudes qu'ils avaient déjà. Quand on le pose à la lumière du principe de la spécificité des matières artistiques, le problème perd beaucoup de son importance. N'importe quoi peut être matière d'une œuvre peinte, ou assimilable à la peinture, pourvu seulement qu'un peintre décide de l'utiliser en vue de la fin que lui-même poursuit. Les occasions ne manqueront pas d'en faire de nouveau la remarque ; elle ne sert ici qu'à réduire à leur importance réelle, assez faible en vérité, les données scientifiques élémentaires empruntées par certains à la physique des couleurs.

L'histoire de la peinture est aujourd'hui assez longue pour qu'on sache que les peintres ont produit des chefs-d'œuvre pendant des siècles, peut-être même des millénaires, sans avoir aucune notion de ce que nous nommons aujourd'hui théorie de la lumière. Certains peintres de la Renaissance italienne étaient plus ou moins informés du savoir de leur temps. Un artiste tel que Léonard de Vinci en était si rempli qu'il a déversé le sien dans des *Cahiers* où, pour cette raison même, on ne trouve pratiquement rien qui concerne vraiment l'art de peindre. Le plus souvent, un peintre était un ouvrier d'art dont le savoir ne dépassait guère le domaine de sa propre technique. Parlant de Lucas della Robbia, Vasari dit qu'il avait été élevé avec soin, « car il n'était pas seulement capable de lire et d'écrire, mais, comme la plupart des Florentins, il possédait l'arithmétique dont il pouvait avoir besoin[6] ». Aujourd'hui même bien peu de peintres se soucient des découvertes récentes touchant la psycho-physiologie des sensations visuelles ou la physique des couleurs.

Même s'ils pouvaient les comprendre, beaucoup d'artistes se désintéresseraient de ces connaissances, faute de leur trouver aucun rapport nécessaire avec l'art de peindre. Considérée sous sa forme la plus simple : l'optique de Newton, la notion scientifique de couleur ne présente guère d'intérêt pour les peintres. Les sept couleurs dites primitives du spectre ne sont ni primitives, ni sept. La raison pour laquelle Newton s'est arrêté à ce nombre n'a d'ailleurs rien de scientifique. Ayant observé une certaine correspondance entre les espaces occupés par les couleurs principales du spectre et les rapports numériques définissant les notes musicales de la gamme diatonique, Newton a jugé convenable de dis-

6. G. VASARI, *Le opere*, vol. I, p. 224.

tinguer autant de couleurs qu'il y avait de notes. C'était une idée intelligente, mais qui n'a rien de nécessaire. En fait, les peintres refusent de tenir pour fondamentale au moins une des couleurs du spectre de Newton, et il n'est même pas nécessaire d'avoir l'œil peintre pour s'apercevoir que l'indigo n'est que l'une des innombrables variétés du bleu. Le mot couleur ne signifie pas la même chose dans le monde qualitatif du peintre et dans le monde quantitatif du physicien[7].

On ne peut d'ailleurs séparer les couleurs des matières colorées et, de ce deuxième point de vue, la distinction des deux règnes est encore plus frappante. Par son titre même, la *New Theory about Light and Colours,* publiée en 1672, rappelle que les couleurs spectrales dont parlait Newton naissent de la décomposition de la lumière, alors que le peintre, précisément en tant que peintre, n'emploie comme matériau ni la lumière solaire ni les couleurs nées de sa décomposition[8]. Les couleurs dont usent les peintres ne sont pas des qualités pures. Ce sont des pigments préparés spécialement et choisis, en même temps que pour leur coloration, pour un grand nombre d'autres qualités qui facilitent leur usage ou leur conservation. Ces pigments sont rarement des couleurs absolument pures. Celles-ci se réduisent finalement à trois, le bleu, le jaune et le rouge, chacune d'elles étant un certain bleu, un

7. Introduction générale à la théorie des couleurs en rapport avec l'art de peindre : A. Pope, *The Language of Drawing and Painting*, Harvard University Press, Cambridge Mass., 1949 ; inclut une bibliographie. — Pour l'arrière-plan du problème, voir le fameux écrit de Gœthe sur la théorie des couleurs (*Zur Farbenlehre*, 1816), dans Goethe's, *Sämtliche Werke*, Stuttgart et Tübingen, 1851, vol. XXVIII, surtout la première partie, pp. 20-284. Traduction anglaise de cette première partie dans *Goethe's Theory of Colours*, par Ch. Lock Eastlake, London, 1840. Cette traduction inclut une série de notes empruntées à la partie historique de la *Farbenlehre.*

8. La lumière et les couleurs spectrales seraient les matériaux d'un art entièrement différent de la peinture. Un jésuite français, Louis Castel, l'a conçu comme une combinaison de son et de couleur et a imaginé, comme son instrument, ce qu'il nommait un clavecin oculaire. L'idée n'a jamais été complètement oubliée, mais la tendance actuelle est d'éliminer l'élément sonore pour ne conserver que l'élément coloré. Le « clavilux » de Thomas Wilfred (1919) est une lanterne à projections qui permet à l'artiste de donner des concerts de couleurs. Sur la question, article *Colour-Music*, The Encyclopoedia Britannica, 14th. ed., vol. 6, pp. 64-65. A. R. Rimington, *Colour-Music, The Art of Mobile Colour*, 1911. A. B. Klein, *Colour-Music, The Art of Light*, 1296. — Klein fait observer que l'analogie entre couleur et musique est décevante. L'un des principaux obstacles à la réussite d'un art de la lumière est que, s'il n'use que des couleurs lumineuses, cet art devient purement qualitatif. En peinture, dessin et composition rendent possible un calcul sensoriel que les couleurs seules ne permettent pas.

certain jaune ou un certain rouge, et toutes se modifiant pour l'œil les unes les autres du fait de leur seule juxtaposition. Un objet bleu reflète ordinairement du violet et du vert en même temps que le bleu ; le même phénomène se produit si l'objet est jaune, ou vert, et parce que les combinaisons et proportions possibles de ces tons harmoniques sont innombrables, le peintre dispose d'une quantité illimitée de pigments colorés. Autrefois, les peintres faisaient eux-mêmes leurs couleurs, ou ils les faisaient faire sous leur propre surveillance. Rien ne les empêche aujourd'hui de suivre cet exemple, mais la plupart d'entre eux achètent leurs couleurs toutes faites, telles qu'elles viennent d'usines spécialisées dans leur fabrication. Parmi les peintres, certains préfèrent employer ces couleurs telles qu'ils les achètent et qu'elles sortent du tube ; d'autres préfèrent au contraire recourir le plus souvent possible aux couleurs simples et faire eux-mêmes sur leur palette les mélanges qu'ils désirent[9]. En tout cas, la matière qui entre dans la structure des tableaux est entièrement différente des vibrations lumineuses qui causent nos sensations colorées. Elle vient de tubes assez salissants à manier et prosaïquement achetés chez un « marchand de couleurs ». Encore faut-il pouvoir les acheter et c'est souvent pour le peintre un sérieux problème. Une plume et du papier suffisent au poète ; il faut plus de matériel pour un peintre ; la peinture est un art qui coûte cher ; la sculpture est un art ruineux.

Ce matériel de l'œuvre d'art est lui-même l'œuvre d'une industrie dont les inventions sont le premier moment de la création des tableaux. De même que la création des instruments de musique précède et conditionne celle des sons dont se compose la musique, la création des couleurs précède celle des tableaux dont elles sont la matière. Le peintre joue des couleurs comme l'exécutant joue de son instrument, mais les instruments et les couleurs doi-

9. Voir la scène rapportée par Émile Bernard. Cézanne le regardait peindre ; Bernard se servait d'une palette chargée de peu de couleurs : blanc d'argent, jaune de chrome, vermillon, bleu d'outremer, laque de garance (dont il avait évidemment besoin pour obtenir sa gamme de rouges). Cézanne demanda : « Vous peignez avec cela seulement ? — Mais oui. — Où est votre noir de pêche ? où, votre terre de Sienne, votre bleu de cobalt, votre laque brûlée ?... Il est impossible de peindre sans ces couleurs ; ... et il me réclamait vingt couleurs dont je ne m'étais jamais servi ». E. Bernard, *Souvenirs sur Paul Cézanne et lettres*, Paris, A la rénovation esthétique, 3e éd., s. d., p. 35. — Sur la palette de Cézanne en 1904 (dix-huit couleurs), pp. 63-64.

vent être d'abord inventés. Tout est donc art dans l'art de peindre, jusqu'à la matière même de l'œuvre. L'invention d'une technique nouvelle reposant sur l'usage d'un matériau nouveau, comme fut celle de la peinture à l'huile au temps des Van Eyck, est le point de départ d'une ère nouvelle dans l'histoire de l'art. A un plus modeste niveau, tout progrès technique dans la fabrication industrielle des couleurs produites à l'usage des artistes exerce une influence observable sur le travail des peintres qui les emploient et sur les œuvres qu'ils produisent.

Au plan le plus fondamental, qui est celui de l'existence même, la survie des tableaux dépend directement de celle des matériaux dont ils sont faits. Plus exactement, elle est identiquement la même. Il suffit d'une couleur qui joue pour désaccorder l'harmonie d'une toile. Il peut d'ailleurs arriver que l'emploi de pigments périssables amène à plus ou moins brève échéance la destruction complète de l'œuvre. L'histoire de l'art abonde malheureusement en exemples de telles pertes[10] et les peintres d'aujourd'hui, si mal renseignés sur la fabrication des couleurs que l'industrie chimique moderne met à leur disposition, expriment souvent leurs craintes sur la manière dont le temps traitera leurs œuvres.

Au plan de la matière picturale déjà déterminée par sa forme qualitative, le rôle de l'invention et de la production industrielle n'est pas moins considérable, mais il est moins aisé à décrire. La qualité ne se définit ni se se décrit. Ceci est particulièrement vrai dans le cas des couleurs, dont la qualité sensible est liée à l'usage même qu'en fait le peintre. L'un des faits premiers auxquels il faut toujours revenir est l'aptitude, ou le manque d'aptitude, de certaines sensibilités à éprouver du plaisir à la vue de certaines

10. Comme symbole d'une longue série de désastres dus à la mauvaise qualité des pigments employés par les peintres, rappelons l'incident de la *Bataille d'Anghiari* par Léonard de Vinci : « Pensant qu'il pouvait peindre à l'huile sur le mur, il fit une préparation si grossière pour encoller le mur que, pendant qu'il continuait son travail dans cette salle, la peinture se mit à couler, gâtant ce qu'il venait de faire, si bien qu'en peu de temps il l'abandonna » G. Vasari, *Le opere*, vol. I, p. 450. Léonard peignit aussi une *Vierge à l'enfant* avec un soin et un art infinis, mais elle est aujourd'hui très abîmée, peut-être par la faute des autres, mais peut-être simplement à cause de ses nombreux et fantaisistes mélanges de vernis et de couleurs. *Op. cit.*, vol. I, p. 451. La ruine de certains tableaux modernes, de Delacroix à nos jours — car elle peut être rapide — n'a pas d'autre cause que l'instabilité du matériau employé. Voir *Journal de Eugène Delacroix*, Paris, 29 juillet 1854: vol. II, p. 222.

couleurs[11]. Mais non pas à leur vue seule. Les pigments colorés dont use le peintre sont des pâtes qu'il a plaisir à presser, à étaler, à masser et dont l'aspect visuel, outre la couleur proprement dite, suggère à l'imagination mainte image tactile ou musculaire. Le peintre use donc d'une matière au sens plein et concret du mot. Cette matière ne se trouve pas telle quelle dans la nature, et même dans les cas exceptionnels où elle s'y rencontre, le choix de l'artiste est encore requis pour l'inventer comme matière d'une œuvre d'art possible. De quelque manière qu'on envisage le problème, tout commence donc ici par une double invention, ou plutôt, puisque les couleurs industriellement fabriquées ou faites par l'artiste lui-même sont toujours produites en vue de l'œuvre à peindre, par une seule invention, celle d'une matière produite ou choisie en vue de la forme qu'elle va recevoir[12].

Sur ce point encore, on ne peut faire mieux qu'approuver Henri Focillon, dans les admirables pages où il a décrit la « vocation formelle » des matières employées par le peintre[13]. Dès qu'il choisit de travailler avec l'une quelconque des nombreuses sortes de crayons, de craies ou de couleurs liquides dont il dispose, le peintre accepte déjà les déterminations formelles de la matière qu'il emploie et, avec elles, celles qu'elles imposeront nécessairement à son œuvre. Même s'il avait réussi à la peindre à l'huile sur un mur, la *Vierge à l'enfant* de Léonard n'aurait pas été une fresque. Assurément, la « vocation formelle » de la matière n'est pas une nécessité déterminante qui contraindrait l'artiste, mais elle définit pour lui un champ de possibilités qui, si ample soit-il, n'est pas infini. Disons, si l'on préfère, que les possibilités n'y sont infinies en nombre qu'à l'intérieur de ses limites formelles. C'est d'ailleurs pourquoi, une certaine matière appelant nécessairement

11. Voir la dernière note du *Journal de Eugène Delacroix*, 22 juin 1863; vol. III, p. 335.

12. H. Focillon a fait la profonde remarque que la peinture, si souvent conçue comme un art consacré à l'imitation, et qui donne l'apparence de l'être, commence par la décision créatrice d'extraire, d'un matériau pourvu par la nature, une nouvelle nature qui consiste à être celle d'une œuvre d'art. Nous ne pouvons ici que renvoyer à *Vie des formes*, pp. 50-51.

13. H. Focillon, *Vie des formes*, pp. 48-51. — « Pas tant d'analyse, sauf celle des matières qu'il emploie, et qui l'attirent (il = votre ami). Elles détiennent elles aussi, en elles-mêmes, une part du secret. Elles sont de meilleur conseil que les maîtres. Elles priment toutes les théories. Qu'il « ausculte » avec subtilité leurs ressources. Plus il les connaîtra, plus son esprit les illuminera. L'art expressif n'irradie dans sa plénitude que par des substances ». O. Redon, *A soi-même*, p. 108.

certaines manières de la traiter entre lesquelles le choix reste libre, mais en excluant absolument beaucoup d'autres, il n'est pas illégitime de rapprocher les deux notions de matière et de technique. C'est aller trop loin que de les identifier[14] mais les séparer serait une erreur beaucoup plus grave. Il y a, entre l'œuvre peinte et sa matière, des causalités réciproques dont on peut dire qu'elles ne sont jamais deux fois identiques, mais qu'elles y sont toujours présentes puisqu'elles sont la texture même de l'œuvre d'art.

Si élémentaires soient-elles, ces remarques ne sont pas inutiles, car la solution de plusieurs problèmes en dépend et ces problèmes ont tenu beaucoup de place dans la vie de certains artistes. Les éléments matériels d'une peinture dite « à l'huile » ne se réduisent pas aux pigments colorés et à l'huile qui les véhicule. Il entre encore dans sa composition des résines, des laques, des terres, des essences et des vernis dont la composition varie. Les couleurs ont été et sont encore produites d'un grand nombre de manières différentes. Il n'y a somme toute aucune limite à la variabilité du matériel employé par les peintres, et rien n'est plus facile à vérifier, mais il faut plus de temps, si l'on n'est peintre soi-même, pour comprendre que cette diversité des matières employées entraîne une diversité formelle correspondante dans les œuvres peintes. On peut même se demander si certains peintres l'ont compris.

Combien ont été hantés par la conviction qu'il y eut jadis un

14. « Importance du véritable (élément technique) pour la perfection des ouvrages. C'est dans les plus grands maîtres qu'il est le plus parfait du monde : Rubens, Titien, Véronèse, les Hollandais ; leur soin particulier, couleurs broyées, préparations, dessication des différentes couches... Cette tradition tout à fait perdue chez les modernes. Mauvais produits, négligence dans les préparations, toiles, pinceaux, huiles détestables, peu de souci dans l'artiste. David a introduit cette négligence en affectant de mépriser les moyens matériels. » *Journal de Eugène Delacroix*, Paris, 11 janvier 1857 ; vol. III, pp. 11-12. — « On dirait que l'art de peindre est depuis longtemps un secret perdu et que les derniers maîtres tout à fait expérimentés qui le pratiquèrent en ont emporté la clef avec eux. Il nous la faudrait, on la demande, personne ne l'a plus ; on la cherche, elle est introuvable. » Eugène FROMENTIN, *Les maîtres d'autrefois*, Hollande, ch. VI Paris, Nelson, p. 206. — « C'est pourquoi, praticien misérable, toujours en quête d'une nourriture traditionnelle, il passe devant la perfection (lorsqu'elle peut se deviner sous l'absurde patine de la *Venus* d'Urbin ou de la *Mise au tombeau*) ; il passe ainsi qu'il passerait devant les portes d'un paradis perdu, et il court alimenter son courage et fouetter son imagination auprès des frais et rudes primitifs, techniciens du ton local et de la déformation expressive. » André LHOTE, *La peinture, Le cœur et l'esprit, suivi de Parlons peinture*, Paris, Denoël, 1933, p. 290.

secret de l'art de peindre, connu de tous les maîtres, transmis d'atelier en atelier, et que nous avons laissé perdre ? Cette conviction est si commune chez les peintres qui ont écrit sur leur art, qu'on ose à peine douter de son bien-fondé[14]. Si vraiment il a jadis existé un art de peindre dont, avec toutes les variations que l'on voudra, les règles fondamentales étaient connues partout où il y avait un maître, comment concevoir que la mémoire en ait été perdue, depuis le début du dix-huitième siècle par exemple, dans tous les ateliers à la fois ? Un sentiment si fréquemment exprimé par les artistes doit correspondre à quelque réalité, mais on peut se demander si la perte des techniques dont on se plaint ne s'expliquerait pas simplement par celle des matériaux dont on usait jadis. Dans la mesure où la matière de l'œuvre en détermine la technique, il faut que l'une et l'autre se perdent à la fois.

La portée du problème se mesure aisément, si l'on pense au rêve qu'ont nourri certains peintres, excellents techniciens et d'ailleurs riches de dons naturels, de recommencer, au moins quant à la technique, l'art des maîtres dont les œuvres s'offrent à notre admiration dans les musées. Partant de cette même conviction que les grandes techniques picturales de la Renaissance se sont mystérieusement perdues depuis plus de deux siècles, de purs techniciens ont entrepris des recherches, d'ailleurs extrêmement intéressantes en elles-mêmes, pour retrouver les méthodes employées par des maîtres tels que Jan van Eyck, Memling, Titien, Rubens, Rembrandt et Vélasquez.

Il y a quelque chose de pathétique dans le spectacle d'artistes aussi doués que Louis Anquetin et qu'Émile Bernard, renonçant à peindre pour se mettre en quête de ces secrets perdus[15] ou s'épuisant en efforts pour réussir des toiles dont l'effet général rappellerait, dès le lendemain de leur naissance, celui que produisent aujourd'hui les œuvres de Titien ou de Véronèse. Si utiles que soient de tels efforts, ce qu'ils ont au fond de chimérique, et par suite de malfaisant, ne doit pas être ignoré. C'est d'ailleurs ce dont l'un de ceux qui ont poussé cet effort le plus loin nous avertit lui-même. Pour faire un tableau techniquement semblable à ceux des maîtres d'autrefois, il faudrait disposer des matières dont ils

15. Jacques MAROGER, *The Secret Formulas and Techniques of the Masters*, traduit du français par El. Beckham, New York et Londres, 1948. Sur le cas Anquetin, « le Michel-Ange français », qui d'ailleurs fut trompé par les multiples couches de vernis dont les tableaux anciens étaient alors couverts et qu'il prit pour des glacis, p. 9.

disposaient eux-mêmes. Encore faut-il pour cela ne pas confondre la connaissance des recettes suivies par les anciens peintres avec la possession des matériaux qui entraient jadis dans la composition de ces recettes[16]. Une fois de plus, l'étroite parenté de la matière et de la technique développe ici ses conséquences avec une sorte de nécessité.

D'autres, plus profondes encore, ont la même source. On en verra plusieurs s'expliciter au cours de nos analyses, mais il faut dès à présent en signaler une dont la méconnaissance est à l'origine de confusions regrettables que l'on a récemment propagées par l'image et par le livre. La vocation formelle des matières a pour conséquence que n'importe quelle matière n'est pas susceptible de n'importe quelle forme. Si donc on veut transférer une forme d'une matière à une matière d'espèce différente, il est nécessaire de la modifier. Autrement dit, parce que les matières ne sont pas simplement interchangeables, une forme ne peut passer d'une matière à une autre sans subir ce que l'on a très justement nommé une « métamorphose[17] ». Il est vrai que la main d'un artiste se reconnaît souvent dans ses manières différentes de traiter diverses matières. Un dessin d'Ingres à la mine de plomb, une sanguine de Watteau, révèlent des qualités semblables à celles des tableaux peints par les mêmes maîtres ; pourtant, non seulement on imagine mal une sanguine de Watteau copiée par Ingres à la mine de plomb[18], mais on peut constater sur d'innombrables exemples qu'un portrait au crayon exécuté par Ingres se propose des fins plastiques tout autres que celles qu'il poursuivait dans ses por-

16. J. Maroger, *op. cit.*, p. 12. Cite à ce sujet l'opinion de J.-L.-F. Mérimée (père de Prosper) dans son traité *De la peinture à l'huile*, 1830 ; *op. cit.*, p. 11. J. Maroger rappelle au même lieu (p. 12) que Mérimée a donné les formules de quatre sortes de vernis, dont certains se sont avérés désastreux en pratique ; notamment celui dont s'est servi Prudhon pour son *Christ en croix* actuellement au Louvre. Cf. « Or, il n'est actuellement à la portée de personne, même du génie, de réaliser l'équivalent de cet art [de Titien et de Véronèse] *dont toute l'expression réside dans la matière picturale*. Aurions-nous le temps nécessaire (il faudrait d'abord pouvoir échapper à la vie des capitales), que nous n'aurions à notre disposition aucun des matériaux indispensables. Les huiles, les essences, les résines, les couleurs n'ont aucun rapport avec ce qu'elles étaient encore au XVIIIe siècle. On voit aujourd'hui se corrompre, d'année en année, les derniers bons produits, comme ce siccatif de Harlem dont se servirent Ingres et Cézanne ; mais possèderait-on ce précieux matériel qu'on ne saurait s'en servir. » A. Lhote, *La peinture*, pp. 289-290.

17. H. Focillon, *Vie des formes*, p. 52.

18. Hypothèse *per impossibile* feinte par H. Focillon, *op. cit.*, p. 51.

traits à l'huile. Ingres est un des peintres qui se sont imposé le plus sévèrement de maintenir dans leurs œuvres peintes la suprématie du dessin sur la couleur. Entre tant d'autres aphorismes qu'on lui a prêtés, l'un des plus souvent cités dit que « le dessin comprend tout, excepté la teinte » ; il n'en reste pas moins vrai que les réussites quasi-miraculeuses de son crayon représentent des manières de cerner la forme, de calculer les volumes et surtout peut-être d'occuper l'espace, très différentes de celles des grands portraits à l'huile présents à toutes les mémoires. Qu'on jette un coup d'œil au crayon de Mme Destouches et au portrait de Mme Rivière (tous deux au Louvre), ou aux deux portraits, l'un dessiné et l'autre peint, de Marcotte d'Argenteuil (National Gallery of Art), la différence des techniques de la forme frappera aussitôt le regard. Dans un crayon, le trait occupe l'espace sans le couvrir. C'est le triomphe du dessin et un portrait à la mine de plomb lui doit tout. Quand on demande à l'huile de n'être qu'un dessin colorié, elle permet encore de belles réussites, mais elle se venge. Et Ingres le savait. Comme on lui suggérait un jour d'exposer quelques dessins en même temps que des toiles, il refusa de le faire parce que, pensait-il, le public n'eût plus regardé que les dessins. Si peu qu'une forme se trompe de matière, celle-ci reprend ses droits.

L'histoire permet de confirmer expérimentalement cette vérité. Quand un art tente de soumettre sa propre matière à la forme d'un autre art, il dégénère. Il y eut de tout temps des mosaïstes pour essayer de faire des fresques, parfois des tableaux, au moyen des petits morceaux de matière solide colorée dont ils usent pour faire leurs œuvres Déjà dans l'antiquité, mais plus encore depuis la Renaissance, on a voulu que l'assemblage de ces pièces rapportées formât une sorte de peinture. Mais la matière de la mosaïque est bien différente de celle dont on fait les fresques. Les pièces dont use le mosaïste sont discontinues ; le choix des couleurs dont il peut faire usage est limité par l'assortiment des fragments dont il dispose ; enfin, employée comme elle l'est souvent pour la décoration de vastes surfaces et destinée à être vue de loin, la mosaïque appelle alors des figures résolument stylisées, assemblées en une composition immédiatement lisible, posées sur d'amples champs colorés et comptant elles-mêmes pour leur effet sur les masses plutôt que sur les détails. Les mosaïques byzantines semblent avoir trouvé la forme de leur matière. Quand on compare les mosaïques de Torcello avec la fameuse *Navicella* de Giotto, la décadence de cet art frappe aussitôt les yeux. La *Navicella* n'est déjà plus une mosaïque, c'est une peinture faite avec la matière d'une mosaïque. L'admiration qui accueillit cette œuvre d'un genre, sinon nouveau du moins oublié depuis longtemps, un tableau en mosaïque, ne se trompa pas d'adresse. Elle alla droit au pêcheur à la ligne. Vasari ne cache pas la sienne devant cet homme si bien représenté au naturel, assis sur un rocher, avec l'attitude de patience propre à ses pareils et, « sur le visage, l'espoir et la volonté de prendre du poisson ». Pêcher à la ligne en mer pendant une tempête suppose en effet une espérance chevillée au corps. On peut admirer avec Vasari le tour de force qui consiste à réussir pareille image avec de petits morceaux de verre[19] ; la *Navicella* de Giotto n'en a pas moins porté à la mosaïque un coup dont cet art ne s'est pas encore relevé.

Des remarques analogues s'appliqueraient à l'art du vitrail, dont le matériel est la lumière diffusée, et non plus la lumière réfléchie qui est celui de la peinture. Les verriers du moyen âge, qui fut l'âge d'or du vitrail, ne se souciaient pas de faire de la peinture sur verre ; ils n'essayaient même pas de peindre des mosaïques transparentes ; leur art n'employait les sujets que comme prétextes à des jeux de formes et de lumière dont, à Chartres et à Bourges par exemple, le plaisir qu'ils donnent dispense de toute autre justification. Mais on en dirait autant des arts de la tapisserie, de la broderie et de tous ceux qui leur sont apparentés. Le tapissier dispose comme matière de laines teintes dont la consistance ne rappelle en rien celle des pâtes employées dans la peinture à l'huile ; si extraordinairement nombreuses qu'elles soient devenues de nos jours, les couleurs de ces laines sont en nombre infini et le mélange en est impossible, sauf le mélange optique résultant spontanément dans l'œil de leur juxtaposition sur une surface plane. Comme le vitrail, la tapisserie s'est de plus en plus ouvertement assigné pour but de produire des œuvres tissées aussi semblables que possible à des œuvres peintes. La technique requise par cet effort s'est si profondément implantée au cours des deux derniers siècles, que les artistes qui luttent aujourd'hui pour ramener la tapisserie au genre de formes requis par sa matière propre, se heurtent à la résistance

19. G. Vasari, *Le opere*, vol. I, p. 120. Vasari loue expressément la réussite d'une unité obtenue avec des morceaux de verre, surtout celle qui se voit dans les blancs et les ombres de la grande voile, « la quale col pennello quando si facesse ogni sforzo, a fatica si pareggerebbe. »

des praticiens eux-mêmes[20]. Peut-être ne leur ôtera-t-on jamais tout à fait l'idée, si répandue chez les faiseuses d'« ouvrages de dames », que plus un travail est fin, plus il est beau. Qui n'a vu, exposées côte à côte dans quelque musée, des fleurs peintes à l'huile et la reproduction du tableau brodée à l'aiguille ? De loin, dit avec admiration le guide, on n'en fait pas la différence, et c'est parfois vrai, mais alors, sauf peut-être, pour la brodeuse, le plaisir de la difficulté vaincue, pourquoi faire si difficilement à l'aiguille ce qui se réussit plus facilement au pinceau ? L'une au moins des deux matières se trompe ici de forme. Si sa métamorphose ne se produit pas quand la forme passe d'une matière à l'autre, « la matière demeure et la forme se perd ».

II. Individualité et authenticité

Les tableaux sont individualisés et situés dans l'espace par leur matière, mais ils durent dans le temps. Considéré comme un individu, tout objet matériel entretient avec soi-même une relation spécifique du seul fait que, restant *le même* aux divers moments de sa durée, il jouit d'un mode continu d'existence. Cette propriété qu'a le tableau de durer sans changer est ce que l'on nomme son identité.

L'identité est la persistance dans le temps d'une individualité qui reste ce qu'elle est. Cette notion est l'une de celles qui désignent les propriétés fondamentales de l'être en tant qu'être et qui, pour cette raison même, défient l'analyse et la définition. Puisque la notion d'être est comme l'étoffe commune dont sont faites nos pensées, tout effort pour la définir, elle ou ses propriétés transcendentales, exige qu'on définisse l'être par l'être. On est alors dans le tautologique, et l'on y reste si l'on essaie d'expliquer ce que c'est, pour un être quelconque, que d'être un, ou identique à soi-même. Car il n'y a aucune différence entre cesser d'être et cesser d'être ce que l'on est.

20. Marc Saint-Saens, *Le carton et la création dans la tapisserie*, dans *Formes de l'art...*,pp. 176-184.

Dans le cas d'une œuvre peinte, il n'y a non plus aucune différence entre rester la même et rester matériellement la même. Il arrive assez souvent qu'une toile célèbre soit volée et disparaisse d'un musée. Le plus souvent, mais non pas toujours[21], le tableau revient finalement à sa place et le public est assuré par les autorités compétentes, appuyées de leurs experts, que l'œuvre d'art heureusement de retour est identiquement celle qui venait d'être volée. Les méthodes modernes d'identification, avec le bertillonage perfectionné auquel elles soumettent les tableaux, permettent d'ailleurs de résoudre les problèmes de ce genre avec un haut degré de probabilité. S'il s'agit d'une toile dont chaque centimètre carré est connu avec une exactitude micrographique, comme ce fut le cas lors du vol de la *Joconde*, la probabilité devient certitude. Une question ne s'en pose pas moins régulièrement dans l'esprit du public : la toile rapportée est-elle vraiment la même que celle qui avait été volée ? L'identité d'un certain individu est donc bien ici en question.

Une autre notion, à la fois distincte et inséparable de la précédente, est celle d'authenticité. Il arrive souvent que l'identité d'un certain tableau, depuis une époque très ancienne jusqu'à nos jours, puisse être établie avec certitude sans que l'on puisse pourtant savoir qui fut l'auteur du tableau. Tel est, par exemple, le cas d'innombrables fresques égyptiennes, grecques, indiennes ou médiévales dont on ne saura jamais par qui elles furent peintes et dont la haute ancienneté n'est pas douteuse. Les peintures découvertes à Altamira, à Lascaux et autres sites semblables, remontent à des dates si éloignées de nous dans le temps, qu'il nous faut faire un effort pour leur associer les notions de peinture et d'art. Cela est si vrai qu'une certaine incrédulité accueille d'ordinaire l'annonce des découvertes de ce genre. On met en doute que ces œuvres puissent être authentiques ; mais le mot ne signifie pas alors qu'on doute du nom de leur auteur, il signifie simplement que ces œuvres ne remontent pas aussi loin dans le temps que ceux qui les ont découvertes le prétendent. Le manque d'authenticité qu'on leur reproche est, en fait, leur modernité.

Le problème d'authenticité proprement dite ne se pose qu'à propos d'œuvres peintes dont les auteurs, connus ou non, ne sont pas, en droit, impossibles à connaître par les méthodes ordinaires

21. Le panneau du fameux retable de Saint Bavon, à Gand, le chef-d'œuvre universellement connu des Van Eyck, n'a pas encore été retrouvé.

de la recherche historique. L'intérêt attaché à cette notion s'exprime sous forme concrète dans les nombreux écriteaux, attachés aux tableaux de nos musées, qui, ne portant aucun nom d'auteur, s'efforcent du moins de leur attribuer une origine imaginaire et même de constituer à ces auteurs une sorte de fiche d'identité. Certaines toiles seront attribuées au Maître de l'Annonciation de X, c'est-à-dire à un inconnu, qui cesse pourtant de l'être entièrement dès qu'on peut lui attribuer une œuvre. Elle fait connaître sa nature, et à son tour, il en explique l'existence. Certaines autres toiles en quête d'auteur seront attribuées « à l'école de X », c'est-à-dire à un peintre inconnu dont on croit du moins savoir qu'il gravitait autour d'un peintre connu. Pour des raisons mystérieuses, et qui n'ont d'ailleurs presque aucun rapport avec la peinture, nous désirons si vivement connaître le nom de l'auteur d'un tableau[22] que nous lui en fabriquerons un, s'il le faut, plutôt que de nous résoudre à l'ignorer. Pourtant, le nom de l'auteur et son identité même, n'ont aucun rapport nécessaire avec la valeur artistique d'une œuvre. Un tableau est par lui-même ce qu'il est ; la question de son authenticité ne devrait même pas se poser.

Elle se pose pourtant toujours. Si les musées affichent tant de tableaux comme « attribués à », ou « de l'école de », c'est sans doute que, dans notre imagination du moins, la connaissance d'une œuvre n'est pas complète tant que nous ignorons le nom de son auteur[23]. C'est un sentiment du même genre, semble-t-il, qui

22. Voir l'anecdote sur A. Vollard rapportée par Maurice VLAMINCK, *Portraits avant décès*, Paris, p. 88. Un client montre à Vollard un tableau ancien et lui demande ce qu'il en pense. Le client lui demande si c'en est *un vrai*. A quoi Vollard réplique : « Un vrai quoi ? » Comment savoir qui a fait un tableau peint il y a plus qe trois siècles ? Ce peut aussi bien être une réplique ou une copie ancienne de quelque œuvre du peintre en question. En tout cas, si quelqu'un peut trouver la réponse, ce n'est pas un peintre en tant que peintre, c'est un expert.

23. Rattacher une œuvre peinte à une certaine école est vraiment l'identifier, jusqu'à un certain point, si l'on entend par « école » un groupe de peintres dont les œuvres offrent une ressemblance de style due à l'influence dominante d'un certain maître (école de Giotto), ou de traditions elles-mêmes dues à la survivance d'une influence locale de ce genre (école Ombrienne). Cette notion se relie naturellement à celles d'identité et d'authenticité. Un tableau de l'école de Rembrandt porte indirectement la marque de l'influence du maître et de son style. Dans la mesure, si faible soit-elle, où le style d'une œuvre quelconque a le sien pour cause, il en est l'auteur. C'est d'ailleurs ici un champ où l'imagination se donne libre carrière. Sur le peintre « Amico di Sandro », créé par Bernard Berenson pour donner un père à des tableaux orphelins, voir S. N. BEHRMAN, *Duveen*, New York, 1952, pp. 156-158, Après l'avoir inventé, Bernard Berenson le fit rentrer

incline à penser que l'identité d'un homme n'est pas complètement établie si l'on ne sait pas, avec le lieu et la date de sa naissance, les noms de ses parents. Un marchand de tableaux soucieux de l'origine des toiles qu'il met en vente — et il doit l'être puisque leur valeur commerciale est alors en cause — se contentera rarement de dire : ceci est un Delacroix, ceci est un Manet ; il fera de son mieux pour reconstituer l'histoire de chaque tableau vraiment important, remontant de possesseur en possesseur jusqu'à la première personne qui l'obtint directement de l'artiste. Dans le cas d'œuvres modernes, la chose est souvent possible ; elle l'est même parfois pour certaines œuvres datant du XVIe siècle. Si l'on peut établir, actes en mains, qu'une certaine toile a été peinte par un nommé Giorgione pour l'église de Castelfranco Veneto, et qu'elle s'y trouve encore, son authenticité est établie autant qu'une conclusion historique peut l'être. Quoi qu'il en soit, le désir d'établir des conclusions de ce genre semble reposer sur la conviction que, bien que l'identité d'un tableau soit indépendante de celle de sa cause, la connaissance de cette cause est nécessaire à sa complète identification.

La seule explication concevable de ce paradoxe est que des éléments étrangers à la nature des tableaux en tant que tels soient inclus dans l'expérience esthétique que nous en avons. Le plus évident est notre manque de confiance dans la solidité de nos jugements en matière de peinture. La gloire des maîtres repose sur une sorte de consentement créé ou entretenu par les critiques, les marchands de tableaux, les historiens et même, de plus en plus, par une certaine presse toujours en quête de vedettes, artistiques ou autres, dont il importe que le nom conserve auprès du public une valeur publicitaire monnayable à tout moment. Il en est encore plus évidemment ainsi des maîtres d'autrefois, dont la renommée est assise depuis longtemps sur un consentement devenu pratiquement universel. Pourvu seulement qu'on en sache les noms, même si l'on n'a vu que peu de leurs œuvres et pas toujours les principales, on sait à n'en pas douter que Michel-Ange et Véronèse

dans le néant dont il l'avait fait sortir. Les œuvres d'Amico di Sandro furent alors redistribuées entre Botticelli, Filippino Lippi et Ghirlandaio, mais certains amateurs, qui avaient acheté un Amico di Sandro sur la foi d'un expert aussi célèbre, maintinrent son existence contre celui même qui les en avait d'abord convaincus. — Sur le Botticelli qui n'était pas un Botticelli, *op. cit.*, p. 179. Sur le Giorgione qui était un Titien (mais un Titien « giorgionesque », p. 183) et qui est présentement exposé comme un Giorgione à la National Gallery of Art (Washington), pp. 184-186.

furent de grands peintres. Les gloires de ce genre sont à l'abri de toute opposition, sauf celle des futuristes, surréalistes et autres iconoclastes de principe, dont les attaques sont d'ailleurs encore un hommage. Toute œuvre attribuée à de tels artistes est belle en vertu de sa seule attribution. C'est pourquoi, dans les musées, tant de visiteurs regardent les noms des peintres avant de regarder les tableaux. D'abord, les musées modernes sont si nombreux et parfois si grands que le visiteur qui « fait » l'un d'eux est souvent pressé. N'ayant pas le temps de tout voir, il compte sur le nom du peintre pour lui dire ce qui vaut la peine d'être regardé. Il ne se fie d'ailleurs pas à son œil. Son admiration s'est souvent trompée d'adresse, et il s'en souvient avec amertume. Le plus sûr est pour lui de faire ce que John Constable a spirituellement appelé « s'en remettre à la règle du nom[24]. » Si un tableau est de Titien, il doit être bon. Nous sommes bien loin de penser que cette règle du nom ne joue pas. L'ennui est plutôt qu'elle joue toujours, même quand l'attribution est fausse. On a vu de grands artistes enchantés de toiles de deuxième ordre, ou de copies de toiles de premier ordre qu'ils prenaient pour des œuvres de maîtres[25]. Il y a là un curieux problème, et même une sorte d'énigme dont, sans espoir d'en trouver le mot, il n'est pas inutile d'examiner les termes.

On peut d'abord écarter l'aspect commercial du problème. En 1937, à Paris, de nombreux visiteurs ont pu voir exposé, sous le nom de Paul Gauguin, un paysage de Bretagne que l'on datait de la première période de son art. L'œuvre n'était pas signée, mais le catalogue de cette exposition officielle de cent ans de peinture

24. « X is annoyed by your designating his old masters trash. *He goes by the rule of name.* ». John Constable à J. Fisher, 13 avril 1822 ; dans Leslie, p. 90.

25. Non point toujours, pourtant. On a plaisir à voir Delacroix, qui croyait posséder un Watteau, le juger sans aucun souci de la règle du nom. « Dans mon Watteau, les arbres du fond, quoique à un plan peu reculé, sont extrêmement clairs : il ne s'y trouve pas un seul ton, non plus que dans les tombeaux, qui rivalise même de loin pour la vigueur avec ceux du premier plan. Il en résulte même un défaut de liaison que je trouve choquant quand je le compare avec mon *Trajan ;* chaque petite figure est isolée, et on voit trop clairement qu'elle a été faite à loisir, indépendamment de ses voisines. » *Journal de Delacroix*, Paris, 14 mars 1858 ; vol. III, pp. 180-181. Tout, dans ce texte, est intéressant. On y voit Delacroix prendre pour un Watteau ce qui n'était qu'une entre plusieurs copies d'un célèbre tableau aujourd'hui à l'*Ermitage* (*op. cit.*, vol. III, p. 143, note 1). Persuadé qu'il a un Watteau sous les yeux, il en fait pourtant une critique impitoyable et, à ce faux Watteau, il préfère fort justement sa petite esquisse de la *Justice de Trajan* qui, elle, était un vrai Delacroix.

française l'attribuait à Gauguin. Nul ne semble avoir protesté, jusqu'à ce que l'auteur du tableau, Émile Bernard, qui avait reconnu son œuvre, en revendiquât la paternité[26]. On rectifia donc l'attribution, mais le résultat fut que du jour au lendemain, le tableau demeurant identiquement le même, il perdit une partie considérable de sa valeur marchande. Il ne s'agissait pas d'un faux, mais simplement d'une fausse attribution. Pourquoi le prix d'une même toile devrait-il être si différent selon qu'elle passe pour être l'œuvre d'Émile Bernard ou de Gauguin ? Le fait doit avoir ses raisons, mais, du point de vue de l'appréciation esthétique, il est difficile d'en trouver une. Tenons-le donc pour étranger, sinon au commerce de l'art, du moins à l'art.

Le cas désormais célèbre du faux Vermeer de Van Meegeren était entièrement différent. Il ne s'agissait plus cette fois d'une fausse attribution, mais d'un faux pur et simple et, puisqu'il y avait eu fraude commerciale, d'une transaction dont la justice avait à connaître. Une fois de plus, nous laisserons de côté cet aspect du problème pour n'en retenir que celui qui intéresse l'appréciation esthétique des œuvres d'art, particulièrement celle des tableaux.

S'amuser une fois de plus d'une mésaventure d'experts, c'est prendre la question par son côté le plus petit et le moins intelligent. Son intérêt réel apparaît si l'on part du fait que l'erreur fut possible. Les experts n'ont aucun désir de se tromper, et les tromper n'est pas chose tellement facile. A tout prendre, leur compétence dépasse de loin celle de leurs critiques dont le triomphe est après coup sans mérite. Il faut aussi comprendre que, si l'expert se trouve aux prises avec un faussaire doué de talent et de compétence, les chances sont naturellement du côté du faussaire. Mais la vraie question est de savoir si, dans un cas de ce genre, le faux a réellement fait tort à quelqu'un. Du point de vue de l'expérience artistique elle-même il n'y a aucune différence entre un Vermeer

26. Sur le peintre Émile Bernard, voir B. Dorival, *Les étapes de la peinture française contemporaine*, Paris, Gallimard, 1943 ; vol. I, pp. 98-102. Après une première période où ses œuvres et celles de Gauguin se ressemblent (1886-1893), E. Bernard se tourna comme Anquetin vers la redécouverte de l'art des musées. N'ayant nous-même aucun don pour la critique d'art, nous ne nous demanderons pas si l'on s'est montré tout à fait équitable à l'égard d'E. Bernard. Nous nous contenterons d'observer qu'en tout cas ce peintre a écrit des livres fort intelligents. Nous aurons plusieurs fois à citer ses précieux *Souvenirs sur Paul Cézanne et Lettres*, Paris, A la Rénovation Esthétique, Paris, s. d. Le colophon dit : Décembre 1920.

authentique et un faux Vermeer dont on ne voit aucune raison de suspecter l'authenticité. En fin de compte, le fait qu'il faille mobiliser des chimistes et des physiciens pour trancher la question montre bien que l'appréciation esthétique est incapable de trancher seule le débat. Rien ne sert d'objecter, comme on l'a fait souvent, que pour mettre en mouvement l'arroi des laboratoires, il faut toujours qu'un doute soit né d'abord dans l'esprit de quelqu'un sur la seule foi de son expérience esthétique. Le fait est vrai, mais il prouve moins qu'on ne pense, car il faudrait alors tenir compte des innombrables cas contraires, où soit le grand expert, soit simplement l'amateur qualifié, s'obstinent à prendre pour des faux des œuvres parfaitement authentiques. On l'a vu en France cette année même (1956) lorsqu'un spécialiste dénonça vigoureusement dans la presse, comme des faux de date récente, des peintures préhistoriques récemment découvertes dans une grotte. On s'aperçut bientôt après que la présence de peintures en ce lieu était attestée depuis le dix-huitième siècle, les grottes en question étant déjà décrites, à l'article Miremont, dans le dictionnaire de Moreri.

L'appréciation de ces faits varie beaucoup avec les circonstances et avec les époques. Il y a cent ans, la valeur commerciale d'un Vermeer n'était pas telle qu'il valût la peine d'en faire un faux. Un faux Rembrandt aurait rapporté davantage, et il s'en est d'ailleurs fait un certain nombre ; pourtant la valeur artistique des œuvres de Vermeer et de Rembrandt reste aujourd'hui ce qu'elle était il y a cent ans. Quant au faux lui-même, non seulement il ne change pas au moment où l'erreur est découverte, mais on peut se demander s'il a jamais existé un faux total ? Un faux franchement mauvais est à peine un faux, puisqu'il ne peut tromper personne ; mais un faux excellent n'est pas totalement faux, puisque des yeux exercés prennent à le voir le même plaisir que leur donnerait un original. Ce que nous disions des œuvres attribuées à l'école d'un certain artiste s'applique identiquement aux faux. Vermeer n'a pas peint les *Pèlerins d'Emmaüs*, c'est vrai, mais si un artiste tel que Van Meegeren a longuement étudié le style de Vermeer, ses procédés et ses matériaux ; s'il s'est pénétré de son esprit ; s'il est capable d'imaginer une œuvre nouvelle qui puisse lui être attribuée et de l'exécuter avec assez d'adresse pour que nul ne crie d'abord à l'invraisemblance, n'y a-t-il vraiment aucune raison, *sur le plan de l'art*, à attribuer à Vermeer une œuvre qui, bien qu'elle ne soit pas de lui, ne serait pas sans lui ce qu'elle est ?

Un pastiche si bien réussi qu'on le prend pour un original n'est pas une œuvre d'art médiocre et l'on soutiendrait difficilement que l'art de l'original est totalement absent de sa composition.

L'honorable profession de faussaire a d'ailleurs ses titres de noblesse. Le graveur d'interprétation Marcantonio (1487-1539) ne se fit pas faute de copier sur cuivre les 36 bois de la Passion d'Albert Dürer, y compris le A. D. dont celui-ci signait ses œuvres ; Marcantonio réussit à tel point qu'à moins d'en être prévenu, personne ne pouvait en faire la différence ; ces faux furent vendus et achetés comme œuvres d'Albert Dürer. Michel-Ange lui-même fit des copies de diverses œuvres d'anciens maîtres ; il leur donnait l'aspect du vieux en les enfumant et les salissant par toutes sortes de procédés, si bien qu'on ne pouvait les distinguer d'œuvres authentiques. Il le faisait pour obtenir en échange de ces copies les originaux qu'il admirait et qu'il voulait surpasser. Vasari, qui rapporte ces anecdotes, parle encore d'un Cupidon de marbre fait par Michel-Ange et vendu comme un antique par un marchand[27]. Les historiettes de ce genre sont rarement tout à fait vraies, mais celles-ci ne sont pas impossibles. En supposant que la dernière soit vraie, serions-nous fort déçus, après avoir cru posséder un marbre grec, d'apprendre que ce faux antique est un vrai Michel-Ange ? Vasari lui-même, qui doit tenir pour vraies les histoires qu'il raconte, n'a pas un mot de blâme pour ces pratiques. Si les Marcantonio étaient réellement indiscernables des

27. Sur les contrefaçons de Marcantonio, voir G. VASARI, *Le opere*, vol. I, p. 684. Dürer, furieux vint à Venise porter plainte, mais tout ce qu'il obtint fut que Marcantonio renoncerait à la fausse signature. Dürer rentra en Flandre pour constater qu'un autre graveur, Lucas de Leyde, contrefaisait ses œuvres. — Sur le cas Michel-Ange, G. VASARI, *op. cit.*, vol. I, p. 978. L'histoire du Cupidon de marbre est non moins vraiment celle d'un faux. Voyant l'œuvre, quelqu'un dit à Michel-Ange : « Si tu l'enterrais, je suis sûr qu'à condition de l'envoyer à Rome pour qu'il paraisse vieux, il passerait pour un antique et tu en obtiendrais beaucoup plus qu'en le vendant ici. » Vasari (*Le opere*, II, pp. 979-980) rapporte plusieurs versions de la fin de l'histoire, mais toutes supposent que Michel-Ange déguisa son œuvre en faux antique : « Michelagnolo l'acconciò di maniera che pareva antico. » Vasari blâme d'ailleurs à ce propos ceux qui, incapables de reconnaître le pouvoir de l'art, qui se juge à la perfection de l'œuvre, ne savent pas que, lorsqu'elles sont bonnes, « les modernes valent les antiques ». Et que fit-on à Michel-Ange ? Un procès, comme à Van Meegeren ? Aucunement : « Le bruit que fit cette affaire accrut tellement la réputation de Michel-Ange qu'il fut immédiatement invité à Rome et engagé par le cardinal S. Giorgio. » (G. VASARI, *op. cit.*, II, p. 980). Il est vrai que ce cardinal, qui n'entendait rien à l'art, garda Michel-Ange presque un an sans rien lui donner à faire.

vrais Dürer, quelle différence y avait-il pour leurs acheteurs entre posséder un original ou posséder une de ces contrefaçons ?

La notion d'authenticité est donc sans portée artistique ; c'est une notion purement historique, dont l'importance en cet ordre est extrême, mais qui ne devrait pas en franchir les bornes. On ne peut faire l'histoire d'un tableau sans le rapporter, si possible, à son peintre, ni faire l'histoire d'un peintre sans dire quels tableaux il convient de lui attribuer ; mais les considérations de ce genre valent également pour tous les peintres et pour tous les tableaux. Un tableau est toujours authentique, parce qu'il est toujours le fils de quelqu'un, mais sa valeur artistique n'est pas plus engagée dans ce problème que la valeur personnelle d'un homme ne dépend de son état civil. A la question récemment posée : qu'arriverait-il à la *Victoire de Samothrace* si, par impossible, on prouvait qu'elle est un faux ? il faut répondre : en tant qu'elle est une œuvre d'art, rien. Il importerait même fort peu que l'œuvre en question fût celle d'un faussaire récent ou de quelque artiste du seizième siècle aujourd'hui pris pour un sculpteur de l'antiquité[28]. Tout ce qui, dans notre appréciation esthétique de la *Victoire de Samothrace,* se trouverait modifié par la certitude qu'il s'agit d'un faux, est étranger à l'ordre de l'art. S'il se posait — et pourquoi pas ? — le problème de l'authenticité serait suprêmement important, non pour l'art, mais pour l'archéologie. En effet, pour l'archéologie, la *Victoire de Samothrace* est avant tout un document. Un faut document perd sa valeur de document ; mais authentique ou non, une œuvre d'art reste une œuvre d'art ; elle reste même identiquement l'œuvre d'art individuelle qu'elle est.

L'intrusion de l'histoire, avec le cortège des problèmes qui lui sont propres, dans l'ordre de l'art, a profondément affecté la sen-

28. André MALRAUX, *Le musée imaginaire de la sculpture mondiale*, Paris, 1952, p. 52. La planche de la page 53 représente une des fausses sculptures grecques archaïques de Dossena. Malraux admet que ces faux sont beaux et que le fait que ce soient des faux ne change pas ce qu'ils sont ; cela ne change que l'impression qu'ils produisent en nous. — C'est donc que cette impression n'était pas exclusivement causée en nous par ces statues en tant précisément qu'œuvres d'art. Quant à dire que la multiplicité des styles qu'un faussaire imite finirait, de toute manière, par révéler la non-authenticité de son art (*op. cit.*, p. 52), c'est user d'un argument dialectique sans force réelle. Beaucoup d'artistes ont créé dans des styles fort différents, souvent au même temps de leur carrière. André Derain et Chirico l'ont fait. Il est vrai que les critiques d'art le leur reprochent ; mais les critiques parlent l'art, ils ne le font pas.

sibilité esthétique du public. Elle est en partie responsable du scepticisme de plus en plus généralisé dont souffrent ceux qui, ayant rarement admiré les tableaux en eux-mêmes, ont plusieurs fois subi des désillusions assez pénibles. Mais c'est dans le tableau qu'il faut placer sa confiance plutôt que dans son attribution.

Littéralement parlant, un tableau vraiment authentique doit être totalement et exclusivement l'œuvre d'un peintre dont on puisse démontrer qu'il en est l'auteur. Il y en a, mais moins que ne l'imaginent les amateurs d'art. On connaît des cas où, devant des faux exécutés dans leur propre manière, des peintres se sont contentés de retoucher sommairement la toile avant de la signer[29]. La chose est en tout cas possible ; supposons qu'elle se soit en effet produite, faudra-t-il reconnaître pour authentique cette toile que l'artiste n'a pas peinte, ou refuser de tenir pour authentique cette œuvre qu'il a faite sienne en la signant ?

Sans aller à ces cas extrêmes, on peut noter que beaucoup d'œuvres peintes sont nées de la collaboration d'un maître et d'aides travaillant sous sa direction et responsabilité. Il n'est pas douteux que Véronèse, Tintoret, Rubens et, dans les temps modernes, Delacroix, n'aient recruté des praticiens compétents et compréhensifs pour les aider à couvrir de couleurs les vastes surfaces qu'ils entreprenaient de décorer. Le journal d'un collaborateur d'Eugène Delacroix renseigne avec précision sur les problèmes soulevés par le travail du peintre quand il doit se faire en commun[30], mais les lettres de Rubens font voir plus clairement encore combien nos scrupules modernes auraient surpris les maîtres d'autrefois. Rubens ne voyait d'inconvénient à aucune combinaison

29. Dans son catalogue de l'exposition Corot au Musée de Lyon, en 1936, Paul Jamot laisse entendre que Corot eut plusieurs fois la bonté de retoucher les toiles d'autres peintres pour les rendre présentables. Renoir passe pour avoir signé un faux Renoir que lui soumettait un acheteur dont la bonne foi avait été surprise. Albert André rapporta le fait dans la préface qu'il écrivait pour un album de reproductions d'œuvres de Renoir, mais quand le marchand de tableaux Ambroise Vollard lut les épreuves, il fit demander par Renoir à Albert André la suppression de toute allusion à l'existence possible de faux. Il ne faut pas laisser le public croire qu'il y en a ; c'est mauvais pour les affaires. Voir Léon Werth, *La peinture et la mode. Quarante ans après Cézanne*, Paris, Éditions B. Grasset, 1945, p. 114. Cf. A. Tabarant, *Manet et ses œuvres*, Paris, Gallimard, 1947, pp. 96-98 et 518-524, John Rewald, *Modern Fakes of Modern Pictures*, dans *Art News*, mars 1953, pp. 17-21 et 46-49 ; excellentes planches de faux Cézanne, Degas, Gauguin. Van Gogh, Seurat, Matisse, Vlaminck, etc.

30. Louis de Planet, *Souvenirs de travaux de peinture avec M. Eugène Delacroix*, publiés par A. Joubin, Paris, A. Colin, 1929.

possible ; simplement, il en tenait compte en calculant ses prix, l'un des éléments d'appréciation les plus importants, dans l'intérêt de l'acheteur même, étant les chances qu'avaient certains tableaux simplement finis par lui de passer un jour pour des originaux[31].

Les copies faites par d'autres artistes que l'auteur de l'original, et auxquelles ce dernier n'a aucunement mis la main, ne sont que d'authentiques copies, mais lorsqu'elles sont faites par de bons artistes, maîtres de leur métier, familiers avec l'auteur de l'original, complètement informés de sa technique et usant de matériaux semblables, il n'est pas sans arbitraire de refuser à la copie toute authenticité. Nous avons déjà cité des cas de faux qui n'étaient à vrai dire que d'excellentes copies vendues pour des originaux. Mais le fait reste le même si nulle intention frauduleuse n'est en jeu. Vasari a conté l'histoire de la copie, faite par Andrea del Sarto, du portrait du pape Léon X par Raphaël. Pendant quelque temps, deux personnes furent également certaines de posséder l'original. Jules Romain, qui avait collaboré à l'original sous la direction de Raphaël, fut si complètement trompé par la copie qu'il prétendit y reconnaître sa propre touche[32]. De nos jours mêmes, nous avons vu aux prises deux *Belle Ferronnière.* L'une en France, l'autre aux États-Unis. Une parole fut l'origine d'un procès au cours duquel des experts de réputation mondiale se trouvèrent aux prises. Aujourd'hui (décembre 1956), la *Belle Ferronnière* du Louvre est « attribuée à » Léonard de Vinci, mais même si Léonard n'y avait jamais mis la main, cette *Belle*

31. Par exemple : « 1.200 florins : un Jugement Dernier, commencé par un de mes élèves d'après celui que j'ai fait, en plus grand, pour Son Altesse Sérénissime le Prince de Neuburg, qui me l'a payé trois mille cinq cents florins, comptant ; mais celui-ci n'étant pas fini, il serait entièrement retouché de ma propre main et passerait ainsi pour un original. » Jacob Burckhardt. *Recollections of Rubens*, London, Phaidon Press, 1950 ; dans l'appendice : « Lettres choisies de Rubens », p. 207. Son échelle des prix est nuancée. Il ne permet pas à ses clients de prendre pour de simples copies des toiles si bien retouchées de sa main « qu'il serait difficile de les distinguer des originaux » (p. 208). Ces peintures simplement retouchées sont vendues beaucoup moins cher que les originaux (p. 209), mais certaines d'entre elles ont chance de le devenir : « Je ne doute aucunement que la *Chasse* et la *Suzanne* apparaîtront un jour comme deux de mes peintures originales. » *Op. cit.*, p. 211.

32. G. Vasari, *Le opere*, vol. I, pp. 575-576. — Sur cette comédie des erreurs, voir J. Alazard, *Essai sur l'évolution du portrait peint à Florence de Botticelli à Bronzino*, Paris, H. Laurent, 1924 ; pp. 121-122 ; bibliographie de l'incident, p. 122, note 2.

Ferronnière n'en serait pas moins indirectement son œuvre : sans lui elle ne serait pas ce qu'elle est[33].

Après les faux proprement dits, les originaux partiels et les copies de bonne foi, viennent les fausses attributions, c'est-à-dire des tableaux dont l'origine est pure, mais qui se trompent d'auteur. Les musées et les collections privées en contiennent d'ordinaire une certaine proportion et elles sont à peine moins fréquentes pour les tableaux modernes que pour les anciens. Il arrive qu'un groupe de jeunes peintres, dont les œuvres ultérieures révèleront des différences de style marquées, produise d'abord des œuvres si intimement apparentées qu'on puisse tenir leurs auteurs pour interchangeables. Dans le groupe des Nabis, par exemple, et dans celui de Pont-Aven, certains Gauguin ressemblent à certains Émile Bernard des débuts, ou inversement, et l'on hésiterait parfois sur l'origine exacte de certains Sérusier, ou même de certaines toiles anciennes de Pierre Bonnard. De semblables hésitations seraient justifiées entre les Fauves du début[34]. On serait alors tenté de parler d'une sorte d'authenticité collective, qui serait celle du groupe même autant que de quelque peintre particulier.

C'est donc dans l'objet du jugement d'authenticité que se trouve parfois la source des erreurs commises. Parlant d'une manière tout à fait générale, les deux seules méthodes connues pour résoudre les problèmes de ce genre sont de recourir à l'intuition esthétique des experts ou de mettre en œuvre les moyens scientifiques d'identification dont disposent aujourd'hui les laboratoires.

Toutes deux se révèlent efficaces dans certains cas et jusqu'à un

33. Harry HAHN, *The Rape of the Belle*, with an Introduction by T. H. Benton, Kansas City (Mo.) 1946. — Ceux qui s'étonnent que les experts ne soient pas infaillibles devraient se souvenir que les peintres eux-mêmes ne le sont pas. Un exemple entre cent : John Constable admirait comme un noble Nicolas Poussin ce qui semble bien n'avoir été qu'une copie d'un de ses paysages. Voir *Memoirs of the Life of John Constable*, p. 84. Cf. *op. cit.*, p. 109, note 1.

34. A ce sujet, voir les justes remarques de Pascal Pia, dans *Arts*, 493 (1954) 14. Parlant de certains Derain du début, il fait observer que ce ne sont pas de « vrais Derain » et que s'ils étaient mêlés à des toiles de Vlaminck, Dufy et Braque de la même époque, on hésiterait souvent sur le nom de l'auteur. C'est, conclut-il, comme dans un zoo ; il faut parfois lire l'écriteau pour s'assurer du nom de l'animal. — Il s'agirait donc cette fois, dirions-nous à notre tour, d'une sorte d'authenticité interchangeable ou partagée ; les tableaux ne sont pas « vrais » bien qu'ils puissent être indubitablement authentiques. On comprendra sans doute que ce qui nous intéresse ici n'est pas un problème de langage mais la nature ambiguë de ce que le langage réussit mal à exprimer.

certain point. Nul ne conteste qu'après des années d'expérience et d'études poursuivies sur certains peintres ou certaines écoles de peinture, un homme de goût soit plus apte que le commun des hommes à discerner dans la facture d'une toile la main de son véritable auteur. Les experts les plus sûrs ne sont pas toujours ceux qui font métier de l'être, mais il en est de fort bons, dont la prudence croît d'ailleurs avec leur expérience. Il n'est pourtant pas nécessaire d'être centenaire pour avoir appris à n'accueillir qu'avec réserve les intuitions du « sixième sens » dont plusieurs d'entre eux semblent se croire doués. Certaines de leurs erreurs sont justement fameuses, ou même franchement comiques. La vérité est simplement qu'ils tentent parfois l'impossible.

Le *Concert champêtre*, du musée du Louvre, était jadis l'œuvre de Sebastiano del Piombo. On lui a depuis retiré cette œuvre qui passe à présent pour un chef-d'œuvre de Giorgione. Rien n'est plus naturel, car tout musée est prêt à échanger pour un Giorgione un Sebastiano del Piombo. On remarquera néanmoins que, selon Vasari, Sébastien commença de travailler avec Giovanni Bellini, qu'il quitta pour s'attacher à Giorgione de Castelfranco, le peintre qui, à Venise, mit à la mode la manière moderne de peindre, avec des tons plus fondus et une sorte de flamboiement des couleurs. Sébastien, donc, « laissa Giovanni et s'attacha à Giorgione, près duquel il demeura si longtemps qu'il en prit en grande partie cette manière. » Vasari parle même d'un beau tableau à personnages, fait par Sébastien pour Saint-Jean-Chrysostome de Venise, et que ceux qui ne se connaissent pas trop bien en peintures ont parfois pris pour un Giorgione[35]. Même en supposant qu'on s'y connaisse bien, il faut reconnaître qu'ayant à choisir entre Sebastien et Giorgione, cette information invite à la prudence. Mais ce n'est pas tout. Louis Hourticq a dépouillé depuis Giorgione de sa nouvelle œuvre pour l'attribuer à Titien, après quoi Victor Basch l'a ôtée à Titien pour la restituer à Giorgione. Hourticq et Basch ont honnêtement reconnu qu'ils ne disposaient d'aucune preuve. Victor Basch n'en était pas moins sûr de lui : « Titien, tel que je l'ai vu et senti, ne peut pas être l'auteur de cette œuvre[36] ». Lors-

35. G. Vasari, *Le opere*, vol. I, pp. 718-719. — Sur l'amusante histoire de l'usage que Michel-Ange, qui goûtait Sébastien, voulut faire de lui contre Raphael, *op. cit.*, p. 719. C'est encore une petite histoire de falsification.

36. Sur l'attribution du *Concert champêtre* à Titien, voir Louis Hourticq, *La jeunesse du Titien*, Paris, 1919, contredit par Victor Basch, *Titien*, Paris, s. d., 1919. Outre Titien, Giorgione et Sebastiano del Piombo, le *Concert champêtre* a été attribué à Palma Vecchio, Andrea Schiavone et Girolamo (?) Campagnolo.

que deux intuitions ne sont pas d'accord, tout espoir d'une conclusion commune doit être abandonné. Il n'y a rien là de scandaleux. On voit des artistes hésiter sur l'authenticité de certaines de leurs propres œuvres. Les erreurs d'Utrillo dénonçant plusieurs de ses toiles comme des faux, et maintenant son dire devant un tribunal, ne seraient peut-être pas un exemple indiscutable, mais celui de Rodin poursuivant en dommages et intérêts un marchand qui avait mis en vente une statue parfaitement authentique, invite à l'indulgence envers les experts[37]. Rodin, paraît-il, avait une excuse. Le marchand lui montrait un bronze appelé *Chaos*, alors que Rodin l'avait inscrit, sur la liste de ses œuvres, sous le titre de *L'envolée*. Comment pouvait-il le reconnaître ? Au vrai, l'excuse est plus troublante que l'erreur.

Les méthodes d'identification dites « objectives » se proposent de remédier à ces incertitudes de l'intuition esthétique. Elles sont en effet beaucoup plus certaines. Elles conduisent même à des conclusions scientifiquement démontrées, en ce qu'elles permettent d'établir, par l'étude des matériaux employés, qu'un tableau peut attribution soit acceptable. Bien que le savoir et l'habileté des ou ne peut pas dater de l'époque requise pour qu'une certaine faussaires croisse avec les obstacles qu'on leur oppose, il y a pour eux des limites à la possibilité de se procurer un matériel physiquement et chimiquement indiscernable de celui des anciens maîtres. Il y a donc eu là progrès réel et indiscutable dans la certitude des jugements d'authenticité, mais on peut y voir en même temps la reconnaissance ouverte de la faillite de l'intuition en ces matières. Ce qui décide alors de l'inauthenticité d'une certaine toile est sans aucun rapport avec le jugement esthétique. Ce sont les rayons Roentgen et les éprouvettes qui décident. Leur décision est la bienvenue, car elle finit maint litige, mais il s'agit alors d'une expertise scientifique essentiellement étrangère à l'art.

On a voulu remédier au caractère trop général des conclusions obtenues par ces méthodes. Supposant, par exemple, que rien ne s'oppose scientifiquement à ce qu'un tableau date d'une certaine époque, n'existe-t-il pas des procédés objectifs d'observation et d'analyse permettant d'identifier son auteur ?

Tel est l'objet d'une technique nouvelle, à laquelle ses inven-

37. Nous empruntons l'anecdote à A. VOLLARD, *En écoutant Cézanne, Degas, Renoir*, pp. 281-282, avec les réserves d'usage ; mais celle-ci, qui se rapporte au commerce de l'art, est probablement vraie.

teurs ont donné le nom de *pictologie*, et qui serait à la peinture ce que la graphologie est à l'écriture. Il se trouve malheureusement que, malgré ses mérites et son utilité, la graphologie n'est pas une technique dont les conclusions soient toujours à l'abri de l'erreur. Dans le cas de pictologie[38] on reconnaîtra volontiers que les règles qu'elle s'impose obligent l'observateur à une analyse précise de l'œuvre en question[39]. On objectera que cette dissection minutieuse laisse échapper l'essentiel, qui est la synthèse de ces éléments créée par le peintre, car c'est la synthèse qui détermine le choix et l'ordre des éléments, non les éléments qui déterminent la synthèse. Mais même en admettant que l'on procède ainsi, comment ne pas voir que la méthode dépend d'un postulat dont la vérité ne s'impose pas ? Elle suppose en effet que l'écriture d'un peintre ne change jamais au cours de sa carrière, ce qui n'est pas toujours vrai dans le cas des artistes les plus originaux[40]. Tous les historiens de l'art ont noté l'extraordinaire liberté de la touche

38. M. M. Van Dantzig, *True or False?* An exhibition organized... by the Stedelijk Museum in Amsterdam (Holland) circulated in the U. S. A. by the Corning Museum of Glass, Corning Glass Center, N. Y., 1953-1954 season, pp. 6-10. Cet exposé des règles de la pictologie est illustré par une analyse de deux Picasso : *Mère et enfant* (1905) ; *Composition* (1924). Son objet est d'établir, au moyen d'observations purement objectives, que ces deux œuvres sont du même peintre. Comme on le sait d'avance, le travail se trouve beaucoup facilité, car même si les raisons ne prouvent rien, la conclusion est vraie. L'auteur reconnaît d'ailleurs modestement qu'« il n'existe pas de méthode absolument sûre de démasquer les contrefaçons — les meilleurs experts peuvent commettre des erreurs, et ils en commettent — » (p. 6).

39. Les « clefs » qui permettent de comprendre l'art et d'en jouir sont groupées sous les dix chapitres suivants : 1° rythme ; 2° contraste entre le clair et le sombre ; 3° contraste entre tons chauds et tons froids ; 4° couleur et illusion de l'espace ; 5° succession de l'effet de construction et de l'effet d'espace ; 6° nombre des détails dans les parties principales et nombre de détails dans les parties secondaires ; 7° les détails dans les parties éclairées et dans les parties sombres ; 8° tons variés et tons plats en relation avec le clair et le sombre ; 9° construction : direction des lignes et des plans ; 10° contour et intérieur. M. M. van Dantzig, *op. cit.*, p. 7.

40. Le but ultime de la pictologie n'est pas l'établissement de l'authenticité, mais la compréhension de l'art et l'accroissement du plaisir qu'il donne. Ce plaisir croît proportionnellement à notre connaissance de la qualité d'une certaine œuvre et de son auteur (M. M. van Dantzig, *op. cit.*, p. 7), et puisque « l'œuvre caractérisera son auteur » *(ibid.)*, l'identification de l'auteur par le moyen de l'œuvre est ici une nécessité. — Il doit être superflu de préciser que nous sommes bien loin de juger inutile cette nouvelle méthode qui, dit Sandberg, « s'est jointe à l'iconographie et à l'histoire de l'art » (*Op. cit.*, Introduction, p. 6). Il n'y a pas d'étude inutile ; mais précisément, comme l'iconographie et l'histoire de l'art, la pictologie n'est un point de vue sur l'art que parce qu'elle l'envisage du dehors.

dans les dernières œuvres de Franz Hals ; comment pouvait-on prévoir cette évolution à partir de ses premières œuvres ? Une remarque semblable s'applique aux dernières toiles de Titien. Pour établir la valeur des « clefs » dont elle a dressé la liste, la pictologie devrait les appliquer à de nombreux tableaux, datant d'époques différentes et dont l'attribution, certaine d'ailleurs, serait inconnue du pictologue. Reconnaissons qu'il y faudrait une sorte d'héroïsme, mais à supposer même que la pictologie sortît victorieuse de l'épreuve, celle-ci confirmerait à sa manière la faillite du jugement esthétique. Il n'est tel que la stylistique pour laisser échapper un style. En dernière analyse, les méthodes objectives employées pour établir l'authenticité d'un tableau et en fixer l'attribution s'appliquent à lui comme le bertillonnage s'applique à l'homme. Beaucoup moins sûres dans le cas du tableau, elles sont de même nature ; elles abordent le tableau sous des aspects réels et multiples dont aucun n'est celui de l'art.

Les controverses sur les problèmes de ce genre intéressent ceux qui s'y livrent, et, puisqu'elles sont vraiment attachantes en elles-mêmes, elles finissent par intéresser le public. Mais leurs conclusions sont généralement incertaines et le public rejette leur incertitude sur l'art lui-même. Ce n'est aucunement nécessaire. En fait, il faut y voir l'effet d'une confusion entre l'art et l'histoire, particulièrement l'histoire de l'art. Celui-ci a bien assez de ses difficultées sans se charger de celles de l'histoire. La pratique de cette discipline si captivante favorise l'illusion que figurer un jour dans l'histoire soit la cause finale des événements. Il s'en faut de beaucoup que ce soit celle des tableaux. Les peintres ne les peignent pas en vue de rendre possible l'histoire de la peinture. Le souci ne leur en vient que sur le tard, s'il vient jamais, et il est sans rapport essentiel avec l'art dans leur esprit, comme il devrait l'être dans le nôtre. Les artistes et les tableaux sont justiciables de l'histoire comme l'est tout ce qui, dans le passé, demeure connaissable, mais l'histoire est connaissance, elle n'est pas art. L'histoire de la peinture n'est pas de la peinture et qu'elle s'embrouille dans certains de ses problèmes n'implique pas que l'art soit incapable de résoudre les siens. Le plaisir que donne un tableau a pour cause, en principe, la vue du tableau. Il n'est assurément pas impossible que d'autres causes de plaisir s'ajoutent à celle-ci. On aime savoir le nom de l'auteur, connaître quelque chose de sa vie, de ses autres œuvres, de son époque et de la civilisation dont il est le fruit. On aime en parler, faire voir qu'on sait en parler et qu'on est informé de ce qu'en ont dit tel critique ou tel historien de l'art dont les écrits font partie du bagage d'un homme cultivé. Tout ceci est légitime, plaisant, bon en soi et s'allie naturellement à l'expérience esthétique, mais n'en fait pas partie. Il y a plutôt lieu de craindre que tout ce savoir ne finisse par la remplacer dans les esprits qui ne s'aperçoivent même plus qu'elle leur fait défaut.

La distinction des ordres devrait éclater aux esprits, quand les amateurs d'art visitent les salles de sculptures ou de peintures provenant de civilisations aujourd'hui disparues et dont les auteurs sont inconnus. Cet anonymat est presque la règle pour l'art antique. Qui a sculpté la merveilleuse Vénus sortant de l'onde, au musée des Termini, à Rome ? Il n'est pas nécessaire d'aller si loin : qui a sculpté les statues du portail royal, à Chartres ? Nous l'ignorons, et si les noms de leurs auteurs nous étaient miraculeusement révélés, en quoi cette connaissance modifierait-elle notre expérience esthétique de ces œuvres ? Pour le pur plaisir de l'art, tout se passe comme si les tableaux étaient normalement anonymes. L'histoire a ses plaisirs ; il faut permettre à l'art d'avoir aussi les siens.

On ne devrait donc pas laisser les controverses sur l'authenticité des tableaux, étendre leur incertitude à l'expérience esthétique elle-même. Chaque œuvre peinte possède une individualité propre, connaissable en elle-même, et objet permanent d'une expérience esthétique possible, quelle que soit d'ailleurs notre connaissance ou notre ignorance de son auteur. Une telle œuvre reste identiquement ce qu'elle est malgré l'instabilité des attributions successives que ses historiens lui imposent et des interprétations dont la masse menace de la recouvrir.

III. Individualité et singularité

Si modestes qu'elles soient, ces considérations élémentaires touchant l'ontologie des tableaux intéressent la plupart des problèmes que ces œuvres d'art posent aux esthéticiens. Tel est particulièrement le cas de cette remarque si simple : puisque chaque tableau est individué par sa matière, il est un objet essentiellement singulier, qui n'existe qu'à un seul exemplaire et dont la reproduction est impossible.

On parle communément de la « reproduction des œuvres d'art » en général et des tableaux en particulier. La fabrication, distribution et vente d'albums ou de livres d'histoire ornés, comme l'on dit, d'un nombre de « reproductions » plus ou moins considérable, représente aujourd'hui une importante industrie. Elle est même organisée sur une base internationale. L'éditeur d'un « livre d'art » dans un pays s'entend le plus souvent avec un ou plusieurs éditeurs étrangers pour leur vendre les planches et le droit de traduction du texte. Un travail d'ajustage, délicat mais toujours possible, permet alors de substituer cette traduction au texte original en utilisant les mêmes illustrations. Ces collections internationales de « publications d'art » sont connues de tous.

De telles entreprises industrielles et commerciales sont entièrement légitimes et l'on ne saurait leur reprocher les méthodes publicitaires auxquelles elles doivent nécessairement recourir. Les affaires sont les affaires, les affaires d'art comme les autres. On ne s'étonne donc pas non plus que les mêmes entreprises industrielles et commerciales sortent du domaine du livre illustré proprement dit pour offrir au public des « reproductions » de tableaux célèbres, mises en vente à des prix modérés dans l'espoir que d'innombrables foyers mettront à profit cette occasion inespérée de s'orner de chefs-d'œuvre dont les originaux, à supposer qu'ils fussent à vendre, coûteraient des fortunes[41].

41. L'utilisation industrielle de la doctrine est sous tous les yeux. Pour x dollars seulement vous pouvez donner à vos amis (en les abonnant à une revue) « l'équivalent d'une promenade d'un an à travers les trésors du Louvre, du Musée d'art moderne de Paris, des Offices de Florence, du Prado de Madrid, de la National Gallery de Londres et d'autres musées de premier ordre dans le monde entier, sans compter nos propres musées nationaux aux États Unis. ». — Non seulement on peut voir les chefs-d'œuvre sans aller où ils sont, mais on peut (en France) les posséder chez soi sans les sortir du lieuoù ils sont. Vous félicitez un collectionneur de tableaux sur sa « sélection » de Vlaminck, Renoir, Pissarro ou Braque (ordre respecté) ; il est vrai, répond ce monsieur que « les tableaux dans mes salons m'ont coûté bien des millions, mais vous pouvez vous les procurer, ainsi que bien d'autres merveilles, pour une vingtaine de milliers de francs. » L'adresse suit, avec la mention, nullement indifférente : « Parking assuré. » — On peut enfin (en Amérique) vendre au public une éducation artistique, qu'il est autrement si coûteux et difficile de se procurer. L'offre comporte d'abord six Picasso au choix *(full color)* pour le modeste prix de cinq dollars, ou moins. Moyennant une redevance supplémentaire, l'achat donne droit à un cours par correspondance d'*art appreciation*. Le cours se fonde sur les œuvres achetées. Ainsi, on apprend au public à apprécier l'art au moyen de produits industriels qui ne sont pas

On ne sera pas surpris non plus que les intérêts commerciaux engagés dans ces affaires cherchent à se donner parfois l'apparence de servir les causes les plus nobles, à commencer par celle de l'art lui-même et de l'éducation artistique des masses. Dans un monde démocratique, n'est-il pas injuste que les chefs-d'œuvre de la peinture ne soient pas à la disposition de tous ? En fait, nous vivons en un temps de concurrence industrielle et commerciale effrénée, où les publicités rivales ne cessent de hausser le ton pour ne pas se laisser étouffer par les autres. Comme toutes les propagandes, celle-ci vit d'exagération et par conséquent de mensonge, mais on aurait tort de condamner en bloc des entreprises dont le défaut principal est, rendant de réels services, de se flatter d'en rendre d'autres qui ne sont pas en leur pouvoir.

Il faut d'abord distinguer entre deux fonctions différentes des images en question, selon qu'elles se présentent comme des documents ou comme des œuvres d'art.

En tant que documents, les illustrations sont des auxiliaires indispensables de l'histoire de l'art. C'est là ce qui justifie entièrement leur usage et leur multiplication dans les livres modernes consacrés aux maîtres d'autrefois et à leurs œuvres. Reproduite dans un livre, la photographie d'un tableau fait voir quel en est le sujet, elle permet d'en étudier la composition, enfin elle le remet en mémoire lorsqu'un temps plus ou moins long s'est écoulé depuis qu'on ne l'a vu. Ce troisième point n'exige aucun commentaire, mais quelques remarques sur les deux premiers ne seront pas superflues.

Il peut y avoir composition sans qu'il y ait sujet, mais non point inversement. Jusqu'aux temps encore récents où certains peintres ont à peu près complètement éliminé le sujet, tous les tableaux en avaient un, énoncé par un titre et qui, tout en laissant une grande liberté à l'artiste, suggérait un certain genre de composition. A cet égard, la photographie et les illustrations qu'elle rend possibles rendent des services tels à l'histoire de l'art qu'elles sont devenues indispensables. Elles ont en effet remplacé les descriptions verbales, dont les livres sur la peinture étaient pleins avant l'avènement du livre illustré, par des documents obtenus et reproduits au moyen de procédés mécaniques. Le recours à la

des œuvres d'art. « Imagine owning a gallery of these famous masterpieces... for only three dollars and ninety five cents ! » C'est vraiment donné et, bien entendu, entièrement légal.

planche gravée ou lithographiée avait déjà rendu de grands services, mais l'usage généralisé de la photographie a permis d'obtenir des illustrations beaucoup plus précises et d'en faire usage avec une extrême libéralité.

Le progrès est décisif. Combien de fois, en lisant d'anciens ouvrages sur l'histoire de la peinture, n'avons-nous pas perdu courage à lire les descriptions de tableaux que, puisque nous ne les avions jamais vus, aucun art littéraire ne pouvait réussir à nous faire imaginer ? Entre l'écrivain et nous, la partie est alors inégale. Il a sous les yeux le tableau qu'il décrit, ou du moins il l'a vu et en parle d'après ses notes ; de toute manière, il va des images aux mots, ce que l'on peut toujours faire, mais il nous impose l'effort inverse, et beaucoup plus difficile, d'aller des mots dont il use à des images dont nous ne pouvons savoir si elles répondent exactement aux siennes. On peut d'ailleurs goûter la peinture, qui est affaire de perception, sans avoir une imagination visuelle particulièrement puissante. A supposer qu'il l'ait vive, et qu'il soit dessinateur ou peintre, le lecteur qui reconstituerait un tableau d'après sa description verbale la plus minutieuse, éprouverait le plus souvent une déception en comparant l'image à l'original. La photographie la plus médiocre l'emporte à cet égard sur toutes les descriptions. D'un seul coup d'œil et sans effort, par une expérience visuelle de même nature que la vue du tableau même, tout ce que la photographie peut en retenir est placé sous nos yeux et mis à notre disposition pour être examiné à loisir, classé et repris autant de fois qu'il nous conviendra d'y revenir. Des peintures murales inaccessibles, des tableaux placés en permanence dans une si mauvaise lumière qu'ils sont pratiquement invisibles, des plafonds peints qu'on ne peut regarder longtemps sans imposer un effort douloureux aux vertèbres cervicales, à moins que l'on ne se couche résolument sur le dos, d'innombrables détails enfin qui échappent à la vue à cause de leurs faibles dimensions ou de la distance, tout peut être désormais atteint, vu et montré à l'aide de photographies, d'appareils à projection et des planches illustrées reproduites dans les livres. Bref, parce qu'un objet visible est mieux représenté par son image qu'il ne peut l'être par aucune combinaison de mots, il est toujours préférable de substituer n'importe quelle représentation graphique à la description verbale, chaque fois que faire se peut.

Il reste pourtant que l'image photographique d'une œuvre d'art n'est pas elle-même une œuvre d'art de même espèce que son modèle. D'abord, puisque chaque tableau est individué par sa matière, aucune reproduction n'en est possible[42]. La même matière ne peut être occupée qu'une fois par une certaine forme ; mais, surtout, la matière d'un tableau et celle de son image photographique sont spécifiquement différentes. Disons plutôt, les matières, car le tableau et la page illustrée sont faits d'une multiplicité de substances dont pratiquement aucune n'est de même espèce dans le tableau et dans son image. Le tableau est peint d'ordinaire sur n'importe quel support plutôt que sur le papier glacé dont on use pour tirer des planches ; il est fait de couleurs que la main du peintre pose successivement et touche par touche sur le bois, le carton ou la toile, à l'aide de brosses ou du couteau à palette, non d'encres d'imprimerie appliquées sur le papier par un procédé mécanique. Il n'y a rien de commun entre la structure de l'original et celle de son image. Ces deux objets sont, à la lettre, spécifiquement différents.

Ce n'est donc pas du degré de perfection dans la ressemblance de l'image au modèle qu'il s'agit ici d'abord[43]. L'illustration du livre peut être plus ou moins fidèle et, en fait, il y en a de toutes sortes, certaines en noir sur blanc, d'autres en couleurs, faites avec plus ou moins de soin et avec un succès variable. On perdrait son temps à dénoncer la mauvaise qualité des planches ; à toute critique de ce genre on répondra toujours en en citant de meilleures et surtout en annonçant le jour où, grâce à la perfection croissante des techniques, la ressemblance de l'imprimé à la peinture atteindra la perfection. Ce progrès vers le mieux n'est pas niable, mais il s'agit là d'un progrès vers la perfection d'une image imprimée qui, en aucun cas, ne sera l'équivalent visuel d'un tableau, parce qu'en aucun sens l'image du tableau ne deviendra

42. On trouvera des arguments en sens contraire dans M. Dufrenne, *Phénoménologie de l'expérience esthétique*, Presses Universitaires de France, Paris, 1953 ; vol. I, p. 73.

43. Le problème n'en a pas moins son importance. Même si l'une des « reproductions en couleurs » d'un tableau était parfaitement exacte, combien d'entre nous seraient capables de la discerner des autres en l'absence de l'original ? Il est de toute manière impossible de donner une preuve matérielle de l'arbitraire qui règne dans l'impression des couleurs. Les reproductions de reproductions qu'on tenterait d'imprimer seraient elles-mêmes différentes de leurs modèles. Quand on commet l'erreur sociale d'en faire la remarque, la réponse est toujours la même : « Ce n'est tout de même pas mal comme ressemblance. » En effet, mais il suffit de changer un ton pour désaccorder tout un tableau. Mais pourquoi diminuer le plaisir de ceux qui n'en souffrent pas ?

un tableau. La vocation formelle des matières s'y oppose. Si nulle des matières dont se compose une peinture n'entre dans la composition d'une planche illustrée, l'expérience esthétique de l'une diffère nécessairement de celle de l'autre, on ne peut même pas les comparer[44].

Il va sans dire que telle n'est pas l'opinion la plus générale. Nombreux sont ceux qu'un album de photographies, imprimées ou non, satisfait autant que la vue des originaux, sinon davantage, mais c'est peut-être que n'ayant jamais cherché dans les tableaux autre chose que des images, ils ne perdent rien en passant de l'original à sa photographie. En certains cas, d'ailleurs, il n'y a rien à perdre, ou peu de chose. Un nombre considérable de tableaux n'étant que des images habilement faites ; leurs photographies ne les trahissent pas vraiment. Encore qu'il déborde l'imagerie de toutes parts, le grand art né de la Renaissance, ou influencé par elle, lui a fait une part considérable. C'est d'ailleurs là le secret de l'admiration universelle dont il est l'objet. Même si l'on ne demande rien d'autre à la peinture que le plaisir de voir de beaux visages et de beaux corps harmonieusement composés dans de beaux paysages, l'art classique de l'Italie a de quoi toujours faire face à la demande. Or, c'est précisément cette partie de ses œuvres que trahissent le moins la photographie, l'illustration imprimée, bref, l'image sous toutes ses formes. Pour exprimer concrètement cette notion, disons que non seulement les images des tableaux suffisent entièrement aux études d'iconographie, mais qu'elles remplacent alors avantageusement les originaux, car si l'image d'un tableau n'est pas un tableau, l'image d'une image est elle-même une image. Homogène à son modèle, elle ne le trahit aucunement.

On ne changera pas cette situation et il n'est même pas souhaitable qu'elle change. Si, par impossible, on privait les hommes

44. A la limite, le succès parfait de la reproduction des tableaux équivaudrait à la production industrielle de faux qui, étant pour l'œil indiscernables des originaux, ne seraient pratiquement plus des faux. En fait le progrès indéniable fait dans l'imitation des tableaux tient en grande partie à ce que les procédés deviennent de moins en moins mécaniques. Du même coup, la quantité des imitations produites décroit, les prix augmentent en proportion et l'on en revient au problème parfaitement normal de la copie, dont nul ne nie qu'elle soit légitime ni que, pour être bonne, elle exige beaucoup de talent. — Sur les récents développements en matière de « reproduction » des tableaux, voir M. Tapié de Céleyran, *Fautrier Paints a Picture*, dans *Art News*, décembre 1955, pp. 30-33 et 63. Sur la notion d'« originaux multiples. » Voir p. 32.

du plaisir qu'ils ont à regarder ces tableaux comme des images on ne leur donnerait pas en échange celui de les voir comme de la peinture. C'est donc sans aucun espoir qu'on parle de cette situation et de ses conséquences en matière d'éducation. Car la multiplication des écoles, des classes et du matériel audio-visuel[45] que la pédagogie récente tient pour nécessaire, a pour effet une sorte d'industrialisation de l'enseignement. Le monde des affaires, qui a si bien compris ce qu'on pouvait tirer de l'exploitation systématique des œuvres d'art et de leurs images, a vite discerné quelle mine d'or était cachée dans l'entreprise bien conduite d'éducation artistique de la jeunesse scolaire et du public en général.

Il convient seulement, pour le principe, d'attirer l'attention sur le problème que pose la multiplication des soi-disant « reproductions » d'œuvres d'art dans les milieux scolaires aussi bien que dans le grand public. Les choses en sont venues au point que non seulement les « librairies d'art » et les « boutiques d'art », mais même certains des plus illustres musées, en Europe comme en Amérique, mettent en vente des livres sur on ne sait combien de « siècles de peinture », plus des « reproductions en couleurs » de toutes dimensions et, malheureusement aussi, de toutes couleurs, sans oublier les clichés pour projections lumineuses qui transforment les peintures en vitraux. Ces vignettes, ces miniatures, ces timbres-poste, sont autant de trahisons détestables et grotesques des œuvres d'art qu'elles prétendent reproduire. En comparaison de cette industrie, le commerce des tableaux devient une petite affaire. On ne peut vendre un Cézanne qu'une fois, mais les images d'un Cézanne déjà vendu peuvent se vendre à des millions d'exemplaires dont, si modeste qu'en soit le prix, l'exploitation n'est pas sans intérêt. L'entreprise ne peut réussir que si l'on fait croire au public qu'en achetant l'image d'un tableau il s'assure la possession, sinon du tableau lui-même, du moins d'une œuvre d'art de même espèce que l'original. C'est, si l'on peut dire, le Cézanne du pauvre. La situation n'est plus du tout la même qu'au temps où la gravure d'interprétation était le seul moyen de répandre la connaissance des tableaux. Une gravure n'était pas un tableau, mais c'était l'interprétation d'un tableau par un artiste, c'était encore une œuvre d'art. Les « reproductions » industrielles ne sont ni des tableaux ni des œuvres d'art.

45. Nous avons assisté, au Nouveau Monde, à une classe de dessin d'après modèle imprimé, faite dans un musée par un disque phonographique.

Il ne s'agit pas ici de dénoncer une fois de plus le scandale des planches dont les couleurs varient avec chaque planche comme elles diffèrent de celles de l'original. Pourtant, à moins de poser en principe que les couleurs d'un tableau sont sans importance, on ne peut tenir pour indifférent que, faute de voir les originaux, les enfants et le public s'accoutument à l'idée que la matière d'une peinture est un détail négligeable, et que les différences de ton dans le coloris n'en modifient pas la nature. Que peut être à la longue le résultat d'un tel effort pour éduquer le goût du public ? A peu près celui qu'aurait un programme d'éducation musicale consistant à faire entendre des symphonies jouées sur des pianos désaccordés. Si la sensibilité moyenne de l'œil à la couleur était de loin comparable à celle de l'oreille au son, la vue de la plupart des illustrations ou « reproductions » en couleur serait intolérable. Il s'en faut tellement que c'est plutôt le contraire qui est vrai ; le cas n'est pas rare d'un œil déçu par la vue d'un original qui semblait beau en « reproduction ».

Le fond du problème est au-delà de ces difficultés particulières. Il s'est découvert récemment, lorsqu'une imagination poétique servie par un talent littéraire a déclaré qu'ayant enfin trouvé leur imprimerie, les arts plastiques venaient d'entrer dans une ère nouvelle. Au lieu de ces monuments aménagés ou construits pour abriter les tableaux, et qu'on nomme des musées, conservatoires de l'art dont chacun ne peut visiter qu'un petit nombre, à de longs intervalles de temps et dans des conditions souvent fatigantes, nous aurons désormais sous la main ces « musées sans murs » que sont des collections d'images rassemblées de toutes manières, principalement sous forme de livres[46].

46. André Malraux. *Le musée imaginaire de la sculpture mondiale*, Paris, N. R. F., 1952, Introduction, pp. 9-66. Cf. *Les voix du silence*, Paris, N. R. F., 1951. — Il n'y aurait aucun profit à serrer de trop près la notion de « musée imaginaire ». On trouvera des indications dans l'ouvrage qui porte ce titre, pp. 61-62. Ce qu'il y a de plus révélateur dans la manière dont l'auteur décrit sa méthode, c'est sa conviction que, grâce à la photographie, à la façon dont il découpe, réduit, agrandit les images des tableaux, lui-même devient finalement créateur d'art plastique. L'invasion, conquête, occupation et exploitation de la peinture par la littérature sont ici complètes. Il faut rattacher à cet impérialisme de la plume, la tentation avouée par l'auteur (*Les voix du silence*, p. 44) de ne plus nommer les tableaux des *œuvres* d'art, mais des *instants* de l'Art. A partir du moment où l'on peut écrire et imprimer les tableaux, peu importe qu'il ait d'abord fallu les faire. L'écrivain serait généralement bien en peine de faire la moindre œuvre d'art plastique, mais sur le terrain de l'Art (*a* majuscule) il se sent à égalité avec l'artiste ; il le mettrait même plutôt en état d'infériorité.

Les poètes ont droit à la métaphore, à condition pourtant qu'eux-mêmes ne la prennent pas pour une idée.

Prises au pied de la lettre des formules de ce genre deviennent difficiles à comprendre. En quel sens précis peut-on dire que les arts plastiques aient inventé leur imprimerie ? Lorsque la première Bible sortit des presses de Gutenberg, un livre écrit à la main fut remplacé par un livre imprimé. On pouvait dire en toute vérité que l'art d'écrire venait d'inventer son imprimerie, car lorsqu'on imprime un livre manuscrit, le résultat est encore un livre. Il en va tout autrement des arts plastiques : une statue imprimée n'est pas une statue, un tableau imprimé n'est pas un tableau. C'est pourquoi un livre n'est pas un musée. Si regrettable que ce soit, on ne peut accrocher un tableau qu'à un support solide, de préférence un mur ou quelque chose de semblable. On peut représenter sur du papier l'image d'un tableau suspendu par l'image d'un crochet à l'image d'un mur, mais les tableaux eux-mêmes sont des objets matériels localisés dans l'espace. Chacun d'eux n'existe qu'à un seul exemplaire situé dans un seul endroit du monde et, nous l'avons dit, on ne peut le voir qu'où il est.

Rien n'annonce la fin de cet état de chose, et l'on discerne les raisons qui le rendent souhaitable à certains, si l'on prend conscience de la force qui meut leur désir. En règle générale, l'imprimerie n'a d'efficace qu'à l'égard du langage. Celui-ci peut se composer de représentations imagées, comme une tête de Christ, de symboles tels que le poisson des catacombes, ou de signes tels que les caractères d'imprimerie signifiant des mots pour qui sait lire. Dans tous les cas, la feuille imprimée nous parle ; elle s'adresse d'abord à notre intellect et l'invite à former certains concepts. Expressément inventée en vue du langage, l'imprimerie est le moyen idéal de représenter, de fixer et de stabiliser l'écriture. Elle permet d'assurer la présence de l'œuvre littéraire en tous les lieux de l'espace et à tous les moments du temps.

Il est donc naturel qu'un écrivain désire se voir imprimé, comme l'on dit, et que, dans sa pensée, la fin prochaine de son œuvre soit d'exister sous forme de livre. Naturellement aussi, l'écrivain a tendance à goûter les autres arts en termes du sien et à en parler de manière analogue. Mais jamais le langage écrit n'a pullulé comme il fait de notre temps. On ne compte plus le nombre de ceux qui, ayant ou croyant avoir quelque chose à dire, mettent le public en demeure de les écouter. L'ère de la littérature industrielle, que Sainte-Beuve a si bien prévue, est désormais dépassée.

Une extension naturelle de la notion nous a conduits à l'ère de la dictature littéraire, où l'art d'écrire a fini par s'annexer les autres arts. Les considérant comme autant d'aspirants à l'ordre littéraire, certains écrivains ont naturellement conçu pour les arts plastiques l'ambition de les élever au niveau de la chose imprimée. En cela, leurs intentions sont pures. Au moyen âge, lorsqu'il voulait honorer les arts, un théologien écrivait un traité *De reductione artium ad theologiam* ; aujourd'hui un écrivain écrirait plutôt un *De reductione artium ad litteras*. On attribue aux tableaux et aux statues comme une aspiration confuse à la forme la plus noble de l'existence, qui est celle du signe intelligible imprimé dans un livre. A cet égard, il y aura toujours, sinon collusion, du moins connivence entre les écrivains et les pédagogues. Tous sont des hommes du livre. L'impérialisme littéraire de la presse quotidienne, hebdomadaire ou mensuelle a considérablement renforcé l'ambition du groupe dont elle grossissait les rangs. Historiens de l'art, critiques et esthéticiens de tout genre en sont venus à croire en toute bonne foi que les arts plastiques, dont la peinture, sont soumis à leur juridiction. Deux siècles d'erreurs de jugement et de commentaires à contresens devraient suffire à faire voir qu'il y a dans cette attitude quelque chose à réformer ; on le verra peut-être mieux encore depuis qu'ayant pris claire conscience d'elle-même, celle-ci vient de porter au comble sa propre malfaisance.

Les tableaux ne peuvent pénétrer dans les livres qu'à condition de se dépouiller de leur matière. Tous les genres de peinture sont réduits à l'encre d'imprimerie posée sur du papier comme à leur commun moyen d'expression. Mais le livre a un format, qui est bien différent de celui qu'ont ordinairement les tableaux, et chaque livre n'a qu'un format alors que les tableaux dont il contient les « reproductions » diffèrent souvent quant aux dimensions et à la forme. Les imprimeurs de peinture se flattent de faciliter par là les comparaisons, mais il n'en est pas d'un tableau comme d'un livre, dont le format n'intéresse aucunement le contenu. Au contraire, on ne peut changer le format d'un tableau sans adapter sa composition aux dimensions nouvelles de l'œuvre. Imaginer que la taille d'un tableau n'affecte que la place qu'il occupe est une illusion d'écrivain. Les artistes eux-mêmes n'y céderaient pas sans protester[47]. En fait, le résultat d'une telle méthode est qu'on

47. « La composition, qui doit viser à l'expression, se modifie avec la surface à couvrir. Si je prends une feuille de papier d'une dimension donnée, j'y tracerai un dessin qui aura un rapport nécessaire avec son format.

déverse dans un même livre les images d'œuvres plastiques dépouillées de leurs éléments plastiques, mutilées, déformées, bref anéanties dans toute la mesure où elles peuvent l'être par simple réduction à l'état d'images imprimées[48].

Il n'y aurait pas grand mal à cela si les tableaux imprimés étaient offerts comme de simples documents historiques. Les illustrations jouent un rôle nécessaire et bienfaisant en histoire de l'art. Le péril est trop réel, au contraire, lorsque les images de ce genre s'offrent comme des équivalents d'œuvres réelles, assez fidèles pour les remplacer avantageusement comme objets d'étude. Avec une logique louable en soi, le musée imprimé se flatte en effet de faciliter la comparaison d'innombrables œuvres plastiques, en vue de dégager le seul élément qui leur reste alors commun, le style[49].

Ici encore, on voit reparaître l'erreur qui consiste à étendre aux arts plastiques des notions nées de l'art d'écrire. Les styles d'écrivains divers sont comparables, surtout au sein d'une même langue ou de langues apparentées, parce que les langages écrits se composent tous de signes. Sans doute, un signe est lui-même une chose, mais la chose qu'il est ne fait pas normalement partie de sa signi-

Je ne répèterais pas ce même dessin sur une autre feuille dont les proportions seraient différentes, qui, par exemple, serait rectangulaire au lieu d'être carrée. Mais je ne me contenterais pas de l'agrandir si je devais le reporter sur une feuille de forme semblable, mais dix fois plus grande. Le dessin doit avoir une force d'expansion qui vivifie les choses qui l'entourent. L'artiste qui veut reporter une composition d'une toile sur une toile plus grande doit, pour en conserver l'expression, la concevoir à nouveau, la modifier dans ses apparences, et non pas simplement la mettre au carreau. » Henri MATISSE, dans A. LHOTE, *De la palette à l'écritoire*, Paris, Corréa, 1946, pp. 378-379.

48. Le musée sans murs exclut la spécificité des arts plastiques fondée sur celle des matières. Aucun artiste n'admettrait la légitimité de ce point de vue. Un sculpteur peut même refuser d'assimiler le résultat de la taille directe à celui du modelage : *Letters of Eric Gill*, p. 28.

49. Puisque nous ne dissimulons pas notre désaccord et que nous ne nous jugeons aucunement à l'abri de l'erreur, nous voulons citer à l'appui de la thèse que nous discutons, un texte de Vasari dans sa vie d'Andrea Mantegna (*Le opere*, vol. I, p. 401) : « Il (Mantegna) aima aussi, comme je l'ai dit, graver les figures sur cuivre, un procédé vraiment très extraordinaire, grâce auquel le monde a pu voir non seulement la *Bacchanale*, la *Bataille des monstres marins*, la *Déposition de croix*, l'*Ensevelissement du Christ*, la *Résurrection* avec Longin et Saint André, toutes œuvres de Mantegna lui-même, mais encore les styles *(la manière)* de tous les artistes qui ont jamais vécu. » On pourrait objecter qu'il s'agit ici de gravure d'interprétation, qui est elle-même un art plastique, mais il faut accorder que l'idée de mettre tous les tableaux à la disposition de tous au moyen d'un procédé de reproduction, est ici déjà présente. Vasari a peut-être été le Jules Verne du Musée sans murs.

fication. Qu'on imprime Gœthe en lettres gothiques ou latines, en caractères de divers modules ou de tailles diverses, le texte de *Faust* reste le même. Le style d'un écrivain ne dépend aucunement de la matérialité du livre ; on le retrouverait intact et même en certains cas plus évident encore si, n'ayant été ni imprimée ni écrite, l'œuvre était simplement récitée. Au contraire, le style d'un tableau est inséparable de sa technique, dont on a vu qu'elle-même était inséparable de sa matière. Éliminer la matière, c'est supprimer l'œuvre. L'étude des styles poursuivie sur des images d'œuvres plastiques se fonde donc sur des fantômes. Répandre dans le public l'illusion qu'il se rend possesseur d'une sorte de musée en achetant un livre, et qu'en feuilletant ce livre il a sous les yeux des œuvres plastiques assez réelles pour fonder une appréciation esthétique, c'est propager un prestige littéraire. Ses auteurs en sont les premières victimes, le public les suit et ils entraînent finalement l'art dans leur perte[50]. Car rien d'autre que la vue d'un tableau ne peut éveiller au cœur d'un enfant le désir d'être à son tour un peintre. Nulle autre expérience que celle de voir un tableau ne peut inspirer le désir de la prolonger, de la renouveler et de l'étendre. Telle est la conséquence pratique la plus importante de la singularité et de l'individualité que le tableau tient de sa matérialité même : le seul mode d'accès réel à l'art plastique est la vue directe de l'œuvre d'art.

IV. Vie et mort des tableaux

Les tableaux sont périssables, comme tous les objets matériels. Les uns meurent de maladie et de vieillesse, les autres, et c'est

50. On ne peut ici que renvoyer à la page où, avec une perspicacité et une indépendance de jugement trop rares, Claude-Edmonde Magny a immédiatement dénoncé le sens de l'entreprise : « Il s'échappe une odeur de mort, de charnier, de cette accumulation de fragments, de débris juxtaposés dans un *album d'art*, arrachés à toutes les civilisations, à tous les âges du globe, désincarnés de leur matière par la reproduction, détachés de leur contexte, dépouillés de toute utilité, séparés des circonstances qui leur ont donné naissance, bref, empaillés par l'art du photographe pour devenir cette chose inconnue jusqu'au dix-neuvième siècle, l'*œuvre d'art*. » Et l'inoubliable trait : « On songe à un Buchenwald des arts plastiques. » C. E. Magny, *Interrogation à Malraux*, dans *Esprit*, octobre 1948, p. 525. La même page rappelle que le *Colloque de l'Altenburg* a infligé le même traitement aux mythologies et idéologies, « l'ethnologie servant ici de crématoire, comme là-bas la muséographie. »

le plus grand nombre, sont victimes d'accidents qui abrègent leur existence. Ce ne sont même pas des accidents d'un genre spécial auxquels les tableaux seraient particulièrement exposés. Les tremblements de terre, les inondations, les incendies, les guerres avec les bombardements aériens qui les accompagnent, bref tous les dangers qui menacent l'homme et ses civilisations causent la disparition d'œuvres d'art sans nombre. Il en a toujours été ainsi, on en citerait aisément des exemples récents. En Italie, par exemple à Padoue, des fresques ont été mortellement atteintes au cours de la dernière guerre. Un aviateur survole une ville, prend une église pour une gare, lâche une bombe dans la direction générale d'un centre urbain et l'irréparable est fait. Mais les événements de ce genre appartiennent à l'histoire universelle. Au contraire, laissant de côté le peintre lui-même, dont le rapport à son œuvre est tout à fait particulier, on peut dire que les tableaux ont leurs ennemis propres, au premier rang desquels il faut placer le propriétaire de l'œuvre peinte, ou, pour parler plus simplement, le client.

La situation de l'acheteur de tableaux est curieuse. Il y a quelque chose de mystérieux dans le geste d'un homme qui fait un achat de ce genre, alors qu'il pourrait employer son argent à des fins plus immédiatement utiles. D'autre part, ayant acheté un tableau, le client ne doute pas un instant que l'œuvre ne soit devenue sa chose ni qu'il ait le droit d'en user à son gré. Rien ne lui interdit de la détruire le jour-même ou, qui pis est, de la repeindre. Sans aller jusqu'à ces extrémités, les propriétaires d'œuvres peintes soumettent parfois les tableaux à de curieux traitements en vue de les améliorer. Les anecdotes à ce sujet sont innombrables, et l'on accordera d'ailleurs qu'aucune anecdote ne prouve quoi que ce soit, mais l'une d'elles au moins est si parfaite qu'elle mérite d'être citée en exemple, comme une illustration concrète de cette vérité.

M. John Allnutt aimait la peinture. Il avait même acheté un Constable à une époque où très peu d'amateurs s'intéressaient à l'œuvre de ce peintre. En fait, pendant toute l'année 1814, celle où eut lieu cet achat, John Constable ne vendit que deux toiles. John Allnutt ne connaissait pas personnellement Constable ; il ne faisait en cela que suivre son propre goût, qui ne doit pas avoir été si mauvais. Bien des années plus tard, il écrivit au peintre C. R. Leslie, qui rassemblait des matériaux pour sa biographie de Constable : « Comme l'effet du ciel ne me plaisait pas tout à fait, je fus assez sot pour le faire effacer et remplacer par un nouveau ciel, œuvre d'un autre artiste. Quoique extrêmement beau, ce nouveau ciel ne s'accordait pas avec le reste du tableau. Quelques années plus tard, je fis demander à M. Constable, par un de ses amis, s'il aurait la bonté de remettre le tableau dans son premier état. Constable y consentit volontiers. D'autre part, j'avais un très beau tableau par M. (à présent : Sir Augustus) Callcott, qui était à peu près de la même taille, mais pas tout à fait aussi haut. Je l'envoyai à M. Constable en même temps que le sien, en exprimant le désir que, s'il pouvait le faire sans nuire au tableau, il en réduisit la hauteur en abaissant le ciel, afin de rapprocher sa toile de celle du tableau de M. Callcott et de me permettre de l'accrocher en pendant ». Lorsque Constable informa son client que le travail était fait et qu'il pouvait passer prendre les toiles, une double surprise attendait celui-ci. D'abord, Constable refusa d'être payé ; au contraire, il se déclara lui-même grandement obligé envers Allnutt, le premier inconnu qui eût acheté une de ses œuvres en un temps où ses amis eux-mêmes hésitaient encore sur ses chances de succès. Ensuite, Constable ajouta que, « désireux de faire un tableau aussi satisfaisant que possible, il avait préféré, au lieu de réduire la hauteur du premier tableau, en peindre un entièrement nouveau sur le même sujet[51] ».

On ne sait ce qu'il faut le plus admirer, la naïveté du client ou la patience du peintre. Allnutt ne semble pas s'être demandé pourquoi Constable avait mieux aimé peindre un deuxième tableau que mutiler le premier. Cette fois, le tableau fut sauvé par le peintre, mais l'artiste n'est pas toujours consulté. Dans le cas du portrait de l'abbé Hurel par Manet, le propriétaire du tableau lui fit subir tranquillement la mutilation qu'il estimait désirable[52]. On ne saura jamais combien d'œuvres, outre celles qui ont disparu par simple manque de soins, ont été mutilées ou même détruites par ceux qui les possédaient.

L'homme est le plus dangereux ennemi de la peinture, mais elle

51. *Life of Constable...*, p. 47.

52. Le portrait de l'abbé Hurel, ami de Manet, fut encadré et donné à l'abbé par Mme Manet après la mort de son mari. Quand il fut donné à l'abbé Hurel le portrait avait 81 ½ × 72 centimètres ; l'abbé Hurel, usant des moyens les plus simples, le réduisit aux dimensions de 47 × 37. Ajoutons que Manet n'en eût probablement pas été indigné. Degas avait peint Manet sur un canapé auprès de Mme Manet à son piano. Il en fit don à Manet qui supprima simplement Mme Manet : A. Vollard, *En écoutant Cézanne...*, p. 187.

finirait naturellement par disparaître sans qu'il y fût pour rien. Affirmer qu'un certain tableau, tel que *La Joconde*, est le même que celui qui appartenait déjà au roi François Ier, c'est dire qu'il n'a cessé de durer dans le temps. En effet, tous les tableaux subsistent dans une durée qui leur est propre et dont, bien que le devenir y soit lent par rapport à celui de l'homme, on peut néanmoins mesurer les étapes. D'ailleurs, tous les tableaux ne durent pas avec la même vitesse. Certains, faits d'hier, sont déjà devenus des vieillards, mais il est des peintures plusieurs fois millénaires sur lesquelles on dirait que le temps ne mord pas. Pourtant, la loi universelle du vieillissement n'épargne rien de ce qui est. Même les pierres des édifices souffrent de maladies et finissent par mourir ; à plus forte raison en est-il ainsi du matériel employé par le peintre : les murs sur lesquels il peint à fresque, les panneaux de bois, les cartons, les toiles, les couleurs, les huiles et les vernis, tout commence de vivre et de changer au sortir de la main du peintre. En principe destinée à lui survivre, l'œuvre commence dès sa naissance à mener sa vie propre, indépendante de celle de son auteur.

On abuserait d'une analogie facile, mais on ne se tromperait guère, en disant que les tableaux ont une jeunesse, un âge mûr et une vieillesse, qui, comme celle de beaucoup d'hommes, s'achève en sénilité. Le premier âge des tableaux n'est pas nécessairement une décadence. Au contraire, pendant une cinquantaine d'années, surtout si les matériaux ont été bien choisis et habilement maniés, l'œuvre peut gagner en harmonie, se mettre en place et trouver son accord définitif. L'huile imprègne progressivement les pigments colorés et confère à la matière du tableau une homogénéité qu'elle n'avait pas au sortir des mains du peintre. Le jeu des vernis, qui peut être fatal, peut aussi donner à l'œuvre une profondeur et un moelleux qui lui manquent au début. Enfin et surtout la couleur elle-même travaille ; il n'est pas impossible au peintre de prévoir dans une certaine mesure comment elle changera et de peindre moins en vue du présent que d'un avenir plus ou moins éloigné. C'est le sens d'un des propos attribués à Ingres : « C'est le temps qui se charge de finir mes ouvrages[53] ».

Il est du moins certain que le temps les modifie. Les tableaux encore jeunes diffèrent tellement des anciens qu'il n'est pas facile d'exposer des œuvres du seizième siècle dans une salle contenant

53. Amaury-Duval, *L'atelier d'Ingres*, p. 98.

des toiles récemment peintes. Le seul fait de passer, dans le même musée, des salles de peinture ancienne aux salles de peinture moderne[54] exige un effort d'adaptation perceptible. Il n'est donc pas surprenant qu'on en vienne à spécialiser les musées et à réserver certains d'eux aux œuvres de peinture moderne et contemporaine. Malheureusement, toutes les peintures exposées dans les musées ont jadis été modernes et contemporaines ; toutes celles qui le sont aujourd'hui suivent la route qui conduit la peinture jeune à l'état, respectable mais baissé de ton, de peinture de musée. Tout tableau est vieux ou en voie de vieillissement.

Quoique tout soit périssable dans un tableau, son élément le plus directement menacé est la couleur. On dit que les couleurs modernes sont loin de valoir en stabilité et en durée les couleurs d'origine surtout végétale dont usaient les peintres d'autrefois. Il se peut, mais les fresques des églises romanes n'en sont pas moins en voie de disparaître, et dès qu'on arrive à la Renaissance italienne, les ruines ne se comptent plus. Nous avons déjà noté les expériences malheureuses tentées par Léonard de Vinci, dont certaines œuvres se sont défaites d'elles-mêmes de son vivant et comme sous ses yeux. Mais son cas n'est pas unique. Il existe des tableaux de Titien dont le fond bitumineux a si complètement dévoré la couleur qu'il ne reste pratiquement plus rien de visible. Il en faudrait davantage pour décourager historiens et critiques de méditer devant ce genre de ruines[55] ; en fait, pourtant, de tels tableaux ont simplement cessé d'exister.

54. « L'habitude de vivre constamment avec des tableaux dont les couleurs ont été amorties par le temps a sans aucun doute pour effet de rendre l'œil incapable de jouir d'une couleur fraîche. Sir George (Beaumont) trouvait Constable trop hardi dans sa manière d'obtenir cette qualité. De son côté, Constable voyait bien que Sir George se laissait tromper par les effets du temps, des accidents, et aussi par les trucs de métier, auxquels, beaucoup plus souvent qu'on ne le suppose généralement, les marchands ont recours pour blondir les tableaux ; en ces matières, chacun désirait redresser l'opinion de l'autre. » *Life of Constable...*, pp. 113-114. — Cf. l'allégorie du vieillard qui travaille sans relâche à parfaire dans les musées les œuvres des maîtres, effaçant les luisants désagréables sur les figures, mais surtout « ajoutant un brun si beau aux ombres, et aux couleurs une douceur si moelleuse, qu'il rendait chaque tableau plus parfait que lorsqu'il sortit tout frais des mains du peintre. » ADDISON, *The Spectator*, no. 83, Mardi, 5 juin, 1711, Everyman's Library, vol. I, pp. 260-261.

55. Nous pensons particulièrement au *Saint Laurent* de Titien, dans l'église des Jésuites, à Venise, devenu illisible parce que la couleur en est noyée dans le bitume des dessous. Pourtant, dans son *Titien*, pp. 241-242, Victor Basch a consacré deux pages à l'étude de ce qui n'est plus que la ruine d'un tableau.

S'il ne s'agit que de nettoyer les surfaces, la technique moderne de décrassage des tableaux, mise en œuvre par des experts et avec toutes les précautions nécessaires, donne des résultats excellents, mais lorsque la couleur elle-même est en cause, le mal est à peu près sans remède. Assurément, on peut remplacer la couleur passée par une plus fraîche, mais nous verrons que ceci crée d'autres difficultés. Si l'on ne veut pas recourir à ce remède extrême, ce que l'on admire chez les anciens maîtres, ou bien n'est plus leur œuvre, ou bien ne ressemble plus à ce qu'elle était. Un fragment de frise, conservé par un hasard heureux dans sa fraîcheur première à la Scuola di San Rocco permet, par l'éclat de ses couleurs, de mesurer le noircissement des grandes décorations faites par Tintoret pour cette institution. Si beau que ce soit encore, il faut bien se dire que, s'il pouvait revoir son œuvre, le peintre ne la reconnaîtrait pas.

Plus d'un grand artiste en a fait la remarque. L'attention d'Eugène Delacroix fut attirée sur le problème par les admirables copies de Rubens qu'il faisait. Ce ne sont pas les tableaux des maîtres que nous copions, disait-il, mais ce que le temps en a fait. John Constable a dit la même chose. Mais le cas le plus frappant est peut-être celui d'un bon élève d'Ingres. Amaury-Duval copia le portrait de Bertin avec tant de soin et de succès que le maître lui-même, difficile pourtant à satisfaire, disait qu'il l'eût volontiers signé. Pourtant, revoyant sa copie à plusieurs années de distance, Amaury-Duval trouva qu'elle avait considérablement foncé. En effet, partie des couleurs de l'original, qui avaient déjà subi leur baisse de ton, la copie était devenue plus sombre que le modèle. Il en conclut, non sans mélancolie, que copier un tableau pourrait bien être une entreprise sans objet[56].

56. « Nous croyons, en copiant ces Titien, ces Rembrandt, faire les ombres et les clairs dans le rapport où le maître les avait tenus ; nous reproduisons pieusement l'ouvrage ou plutôt l'injure du temps. Ces grands hommes seraient bien douloureusement surpris en retrouvant des croûtes enfumées, au lieu de leurs ouvrages comme ils les ont faits. Le fond de la *Descente de croix* de Rubens, qui devait être un ciel très obscur à la vérité, mais tel que le peintre a pu se le figurer dans la représentation de la scène, est devenu tellement noir qu'il est impossible d'y distinguer un seul détail. » *Journal de Eugène Delacroix*, Paris, 29 juillet 1854 ; vol. II, pp. 221-222. — Voir la remarque semblable faite par Constable à Sir George Beaumont qui échantillonnait les couleurs d'un petit Gaspar Poussin afin d'être sûr de ne pas se tromper : « Mais, Sir George, supposons que Gaspar sorte de sa tombe, croyez-vous qu'il reconnaîtrait son tableau dans son état présent ? Ou, s'il le reconnaissait, n'aurait-on pas du mal à le convaincre que personne n'a barbouillé son tableau avec du goudron ou de la graisse d'essieux et en

Les changements qualitatifs de ce genre posent à l'artiste et à l'esthéticien maint problème, mais ils ne mettent pas en cause la substance matérielle de l'œuvre. Lorsque celle-ci est menacée, il faut user des grands remèdes. De cette nécessité, sont nées diverses disciplines et techniques dont la tendance naturelle est d'ailleurs de se subdiviser et de se multiplier. Il existe aujourd'hui une véritable pathologie du tableau, qui étudie, décrit et classe ses maladies, ou plutôt celles de toutes les matières dont il se compose, depuis le cancer des panneaux de bois jusqu'au noircissement des vernis. Cette nosologie picturale a naturellement engendré un art de prévenir les maladies des tableaux, une gérontologie des tableaux, une thérapeutique des tableaux et une chirurgie picturale, bref, tout un ensemble de disciplines et de techniques exigeant des laboratoires, des salles d'examen et de diagnostic, des médecins pourvus des appareils scientifiques requis pour mener à bien les traitements nécessaires[57]. La manière dont les spécialistes décrivent les qualités requises d'un bon restaurateur de tableaux rappelle la description d'un chirurgien maître en son art[58]. La différence principale est que la chirurgie est une profession réglementée et que l'on ne saurait exercer sans avoir donné des garanties, au lieu qu'aucune loi n'interdit à qui que ce soit d'opérer sur des tableaux comme il lui plaît. Cette situation changera sans doute avec le temps, mais il reste trop d'incertitudes dans les méthodes et les techniques pour que les interdictions soient recommandables en ces matières. Nous sommes encore loin de pouvoir mettre en œuvre les décisions prises par certaines organisations internationales en vue d'assurer la protection des œuvres d'art.

Dans les cas presque désespérés, c'est-à-dire lorsque la fresque ou le tableau est en danger de mort, on appelle à l'aide les restaurateurs. Grâce aux ressources de la physique, le diagnostic des

a ensuite mal essuyé la surface ? ». *Life of Constable*, p. 114. — Sur l'histoire du portrait d'Emile Bertin, voir AMAURY-DUVAL, *L'atelier d'Ingres*, p. 164.

57. Sur ces problèmes on trouvera des informations simples mais excellentes dans A. DE MIRIMONDE, *Pour mieux comprendre la peinture*, Paris, F. Nathan, 1953, pp. 30-34. — Cf. M. C. BRADLEY, Jr., *Art Technology*, Cambridge, 1950. UNESCO, *The Care of Paintings*, in *Museum*, III (1950) 2, 3 ; IV (1951) 1. Une bonne introduction se trouve dans Caroline K. KECK, *How to Take Care of Your Pictures*, A primer of practical information, publié par The Museum of Modern Art et The Brooklyn Museum, 1954 (bibliographie du sujet, p. 54).

58. Voir dans C. K. KECK, *op. cit.*, pp. 36-40, les instructions touchant « les premiers soins » à donner en cas d'accident.

maladies picturales est devenu d'une remarquable sûreté. Le patient est passé aux Rayons X, photographié à l'infra-rouge, bref, soumis à tous les examens possibles, et ces opérations conduisent souvent à des constatations inattendues. Le tableau que nous voyons recouvre parfois l'œuvre originale de l'artiste ; des additions, faites par des mains inconnues, à des époques inconnues, se sont incorporées à l'original depuis si longtemps que les en ôter passerait pour un crime contre l'art ; d'anciennes couleurs ont été remplacées par de nouvelles, parfois pour la simple raison que, le bleu lapis-lazuli coûtant trop cher, on a changé la robe d'une vierge de Van Eyck pour une autre de couleur moins coûteuse. Le rapport sur la restauration de l'*Agneau mystique* donne une idée juste des problèmes sans nombre qui se posent aux restaurateurs. Eux-mêmes sont d'ailleurs parfois effrayés de leur œuvre et s'arrêtent au moment où le seul choix qui leur reste est de défaire complètement le tableau, ou le refaire. Mais on voit encore sur certaines œuvres les traces de leurs hésitations : un visage avec deux nez, un œil hésitant entre deux paupières. Les deux visages différents peuvent être authentiques, mais le peintre ne les a pas voulus à la fois[59].

Loin de blâmer des efforts que guide souvent un grand amour des œuvres peintes et le désir de les sauver, on doit être reconnaissant aux restaurateurs d'avoir ainsi prolongé l'existence de chefs-d'œuvre qui, sans eux, auraient depuis longtemps cessé d'exister. On objectera peut-être que, de toute manière, une peinture restaurée a cessé d'être, puisqu'elle a cessé d'être ce qu'elle était. L'objection est irréfutable. Il y a deux manières également sûres de détruire une toile, la restaurer ou ne pas la restaurer. Les opinions diffèrent sur la manière la meilleure de conduire les tableaux à leur perte ; il y a de bons arguments des deux côtés et il n'est pas certain que le problème comporte une solution. Du moins serait-il équitable envers le peintre d'informer clairement le public que ce qu'il voit n'est peut-être plus que l'ombre de ce qui fut jadis un chef-d'œuvre, à moins que ce ne soit un substitut faisant fonction du tableau disparu dont sa restauration marque la place.

Pour quelque solution que l'on opte, il reste que toute restauration d'un tableau revient à remplacer par un nouveau celui que

59. Voir, à l'*Accademia* de Venise, l'*Adam et Ève* de Tintoret (n. 43). Ève a deux paupières pour un même œil.

l'on restaure. Il y a une différence spécifique entre le vieillissement spontané d'une toile et le changement que lui fait subir une autre main que celle de son auteur. Un vieux tableau fatigué reste la même œuvre d'art, vieillie il est vrai, mais telle qu'elle est devenue d'elle-même ; la moindre retouche faite par une main étrangère contribue à en faire une autre œuvre.

Le mal peut commencer du vivant même de l'auteur et parfois sous ses yeux. Une couche de vernis mal appliquée, un accroc bouché sans consulter l'artiste, tous les degrés d'intervention sont possibles, depuis le simple nettoyage, qui emporte souvent la couleur avec la crasse[60] jusqu'à la réfection de l'œuvre par une main étrangère qui, de grand soin et de grand talent sans doute, use de couleurs autres que celles de l'original et rend souvent impossible que ce qui restait des couleurs primitives avant son intervention soit jamais vu de nouveau par aucun œil humain. Les témoignages abondent sur ce point. Des peintres illustres ont vu de leurs yeux des restaurateurs ruiner des chefs-d'œuvre dont il nous est aujourd'hui impossible d'imaginer ce qu'ils furent. Nous ne les en jugeons pas moins sur ce qu'ils sont devenus. On résumerait assez bien l'opinion moyenne sur l'*Angelus* de Millet en disant que, célèbre à cause de son sujet, les qualités de cette peinture sont indifférentes, mais peu de ceux qui le voient savent que, complètement restauré après un voyage en Amérique, ce tableau célèbre est baissé de ton au point d'en être méconnaissable. L'original a cessé d'exister.

60. S'il nous est permis d'exprimer une opinion dans un domaine où nous ne sommes aucunement expert, le nettoyage radical auquel on a récemment soumis une *Pietà* de Titien, dans un grand musée d'Italie, a emporté une notable partie de sa substance. La perte est irréparable. Ce genre d'accidents n'est pas d'aujourd'hui. J. Burnet protestait déjà contre les gens qui, incapables de dessiner et de peindre, n'hésitent pourtant pas à restaurer les tableaux. Comme ils ne savent pas ce qu'est un glacis (composé presque uniquement de vernis et de couleur transparente) ils disent que cela n'existe pas. Aussi, sous prétexte d'enlever ce qu'ils appellent « la crasse et le vernis », ils enlèvent en même temps toute la couleur des glacis : « Ce que l'alcool n'atteint pas, ils le poursuivent dans toutes les craquelures à la pointe de la lancette, jusqu'à ce que le tableau devienne, non pas frais et brillant comme ils disent, mais sommaire et bâclé à l'extrême ; au jugement de Sir Joshua (Reynolds) peu de tableaux avaient plus souffert à cet égard que les siens, dont beaucoup avaient été nettoyés jusqu'aux fonds préparés pour les glacis. Quand on les cite comme exemples du caractère nocif de ce procédé, les gens affirment impudemment que les couleurs de Reynolds se sont effacées. » Note du peintre John Burnet au *II Discourse on Painting* de J. Reynolds : Londres, 1842, p. 24.

60. Par exemple, M. VLAMINCK, *Portraits avant décès*, p. 178.

Eugène Delacroix a dénoncé avec indignation le traitement infligé à un important Véronèse du Louvre par un restaurateur plus zélé que compétent[61]. La principale difficulté tient à ce qu'une fois les premières restaurations faites celles qui suivent s'inspirent naturellement des précédentes et non plus d'un original qui n'est plus visible. Il serait arbitraire de dire qu'elles s'en éloignent de plus en plus ; puisqu'il n'est plus là, on ne peut même plus savoir si l'on s'en approche ou si l'on s'en éloigne ; encore moins peut-on dire à quelle distance on s'en trouve. Il y a cent ans, George Sand dénonçait l'état de dégradation des Loges de Raphaël au Vatican. Plus heureux qu'elle, d'autres ont eu la bonne fortune de les voir au cours d'une restauration qui n'était sans doute pas la première depuis 1855. Ils ont vu la crudité des jaunes citron et l'acidité des verts neufs à côté des couleurs salies dont les nouvelles recouvraient déjà une moitié[62]. Nul blâme n'entre dans leurs remarques. Ils n'ont pas un instant protesté en voyant refaire le ciel bleu profond de Giotto sur le pauvre ciel délavé de la chapelle des Scrovegni à Padoue. Il suffit d'avoir le

61. « Mme Villot revenue le soir ; j'ai parlé imprudemment, avec certains regrets, des restaurations des tableaux du Musée : le grand Véronèse, que ce malheureux Villot a tué sous lui, a été un texte sur lequel je n'ai pas trop insisté, en voyant avec quelle chaleur elle défendait la science de son mari. » *Journal de Eugène Delacroix*, Champrosay, 12 octobre 1853 ; vol. II, p. 84. — « Les restaurations maladroites achèvent cette œuvre de destruction (commencée par la falsification des matériaux). Beaucoup de gens s'imaginent avoir beaucoup fait pour les tableaux quand ils les ont fait restaurer ; ils croient qu'il en est de la peinture comme d'une maison qu'on répare, et qui est toujours une maison... Une femme, à la rigueur, peut, grâce à la toilette, cacher quelques rides pour produire une certaine illusion et paraître un peu plus jeune qu'elle n'est ; mais pour les tableaux, c'est autre chose : chaque restauration prétendue est un outrage mille fois plus regrettable que celui du temps ; ce n'est pas un tableau restauré qu'on vous donne, mais un autre tableau, celui du misérable barbouilleur qui s'est substitué à l'auteur du tableau véritable qui disparaît sous les retouches. » *Op. cit.*, Paris, 29 juillet 1854 ; vol. II, pp. 222-223.

62. « ... j'ai vu Rome que je ne connaissais pas et tous les Raphaël que je n'avais jamais vus. En fait de Raphaël, il y en a de beaux parmi une foule d'apocryphes. J'entends par apocryphes, les fresques dont il n'a fourni que les cartons et que ses élèves ont peinturlurées en rouge brique, en jaune serin et en bleu de Prusse. Ce sont justement ceux-là devant lesquels les Ingristes se pâment, des galatées que je ne voudrais pas avoir en dessus de portes, et des saints de tous calibres qui ont l'air d'être faits par des enfants de dix ans, bêtes. Les Loges se voient avec les yeux de la foi, tout tombe en loques, les *stanze* sont tellement noires qu'on y voit tout ce qu'on veut. » George Sand, *Lettre à Delacroix*, 27 juillet 1855. Nouvelle Nouvelle revue française, 1 (1953) 574. Cette lettre répond à celle de Delacroix, 19 juillet 1855.

problème sous les yeux pour comprendre que cette réponse lui soit donnée. De quelle manière les chefs-d'œuvre sont-ils le plus radicalement perdus, par le temps si on les lui abandonne, ou par les peintres qui les restaurent ? Sur le plan de la dialectique, la question ne comporte pas de réponse[63]. En présence des œuvres elles-mêmes, et si l'on pense par exemple qu'après tout ce qu'elle a subi dans le passé lointain ou proche, la *Cène* de Léonard à Milan produit encore au spectateur une émotion profonde, on hésite à pencher entièrement du côté des intransigeants qui préfèrent un chef-d'œuvre mort à un chef-d'œuvre adultéré[64].

On ne sait même pas toujours si le temps n'a pas vraiment tra-

63. Voir sur ce point l'opinion équilibrée de Caroline K. KECK, *How to Take Care of Your Pictures*, pp. 52-53 : « Certains conservateurs de musée estiment que, sauf dans des salles d'étude, le public ne doit pas être invité à voir des créations picturales dévêtues et ravagées par le temps, parce qu'elles ne sont que des ombres de leur grandeur première. D'autres estiment que les restaurations d'un chef-d'œuvre en ruines, même habiles, en vue de lui rendre son intégrité, détruiront cette qualité, confuse mais vivifiante toujours présente dans un véritable original. Ce que le restaurateur peint sur le tableau est tout au plus une approximation de l'œuvre originale, ce n'en sera jamais le double. Mais les deux côtés ont de bons arguments. Laquelle des deux attitudes est la plus sage, c'est un point sur lequel l'accord ne s'est pas encore fait dans le public, entre les conservateurs de musées ni entre les particuliers qui possèdent des tableaux. »

64. Fernanda WITTGENS, *Leonardo's Last Supper Resurrected* (introduction Bernard Berenson) dans *Art News Annual*, 2e partie, novembre 1954, pp. 31-52. Qui blâmerait cet effort héroïque pour sauver ce qui pouvait encore être sauvé de ce chef-d'œuvre ? Mais comment savoir quel rapport il y a entre cette ruine consolidée et l'œuvre originale de Léonard ? Vasari affirme que Léonard n'a pas fini la tête du Christ (de là, peut être, sa beauté) ; voir *Vita di Leonardo da Vinci*, dans *Le opere*, vol. I, p. 448. Vasari ajoute ailleurs (*Vita di Benvenuto Garofalo*, dans *Le opere*, vol. II, p. 879) qu'en 1566 (environ 70 ans après que Léonard eût peint la *Cène*) il eut occasion de voir à Milan « l'original de Léonard si mal conservé qu'on n'y voyait plus qu'une tache confuse. » Vasari dit sa reconnaissance envers la copie de la *Cène* faite par un frère lai, Fra Girolamo Monsignori ; et si bien faite que, grâce à elle, il subsiste au couvent de San Benedetto, à Mantoue, un témoin permanent du génie de Léonard. Ce qu'on ne voyait déjà plus en 1566, comment le voyons-nous aujourd'hui ? Ou que voyons-nous à sa place ? — Dans l'article de Fernanda Wittgens, comparer avec la fresque actuelle la copie faite d'après l'original vers 1500, environ quatre à six ans après que Léonard eût fini d'y travailler, par Marco d'Oggiono, élève et compagnon du maître. L'architecture est différente ; le rapport du Christ et du saint Jean à leurs fonds respectifs ne sont pas les mêmes et de nombreux détails sont différents. On ne peut savoir quelles libertés le copiste avait prises avec son modèle ; mais une autre copie, détruite pendant la dernière guerre, fut faite par Andrea Solario vers 1510-1514, alors que l'œuvre était déjà gravement endommagée, quoique moins qu'elle ne semble l'avoir été quand Vasari la vit en 1566. Dans un autre état, c'était certainement l'œuvre dont nous voyons aujourd'hui les restes.

vaillé en faveur de certaines œuvres. Pour se donner à soi-même le sentiment concret du problème, il suffit de se rendre au Louvre, devant le portrait de Mona Lisa, et de comparer le tableau à la description qu'en donne Vasari. Le témoignage de Vasari est formel : la *Joconde* est un tableau inachevé, mais sa description du chef-d'œuvre suffit en outre à nous convaincre que, dans son état actuel, il n'est plus qu'une ombre, et le portrait d'une ombre. Tout entouré de soin qu'il est aujourd'hui, le tableau ne s'améliorera plus en vieillissant, mais à supposer même qu'il fût aujourd'hui possible de le remettre en son état primitif, qu'un peintre eût l'audace de s'y employer et qu'il le fît avec succès, combien reconnaîtraient dans l'œuvre rajeunie le visage exsangue auquel vont aujourd'hui les hommages du monde entier[65] ?

Le passé est irrévocable, mais il est permi d'espérer que, grâce aux méthodes modernes de conservation des tableaux, leur longévité croîtra considérablement dans l'avenir. Le problème ne sera pourtant pas complètement résolu. La mortalité des tableaux en bas âge est élevée et leurs chances de périr sont au maximum lorsqu'on ne sait pas encore que ce sont des chefs-d'œuvre. Dans la masse toujours grossissante des tableaux dont il est heureux que beaucoup se perdent, qui saura dire à temps quels méritent d'être protégés et quels peuvent être abandonnés à leur sort ? Un tableau ne naît pas Van Gogh, il le devient.

Ici encore, un retour rapide sur la musique permet de voir combien profondément ces problèmes sont enracinés dans les matières respectives de ces deux classes d'œuvres d'art. Un peintre laisse en mourant des œuvres complètement définies dans leur structure. Même celles d'entre elles qu'il laisse inachevées ne sont vraiment elles-mêmes que dans cet état d'inachèvement. Si les œuvres de l'artiste tombent d'abord aux mains d'une veuve qui soit elle-même peintre, il n'y a presque aucune chance qu'elles restent toujours inachevées. De toute manière, il ne manquera pas de confrères et d'amis compétents, sans compter les talents divers que les marchands sauront appeler à l'aide, pour que tout ce qui peut être transformé en œuvre finie le soit aussi rapidement que possible. Pourtant, la seule main qui puisse finir une œuvre est celle qui l'a commencée. L'artiste lui-même interrompt souvent

65. Vasari recommande la tête de Mona Lisa à qui veut savoir jusqu'où l'art peut imiter la nature. Tous les détails y sont *(tutte le minuzie)*, ou plutôt, y étaient ; voir la description : *Vita di Lionardo da Vinci*, dans *Opere*, vol. I, p. 449.

l'exécution d'une toile parce qu'il ne sait pas exactement comment continuer ; il n'y a guère de chances pour qu'un autre peintre, même s'il s'astreint à user du même style, trouve la réponse correcte que le peintre n'a pas su donner à ses propres problèmes[66]. En passant outre à cette difficulté, on détruit une esquisse ou on ruine définitivement une œuvre qui n'était qu'inachevée, on ne finit pas un tableau.

Il n'en va pas tout à fait de même en musique. L'intervention nécessaire de l'exécutant a pour effet que, loin de paraître scandaleuse, l'initiative d'un tiers intervenant entre l'œuvre et le public semble naturelle. D'ailleurs, sauf si le compositeur qui s'ajoute à un autre détruit les manuscrits de l'original, celui-ci se laisse toujours distinguer des additions ultérieures. Ce que Mozart a écrit de son *Requiem* se distingue mal de ce que son élève Süssmayr en a fait, parce que, sauf l'*Introït* et la fugue du *Kyrie*, Mozart n'a pas complètement écrit même les parties de l'œuvre qui sont de lui[67]. Au contraire, on ne décidera jamais sans objection possible de la forme sous laquelle *Boris Godounov* doit être représenté, celle de Moussorgski lui-même ou sa révision par Rimsky-Korsakov, mais l'original subsiste et l'on peut toujours y revenir.

Ces faits ne sont mentionnés, entre d'innombrables autres dont la plupart sont généralement connus, que pour introduire une remarque précise : l'opinion publique, et celle des artistes eux-mêmes, ne réagit pas de la même manière au faux pictural et au faux musical. Nous prenons ici le mot faux dans son sens le plus

66. « Les meilleurs peintres savent qu'une œuvre de quelque valeur ne peut être exécutée jusqu'au bout que par la tête et la main de celui qui l'a conçue. En conséquence, ceux qui n'entreprennent que de finir des tableaux inachevés sont de tous les moins capables de deviner les intentions de leurs auteurs. Certaines esquisses de Constable ont été ainsi *finies* à en perdre toute valeur. Chose plus grave encore, on a fait des faux complets imitant ses œuvres. J'en ai vu des multitudes et j'ai toujours été surpris que leur indignité puisse tromper des acheteurs. » John Leslie, dans *Memoirs of the Life of John Constable*, p. 279.

67. Le *Requiem* était une commande du comte Franz von Walsegg, qui désirait le faire exécuter, comme son œuvre propre, à la mémoire de la comtesse sa femme. Après la mort de Mozart, Constance fit compléter la partition par Süssmayr, dont l'écriture ressemblait à celle de Mozart et vendit l'œuvre au comte. Celui-ci recopia la partition de sa propre main et la fit exécuter, d'après sa propre copie, le 13 décembre 1793. Ainsi, sous la contrainte de son extrême pauvreté, Mozart avait accepté d'écrire une œuvre pour servir la vanité d'un homme. Pourtant, c'est grâce à cette supercherie que Süssmayr dut d'avoir à finir l'œuvre. Il semble que le *Sanctus*, le *Benedictus* et l'*Agnus Dei* soient principalement l'œuvre de Süssmayr. On en dispute pourtant, et on ne saura probablement jamais ce qu'il en est.

large, comme couvrant à la fois la tromperie sur l'auteur et le maquignonage de l'œuvre à des fins commerciales.

On ne compte pas les exemples de supercherie par fausse attribution des œuvres musicales, mais personne ne les blâme sévèrement. Qu'un faussaire soit convaincu d'avoir fabriqué et vendu un Franz Hals, il sera poursuivi devant les tribunaux et condamné comme coupable d'une sorte de crime ; mais si quelque musicien de talent fait passer une de ses propres œuvres pour celle d'un maître du dix-septième ou du seizième siècle — disons, par exemple, une Messe pour le Sacre d'un roi de France — personne ne s'indignera de la supercherie lorsque, grâce à l'auteur lui-même, elle sera découverte. Pourtant, l'acte est le même. Le violoniste illustre qui, de notre propre temps, a promené dans le monde entier des pièces de concert dont il était l'auteur, savait fort bien ce qu'il faisait en les présentant comme autant d'« arrangements » d'œuvres de Pugnani, de Vivaldi ou autres maîtres du dix-huitième siècle. Le public se méfie de la musique de virtuose. Il est même difficile de lui faire accepter de la musique de chef d'orchestre. De là, sur l'origine des œuvres, plus d'une tromperie dont on ne saurait nier que l'intérêt matériel y soit en jeu. Un virtuose sait fort bien que la composition du programme influence directement la location et que le public qui lui fait confiance dans sa fonction d'interprète n'a pas nécessairement la même estime pour son talent de compositeur. Attirer un auditoire par la promesse d'un faux programme est une forme modérée de prévarication.

Nul ne s'en soucie véritablement, car les musiciens eux-mêmes ont l'habitude d'en prendre à leur aise, au vu et su de tous, avec les œuvres de leurs prédécesseurs. L'exécutant n'hésite jamais à modifier la composition qu'il estime « injouable » telle qu'elle est écrite. Le chef d'orchestre n'hésite pas à mettre au point l'instrumentation de Beethoven. Un grand musicien a même soutenu qu'il y a dans l'orchestration de Wagner un grand nombre de notes dont on pourrait dire qu'elles furent mises là pour le plaisir de les écrire, ou en vue d'un auditeur idéal qui saurait les discerner, alors qu'en fait, pour des raisons purement physiques, aucune oreille ne peut les entendre. Les compositeurs eux-mêmes n'hésitent pas à prendre la responsabilité d'« arrangements » de toutes sortes, transposant les tons, changeant les instruments, réduisant au clavier d'un piano une partition d'orchestre, posant un *Ave Maria* sur un prélude de Bach. Rien n'est impossible en cet ordre et l'on a pu entendre la première sonate de Mozart pour le piano allégrement « jazzée » par tous les orchestres d'Amérique sans que nul en prît ombrage. Chacun reste libre de ses réactions aux contrefaçons, adultérations et corruptions de ce genre ; le fait est pourtant qu'elles ne provoqueront jamais l'indignation éprouvée par Delacroix devant les restaurations destructives de Villot. La raison principale en est probablement que, de par son immatérialité même, la musique survit à des périls mortels pour la peinture. Si l'on préfère le prélude de Bach sans l'*Ave Maria* de Gounod, il suffit d'enlever le Gounod, le Bach reste. Quand on estime qu'un arrangement, fût-ce celui de la *Mort d'Yseult* par Wagner lui-même, est un dérangement, rien n'oblige à l'écouter ; la partition originale est encore là. Le peintre qui finit un tableau, le repeint ou le modifie en quoi que ce soit porte au contraire atteinte à la matière même de l'œuvre ; il en modifie donc le style et la forme, sans laisser aucun témoin de l'original qui permette d'en juger. Les fausses attributions calculées mêmes n'ont pas en musique la portée qu'elles ont en peinture. L'acte n'est pas de nature identique dans les deux cas, parce que le musicien n'est en aucun cas l'auteur unique et intégral de son œuvre comme le peintre l'est de son tableau. Inventer un musicien imaginaire ne fait tort à personne, pas plus qu'on n'en ferait en inventant un peintre imaginaire. Quant à attribuer à un musicien célèbre une œuvre qui n'est pas de lui, l'enfant supposé a si peu de substance qu'il se perdra bientôt parmi les ombres. L'un des inconvénients d'un pseudo-Vermeer est que, faute de courage pour le laisser, sous le nom de son véritable auteur, à la place que lui a d'abord value son mérite, on ne sait littéralement plus où le mettre. Aucune difficulté de ce genre avec la musique ; il n'est pas nécessaire de tuer celle qu'on ne veut plus entendre, il suffit de ne pas la ressusciter.

Un peintre seul saurait trouver les mots qu'il faut pour dire ce qu'il éprouve à l'égard de ces êtres fragiles, mais sans prix, que sont les tableaux qu'il admire et qu'il aime. Ce sont pour lui des êtres réels, des individus, et si ce ne sont pas vraiment des personnes, on peut du moins lire sur leurs visages comme un reflet de la personnalité même de leur créateur. Toutes choses passeront, la plupart d'entre elles pour ne jamais reparaître. La notion chrétienne d'une glorification future du monde de la nature s'applique à la perpétuité des personnes, à celle de la matière et à celle des types, non à la poussière d'individus dénués de personnalité dont le passage en ce monde n'aura pas eu d'autre fin que d'y représenter temporairement l'espèce. Mais plus d'un peintre a parfois pensé que les chefs-d'œuvre de la peinture sont, à leur manière, des individualités sans commune mesure avec celles dont la seule fonction est d'assurer l'existence d'un type. Les images, ou tableaux, sont en un certain sens dans la relation d'image à modèle qu'est celle de l'individu envers l'espèce, mais les peintures sont des originaux, non des copies. Chaque œuvre peinte d'un grand artiste est elle-même un type, une Idée que d'innombrables images s'emploient vainement à imiter. Pourquoi les substances peintes, faites de main d'homme, ne participeraient-elles pas, elles aussi, à la résurrection et à la glorification future de tout ce qui, dans le temps, a fait un jour l'honneur du monde ? Si l'homme doit être glorifié, que les plus pures de ses œuvres le soient avec lui !

Delacroix semble n'avoir jamais pu se convaincre que son âme était immortelle. Plus exactement, il « avait de la peine à se persuader que ce qu'on appelle l'âme, cet *être* impalpable, si on peut appeler être ce qui n'a point de corps », puisse continuer d'exister après la mort du corps. A la fin, s'exprimant par la bouche d'un ami supposé, qui était « un matérialiste parfait », il parle d'abord sans indulgence des innombrables âmes « de toutes les créatures humaines, y compris celles des idiots, des Hottentots et de tant d'hommes qui ne diffèrent en rien de la brute », mais l'idée lui vient pourtant que *si* l'âme de l'homme était immortelle, les tableaux mériteraient de l'être au moins autant que leurs auteurs : « Pourquoi, si l'esprit ne se perd pas, les créations des grandes âmes ne participent-elles pas à ce privilège ? Un bel ouvrage semble contenir une partie du génie de son auteur. Ce beau tableau qui est de la matière, n'est beau que parce qu'il est animé d'un certain souffle, qui ne parvient pas plus à le préserver de la destruction que notre âme chétive à faire durer notre chétif corps[68] ».

Delacroix ne pense donc pas à la résurrection finale des grandes peintures dans la gloire. Il n'en demande pas tant ! Ce n'est même pas à l'immortalité de l'âme qu'il pense ; comme le poète de *La vigne et la maison*, c'est à l'immortalité de l'homme qu'il s'intéresse. A vrai dire, ce qui occupe son rêve est moins encore l'immortalité de l'homme que celle du tableau. Delacroix pense que si les âmes humaines étaient capables de conférer à leurs corps la perpétuité dans l'être, les âmes des tableaux devraient, à bien plus forte raison, pouvoir sauver leurs corps de la décrépi-

68. *Le Journal de Eugène Delacroix*, 3 février 1860 ; vol. III, pp. 257-259.

tude dont on les voit souffrir. On ne saurait mieux exprimer qu'il ne le fait ici, sous cette forme indirecte, le sentiment intime éprouvé par tant de peintres, que leurs œuvres sont des substances, des individus, presque des personnes. On a dit avec raison qu'en ces matières Delacroix est resté un homme du dix-huitième siècle, mais le dix-huitième siècle a vu des hommes de bien des sortes. Lorsqu'il écrivit cette pensée, Delacroix s'inspirait sans doute moins de Voltaire que de la généreuse imagination métaphysique de Diderot.

CHAPITRE III

L'art et l'être

Un tableau est autre chose et plus que les éléments matériels dont il se compose. Insister sur la nécessité de faire entrer ceux-ci en ligne de compte n'est pas vouloir le réduire à la condition d'un simple objet physique. Le support et les couleurs ne font un tableau que s'ils sont ordonnés par une certaine forme et en vue d'une certaine fin.

Ayant d'abord expliqué que l'art du dessin consiste à tracer des figures à l'aide de courbes appropriées, Vasari ajoute qu'une peinture « est une surface plane, que ce soit celle d'un panneau de bois, d'un mur ou d'une toile, couverte de champs de couleur environnant le tracé de ces dessins[1] ». Une semblable définition se rencontre dans la *Philosophie de l'art* d'Hippolyte Taine[2], puis, avec une modification importante, dans un article aujourd'hui célèbre de Maurice Denis : « Se rappeler qu'un tableau — avant d'être un cheval de bataille, une femme nue ou une quelconque anecdote — est essentiellement une surface plane recouverte de couleurs en un certain ordre assemblées[3] ». Notons que Maurice Denis ne connaissait pas le passage de Taine lorsque lui-même formulait sa propre définition[4].

1. Nous simplifions un peu la phrase de Vasari : « Ora, avendo di ciò ragionato abbastanza, seguita che noi veggiamo che cosa sia la pittura. Ell' è dunque un piano coperto di campi di colori in superficie o di tavola o di muro o di tela, intorno a' lineamenti detti di sopra, i quali per virtù di un buon disegno di linee girate circondano la figura. » G. Vasari, *Introduzione alle tre arti del disegno*, cap. XV ; dans *Le opere*, vol. I, p. 38.

2. H. Taine, *Philosophie de l'art*, 16e éd., 2 vol., Paris, Hachette, 1918, vol. II, pp. 334-335. Taine dit clairement qu'en outre de leur aptitude à imiter, les couleurs et les lignes ont une signification propre. Un tableau est une surface colorée sur laquelle les différents tons et les divers degrés de lumière sont distribués selon un certain choix. C'est là, dit-il, l'être intime du tableau.

3. M. Denis, *Théories* (1890-1910) : Du symbolisme et de Gauguin vers un nouvel ordre classique, Rouart et J. Watelin, Paris, 1914, p. 1. L'article fut d'abord publié dans *Art et Critique*, en août 1890, sous le nom de Pierre-Louis. La définition est reproduite *op. cit.*, p. 27, avec cette importante addition que l'ordre selon lequel les couleurs sont assemblées a pour fin le plaisir des yeux.

4. M. Denis, *Leçons et charmes de l'Italie*, Paris, A. Colin, 1933, p. 177,

Une objection souvent dirigée contre la formule de Maurice Denis est qu'elle est trop évidente pour valoir la peine de l'écrire ; en fait, pourtant, elle est très discutable et très discutée. Elle est même si hardie qu'on ne sait pas très bien jusqu'où elle conseille d'aller dans la préférence qu'elle accorde à l'assemblage des couleurs sur l'anecdote, c'est-à-dire sur la représentation et l'imitation. Denis lui-même fut plus d'une fois tenté de revenir sur sa propre formule, et son art en a sévèrement limité les conséquences. D'autre part, on la trouve parfois citée sous cette forme abrégée : « Un tableau est une surface plane recouverte de couleurs assemblées en un certain ordre ». Mais le point principal de la formule de Denis est qu'*avant* d'être la représentation de quoi que ce soit, un tableau est une surface plate recouverte de couleurs assemblées en un certain ordre. Dire ce qu'une chose est principalement n'est pas en donner une définition exhaustive. Denis n'a pas défini le tableau par l'ordre des couleurs à l'exclusion de l'anecdote ou de la représentation figurée[5]. On ne l'en blâme ni ne l'en loue ; on dit simplement qu'il ne l'a pas fait. Acceptant donc cette notion

5. La formule abrégée dont use parfois Denis (*L'influence de Paul Gauguin*, dans *Théories*, pp. 166-171) n'est qu'un renvoi à la formule complète, mais certains historiens l'ont délibérément réduite à un seul des éléments dont elle se compose. Par exemple : « Se rappeler qu'un tableau... est une surface plane couverte de couleurs en un certain ordre assemblées. » Bernard DORIVAL, *Les étapes de la peinture française contemporaine*, Paris, 1943 ; vol. I, p. 110. Dans cet « axiome » les points de suspension représentent tout ce qui en fait plutôt un conseil qu'une définition. Au fond, Denis disait une chose importante, mais simple : l'essentiel du tableau est dans les éléments colorés et plastiques, non dans la représentation. Ce n'était pas une définition dialectique mais un précepte de peintre. La formule est portée au dernier degré d'abstraction par Ch. LALO, *Classification structurale des beaux-arts*, dans *Formes de l'art, formes de l'esprit*, Paris, 1951. A la p. 20, note 2, la formule de Denis devient : la perception visuelle de formes à deux dimensions sur une surface continue. Réduire un tableau à l'état de perception visuelle est bien une idée de philosophe. Le problème central que le peintre doit résoudre n'est pourtant pas celui de percevoir un tableau, mais de le peindre. — Exemples de citations abrégées de la formule de Denis : « une surface recouverte de couleurs dans un certain ordre assemblées ? Rien que cela ? Oui, rien que cela, et il fallait que ce rien fût dit. » Jean CASSOU, *Situation de l'art moderne*. Éditions de Minuit, Paris, 1950, pp. 24-25 ; plus loin, « M. Ansermet reproche à Maurice Denis d'avoir, dans sa fameuse définition, confondu la toile avec le tableau », p. 35 ; renvoie à E. ANSERMET, *L'expérience musicale et le monde d'aujourd'hui*, dans *Débat sur l'art contemporain*. Rencontres Internationales de Genève, La Baconnière, Neuchâtel, 1948. Encore plus simple : « La meilleure définition d'un tableau est peut-être celle qu'a donnée un peintre français célèbre, Maurice Denis. Il a simplement dit qu'un tableau est une surface plate divisée en zones colorées. C'est indiscutable ». G. BOAS, *What is a picture?* dans *Johns Hopkins Magazine*, 8 (1956) 3, p. 8.

comme point de départ, nous chercherons comment l'être des tableaux se constitue. En d'autres termes, nous nous demanderons quels principes président à l'ontogénèse de cette classe définie d'œuvres d'art.

I. Spécificité des arts plastiques

On ne peut lire sans estime les beaux ouvrages consacrés aux rapports de l'art et de la scolastique, mais la perspective d'un homme du vingtième siècle sur l'art en général, sur les arts plastiques et sur la peinture en particulier, diffère nécessairement de celle d'un homme du treizième siècle. Pour nous, le mot peinture évoque d'abord celle du moyen âge. Nous la connaissons beaucoup mieux que ne fit jamais aucun scolastique et, surtout depuis Henri Focillon, nous lui attachons une importance dont, à tort ou à raison, un philosophe médiéval serait grandement surpris. « Peinture » signifie encore pour nous l'art qui s'est développé en Italie depuis Cimabue et Giotto, en Flandre depuis les Van Eyck, et qui, après des péripéties sans nombre, a fini par aboutir provisoirement à ce qu'on nomme aujourd'hui l'art abstrait. Il est extrêmement difficile d'imaginer ce que peut avoir représenté la peinture aux yeux d'hommes qui n'ont presque rien pu voir de ce que nous désignons nous-mêmes par ce nom.

En appliquant aux arts plastiques ce que les scolastiques ont dit de l'art en général, nous leur faisons donc dire des choses qu'ils n'ont probablement pas pensées. Les arts auxquels pense un scolastique ne sont pas toujours les arts libéraux, mais ce ne sont que bien rarement les arts plastiques. Il serait excessif de dire qu'on ne peut attribuer à Thomas d'Aquin une notion précise de l'art plastique sans la fabriquer d'abord de toutes pièces, car certaines pièces viennent de lui, et elles sont utilisables, mais on les intègre à des philosophies de l'art qui, si justifiées qu'elles puissent être en elles-mêmes, ne peuvent se réclamer de son autorité[6].

6. Pour essayer, sans grand espoir, d'éviter des malentendus, nous désirons préciser : 1° que nous ne formons aucune hypothèse sur la sensibilité personnelle de saint Thomas aux arts plastiques : c'est une autre question ; 2° que nous ne nions aucunement qu'il ait conçu, touchant les arts plastiques,

La notion thomiste d'art est ordinairement définie *recta ratio factibilium*, mais la formule n'est pas facile à traduire. Elle apparaît plusieurs fois en liaison avec une autre qui se réclame aussi d'Aristote : « L'art est la *recta ratio factibilium*, au lieu que la prudence est la *recta ratio agibilium*[7] ». Ainsi rapprochées, et telles que l'article de la Somme les interprète, les deux formules sont aisément intelligibles, mais ce ne sont pas des définitions de l'art ni de la prudence. Leur objet est de dire en quoi l'art et la prudence se distinguent l'une de l'autre. Celles-ci ont en commun d'être des *rectae rationes*, mais l'une, l'art, dirige la production ou fabrication de certaines œuvres, alors que l'autre, la prudence, dirige l'accomplissement de certains actes. L'art dit comment il faut faire, la prudence dit comment il faut agir. D'où la conclusion de Thomas d'Aquin : « Faire est un acte qui passe dans une matière extérieure, comme construire, couper, etc. ; agir est un acte intérieur à l'agent même, comme voir, vouloir, etc. ; la prudence est donc aux actes humains qui découlent des facultés et des habitudes, comme l'art est aux fabrications extérieures ». Tout l'accent porte sur la distinction entre les deux ordres du faire et de l'agir, c'est-à-dire de l'art et de la morale. Le bien de la prudence, dit plus loin saint Thomas, est dans l'agent lui-même, qu'elle rend bon ; mais le bien de l'art est dans l'œuvre d'art, qu'il rend meilleure[8].

Le difficile est de dire quel rapport il peut y avoir entre l'art

des pensées qu'il n'a pas écrites : c'est encore une autre question ; 3° que nous n'avons rien à objecter aux philosophes qui, s'inspirant des principes de saint Thomas, posent des problèmes qu'il n'a pas posés et s'efforcent, sous leur propre responsabilité, de leur trouver réponse : au contraire, nous approuvons entièrement ce genre d'entreprises, pourvu qu'on n'en rende pas indûment solidaire le saint Thomas de l'histoire ; 4° enfin, que nous reconnaissons explicitement l'existence d'une *métaphysique du beau* chez saint Thomas et maint autre docteur du moyen âge : mais cette métaphysique n'est ni une esthétique ni une philosophie de l'*art* en général ou de la peinture en particulier. — L'essai d'esthétique thomiste le plus récent et l'un des meilleurs que nous connaissions est celui de Umberto Eco, *Il problema estetico in San Tommaso*, Edizioni di « Filosofia » (Studi di estetica, 2) Torino, 1956. L'auteur écrit, p. 119, note 5 : « A vrai dire les philosophes scolastiques ne se sont jamais occupés *ex professo* de l'art et de sa valeur esthétique ; saint Thomas lui-même, quand il parle de l'*ars*, donne des règles générales à suivre, disserte sur la fin immédiate de la valeur artistique (c'est-à-dire du travail artisanal et professionnel) mais n'aborde jamais de face le problème spécifiquement esthétique ». C'est exactement notre propre opinion.

7. *Summa theologiae*, I-II, 57, 4, Resp.

8. *Op. cit.*, I-II, 57, 5, ad 1m.

ainsi compris et son opération. Supposant la présence, dans la pensée de l'artisan, d'une certaine idée de l'œuvre à faire : une *ratio* qui est la règle de son art (*regula artis*)[9], comment, en quel sens, cette idée et l'art qu'elle règle seront-ils la cause de l'œuvre ?

On comprendra mieux la nature du problème en remontant aux textes d'Aristote dont Thomas d'Aquin lui-même dit qu'il s'est inspiré. On les chercherait en vain dans la *Poétique* d'Aristote, qui ne se pose même pas la question. Le philosophe l'a rencontrée dans l'*Éthique à Nicomaque*, au ch. 2 du Livre VI, à propos des vertus intellectuelles. Parmi celles-ci, Aristote considère d'abord la science, ou connaissance scientifique, dont il a déjà défini la nature dans les *Seconds Analytiques*, I, 1. La science a pour objet le nécessaire, donc aussi l'éternel, ce qui n'est soumis ni à génération, ni à corruption. Tout ce qui n'est pas objet de science proprement dite et dans la rigueur du terme, est contingent. Sont donc contingentes « toutes les fabrications et toutes les actions ». Pour nous en tenir aux produits de l'art, leur contingence est manifeste. Tout art porte sur quelque génération. En effet l'art se demande comment faire être quelque chose qui peut exister ou ne pas exister ? Une œuvre d'art n'est donc pas un être dont l'existence soit nécessaire ; mais ce n'est pas non plus un de ces êtres contingents dont l'origine est en eux-mêmes, comme sont tous les êtres naturels ; c'est un être contingent dont l'origine est dans ce qui lui confère l'existence. A cette origine, il y a un choix, et c'est en ce sens qu'Agathon a raison de dire : « l'art aime le hasard et le hasard aime l'art ». Mais ce choix lui-même part d'« un état de capacité à produire quelque chose selon la raison ». Ainsi, « puisque l'architecture est un art, puisqu'elle est essentiellement un état de capacité à produire quelque chose, et puisqu'il n'y a aucun art qui ne soit un état de ce genre, ni aucun état de ce genre qui ne soit un art, l'art est la même chose qu'un état de capacité à produire quelque chose de manière raisonnée[10] ». C'est au même passage que,

9. *Op. cit.*, II-II, 57, 1, ad 2m

10. Aristote, *Eth. Nic.*, VI, 4, 1140 a 6-10. Il est facile de traduire plus élégamment si l'on sacrifie la précision L'art (τέχνη) est une ἕξις μετὰ λόγου ἀληθοῦς ποιητική (1140 a 10) Une ἕξις *(habitus)* est une disposition acquise et stable à faire quelque chose. Dans le cas de l'art, il s'agit d'une disposition acquise à produire quelque chose ; c'est une disposition acquise « poiétique » (donc un « état de capacité à produire »). Enfin, cette capacité est celle de produire selon la règle d'une raison elle-même vraie, ou d'un raisonnement vrai sur la manière de procéder. Parfois, Aristote définit simplement l'art : ἕξις τις μετὰ λόγου ποιητική (1140 a 3-4). — Le vers d'Agathon cité dans le texte a été inspiré par l'allitération τύχη-τέχνη.

dirigeant le discours vers son objet propre, qui est la théorie de la vertu, Aristote procède à la distinction connue de tous les maîtres du moyen âge : ne confondons pas la capacité raisonnée à agir et la capacité raisonnée à faire[11] ; c'est-à-dire, ne confondons pas l'art et la morale, la production et l'action.

On comprend plus facilement ainsi le sens de la formule qu'emploie de préférence Thomas d'Aquin et que l'on a si souvent citée depuis : *recta ratio factibilium*. Elle est elliptique, mais on ne saurait dire qu'elle déforme la pensée d'Aristote. En effet elle tient pour accordé que l'art soit une vertu, et même qu'il soit une des cinq vertus intellectuelles : l'art, la science, la prudence, la sagesse et l'entendement (*intellectus*). Les vertus intellectuelles sont des perfections de l'intellect ; elles le perfectionnent donc dans l'exercice de son acte propre, qui est de juger du vrai et du faux. On notera même que ces vertus excluent la conjecture et l'opinion : en tant précisément que vertus, elles ne peuvent diriger l'intellect que vers des actes bons, donc vers des jugements certainement vrais[12]. L'art ainsi entendu se tient donc tout entier du côté de l'intellect, à tel point qu'être une capacité raisonnée à produire un objet, ou être la raison ou règle rationnelle qui préside à sa production, c'est vraiment ici la même chose. Si donc il y a une difficulté dans la doctrine, elle est commune à Aristote et à Thomas d'Aquin.

Or il y a difficulté, celle que nous avons rappelée et dont Aristote pose le principe : l'intellect opère en ce sens qu'il exerce son acte de connaître, mais son efficace ne va pas au-delà ; elle est immanente, non transitive. Tel qu'il vient d'être conçu, l'art est donc la science certaine de ce qu'il faut savoir pour exécuter sans erreur possible les opérations nécessaires à la production d'un objet, mais, connaissance pure, il est la règle intelligible d'une opération dans laquelle lui-même n'est pas engagé. C'est pourquoi, avant d'être l'exemple préféré de saint Thomas, l'architecture fut celui d'Aristote. Tourné tout entier vers la construction des maisons, cet art est une vertu intellectuelle pure ; l'architecte sait comment construire les maisons ; il sait même comment construire telle ou telle maison, mais il ne construit rien. Le constructeur, c'est le maçon, dont le travail est réglé par l'art de l'architecture. D'où

11. Aristote, *Eth. Nic.*, VI, 4, 1140 a 3-5.
12. Thomas d'Aquin, *In decem libros Eth. Nic.*, livre VI, lect. 3, éd. Spiazzi (Marietti, Turin-Rome, 1949), n. 1153, p. 316.

la définition de cet art : *aedificativa est ars quaedam*, c'est-à-dire, *habitus quidam ad faciendum aliquid cum ratione*[13].

On résume parfois la doctrine de saint Thomas en disant : « L'art est avant tout d'ordre intellectuel, son action consiste à imprimer une idée dans une matière. » Il faudrait pourtant choisir entre les deux propositions, car l'intellect n'est pas un imprimeur. Si l'art est savoir, il ne produit rien, pas même une impression dans une matière.

La preuve que saint Thomas d'Aquin a vu le problème se trouve dans son commentaire sur l'*Éthique à Nicomaque* (VI, 4, 1140 a 10-16). Utilisant avec habileté les remarques générales d'Aristote sur l'objet de l'art, Thomas y explique qu'en ce passage le Philosophe fait trois choses : il dit d'abord quelle est la matière de l'art, puis de quoi il diffère en raison de cette matière, enfin avec quoi il s'accorde à cause d'elle. En lisant le développement du premier de ces trois points, on constate que ce qu'en dit Thomas d'Aquin répond au problème que nous désirons éclaircir.

La matière sur laquelle s'exerce l'art thomiste est elle-même triple. Elle inclut d'abord la délibération sur ce qu'il y a lieu de faire pour produire l'objet en question. La plupart des peintres attribuent leur art à l'esprit plutôt qu'à la main, mais ils ne l'entendent pas de cette manière. Ils nomment « art » cette réflexion de l'artiste sur la marche et la nature des opérations à accomplir pour faire son œuvre alors que, selon Thomas d'Aquin, les considérations de ce genre font partie de la matière que la vertu intellectuelle d'art a charge d'ordonner et de diriger. Comme la prudence règle la délibération morale, de même l'art règle celle de l'artiste. Il s'agit dans les deux cas d'une sorte d'aptitude, en partie innée en partie acquise, à voir comment les principes généraux de l'action (les fameuses « règles » de l'art) doivent s'appliquer dans le cas particulier d'une œuvre donnée : *considerare qualiter aliquid sit faciendum*.

La deuxième partie de cette matière est l'opération sur la matière extérieure, *operari circa materiam exteriorem* : jouer d'un instrument, couper le bois, tailler la pierre, dessiner et appliquer des couleurs. La troisième partie est décrite avec une simplicité directe bien digne d'un philosophe qui n'a jamais beaucoup usé de ses mains : *tertia est constituere ipsum opus*, c'est-à-dire produire l'œuvre en question. Entendons par là : il ne reste plus qu'à met-

13. THOMAS D'AQUIN, *In Eth. Nic.*, I, 1 ; éd. cit., n. 8. Cf. VI, 1 ; n. 1111.

tre en œuvre l'habileté opératoire acquise, pour constituer l'objet dont l'artiste avait l'idée, en exécutant successivement les opérations prévues par la délibération initiale conduite selon la règle de l'art[14].

Les divers moments de la production artistique sont donc les suivants : l'artiste conçoit l'idée de l'œuvre à faire ; cette œuvre étant un bien, l'artiste l'aime et désire la produire ; l'art entre alors en jeu pour régler la délibération de l'entendement sur la manière de s'y prendre, puis les opérations requises pour l'exécution, enfin la production même de l'œuvre. Le faire est donc bien réglé par l'art comme l'agir l'est par la prudence ; le parallélisme est remarquable entre la place occupée par ces deux vertus intellectuelles dans l'ordre pratique et la manière dont chacune dirige ses propres opérations.

Aristote et Thomas d'Aquin ont bien vu certains aspects essentiels de l'art. Comme toute génération, celle que règle l'art doit aboutir à quelque chose de nouveau. C'est ce que Thomas d'Aquin, suivant Aristote, donne à entendre en disant que la contingence des œuvres d'art se voit à leur nouveauté même : *quando fiunt, incipiunt esse de novo*[15]. Tout ce qui suit, touchant la conception de l'œuvre et les divers éléments de l'activité artistique est devenu le patrimoine commun de ceux qui parlent de ces choses, et il semble d'ailleurs qu'avec un peu d'attention aux faits n'importe qui pourrait aisément le redécouvrir. Pourtant cette analyse rend raison de la nature et du rôle de certains arts plus facilement que de certains autres. Elle s'applique d'autant mieux, pourrait-on dire, que l'art considéré est plus libre de matière et moins encombré de problèmes posés par l'exécution. En d'autres termes, tout se passe comme si les arts auxquels Thomas d'Aquin pense d'abord demandaient peu à la main et presque tout à l'esprit. Pour comprendre la raison de ce fait, il est utile de considérer le sens général de la notion d'art au treizième siècle.

On ne saurait pousser la généralisation plus loin que ne l'ont fait Aristote et Thomas d'Aquin. A leurs yeux, l'art est toujours connaissance, mais il apparaît dès que la connaissance est là en vue d'une production quelconque. Il faut de l'art pour faire un discours ou une leçon, pour présenter une démonstration mathématique ou philosophique, pour écrire un article ou, comme on

14. Nous paraphrasons *op. cit.*, VI, 3 ; Spiazzi, 1154.
15. Pour tout ce passage, *op. cit.*, VI, 3 ; Spiazzi, 1154-1155.

dit parfois, pour « faire » un livre. C'est même pourquoi la notion grecque de τέχνη s'étendait naturellement à tout savoir disposé et ordonné en vue de le rendre enseignable. Organiser un savoir, ce n'est plus simplement connaître, c'est faire quelque chose. Le succès de la notion d'*arts libéraux* au moyen âge exprime fort bien l'importance que l'on attachait alors à cette intervention active de l'homme ordonnant son savoir pour en faire un corps de doctrine. Les scolastiques en étaient si profondément persuadés que les arts libéraux leur semblaient les plus nobles de tous, précisément parce que leur matière était, si l'on peut dire, immatérielle. Savoir n'est pas faire, mais dans les cas où ce qu'il s'agit de faire est la présentation ordonnée de quelque savoir, l'art qui s'en charge se distingue à peine de la science. Le côté paradoxal de cette notion de l'art se dévoile ici-même : l'art apparaît dès que la raison s'intéresse à quelque chose qu'il s'agit de faire ; l'art est donc d'autant plus art qu'il a plus à faire ; or, il se trouve en même temps que, plus un art réalise pleinement l'essence de l'art, moins il est noble. Thomas d'Aquin lui-même s'est posé la question à propos des arts libéraux. La grammaire, la logique, l'arithmétique et la géométrie sont en un sens des arts ; ce sont même les plus nobles arts parce qu'ils ne s'exercent sur aucune matière extérieure à l'artiste ; seulement, pour cette raison même, ce ne sont pas véritablement des arts. Mettre de l'ordre dans un savoir, c'est organiser une discipline qui ne sort pas de l'esprit, ce n'est pas produire une chose. Les arts libéraux sont donc ainsi nommés

16. THOMAS D'AQUIN, *Summa theologiae*, I-II, 57, 3, ad 3^{m}. L'art est-il une vertu intellectuelle ? Réponse, oui, puisqu'il est la « ratio recta aliquorum operum faciendorum ». Objection : « Les arts libéraux sont supérieurs aux arts mécaniques ; or, de même que les arts mécaniques sont pratiques, les arts libéraux sont spéculatifs ; donc, si l'art était une vertu intellectuelle, il devrait être compté entre les vertus spéculatives. » Réponse : « Même en matière de spéculation il y a quelque chose qui ressemble à un travail, par exemple construire un syllogisme, composer un discours approprié, ou le travail de compter et de mesurer. C'est pourquoi tous les *habitus* spéculatifs ordonnés à des opérations rationnelles de ce genre s'appellent, par une sorte d'assimilation, des arts *(dicuntur, per quamdam similitudinem, artes)*, savoir, les arts libéraux. On les distingue ainsi de ceux des arts qui s'ordonnent à des travaux exercés par le corps, et qui sont en quelque sorte serviles *(quae sunt quodammodo serviles)*, parce que le corps est servilement soumis à l'âme, selon laquelle l'homme est libre. Quant aux sciences qui ne s'ordonnent à aucun travail de ce genre, on les nomme simplement des sciences, et non pas des arts. Et le fait que les arts libéraux soient plus nobles n'implique pas que la notion d'art leur convienne mieux. ». — Cf. *In Politic.*, I, 5, éd. Spiazzi, n. 92. — Sur la distinction entre arts serviles et arts libéraux chez Aristote voir *Politique*, VIII, 2.

parce qu'ils ont quelque ressemblance aux arts proprement dits, ceux qui mettent le corps en œuvre pour fabriquer des objets réels ; ces derniers seulement sont proprement des arts.

Il n'y a donc pas de place dans l'aristotélisme pour la notion d'« art libéral » au sens propre du terme. Ce détail de terminologie serait sans importance, s'il n'était révélateur d'un état d'esprit dont les conséquences ont été considérables. Si un art libéral n'est pas véritablement un art, un art véritable ne saurait être libéral. En d'autres termes, c'est parce qu'elles ne sont pas libérales que les activités productrices travaillant sur la matière sont proprement des arts. A prendre les termes à la rigueur, la notion d'art libéral est contradictoire. L'art qui répond le mieux à sa définition n'est pas libéral, mais servile[17]. Si l'on suit jusqu'au bout les implications de ce fait, tout art est servile dans la mesure où il est véritablement art. Les arts plastiques, y compris la peinture, sont des activités serviles en vertu de la définition même de l'art.

Cette petite catastrophe philosophique s'est produite au point d'interférence de deux notions d'origines différentes que rien ne prédestinait à se rencontrer, la notion philosophique d'art et celle, toute sociale, de condition libre. La notion de τέχνη s'applique à tout ce qui est production, ou technique productrice, et l'on ne voit aucune raison pour qu'elle ne désigne pas aussi bien les activités constructrices de l'esprit seul que celles que le corps exerce sous la direction de l'esprit. La « libéralité » d'un art est au contraire une qualité d'origine sociale. Cicéron nommait « libéraux » les arts dont l'exercice convenait à la condition d'un « homme libre[18] » ; or, en tout pays et de tout temps, les hommes qui en avaient le choix ont préféré le travail intellectuel au travail manuel, au moins sous ses formes les plus pénibles. Ainsi s'est naturellement établie la distinction des arts libéraux et des arts qui ne le sont pas. Nous avons vu Sénèque refuser de tenir pour libéraux des arts tels que la peinture ou la sculpture, parce que la part qu'y prend le corps les excluait à ses yeux de la classe des arts dignes d'un homme libre[19]. Thomas

17. Cicéron, *De oratore*, I, 16, 72. Ce sont les « bonae artes » (I, 34, 158), ceux dont l'ensemble constitue une « eruditio libero digna » (I, 5, 17). A notre connaissance, Cicéron n'a pas employé l'expression « artes liberales », mais il a parlé de ces « artes, quibus liberales doctrinae atque ingenuae continerentur » pour les opposer aux arts « sordidiores ».

18. Cf. note précédente.

19. « Non enim adducor, ut in numerum liberalium artium pictores recipiam, non magis quam statuarios aut marmorarios aut ceteros luxuriae ministros. » Sénèque, *Ad Lucilium*, 88, 18.

d'Aquin ne semble pas avoir hésité davantage. Selon lui, l'ordre que la raison humaine introduit dans la fabrication et dans les choses fabriquées, appartient aux arts mécaniques (*pertinet ad artes mechanicas*[20]), ou, comme on vient de l'entendre dire avec une nuance d'hésitation, à des arts qui sont « en quelque manière serviles » (*artes... quae sunt quodammodo serviles*), parce qu'ils concernent des œuvres faites par le corps, alors que l'âme est libre et que le corps lui est servilement soumis[21]. Nos propres remarques ne sont pas des objections contre cette doctrine. Leur seul objet est de mettre en évidence la difficulté interne dont elle souffre. Il faut en effet choisir entre cette définition de l'art et celle d'art libéral. Si l'on nomme art, avec Thomas d'Aquin, un *habitus cum ratione factivus*, étant bien spécifié que les produits de l'art, les *factibilia*, sont *extra hominem*[22], puisque rien ne se fait que par le corps, dont les œuvres sont serviles, il n'y a pas d'arts qui soient libéraux ; si au contraire, il y a des arts libéraux, il faut cesser de tenir la production d'objets matériels pour essentielle à l'art. En effet, il devient alors vrai de dire que ceux des arts qu'on tient pour les plus nobles doivent précisément leur noblesse au fait qu'ils n'opèrent pas sur une matière extérieure[23]. En ce sens, les arts libéraux ne sont pas des arts, car ils ne font rien.

On sait assez que l'enseignement du moyen âge, de la Renaissance, et pendant longtemps celui des temps modernes, est resté lié à l'ancienne notion des arts libéraux. Faute de s'en souvenir, bien d'autres faits historiques deviennent difficiles à comprendre. En premier lieu, l'absence presque totale d'une esthétique médiévale dans les écrits des scolastiques. On y rencontre souvent des considérations sur le beau, mais le *pulchrum* est un transcendental ; son étude relève de la métaphysique, non de l'esthétique. Ensuite, la persistance de cette lacune dans les écrits des philosophes et théologiens de la Renaissance où l'on s'attendrait le plus à trouver quelque chose de précis sur les arts plastiques. On s'étonne parfois de l'indifférence envers l'art dont ont fait preuve tant d'écrivains du moyen âge qui virent pourtant éclore autour d'eux les œuvres de l'architecture, de la sculpture et de la peinture du onzième au quinzième siècles, mais les choses ne sont pas très différentes si l'on considère des hommes en qui, pour quelque

20. Thomas d'Aquin, *In Eth. Nic.*, I, 1 ; Spiazzi, 2.
21. Voir plus haut, note 16.
22. Thomas d'Aquin, *In Eth. Nic.*, VI, 4 ; Spiazzi, 1166.
23. Thomas d'Aquin, *In Eth. Nic.*, VI, 3 ; Spiazzi, 1154.

raison que ce soit, on voit les représentants d'un âge nouveau. L'art n'occupe guère plus de place dans les écrits des théologiens et des philosophes de la Renaissance que dans ceux du moyen âge. Ici encore, ne prenons pas les métaphysiques du beau pour des philosophies de l'art. Marsile Ficin a beaucoup parlé du Beau, mais quand il esquisse le projet d'une Académie Platonicienne située à Florence, il y met des Orateurs dans le vestibule, des Jurisconsultes et des Politiques à l'intérieur, des prêtres un peu partout, mais des architectes, des sculpteurs ou des peintres, on ne voit pas qu'une place y soit prévue pour eux. Assurément, on y trouvera des représentants des arts, mais seulement de ceux dont le moyen âge s'était déjà nourri, les arts libéraux. Ce ne sont pas les artistes, mais les artiens, que Ficin invite chaleureusement à sa future Académie[24]. On peut passer des commentaires de Thomas d'Aquin sur Aristote aux commentaires de Ficin sur Platon sans y observer un intérêt plus vif pour les choses de l'art.

On s'explique seulement par là certaines controverses. Du quinzième siècle jusqu'au dix-neuvième, il y a toujours eu des peintres pour écrire en faveur de leur art, et l'une de leurs préoccupations les plus constantes semble avoir été de le faire admettre au rang des arts nobles, c'est-à-dire des arts libéraux. Après avoir vu les scolastiques distinguer les arts en arts libéraux et arts mécaniques, on comprend exactement le sens de la protestation indignée de Léonard de Vinci : « Vous avez mis la peinture au rang des arts mécaniques[25] ! ». Toute l'argumentation de l'artiste est naturelle-

24. MARSILII FICINI, Philosophi platonici, medici atque theologi omnium praestantissimi *Opera...*, 2 vol. in-folio, Adamus Henricus Petri, Basileae, s. d. Ce texte se trouve dans le préambule des commentaires sur Platon, vol. II, p. 1129. P. O. KRISTELLER, *The Philosophy of Marsilio Ficino* (New York, 1943) p. 350, parle avec raison de la « surprenante insignifiance » des éléments de la doctrine de Ficin intéressant l'art et la culture artistique. En fait, pourtant, cette insignifiance n'est pas surprenante. Ficin est un écrivain et non pas un artiste ; les vertus spéculatives seules l'intéressent. Pourquoi d'ailleurs un platonicien délaisserait-il la contemplation pour l'action ? Cf. A. CHASTEL, *Marsile Ficin et l'art*, Genève (E. Droz) et Lille (R. Giard), 1954. Sur l'absence d'artistes dans l'*Academia platonica*, p. 31 ; sur la remarque de P. O. Kristeller, p. 32. A. Chastel lui-même parle à ce sujet de « silence accidentel » (p. 32). Nous inclinerions plutôt à le juger attendu et, si l'on peut dire, traditionnel. Il l'est du moins si l'on aborde la Renaissance en venant du moyen âge. A cette époque, la pratique des arts plastiques n'avait pas encore de dignité intellectuelle. Chacun son tour. Beaucoup plus tard, Delacroix refusera de se laisser assimiler à un chirurgien.

25. LÉONARD DE VINCI, *Carnets*, ch. XXVIII ; vol. II, p. 190. — Reynolds a souvent revendiqué pour la peinture la dignité d'un « art libéral », au moins,

ment dirigée contre les écrivains. Si, dit-il, vous tenez la peinture pour « mécanique » parce qu'il faut un travail manuel pour représenter ce que crée l'imagination, vous autres écrivains faites un travail non moins manuel pour écrire avec une plume ce qui naît de votre pensée. L'argument n'est pas très solide, mais Léonard le fait précéder d'une remarque fort juste. C'est que, pour vanter la supériorité des œuvres de la plume, les écrivains disposent précisément de la plume. Entre les peintres et eux, la partie n'est pas égale ; pour se défendre contre l'écrivain, il faut que le peintre passe temporairement à l'ennemi[26].

Une autre conséquence, de beaucoup plus grande importance, se fait pareillement jour dans les écrits de Léonard. Avant beau-

dans ses parties les plus nobles : *The First Discourse*, éd. Edm. Malone, vol. I, p. 16 ; particulièrement, *The Third Discourse*, éd. cit., vol. I, p. 71 : « l'unique grande idée qui confère à la peinture sa dignité véritable, qui lui donne droit au titre d'art libéral et en fait une sœur de la poésie. » — Cf. *The Fourth Discourse*, éd. cit., vol. I, p. 79 et encore : « ... l'habileté que j'ai recommandée principalement n'est pas celle des mains, mais de l'esprit. Notre art n'est pas un don divin, mais ce n'est pas non plus un métier mécanique. » *The Seventh Discourse*, éd. cit., vol. I, p. 189. *Mechanical trade* se traduirait aussi bien par métier *manuel;* nous conservons ici *mécanique* parce que le mot perpétue la distinction scolastique entre les *artes liberales* et les *artes mechanicae*.

26. On pourrait lier à ce thème le débat, si long et si ennuyeux, entre la peinture et la poésie. Le mot d'Horace, *ut pictura poesis*, n'en est qu'un faible écho. On en trouve le thème central dans l'idée que si la peinture est une poésie muette, la poésie est une peinture parlante. Dans son poème *De arte graphica*, le peintre Charles-Alphonse Du Fresnoy présente cette double image comme connue de tous :

> *Ut pictura poesis erit; similisque poesi*
> *Sit pictura; refert par aemula quaeque sororem,*
> *Alternantque vices et nomina; muta poesis*
> *Dicitur haec, pictura loquens solet illa vocari.*

Dans les notes dont il a enrichi sa traduction de Du Fresnoy, Roger de Piles a appuyé cette thèse de nombreuses citations empruntées aux anciens. Le traducteur et annotateur anglais du poème, William Mason, propose de leur substituer ce seul passage, attribué par Plutarque à Simonide : « la peinture est la poésie parlante, la poésie est la peinture muette. » Mason ajoute : « Il y a quelque part une phrase latine qui dit la même chose, ancienne ou moderne, je ne sais :

> *Poema*
> *Est pictura loquens, mutum pictura poema.* »

On trouvera ce passage dans l'édition des notes de Reynolds au poème de Du Fresnoy : *The Works of Sir Joshua Reynolds...*, éd. par Edmond Malone, 3 vol., London, 1805 ; vol. III, p. 95. — Léonard avait été plus brutal : Si vous appelez la peinture une poésie muette, le peintre pourra dire du poète que son art est une peinture aveugle. (*Carnets de notes*, ch. XXVIII, vol. II, p. 189. — La notion de peinture conçue comme une « chose muette », ou comme un art silencieux, trouve ici l'une de ses origines.

coup d'autres peintres il insiste pour qu'on reconnaisse dans l'art une *cosa mentale*. L'enjeu est visible. Si l'art est tenu pour une opération de l'esprit, on en finira peut-être avec l'erreur qui n'y voit qu'une œuvre servile ou qu'un art mécanique. Cette préoccupation, constante chez les peintres depuis l'origine des temps modernes, donne sa portée juste à leurs déclarations sur la primauté du rôle de l'esprit dans l'exécution même des œuvres peintes. On trouvera facilement à citer de grands artistes en faveur de cette thèse[27] et nous reconnaîtrons d'ailleurs volontiers qu'il est au moins un sens où elle est incontestable. Il y aura même lieu d'y insister le moment venu : tout ce que l'homme fait avec ses mains part de l'intellect ou passe par l'intellect ; mais on trouvera sans peine autant d'autres paroles, parfois des mêmes peintres, insistant sur ce que, dans toute œuvre vraiment créatrice, la main peut introduire d'imprévu au cours de l'exécution.

Il ne s'agit d'ailleurs pas d'opposer la main à l'esprit : ce serait une erreur contraire à la précédente, et beaucoup moins intelligente. La vérité serait sans doute plutôt que, si l'art dont on parle est la peinture, il convient de le situer, non dans la pensée seule ni dans la main seule, mais dans le peintre, c'est-à-dire dans l'homme tout entier ou, comme disaient les scolastiques, dans le « composé ».

Ceci n'est point une objection adressée à saint Thomas ni aux scolastiques qui, tant bien que mal, se sont inspirés de ses principes. C'était là leur propre doctrine et tout les invitait à la soutenir. La seule chose qui les ait détournés de le faire n'était pas le manque des idées justes requises pour dire la vérité, c'était plutôt le minimum de curiosité intellectuelle à l'égard des arts plastiques qu'il eut fallu sentir pour la voir. Saint Thomas savait trop bien que la pensée seule ne produit rien dans la matière, pour ne pas se demander comment une *recta ratio* peut fabriquer quoi que ce soit. C'est pourquoi nous l'avons vu reléguer dans la « matière » de l'art, les opérations qui ont pour objet de couper,

27. « Lorsqu'on sait bien son métier et que l'on a bien appris à imiter la nature, le plus long pour un bon peintre est de *penser* en tout son tableau, de l'avoir pour ainsi dire tout dans sa tête, afin de l'exécuter ensuite avec chaleur et comme d'une seule venue. Alors, je crois, tout paraît senti ensemble. » *Ingres raconté par lui-même*, p. 19. — Dans le même esprit, Delacroix s'accorde pour une fois avec Ingres ; se demandant s'il faut placer l'art dans la tête ou dans la main, il répond nettement, dans la tête, non dans la main : *Œuvres littéraires*, II, p. 101 ; et ce serait en effet la réponse correcte si la question se posait sous forme d'une alternative à lever.

tailler et disposer comme il faut les éléments de l'œuvre à « constituer ». Il y a donc là des *habitus* distincts de l'art lui-même, mais sans lesquels la connaissance de ce qu'il faut faire resterait impuissante. De la manière dont ils se forment, saint Thomas ne dit à peu près rien, sauf pourtant ceci, que c'est l'art qui les forme[28], et c'est encore là une vue très juste, mais dont on aimerait que son auteur eût au moins essayé de dire comment elle s'appliquait aux divers arts.

Pareille recherche l'eût détourné de ses fins théologiques sans compensation imaginable, mais elle aurait peut-être évité quelques illusions à ceux qui, sept siècles après lui, voient les arts plastiques à la lumière de ce qu'il en a dit. Car enfin, ce qui *fait* l'habileté technique, c'est la volonté d'un homme qui, mu par son amour de l'œuvre à faire, entreprend la série des efforts nécessaires pour se donner les moyens d'opérer. C'est à ce propos que, parlant des arts auxquels le corps prend quelque part, Thomas d'Aquin dit que le corps s'y comporte, en quelque sorte, à la manière d'un esclave, alors que la liberté se tient toujours du côté de l'âme[29]. Mais lui-même sait bien que la comparaison n'est pas tout à fait juste. D'abord, le maître et l'esclave sont deux hommes, dont il se peut en effet que l'un soit soumis à l'autre, au lieu que l'art de l'artiste et le corps de l'artiste, y compris son habileté manuelle, appartiennent à un seul et même homme, l'artiste lui-même, dont la main opère selon la règle de son art. Ensuite et surtout, rien ne ressemble moins à la relation de maître à esclave que celle de l'art de l'artiste à sa propre main.

Si l'on voulait user d'une comparaison, c'est plutôt à celle du corps et de l'âme qu'il convenait ici de recourir. L'art du peintre est dans la main de l'artiste, et il y est partout présent, depuis le bout des doigts jusqu'à l'épaule que la main prolonge, comme l'âme est partout présente dans le corps qu'elle anime. Le corps

28. « Ars autem est factiva generationis, quia est recta ratio factibilium, ut in sexto dictum est (nn. 1153, 1160, 1166) ; non est autem factiva operationis, sed potentiae alicujus ex qua procedit operatio. Quamvis posset solvi per interemptionem ; quia pigmentaria ars (l'art pharmaceutique) et pulmentaria (l'art culinaire) videntur ordinari ad delectationem, tamen non sunt ipsius delectationis factivae sed delectabilium. » Thomas d'Aquin, *In Eth. Nic.*, VII, 12 ; Spiazzi, 1496. — Sur les nombreuses définitions de l'art que l'on a proposées, voir Thomas Munro, *The Arts and Their Interrelations. A Survey of the Arts and an Outline of Comparative Aesthetics.* New York, The Liberal Arts Press, 2 éd., 1950 ; ch. III, *The Meanings of Art*, pp. 49-109.

29. Voir plus haut, note 16.

n'existe qu'en vertu de l'existence de l'âme et c'est en vertu de l'âme qu'il opère, mais l'âme elle-même n'existe d'abord que dans un corps et, sans un corps, elle ne produirait aucun de ces objets, existant *de novo*, qui sont la fin même à laquelle l'art est essentiellement ordonné. Dans le cas de l'écrivain, la technique manuelle se confond avec l'art élémentaire de former les lettres, de tenir une plume ou d'user d'une machine à écrire. Un homme qui ne saurait pas écrire pourrait encore dicter des chefs-d'œuvre ; s'il a existé, Homère, le prince des « écrivains », n'a sans doute jamais rien écrit. On conçoit qu'un métaphysicien n'y voie pas difficulté, mais le peintre est aux prises avec le problème. Pour se faire une habileté manuelle, il faut que l'artiste incarne en quelque sorte son art dans sa main, à tel point que celle-ci soit un organe entièrement pénétré d'une pensée, animé par elle et fait pour répondre fidèlement à son inspiration. Les peintres pleins d'idées qu'ils prennent pour de l'art, mais qui ne commencent jamais rien, se plaignent parfois que l'inspiration leur fasse défaut, mais c'est plutôt qu'ils ne savent pas par où commencer.

L'importance du problème n'apparaîtrait pleinement que s'il était posé, sous forme concrète, en rapport avec l'apprentissage de l'art de peindre. Il faut bien reconnaître que la vue traditionnelle qui place l'art dans l'esprit, dominant de haut l'habileté manuelle, satisfait l'imagination d'un grand nombre d'artistes[30]. Elle les a donc conduits à distinguer de l'apprentissage de l'art lui-même celui de l'habileté technique requise en vue de l'exécution. Certains ont proposé, non sans apparence de raison, que le futur artiste apprenne déjà la technique, afin de se débarrasser du problème, et qu'il remette à plus tard, lorsque la facilité manuelle lui sera venue, de s'exercer à résoudre les problèmes qui relèvent proprement de l'art.

Ingres ne confondait pas l'art et l'habileté de la main. Comme tout artiste créateur, il ne voyait en celle-ci qu'un moyen. Il voulait qu'elle fût subordonnée à l'art, mais il estimait qu'on n'en a

30. Les droits de l'intelligence dans l'art de peindre ont été maintenus avec force par A. LHOTE, *Traité de la figure*, pp. 11-27 et 28-47. Ses remarques sont vraies. Il a raison de protester contre l'exaltation de l'ignorance et de l'instinct aux dépens de la connaissance et de la raison. Notre problème est différent. Nous faisons porter nos réserves sur la notion d'un art désincarné. Les anges ne sont pas des artistes parce qu'ils n'ont pas de corps. Voir l'épigraphe du présent ouvrage.

jamais trop : « La facilité, il faut en user en la méprisant ; mais, malgré cela, quand on en a pour cent mille francs, il faut encore s'en donner pour deux sous[31] ». C'est d'ailleurs pourquoi son enseignement de la peinture était principalement un enseignement du dessin : « Dessinez longuement avant de songer à peindre[32] ». Et la parole bien connue : « Le dessin comprend les trois quart et demi de ce qui constitue la peinture. Si j'avais à mettre une enseigne au-dessus de ma porte, j'écrirais : *École de dessin*, et je suis sûr que je ferais des peintres[33] ». Singulier mélange de clairvoyance et d'illusion, en vérité, car Ingres avait raison de dire que dessiner ne signifie pas simplement tracer des contours ; « le dessin, c'est encore l'expression, la forme intérieure, le plan, le modelé », cela est vrai, maint dessin d'Ingres lui-même en témoigne et parmi ceux de Matisse, un grand nombre le prouvent avec non moins d'éclat. L'illusion d'Ingres était de croire que la forme intérieure et le modelé qu'on obtient par le dessin sont ceux qu'on obtient par la peinture. Il y a une différence spécifique entre le dessin du dessinateur qui est à soi-même sa propre fin, et le dessin du peintre. Le dessin qui comprend les trois quarts et demi de la peinture ne relève pas de l'art du dessin conçu comme spécifiquement distinct des autres et suffisant en son ordre. Le dessin qui doit finir en peinture n'est pas un dessin incomplet, c'est un tableau commencé. La conviction contraire n'en a pas moins animé l'art d'Ingres ; c'est elle qui a déterminé la méthode de son enseignement[34] et elle lui a permis de mener à leur terme, quand le peintre en lui somnolait, telle *Vierge à l'hostie* ou telle *Jeanne d'Arc* qui, à notre goût du moins, sont en effet des dessins coloriés.

Reynolds représente excellemment l'état d'esprit d'un artiste clairement conscient du problème. Le dessin n'est pas toute l'habileté du peintre, mais même en incluant dans cette notion toute la pratique de l'art de manier le pinceau, c'est encore une question de savoir si, et de combien, la facilité de la main doit précéder l'effort de l'art. Reynolds a toujours eu des doutes sur les bienfaits d'une facilité trop précocement développée. Le problème est exactement celui que nous retrouverons à propos de l'exécution de

31. *Ingres raconté par lui-même*, p. 58.
32. *Op. cit.*, p. 61.
33. *Op. cit.*, p. 56.
34. AMAURY-DUVAL, *L'atelier d'Ingres*, pp. 29-33. Le titre de ce chapitre V, *Madame Ingres*, convient surtout à sa deuxième moitié.

l'œuvre, mais il se pose ici avant même que le conflit interne entre la facilité de pratique et la création de l'œuvre ne se soit encore déclaré. Il s'agit de savoir s'il est bon d'acquérir l'éloquence avant d'avoir quelque chose à dire. Exactement, le problème est de savoir si le jeune peintre dont la virtuosité d'exécutant est acquise ne court pas le danger de peindre ce qu'il sait peindre, plutôt que de mettre la technique ainsi acquise au service d'un effort créateur pour lequel elle ne suffira jamais tout à fait. En somme, n'y a-t-il pas un péril de croire qu'il existe un temps de la vie pour acquérir l'habileté de la main, suivi d'un autre temps pour l'appliquer ? Ou ne faut-il pas croire plutôt que la facilité acquise marque le point exact où le peintre commence à pouvoir se répéter et qu'il lui faut par conséquent dépasser s'il veut aller plus loin ?

« Une certaine aisance à composer », disait Reynolds, « la vivacité et ce que l'on nomme la maîtrise dans le maniement de la craie ou du pinceau, sont, il faut l'avouer, des qualités séduisantes pour de jeunes esprits et qui deviennent naturellement l'objet de leur ambition. Ils s'efforcent d'imiter ces perfections éblouissantes, qu'ils arriveront à atteindre sans grand peine. Après avoir passé longtemps à ces occupations frivoles, la difficulté sera de battre en retraite ; mais alors il sera trop tard, l'on ne connaît guère de cas de retour à un travail sérieux après que l'esprit s'est laissé débaucher et tromper par cette fallacieuse maîtrise[35] ».

Comme dans tous les problèmes où il s'agit d'une mesure à trouver, on voit mal ici comment fixer par une règle l'importance proportionnelle qu'il convient d'attribuer à l'entraînement technique et à l'effort créateur dans la formation du futur peintre. Reynolds lui-même a noté la difficulté dans le passage de ses notes au poème de Du Fresnoy qui porte sur les rapports de la théorie et de la pratique. Un certain degré de pratique mécanique doit précéder la théorie, car si l'on attend d'être capable de comprendre au moins en partie la théorie de l'art, on n'aura plus le temps d'acquérir la facilité et les moyens d'exécution. « La théorie se comprendra donc mieux dans et par la pratique. Si la pratique précède de trop loin la théorie, qui est son guide, elle perdra

35. Reynolds, *The First Discourse*, dans *Works*, ed. Malone, vol. I, pp. 12-13. Cf. p. 14, p. 16. Il n'en est pas moins nécessaire d'acquérir cette facilité dès la jeunesse : *The Second Discourse*, pp. 40-41.

probablement son chemin ; et si elle reste trop loin derrière, elle se découragera[36] ».

On voit par là quelles difficultés se cachent derrière la formule un peu facile de Thomas d'Aquin : ce n'est pas l'art qui produit l'œuvre, mais une capacité à produire qui, elle-même, est l'œuvre de l'art ; mais on voit en même temps quelle vérité profonde elle est capable de porter. L'art est seul capable de se constituer sa propre technique ; même où son œuvre est créatrice, l'art de l'artiste est seul capable de diriger l'effort qu'il lui faut faire pour se donner à lui-même ses propres moyens d'exécution. La conscience de cette vérité s'est faite de plus en plus claire à mesure qu'un plus grand nombre de peintres modernes, tentant des voies nouvelles, se sont vus contraints d'inventer leur propre technique ou, du moins, de faire subir à celle de leurs prédécesseurs des remaniements plus profonds. Certains peintres modernes ont eu tendance à situer le progrès de leur art au point où, précisément à cause de la limitation des moyens dont ils disposent, l'idée de l'œuvre à faire que leur art leur propose les oblige à un nouvel effort d'invention. « Les moyens limités », dit Georges Braque, « engendrent les formes nouvelles, invitent à la création, font le style[37] ».

L'expérience personnelle de tels peintres, qui ne se trouvent eux-mêmes, y compris les moyens de leur art, que dans l'acte même de peindre, « dans la pâte, le pinceau à la main[38] », invite donc à nuancer la notion traditionnelle du rapport de l'art au métier. S'il s'agit de peinture, le seul art que nous considérions ici pour lui-même, il faut que l'art prenne corps dans le métier et que celui-ci soit fait à l'image de l'art même qu'il a pour fin de servir. Une sorte d'union substantielle les lie étroitement, participation de celle qui unit le corps et l'âme de l'artiste et dont elle rend d'ailleurs témoignage dans ce cas particulier. La leçon la plus importante que nous enseigne l'expérience des peintres modernes qui ont réfléchi le plus profondément sur leur art, c'est que l'art ne prend claire conscience de soi qu'en tant précisément qu'il s'incarne dans une technique. Il n'existe pas d'abord dans la pensée, puis dans la main ; il ne peut exister dans la pensée, comme

36. Reynolds, *Notes on the art of painting*, éd. cit., vol. III, p. 101. — Sur la « dextérité manuelle, confinée à la simple imitation des objets, *The Third Discourse*, vol. I, p. 52.

37. G. Braque, *Le jour et la nuit*, p. 16.

38. O. Redon, *A soi-même*, p. 106.

règle de ce que l'œuvre doit être, que dans la mesure où la règle elle-même se définit dans les possibilités de la matière et de la main.

Ces discussions abstraites peuvent rendre le service d'éclaircir certaines obscurités qui gênent le dialogue des artistes et des philosophes. S'il n'est pas prévenu de l'existence du problème, ou si, la sachant, il l'oublie un moment pour céder à sa pente naturelle, le peintre et le sculpteur inclinent à penser que, bien qu'il ne soit pas le tout de l'art, le savoir faire en fait partie intégrante. « Par le mot art », disait le sculpteur Éric Gill, « j'entends simplement l'habileté manuelle (*skill*) ». Il ne méconnaissait d'ailleurs pas la part de raison et d'intelligence nécessaire à l'habileté manuelle en manière d'arts plastiques. L'art en question n'est pas n'importe quel *skill*, il est *deliberate skill*. Ce n'est pourtant pas ce dernier aspect de l'art qui retient surtout l'attention de l'artiste, car il finit par ajouter : « Néanmoins, le mot art veut dire avant tout, habileté (*skill*). Habileté à *faire* (*poiesis*)[39] ». Cette notion de l'art s'accommoderait aisément de la formule d'Aristote : ἕξις ποιητικὴ ou de l'*habitus operativus* des scolastiques, mais on comprend l'hésitation d'un sculpteur ou d'un peintre lorsqu'il lit que « l'art se tient tout entier du côté de l'esprit[40] ».

Sous sa forme absolue, cette notion de l'art découle en effet logiquement de la doctrine qui, reléguant l'habileté manuelle dans la matière de l'art, situe nécessairement ce dernier « tout entier » du côté de l'esprit. Mais on peut douter qu'il soit tout à fait juste de faire porter la responsabilité d'une telle réponse au problème de l'art plastique par des hommes qui ne se le sont jamais posé[41].

39. Eric Gill, *Work and Property*, p. 39. *Beauty Looks After Herself*, pp. 180-183.

40. Eric Gill, *Art Nonsense*, p. 289 : « Art abides entirely on the side of the mind », citant J. Maritain, *The Philosophy of Art*, p. 17 ; c'est-à-dire, dans *Art et scolastique*, Paris, L. Rouard, 3 éd., 1935, p. 20 : « l'art se tient tout entier du côté de l'esprit. » — En sens contraire : « L'art se fait avec les mains. Elles sont l'instrument de la création, mais d'abord l'organe de la connaissance ». H. Focillon, *Éloge de la main*, p. 149. « Je ne sépare la main ni du corps ni de l'esprit. Mais entre esprit et main les relations ne sont pas aussi simples que celles d'un chef obéi et d'un docile serviteur. L'esprit fait la main, la main fait l'esprit... Le geste qui crée exerce une action continue sur la vie intérieure. La main... apprend à l'homme à posséder l'étendue, le poids, la densité, le nombre. Créant un univers inédit, elle y laisse partout son empreinte. Elle se mesure avec la matière qu'elle métamorphose, avec la forme qu'elle transfigure. Éducatrice de l'homme, elle le multiplie dans l'espace et dans le temps ». *Op. cit.*, p. 171.

41. Pour une liste des nombreux arts dont saint Thomas a parlé, voir L. Schutz, *Thomas Lexicon*, art. Ars ; et R. J. Deferrari, *A Lexicon of*

Qu'on les interroge sur les échanges qui se nouent entre l'esprit et la main au cours de l'exécution d'un tableau, et sur la nature même de ces échanges, on n'obtiendra guère de réponse, et c'est pourtant là qu'est la question.

En faveur de ce mentalisme, ou de ce spiritualisme en matière d'art, on cite volontiers un interprète assez tardif de la philosophie traditionnelle. Mais il faut d'abord noter, comme un trait distinctif de la situation, que le texte dont il s'agit fait partie d'une discussion portant sur la bonne manière de distinguer entre *logica docens* et *logica utens*, c'est-à-dire la logique comme science enseignable et la logique comme art à pratiquer. Il est assez clair qu'ici la distinction est faible ou nulle. C'est justement afin de mettre en relief l'intime apparentement ou identité, de ce savoir et de l'habileté à le mettre en pratique, que Jean de Saint Thomas introduit un cithariste, dont l'art donne bien de la tablature à ceux qui se demandent ce qu'il est.

Dans ce passage, Jean de Saint Thomas veut montrer que celui qui sait la logique n'a pas besoin d'un *habitus* spécial pour mettre en œuvre celui qu'il a déjà de cette science. En bref, il suffit de savoir la logique pour savoir s'en servir. Or, assure-t-il, le problème est ici le même pour le logicien et pour le musicien : « Une fois connus les règles et les préceptes de la logique, dont le professeur fournit la démonstration en l'enseignant, on ne rencontre aucune difficulté à s'en servir pour les appliquer à telle ou telle matière ; il suffit qu'une telle matière soit donnée pour que les règles s'y appliquent et s'y étendent sans que cette matière oppose aucune difficulté nouvelle à vaincre. Comme celui qui possède l'art de la musique, ou celui qui joue de la cithare, peuvent, à partir des mêmes préceptes de l'art, appliquer leurs doigts à n'importe

St. Thomas Aquinas, pp. 85-87. En fait les seules références à l'art de peindre données par Deferrari s'appliquent au livre VIII des *Politiques* d'Aristote, dont le commentaire (pour ce livre) n'est pas l'œuvre de Thomas d'Aquin. Aristote insiste sur le problème de la musique et de la place que cet art peut occuper dans l'éducation. Il mentionne en passant l'enseignement du dessin comme utile pour former un jugement plus correct des œuvres des artistes (*Polit.*, VIII, 4, 1338 a 19). Après avoir noté que les figures et les couleurs sont moins des imitations des qualités morales que leurs signes, il recommande qu'on mette sous les yeux de la jeunesse les œuvres de peintres ou de sculpteurs suggestives d'idées morales (*Polit.*, VIII, 5, 1340 a 33-38). Le commentaire pseudo-thomiste du premier passage dit : « Videtur figurativa esse utilis ad recte judicandum artificum opera, ut non decipiantur » (*In Pol.*, VIII, 1 ; éd. Spiazzi, n. 1275). Le commentaire du deuxième passage (*In Pol.*, VIII, 2 ; éd. Spiazzi, n. 1312) interprète la peinture comme une imagerie moralisatrice ; tel est d'ailleurs l'esprit de la doctrine.

lequel des instruments qu'on leur offre ». En d'autres termes, de même que savoir la logique est savoir raisonner en toute matière proposée, savoir la musique est savoir jouer de tout instrument donné, et la proposition est vraie dans son absolue généralité, qu'il s'agisse de la cithare, de la flute ou de l'orgue.

On ne saurait contester la parfaite cohérence de la position, mais elle a si peu d'apparence que notre scolastique lui-même donne des signes d'inquiétude. Car enfin, si quelqu'un le prenait au mot ? Si, lui ayant enseigné la Musique, qui est l'un des sept arts libéraux, on invitait Jean de Saint Thomas à exécuter un solo de trompette ? Il y a naturellement pensé, et nous avons sa réponse : « Que si le musicien ne peut pas remuer les doigts, ou ne peut pas les remuer assez vite, il n'a pas besoin d'un nouvel art pour surmonter cette difficulté, il ne lui faut que de l'exercice corporel, ou un procédé quelconque pour éliminer l'empêchement en question. Ainsi donc, celui qui remue les doigts plus vite n'engendre pas un nouvel art, il écarte seulement l'obstacle qui empêche cet art de s'exercer. De même aussi, quand l'intellect s'exerce à former des syllogismes touchant diverses matières ou diverses sciences, il n'acquiert pas un nouvel art, ou un *habitus* distinct de sa connaissance même de la logique, mais seulement une facilité plus grande à s'en servir[42] ».

Il est à peine croyable qu'un tel philosophe ait pu, sans hésitation sérieuse, étendre à l'art du virtuose une notion de l'art faite sur le patron de l'art logique. Mais n'est-ce pas la tentation fatale du métaphysicien ? La connaissance des principes ne confère pas la connaissance des sciences ou matières auxquelles les principes s'appliquent. S'il sait lire une partition de piano, un jeandesaintthomiste croit vraiment qu'il n'a qu'à se dégourdir les doigts pour être capable de l'exécuter. Oublieux de cette faculté subordonnée, mais distincte de l'art proprement dit, que saint Thomas exigeait

42. J. A SANCTO THOMA, O. P., *Cursus philosophicus thomisticus*, éd. B. Reiser O. S. B., Turin, Marietti, 1930 ; *Ars logica seu de forma et materia ratiocinandi*, II. P., qu. 1, art. 5 ; vol. I, pp. 281-282. Cf. J. MARITAIN, *Art et scolastique*, p. 20. On notera que la formule, l'art se tient *tout entier* du côté de l'esprit, ne se rencontre (que nous sachions) ni chez Thomas d'Aquin, ni chez Jean de Saint Thomas, mais après l'exemple dont use ce dernier, on imagine difficilement une raison de ne pas lui en attribuer l'idée. Nous ne savons pourquoi le passage est supprimé dans *The Material Logic of John of St. Thomas. Basic Treatises*, traduits par Yves R. Simon, John J. Glanville et G. Donald Hollenhorst, The University of Chicago Press, 1955, pp. 31-32.

encore, ne fût-ce que comme matière de l'art, Jean de Saint Thomas ne veut même plus l'en distinguer.

Qui ne voit pourtant que l'art de l'exécutant qui joue de la musique diffère par des traits propres de celui du logicien qui argumente ? Il ne s'agit pas d'un empêchement à ôter[43], comme dans la rééducation médicale d'un organe qui a perdu le libre jeu de ses muscles ; le problème consiste pour l'artiste à acquérir un art nouveau, si complètement distinct de celui du musicien, qu'il n'est pas impossible de posséder l'art du compositeur sans savoir réellement jouer d'aucun instrument de musique. Avant d'étendre ses conclusions de la logique à la musique, un philosophe devrait procéder à l'analyse du travail auquel doit se livrer le virtuose qui « cherche ses doigtés ». Car c'est sa tête qui les cherche et les trouve, mais c'est finalement dans les doigts qu'elle les cherche et qu'elle les trouve. L'art du musicien n'est pas à l'art de l'exécutant comme l'art du logicien à l'exercice de la logique. Le corps du virtuose prend trop large part à l'opération pour que son art se tienne *tout entier* du côté de l'esprit.

Quoi qu'il en soit de la musique, où le problème se complique encore de la dualité, toujours possible, du compositeur et de l'exécutant, le cas de la peinture est caractérisé par le fait, déjà noté, que l'artiste y est à la fois compositeur et exécutant. C'est pourquoi les peintres qui insistent sur le caractère spirituel de leur art sont souvent les mêmes à souligner les vertus de la main. Qu'on se rappelle la description de la *Pêche miraculeuse* de Rubens par Eugène Fromentin dans ses notes sur Malines : « C'est un beau panneau, lisse, propre et blanc, sur lequel agit une main magnifiquement agile, adroite, sensible et posée. L'emportement qu'on lui suppose est une façon de sentir plutôt qu'un désordre dans la façon de peindre. La brosse est aussi calme que l'âme est chaude et l'esprit prompt à s'élancer ». Ce n'est pas que Fromentin entende soustraire la main au contrôle de l'esprit, mais il parlerait plutôt de la main comme d'un parfait collaborateur dont l'art est d'incarner en mouvements les pensées de l'esprit et qui n'y réussit si bien que parce que, formé par l'esprit lui-même en vue de son propre service, cet art de la main est toujours en possession d'opérer. Telle est à peu près l'organisation décrite par

43. Jean de Saint Thomas semble avoir imaginé l'art du virtuose d'une manière semblable à celle dont Aristote conçoit l'art de faire un Hermès. Dans les deux cas, il s'agit d'enlever quelque chose. Mais, pour le sculpteur, l'important n'est pas ce qu'il enlève, c'est ce qu'il laisse.

Fromentin. Il y entre « un rapport si exact et des relations si rapides entre la vision, la sensibilité et la main, une telle et si parfaite obéissance de l'une aux autres, que les secousses habituelles du cerveau qui dirige feraient croire à des soubresauts de l'instrument. Rien n'est plus trompeur que cette fièvre apparente, contenue par de profonds calculs et servie par un mécanisme exercé à toutes les épreuves[44] ». On le voit, Fromentin ne doute pas que, dans l'art de peindre, ce ne soit l'esprit qui commande et qui guide, mais en exclure la main, il n'y songe pas.

Certains philosophes n'ont d'hésitations sur ce point que parce que, n'ayant pas même essayé de peindre, ils n'imaginent même pas quelle intime collaboration doit s'établir entre l'esprit et le corps pour que la main devienne un si parfait exécutant. Le témoignage de ceux qui connurent Delacroix suffirait seul à déconseiller la notion d'un art de peindre conçu comme chose purement mentale[45]. Ce qui est vrai même d'un peintre aussi sûr de soi et maître d'un faire aussi complètement au point que le fut Rubens, l'est plus évidemment encore de l'artiste jamais satisfait dont chaque effort nouveau remet en question jusqu'aux moyens d'expression eux-mêmes : « Le peintre qui a trouvé sa technique ne m'intéresse pas[46] ». Mais il est trop tôt pour avancer des conclusions dont nous ne pouvons encore savoir si elles ne valent qu'accidentellement et pour certains artistes, où si elles sont liées à l'essence même de l'art du peintre lorsqu'il ne se contente pas d'être un imagier compétent.

II. Néant et création

La description aristotélicienne du devenir des êtres naturels mérite de retenir l'attention si l'on s'intéresse au problème de la production de l'œuvre d'art. Aristote énumère cinq modes de

44. E. Fromentin, *Les maîtres d'autrefois*, Belgique, IV ; éd. Nelson, pp. 61-62.

45. Louis de Planet, *Souvenirs de travaux de peinture avec M. Eugène Delacroix*, p. 53.

46. O. Redon, *A soi-même*, p. 105. Voir plus haut, la parole de G. Braque, p. 131, note 37.

génération : 1) par changement de forme, comme une statue ; 2) par addition, comme les choses qui poussent ; 3) par soustraction, comme un Hermès vient d'un bloc de pierre ; 4) par assemblage, comme une maison ; 5) par altération, comme les choses qui changent quant à leur substance matérielle. De ces cinq cas, trois sont empruntés à l'ordre de l'art : l'architecture qui fonctionne par assemblage de matériaux, et, à deux reprises, la sculpture, une première fois conçue comme un changement de forme imposée à la matière d'une statue, la deuxième fois conçue comme l'élimination d'un superflu de matière, s'il s'agit simplement de tailler un Hermès (*Phys.*, I, 7, 190 b 1-15).

Au même endroit, Aristote fait observer que, dans tous les cas, le devenir présuppose une matière, c'est-à-dire quelque chose d'autre que le terme de la génération, et qui devient l'objet en question. On nomme souvent cette matière le *sujet* de la génération, parce que c'est en elle que s'accomplit le processus au terme duquel apparaît l'être engendré. A quoi Aristote ajoute cette remarque, de sens commun mais de grande conséquence, que chaque processus de génération, ou chaque devenir, présuppose en outre la non-existence, le non-être de ce qui existera au terme de l'opération. En un sens, la doctrine est une naïveté : ce qui est déjà ne peut pas être produit, mais on verra que si elle n'offre guère d'intérêt dans l'ordre des productions naturelles, celui de la production artistique en fait au contraire son profit.

Encore avec Aristote, appelons « privation » ce non-être que toute génération présuppose ; il résulte de ce qui précède que, si cette privation existe, la production de l'œuvre de l'art devient matériellement possible, et que, si elle n'existe pas, il faut avant tout la créer. L'existence de la musique présuppose celle du silence. On reconnaît immédiatement comme dénuées de sensibilité musicale les personnes à qui le début d'une sonate inspire un irrésistible besoin de parler. On dirait qu'elles se défendent contre le son musical en « faisant du bruit » et, en effet, la mort du bruit est nécessaire pour que la naissance de la musique soit possible. Les précautions des chefs d'orchestre pour « faire le silence » avant que le concert ne commence, le tourment du mélomane dont le voisin est affligé d'un rhume, suffiraient à vérifier le fait. Encore n'est-il pas absolument impossible d'écouter de la musique ou d'en faire en dépit de quelque bruit, mais d'en faire ou d'en écouter en même temps qu'il se fait une autre musique, voilà, sauf dans les salles d'étude où tout le monde en fait et où nul ne l'écoute, qui dépasse les possibilités moyennes de l'oreille humaine. En ce sens, bien qu'elle ne soit pas créée du néant, on peut dire que la musique est créée d'un néant de son.

Les résonances bibliques de la formule n'ont rien qui doive surprendre. Savoir s'il y a un Dieu et si ce Dieu a créé le ciel et la terre avec tout ce qu'ils renferment, c'est un problème philosophique et théologique dont les données se trouvent bien au-delà du domaine de l'art, mais on peut du moins observer que, dans la mesure où la production artistique est un acte analogue à ce que les théologiens nomment création (ou inversement) il est nécessaire qu'une certaine correspondance existe entre les deux notions. La manière dont la théologie conçoit l'acte créateur définit en même temps les conditions idéales que la production de l'œuvre d'art devrait remplir pour mériter vraiment le nom de création. Il faudrait pour cela que, comme le Dieu de la Genèse, l'artiste pût partir du zéro absolu d'existence et créer la matière même de son œuvre. Il y rêve parfois, non sans danger pour son équilibre moral et pour son œuvre, car l'entreprise est impossible. Poser un acte de connaissance sans aucun présupposé n'en est pas moins le désir secret de l'idéalisme ; produire un être dont il serait à lui seul la cause totale est aussi l'acte parfait vers lequel tend l'artiste que l'on nomme créateur ; il tend vers cette limite, même s'il est certain de ne jamais l'atteindre[47].

Le poète est devant la feuille de papier blanc comme devant le lieu de possibilités poétiques infinies, dont n'importe laquelle peut se réaliser, précisément parce qu'aucune d'elles n'est là. Le premier vers, le premier mot, créeront par leur présence une situation entièrement nouvelle ; en attendant, tout est possible parce que rien n'existe. De même aussi le mur blanc, ou que l'on commencera par préparer et blanchir, le panneau de bois ou la toile tendue que le peintre commencera par enduire d'une préparation soit blanche, soit de teinte neutre, mais en tout cas uniforme.

47. « Il est bien convenu que ce qu'on appelle *création* dans les grands artistes n'est qu'une manière particulière à chacun de voir, de coordonner et de rendre la nature. Mais non seulement ces grands hommes n'ont rien créé dans le sens propre du mot, qui veut dire : de *rien* faire *quelque chose;* mais encore ils ont dû, pour former leur talent ou pour le tenir en haleine, imiter leurs devanciers et les imiter presque sans cesse, volontairement ou à leur insu ». *Journal de Eugène Delacroix*, 1er mars 1859; III, p. 222. C'est la doctrine théologique traditionnelle. A la question de savoir s'il y a de la création mêlée aux opérations de la nature ou de l'art, Thomas d'Aquin répond par la négative : *Summa theologiae*, I, 45, 8.

La neutralité de cette préparation à l'égard de toute combinaison de lignes ou de couleurs généralement quelconque est la première condition requise pour assurer à l'artiste le maximum de liberté dont son art soit capable. A défaut d'une production d'être, le peintre pensera probablement à une production d'ordre. Au lieu de partir du néant d'être, il partira d'un néant d'ordre. Ainsi, parlant de ses peintures sur verre qu'il avait commencées en dessinant avec une aiguille sur un morceau de verre préalablement noirci, Paul Klee disait : « Je commence logiquement par le chaos, c'est tout naturel[48] ».

Après avoir encollé sa toile et préparé son fond, le peintre commencera le plus souvent par esquisser son tableau. C'est là une opération complexe où l'intelligence, l'imagination et l'habileté manuelle sont également intéressées. L'artiste peut d'ailleurs procéder de bien des manières, mais nous simplifierons arbitrairement le problème pour en faciliter l'analyse. Nous ne retiendrons d'abord que le mouvement initial de la main ou du poignet grâce auquel le peintre (ou l'enfant) dessine d'abord une figure sur la toile ou sur une simple feuille de papier. Même réduite à ces termes simples, la question appelle aussitôt une telle diversité de réponses qu'il reste nécessaire de faire encore un choix ou, du moins, de suivre un certain ordre.

En traçant quelques lignes, l'artiste impose à la surface vide un certain nombre de déterminations quantitatives et qualitatives. Les plus importantes correspondent à ce que l'on nomme figures, ou formes. Leur effet immédiat est d'isoler, dans un espace donné, un tout de dimensions, de contours et de position déterminés, doué d'une unité et d'un être qui lui sont propres. On atteint ici un point où les propriétés transcendentales de l'être sont données toutes à la fois, et les unes dans les autres. Essayons d'en rappeler les principales en les caractérisant brièvement.

Dès que la pointe du crayon, ou de la brosse, a fini de tracer un contour — ne serait-ce qu'un cercle ou un carré — l'esprit se trouve en présence d'une chose nommable dont on peut dire qu'elle est. En ce sens, le premier effet de l'art est de produire l'image d'un certain être qui, prise en elle-même, est déjà un être. Cet être est produit par l'acte qui impose une forme à la matière, et l'effet de cette opération est ce que la philosophie scolastique nommait la *raison* de l'objet qui en résulte. En effet,

48. Will Grohmann, *Paul Klee*, p. 115.

la forme est dans la réalité, ce qui la rend intelligible. Cette raison (*logos*), ou formule intelligible, peut être connue, analysée et définie par l'entendement, mais elle peut être aussi perçue par le sens, comme lorsque la vue perçoit l'unité d'une arabesque dans l'espace, ou lorsque l'ouïe perçoit l'unité d'une ligne mélodique dans le temps. En tout cas, la définition, raison ou formule intelligible d'un objet résulte de sa forme, dont la fonction est d'assembler une multiplicité d'éléments dans l'unité d'un être distinct.

La notion grecque de forme entraîne les caractères de totalité, intégrité, achèvement et perfection. Au terme du processus de production, la privation dont souffrait la matière est remplacée par un être pleinement déterminé et défini par sa forme. On dit alors que ce processus a atteint son terme, ou sa fin. Le langage a parfois sa logique. A la lumière de son étymologie latine, le « parfait » est ce qui, ayant été achevé, complété, fait et parfait, ne manque d'aucun des éléments constitutifs requis par sa notion ; bref, c'est ce dont la cause finale a été pleinement atteinte ou réalisée. Dans un passage où il s'efforce d'établir que ne pas être fini est aussi ne pas être parfait, Aristote fait observer que : « *Entier* et *complet* sont identiques ou étroitement apparentés. Rien n'est complet [*teleion*] s'il n'a pas de fin [*telos*], et la fin est une limite[49] ». Pour employer le langage d'Aristote, on dira donc que la forme est aussi la fin ; la fin de l'œuvre d'art, c'est la forme intégralement réalisée dans la matière que l'artiste a choisi d'employer.

Considérons donc ce moment initial où le crayon, la craie ou la brosse de l'artiste commence à tracer une figure. Nous l'avons dit, il importe peu que la figure représente ou non une chose ; ce qui seul importe est qu'elle-même *est* une chose, une chose qui *est*. Il y a un élément mystérieux dans cette fonction à la fois créatrice et séparatrice de la forme. Ici, d'ailleurs, être forme consiste essentiellement à occuper une certaine portion d'espace au moyen d'un contour qui la sépare de tout le reste. Le cinéma et la

49. ARISTOTE, *Physique*, III, 6, 207 a, 12-14. — Eric Gill a complètement défini son art dans le langage aristotélicien des quatre causes : 1° l'intention de la chose à faire (cause finale) ; 2° la matière dont la chose est faite (cause matérielle) ; 3° l'énergie, la force et la volonté de faire la chose (cause efficiente) ; 4° l'imagination de l'artisan qui voit en pensée la chose à faire avant qu'elle ne soit faite (cause formelle). Eric GILL, *Art*, The Bodley Head, London, 1950, p. 12, note.

télévision ont exploité sans tarder l'intérêt passionné et la surprise presque incrédule éprouvée par les spectateurs lorsque la pointe d'un crayon ou d'une brosse dessine des objets qui semblent sortir du néant sous leurs propres yeux. Pourtant la main de l'artiste invisible ne fait qu'isoler, dans l'indétermination uniforme d'un espace vide, un certain nombre de zones circonscrites par leurs contours respectifs ou déterminées par leurs propriétés plastiques. En ce sens, définir un être, le poser à part et le produire sont une seule et même opération.

De toutes ces propriétés de la forme, la plus remarquable est son aptitude à conférer l'être en même temps que l'intelligibilité. On peut exprimer différemment la même idée en disant que l'effet de l'art est de produire une substance. Aristote a fait plusieurs fois observer la différence qui distingue les objets artificiels, ou produits d'un art quelconque, des objets issus d'une génération opérée dans une matière à partir d'une forme naturelle. Ces derniers seulement sont des substances naturelles au sens propre du terme. Quant aux produits d'un art quelconque, qu'il s'agisse d'un outil, d'un meuble, d'une statue ou d'un tableau, on peut dire que ce sont des substances, et même des substances naturelles, en tant que la matière dont ils sont faits est elle-même un être naturel, mais leur forme n'est pas une forme naturelle, et c'est pourquoi le produit d'une fabrication n'appartient pas à la même classe d'êtres que le produit d'une génération. L'exemple bien connu d'Aristote illustre à merveille sa doctrine : si l'on fait un lit en bois et qu'on l'enfouisse dans le sol, on ne peut espérer voir pousser un lit, mais seulement un arbre de même espèce que celui dont le bois a fourni la matière du lit. La nature produit de vraies substances par mode de génération, et l'on reconnaît celles-ci à l'aptitude qu'elles ont de se reproduire ; l'art ne reproduit que des objets fabriqués par addition et adaptation mutuelle de leurs parties constitutives. La cause de l'œuvre d'art lui est extérieure ; elle n'a pas en elle-même le principe interne de sa croissance et de ses opinions ; elle n'est pas une *nature ;* elle ne vit pas.

Tout ceci est fondamentalement vrai, mais peut-être pas aussi absolument que le pensait Aristote. Le Philosophe et les scolastiques auraient gagné à introduire des distinctions dans la classe immense des objets artificiels. Leur doctrine s'applique correctement à l'exemple du lit qu'il a choisi, du moins en tant que la fabrication en est pratiquement mécanique et n'implique aucun problème accessoire de beauté, mais, conçue pour mettre en évidence le caractère distinctif de la substance naturelle, elle ne dit à peu près rien de l'espèce particulière d'êtres que sont les statues ou les tableaux.

La spécificité de la matière de l'œuvre, si fortement mise en relief par Focillon vient, en un sens, renforcer la distinction d'Aristote puisque, désormais, on peut dire que même si la matière est empruntée à la nature, ou du moins à une nature plus ou moins transformée par l'industrie, ce n'est pas au titre de matière naturelle qu'elle entre dans la structure de l'œuvre d'art. Choisie pour devenir le réceptacle d'une forme que l'artiste n'emprunte pas à la nature, la matière de l'œuvre cesse d'appartenir à l'ordre de la nature pour entrer dans celui de l'art. Mais cela même fait voir que si Aristote avait encore plus profondément raison qu'il n'en avait conscience, c'est précisément parce qu'il ne s'était pas expressément posé le problème de la substance artistique. Il lui suffisait de savoir qu'elle n'est pas naturelle pour qu'il crût savoir ce qu'elle est.

En fait, la forme du tableau intervient dans la matière bien plus profondément qu'il ne lui suffirait de le faire si son influence se bornait à en assembler les parties comme fait le menuisier qui fabrique un bois de lit. Surtout, son intervention dans la matière n'est pas de même sens que celle de la forme naturelle et elle ne se propose pas la même fin. Nous aurons à la suivre, au moins schématiquement, du commencement à la fin du processus dont l'achèvement de l'œuvre d'art est le terme. Pour le présent, disons seulement que la forme artistique ne diffère de la forme naturelle ni par excès ni par défaut. Simplement, elle est autre, n'ayant ni la même origine, ni la même opération, ni la même fin. Le terme du devenir dont elle est l'origine n'en est pas moins celui de toute génération, c'est-à-dire la constitution d'une substance dont la structure s'explique principalement par l'action déterminante de la forme et qui appartient à l'espèce distincte de ces êtres substantiels que l'on nomme des tableaux.

Tel est l'effet le plus général de la décision première en vertu de quoi le peintre sépare du néant la forme initiale de son œuvre. On a justement fait observer qu'ici encore la théologie recourt spontanément au langage de l'art[50]. Au commencement la terre

50. Nous empruntons cette remarque à Jeanne Hersch, *L'être et la forme*, Éditions de la Baconnière, Neuchâtel, 1946, pp. 109-110. Cf. « La création commence donc par la séparation, avant laquelle il n'y a rien que le créateur ». — Le texte de Thomas d'Aquin auquel nous renvoyons nous-même se trouve dans *Summa theologiae*, I, 47, 1, *Sed contra.*

était vide et les ténèbres étaient sur la face de l'abîme ; alors, Dieu créa la lumière, c'est-à-dire, il « sépara » la lumière des ténèbres (Gen. I, 4) ; puis il « sépara » les eaux qui sont au-dessous du firmament (Gen. I, 6-7) ; la création d'Ève elle-même est conçue comme un acte de séparation, le premier peut-être et le modèle insurpassable de tous ceux qui se proposent de réaliser le maximum d'identité dans le maximum de différence (Gen. II, 21-22) ; au moment où elle est posée comme un être distinct hors de l'homme (Gen. II, 23) la femme commence d'exister. Toujours soucieux de précision les théologiens scolastiques ont introduit une distinction entre l'œuvre de création proprement dite, par quoi Dieu causa l'existence de la matière à peine différenciée dont il devait tirer son ouvrage, et l'œuvre de distinction dont l'effet est de modeler et d'informer cette matière en une multiplicité d'êtres spécifiquement distincts. Mais cela même fait bien voir à quel point la notion de création est pour nous liée au pouvoir séparateur de la forme. Pour établir que la distinction des choses naturelles ne vient ni de la matière, ni de l'activité des causes secondes, mais de Dieu lui-même, Thomas d'Aquin n'a qu'à reprendre le langage de l'Écriture, où il est dit « quod Deus *distinxit* lucem a temebris, et *divisit* aquas ab aquis ». Les théologiens ont discuté la nature de l'effet propre de l'acte créateur. Ils ne l'ont pas fait sans se diviser eux-mêmes, d'où sont nées plusieurs théologies. La question de savoir quel est l'effet d'une génération naturelle, relève des sciences de la nature. Celle de savoir quel genre d'être la forme produit au terme de la production artistique, devrait trouver sa réponse dans les écrits des peintres, car elle porte sur ce qu'il y a de plus intime et de plus essentiel dans leur art. Et on l'y trouve sans doute, au moins dans les essais de ceux d'entre eux qui se sont le plus lucidement interrogés sur le sens et l'objet de leur activité, mais parce que leur langage n'est pas celui du philosophe, il faut les écouter longuement et avec patience avant de se risquer à les interpréter.

Delacroix a beaucoup réfléchi sur cette question et il se l'est posée de bonne heure ; on ne s'étonne d'ailleurs pas qu'elle l'ait grandement embarrassé, que les explications qu'il donne soient obscures ni, par conséquent, qu'il soit nécessaire de les soumettre à des exégèses dont il va de soi que l'artiste lui-même n'est aucunement responsable.

Dans une note du 8 octobre 1822, Delacroix proteste contre l'opinion généralement répandue que l'objet d'un tableau est d'écrire une pensée. Dans tous les passages de ce genre, Delacroix lie les deux notions de pensée, ou de connaissance, et d'écriture. C'est peut-être ici le point central de sa doctrine, si l'on peut employer ce mot à propos d'un artiste qui se propose seulement d'éclaircir pour lui-même la notion qu'il se fait de son art. Il faut donc y insister. L'écrivain use du langage aux fins de l'art qui est le sien, l'art littéraire, mais précisément parce que la matière de son art est le langage, et que l'objet premier du langage est de communiquer la pensée, l'effort de l'écrivain se consume dans une large mesure, à s'expliquer. En d'autres termes, avant de songer à nous plaire, à nous intéresser et à nous émouvoir, il faut que l'écrivain pense à se faire comprendre. Incidemment, nous aussi devons faire effort, ou, ce qui revient au même, faire attention pour le comprendre. C'est seulement au prix de cet effort double et complémentaire que l'art de l'écrivain trouve son expression et nous devient perceptible.

On pourrait commenter cette idée de Delacroix par la réaction bien connue qu'oppose le lecteur moyen à la poésie ou à la prose d'art que le styliste offre à son admiration. Comment goûterait-il un langage dont il ne comprend pas le sens ? Quand on écrit, c'est comme quand on parle, on le fait pour se faire comprendre. L'effort de tant d'écrivains modernes pour libérer leur art de la servitude de l'intelligibilité à laquelle il semble que la nature même du langage les soumette, illustre à merveille la remarque faite par Delacroix. Lui-même n'a certainement pas prévu la possibilité d'un art de la parole renonçant à l'intelligibilité pour atteindre plus purement la beauté. En revanche, la conception très profonde et très vraie qu'il s'est faite de la peinture consistait essentiellement à la situer antérieurement à l'ordre du langage, de l'écriture, de l'intelligence et de l'explication.

Ce n'est pas à dire que Delacroix oppose la peinture à la pensée. Ce serait l'opposer à l'homme même et rendre l'expérience esthétique impossible. Il faut au contraire qu'elle soit possible et même qu'elle soit aussi immédiate que sa nature et celle de l'homme le permettent. On ne voit pour cela qu'un seul moyen ; c'est que l'expérience esthétique de la peinture se produise précisément sur un plan antérieur à celui de la parole et de la pensée discursive. C'est pour suggérer cette idée que Delacroix fait appel à la métaphore du pont. « Dans la peinture », écrit Delacroix, « il s'établit comme un pont mystérieux entre l'âme des personnages et celle du spectateur ». Notre peintre entend par là qu'au lieu de nous décrire ses personnages à l'aide de mots qu'il nous faut nourrir d'images, à nos frais et à nos risques, le peintre les place directement sous nos yeux. Des mots sont des signes, un pont est une chose, et ce que cette chose suggère est bien une pensée, ou des pensées, mais non pas de ces pensées qui sont des pensées de mots. Reprenant ici à son compte la distinction classique entre choses et mots (*res et signa*), Delacroix fait observer que le spectateur se trouve devant le tableau comme devant la nature ; non devant des signes mais devant des choses. C'est d'ailleurs pourquoi les hommes de tous les temps, de toutes races et de tous langages, pour qui les littératures étrangères sont souvent autant de livres fermés, communient sans effort dans les mêmes perceptions, les mêmes sentiments et les mêmes idées en présence des mêmes tableaux. Ce que la plupart ne comprendraient pas, si on le leur disait en une certaine langue, tous le voient. Cette communication qu'est la peinture est donc vraiment antérieure au langage parce qu'elle se fait au moyen de choses et non de mots.

Ces considérations s'accompagnent souvent d'une autre dans la pensée de Delacroix. Abordant sous un angle tout personnel le vieux débat sur les mérites respectifs de la peinture et de la poésie, il note que, bien que les moyens de l'art du peintre soient plus matériels que ceux de l'écrivain, les esprits auxquels parle l'art de l'écrivain sont d'ordinaire plus grossiers que ceux auxquels s'adresse l'art du peintre, et même celui du musicien. Le peintre met sous nos yeux un objet, une chose, ou, ce qui revient au même une apparence visuelle aussi parfaitement précise que le seraient cette chose, cet objet. Rien ne peut être plus défini, mais c'est justement pour cela que notre propre pensée reste entièrement libre à leur égard. Pour le redire encore, nous sommes devant le tableau comme devant la nature ; parce que le peintre n'agit que sur nos sens, il laisse notre esprit entièrement libre. Au contraire, parce qu'il pense et qu'il parle, l'écrivain entreprend sur notre esprit ; disant ce qu'il souhaite de nous faire penser des objets et des êtres dont il parle, son art limite notre liberté en même temps qu'il l'exhorte à coopérer. Le poète nous prescrit les rêves mêmes qu'il nous invite à former[51].

51. « Quand j'ai fait un beau tableau, je n'ai pas écrit une pensée. C'est ce qu'ils disent [sc. que j'ai écrit une pensée]. Qu'ils sont simples! Ils ôtent à la peinture tous ses avantages. L'écrivain dit presque tout pour être compris. Dans la peinture, il s'établit comme un pont mystérieux entre l'âme des personnages et celle du spectateur. Il voit des figures, de la nature

Delacroix n'était pas le premier à souligner le caractère essentiellement silencieux de la peinture, il le savait, et bien qu'il ne fût pas au-dessus d'une métaphore poétique, on ne voit pas qu'ayant une fois reconnu ce silence, l'idée lui soit venue de tout confondre en lui attribuant une voix[52]. Il avait aussi noté, en lisant Mme de Staël, une remarque qui semble l'avoir intéressé parce qu'elle rejoignait une observation que lui-même avait souvent faite : la peinture et la musique l'emportent sur l'art d'écrire précisément parce que, s'adressant directement au sens, ils échappent aux limitations qu'impose toujours à l'esprit l'expression de la pensée[53]. Il semble parfois que Delacroix manie en toute innocence des explosifs dont il ne soupçonne pas la puissance ; encore n'est-on pas certain que la pensée ne lui en soit jamais venue, car c'est dans la même note du 8 octobre 1822 qu'il faisait cette réflexion dont l'équivalent ne se retrouvera jamais sous sa plume : « je serai le trompette de ceux qui feront de grandes choses[54] ». Si, au lieu de s'en fier à son art, il avait fait confiance à ses idées,

extérieure ; mais il pense intérieurement, de la vraie pensée qui est commune à tous les hommes : à laquelle quelques-uns donnent un corps en l'écrivant, mais en altérant son essence déliée. Aussi les esprits grossiers sont plus émus des écrivains que des musiciens ou des peintres. L'art du peintre est d'autant plus intime au cœur de l'homme qu'il paraît plus matériel ; car chez lui, comme dans la nature extérieure, la part est faite franchement à ce qui est fini et à ce qui est infini, c'est-à-dire à ce que l'âme trouve qui la remue intérieurement dans les objets qui ne frappent que les sens ». *Journal de Eugène Delacroix*, 8 octobre 1822, vol. I, pp. 17-18. — « Je me suis dit cent fois que la peinture, c'est-à-dire la peinture matérielle, n'était que le prétexte, que le pont entre l'esprit du peintre et celui du spectateur. La froide exactitude n'est pas l'art ; l'ingénieux artifice, quand il *plait* ou qu'il *exprime*, est l'art tout entier ». *Op. cit.*, 18 juillet 1850, vol. I, p, 391. — Sur ce que Delacroix nomme le *vague* en peinture (liberté laissée à l'imagination du spectateur) renvoi à *Obermann* et remarque de Delacroix dans *op. cit.*, 13 janvier 1857, vol. III, pp. 13-14. Cf. p. 38. Le passage d'*Obermann* dont il s'agit est probablement celui qu'il a recopié le 22 mars 1857, vol. III, pp. 83-84.

52. Un art « faisant profession des choses muettes », parole attribuée à Poussin par E. Delacroix, *Œuvres littéraires*, II, p. 100. — « Et le peintre en somme ne dit rien, il se tait et je préfère encore cela. » *Lettres de Van Gogh à son frère Théo*, B. Grasset. Paris, 1937, p. 236.

53. « Je retrouve justement dans Mme de Staël le développement de mon idée sur la peinture. Cet art, ainsi que la musique, *sont au-dessus de la pensée;* de là leur avantage sur la littérature, par le vague. » *Journal de Eugène Delacroix*, 26 janvier 1824 ; vol. I, p. 50. En effet : « les arts sont au-dessus de la pensée : leur langage, ce sont les couleurs, ou les formes, ou les sons. Si l'on pouvait se figurer les impressions dont notre âme serait susceptible, avant qu'elle connût la parole, on concevrait mieux l'effet de la peinture et de la musique ». Mme DE STAËL, *De l'Allemagne*, IIe partie, ch. 32, p. 379.

54. *Journal d'Eugène Delacroix*, vol. I, p. 17.

leurs conséquences pour l'avenir de la peinture l'eussent probablement effrayé.

Dire que le peintre ne se propose pas de parler, mais de produire des êtres, c'était formuler la règle qui devait présider à l'évolution de l'art de peindre pendant un siècle. Il allait cependant falloir du temps, et les efforts de beaucoup de peintres pour mettre en lumière les conséquences de cette notion très simple. Et cela même n'était pas le plus difficile. En matière d'art, rien n'oblige l'artiste à soumettre sa pratique aux exigences de la déduction dialectique. Admettre une certaine notion comme abstraitement vraie n'impose pas au peintre l'obligation de conformer son art aux conséquences logiques de cette notion. L'artiste est libre de s'assigner certaines fins et de choisir les moyens les meilleurs pour atteindre ses fins. L'ordre du faire et du produire, bref l'ordre de l'art, comporte une liberté refusée à l'ordre de la connaissance. Pourtant, les principes pratiques impliquent, eux aussi, des conséquences, et même si l'artiste n'est pas contraint de s'y soumettre, le lien qui unit les conséquences aux principes n'en subsiste pas moins. A la foule des artistes qui n'aiment pas courir d'aventures inutiles, il y a toujours des exceptions. Ayant une fois vu à quoi, en théorie, une certaine notion de leur art les oblige, de tels hommes iront résolument de l'avant, en dépit de tous les risques, dont le plus grave est celui d'échouer. Il ne s'agit pas ici d'histoire de l'art, mais de philosophie ; rien ne nous interdit donc d'éclairer d'avance notre route en indiquant certains apparentements d'idées qui, plus ou moins consciemment, ont influencé la réflexion poursuivie par certains peintres sur la nature de leur art.

Puisque nous avons lié les notions de production d'être et de séparation, notons que séparer est une notion voisine de celle d'abstraire, qui signifie tirer à part, mettre à part, poser à part. Concevoir l'acte de peindre comme étant essentiellement un acte de production est donc, du même coup l'apparenter à l'abstraction. On ne peut formuler cette vérité si simple sans empiéter en même temps sur le terrain de plusieurs autres. « L'art ne rend pas le visible ; plutôt, il rend visible ». Partant de là, Paul Klee fait en outre observer que puisque dessiner est définir, délimiter, séparer, mettre une partie d'espace à part du reste de l'espace, « une tendance vers l'abstrait est de l'essence même de l'expression linéaire » ; d'où cette conséquence ultérieure, mais non moins nécessaire, que « plus le travail d'un artiste est pur (c'est-à-dire plus il marque les éléments formels sur lesquels l'expression linéaire repose) moins bien il est équipé pour un rendu réaliste des choses visibles[55] ». Ces remarques seules devraient suffire à faire comprendre combien profondes sont les racines qui attachent l'art abstrait à l'essence même de l'acte de peindre.

Du même coup, et quelle que soit la pratique du peintre qui conçoit ainsi la peinture, elle tend à se détacher dans son esprit de la poursuite de l'imitation et de la représentation. Comme il s'agit de ce qui devint progressivement le problème central de la peinture surtout depuis le début du vingtième siècle, il n'est pas surprenant que les réflexions des peintres du dix-neuvième siècle aient été souvent en avance sur leur art. Tel est particulièrement le cas de Delacroix qui semble avoir voulu surtout faire, d'une manière toute personnelle, un art dont les œuvres s'inscriraient à la suite de celles des grands maîtres de la couleur, particulièrement les Vénitiens et Rubens. Son effort pour retrouver la source de leur inspiration ne l'en a pas moins conduit à des découvertes surprenantes dont on comprend d'ailleurs sans peine qu'il n'ait pas songé à exploiter systématiquement les conséquences.

Revenons aux remarques de Delacroix sur ce « pont solide » qu'est le tableau. Pourquoi « solide ? ». Parce qu'il est significatif par soi et directement, ce que les mots ne sont pas. Dans l'art littéraire, « la pensée n'arrive à l'esprit qu'à l'aide des lettres mises dans un ordre convenu » ; les caractères d'imprimerie constituent, si l'on veut, une sorte d'hiéroglyphe plein de sens, mais, quand nous le lisons, c'est le sens seul qui nous intéresse, l'hiéroglyphe ne nous intéresse pas. Le point souligné par Delacroix est qu'au contraire, dans le cas de la peinture, si l'on veut comparer le tableau à un hiéroglyphe, c'est d'abord l'hiéroglyphe lui-même qui est intéressant. C'est le sens de la remarque où le peintre dit que « ce genre d'émotion propre à la peinture est *tangible* en quelque sorte ; la poésie et la musique ne peuvent le donner ». Delacroix ne songe pas à nier le rôle représentatif que joue la peinture, mais précisément parce qu'ici l'hiéroglyphe pictural est significatif par lui-même, sa fonction représentative passe à l'arrière-plan ; c'est lui qui devient l'objet, et cet objet s'offre « comme un pont solide sur lequel l'imagination s'appuie pour pénétrer jusqu'à la sensation mystérieuse et profonde dont les formes sont en quelque sorte l'hiéroglyphe, mais un hiéroglyphe bien autrement parlant

55. B. Klee, *Schöpferische Konfession*, dans W. Grohmann, *op. cit.*, p. 97.

qu'une froide représentation, qui ne tient que la place d'un caractère d'imprimerie[56] ».

Ainsi conçue, la peinture agit comme la nature plutôt que comme le langage. Elle exerce directement sur nous une action de présence dont les mots sont incapables, et qui est l'effet propre des choses ; mais elle agit à la façon d'une nature précisément parce que, plutôt que de la représenter, elle la remplace. De là, d'abord, la puissance extraordinaire de l'action exercée sur le spectateur par le tableau, action instantanée, quasi explosive, produite par un objet qui agit partout lui-même, et tout à la fois. C'est précisément afin d'assurer l'efficace de cette action que l'artiste doit situer dans l'objet à produire lui-même la règle première de son art. C'est dans l'œuvre et dans sa puissance d'expression que réside la loi de ce qu'elle doit être et sa raison d'être, qui en est aussi la justification finale.

Il est difficile de dire jusqu'à quel point Delacroix lui-même a clairement discerné la portée de son propre principe ; sa hardiesse révolutionnaire fut le plus souvent freinée dans son esprit par la notion traditionnelle de la peinture qui, bien qu'il en sentît l'insuffisance, n'était pas sans le gêner. Delacroix voyait bien que l'objet véritable de son art était de produire un monde d'objets autonomes dont la fonction serait d'agir comme des choses, non comme des signes, mais jusqu'où pouvait-on aller sur la route de cette autonomie, toute la tradition de la Renaissance lui déconseillait de se le demander avec trop de précision. Mais le hasard nous a conservé quelques lignes d'un de ses carnets de notes qui permettent d'assurer, qu'au moins dans un éclair, placé à l'entrée d'une longue route Delacroix en a vu le terme : « ... Au moment où il manquait à son tableau ce dernier souffle qui l'anime, ce souffle qui fait qu'un tableau cesse d'être un tableau pour devenir un (être), un *objet*, et un objet qui prend place dans la Création, pour ne plus périr, qui a un nom, qui s'appelle la transfiguration, etc...[57] ».

56. *Journal de Eugène Delacroix*, 20 octobre 1853 ; vol. III, p. 97.

57. *Journal de Eugène Delacroix*, Supplément au Journal, vol. III, pp. 375-376. C'est l'essentiel de ce que nous tentions de dire, dès 1915, dans *Art et Métaphysique*. Focillon l'a dit magnifiquement dans *Éloge de la main :* « c'est la création d'un univers concret, distinct de la nature, qui est le don royal de l'espèce humaine » (*op. cit.*, p. 145). Si l'on admet le principe, il devient difficile de s'arrêter sur la voie qui conduit à l'art abstrait. Kandiusky a naturellement fait tenir dans une seule phrase les deux notions de « nécessité intérieure » et d'« existence indépendante » comme caractéristiques du tableau : *Du spirituel dans l'art*, p. 79.

Il faut donc avant tout faire le nécessaire pour que l'œuvre soit, c'est-à-dire, pour conférer l'existence à un ensemble de formes et de couleurs capable d'agir sur l'esprit à la manière d'un objet d'expérience esthétique. Si l'artiste réussit dans son entreprise, l'œuvre existe et par conséquent elle est bonne. On ne saurait la juger d'aucun autre point de vue, si du moins on entend la juger comme œuvre d'art.

Le fondement des jugements esthétiques se trouve donc dans l'essence même de l'œuvre d'art comme telle. Ceci ne veut pas dire que la peinture ne soit justiciable d'aucun autre tribunal habilité à la juger par d'autres règles, telles que celles de la morale ou de la religion, mais les jugements de la morale sont des jugements moraux et les jugements de la religion sont des jugements religieux, ce ne sont pas des jugements artistiques. Si l'on en doute, il suffira de poser le problème inverse pour voir aussitôt la nature du problème : les œuvres d'une inspiration religieuse, ou morale, ou l'une et l'autre à la fois, ne sont que trop souvent médiocres ou franchement mauvaises comme œuvres d'art. Des œuvres moralement ou religieusement mauvaises n'en peuvent pas moins être de bonnes œuvres d'art. Ce sont les œuvres d'un art au service de fins mauvaises et condamnables en soi. Dans le cas particulier de la peinture, les principes dont la critique s'inspire doivent être empruntés de l'essence même de la classe définie d'êtres que l'on nomme tableaux. Un tableau est bon quand il existe à titre d'être pleinement constitué comme œuvre d'art ; un tableau est manqué dans la mesure où il n'atteint pas cet état plénier d'existence artistique[58], c'est-à-dire, d'un mot, dans la mesure où il n'*est* pas.

58. Cette idée est exprimée en termes parfaits dans le remarquable ouvrage de Jeanne Hersch, *L'être et la forme*, pp. 17-18 : « Mais on pourra le mieux la saisir [la forme] là où elle se ferme sur elle-même, où elle se suffit, où elle est sa propre fin, c'est-à-dire en art. C'est ici que sa vertu de *faire être* sur le plan humain apparaît de la manière la plus pure et la plus absolue. Car il me paraît évident qu'en art la forme ne se justifie ni par des normes de bien moral, ni de connaissance vraie, ni de service humain, mais uniquement par des normes ontologiques. Cela signifie simplement que la véritable œuvre d'art est *celle qui est*, c'est-à-dire celle dont la forme est une véritable capture de l'être, avec les conditions-formelles impliquées par l'existence humaine, — et que le raté en art n'est ni méchanceté, ni laideur au sens d'une désobéissance à un ensemble de règles esthétiques, ni ignorance ou faible connaissance, mais inexistence, non-être, manque d'une cohérence qui serait ontologiquement efficace grâce à la force d'une loi unique. ». — C'est pourquoi la critique picturale la plus efficace ne s'exprime pas par des mots mais par des tableaux. Dans une exposition, une bonne toile *tue* les œuvres manquées qui l'entourent. L'être est révélateur de soi-même et

La critique a tout intérêt à reconnaître cette vérité. Il existe une critique d'art positive, qui a toujours quelque chose à dire. Que ce qu'elle approuve dans un tableau soit sa composition, son dessin, sa couleur ou son exécution, cette critique porte toujours sur quelque réalité actuellement existante ; à supposer même qu'elle doive y déceler des manques, des insuffisances, elle n'en parle jamais que comme de vides perceptibles dans la plénitude d'une œuvre, c'est-à-dire d'un être. Au contraire, il n'y a rien de plus vain, ni peut-être même de moins possible que de se livrer à une critique purement négative, surtout si, comme il arrive, on entreprend de la justifier. Baudelaire n'était pas incapable de s'exprimer. Pourtant, lorsqu'il se livre dans ses Salons à l'exécution de quelque peintre, les idées et les mots lui manquent à la fois[59]. De nos jours même, rien n'est plus amusant que les entreprises de démolition de certains artistes par des critiques, parfois peintres eux-mêmes, qui simplement ne les aiment pas. Ces critiques devraient se méfier. Le néant ne peut inspirer que de l'indifférence ; il n'irrite pas. L'irrépressible besoin d'attaquer une œuvre suggère plutôt qu'elle existe et qu'il serait sage d'attendre pour se prononcer. Ces mornes condamnations, ces balbutiements de colère, sont d'ailleurs parfois interrompus, comme à l'insu de leurs auteurs, par des sortes d'aveux témoignant d'une mauvaise conscience. Autrement, que pourraient-ils dire ? Si la mauvaise peinture est quelque chose qui, comme œuvre d'art, n'a pas réussi à exister, la critique purement négative ne peut guère que s'aveugler sur une réalité dont la présence lui échappe ou s'acharner vainement sur la place vide de quelque chose qui devrait y être, mais qui

du néant. Revoyant sa *Justice de Trajan* (en partie cachée) au Musée de Rouen, Delacroix note avec impartialité : « Ce que j'ai pu en voir m'a paru d'une vigueur et d'une profondeur qui éteignaient sans exception tout ce qui était alentour. » *Journal*, 3 octobre 1849 ; vol. I, p. 310.

59. Ch. BAUDELAIRE, *Le salon de* 1845 (Bibliothèque de la Pléiade, pp. 570-571) ; voir les critiques des envois de Boulanger : la *Sainte Famille* est « détestable » ; les *Bergers de Virgile*, « médiocres ». Schnetz : Baudelaire craint qu'il ne continue de nous donner le même genre d'œuvres dans dix ans ; la critique se fait prophétie. Baudelaire atteint le sommet du genre lorsque ayant exprimé sa désapprobation totale de la *Prise de la Smalah d'Abd-el-Kader* (pp. 562-563) il demande si M. Horace Vernet n'a jamais vu les œuvres de Rubens, Véronèse, Tintoretto et Jouvenet ? Si, probablement ; mais il ne suffit pas d'avoir vu leurs œuvres pour être capable de peindre comme eux. L'illusion contraire est bien une idée de littérateur : si je *savais* ce que sait Horace Vernet, et si j'avais *vu* Veronèse, je *peindrais* comme Véronèse et non pas comme Horace Vernet.

n'existe pas[60]. Le pis est qu'il n'y a aucun moyen de prouver que quelque chose n'existe pas : entre ce que l'on ne voit pas et ce qui n'est réellement pas là, la distinction est difficile. Si une œuvre d'art manquée est, en somme, un non-être, la meilleure attitude à son égard est le silence. On peut, comme fit Schumann sur le *Prophète* de Meyerbeer, tracer une croix mortuaire. Si l'on veut absolument parler, il suffit de dire : « Cela n'existe pas ».

Cette règle générale est de peu d'usage quand on en vient à juger des œuvres particulières du point de vue de leur propre structure. Le point de départ de notre enquête était que les tableaux sont des objets physiques, des corps solides, dont chacun possède une individualité propre. On voit à présent que, s'il est une véritable œuvre d'art, un tableau est plus encore qu'un solide inorganique, c'est un corps organisé, un système complet d'éléments et de relations internes obéissant à ses propres lois. De ce point de vue, les tableaux sont des êtres mutuellement irréductibles dont chacun demande à être compris et jugé du point de vue de sa propre structure. Les peintres en ont souvent fait la remarque. Les critiques d'art et les historiens de l'art ne se rangent pas volontiers à cette vue qui semble rendre l'art trop facile pour les artistes et la critique ou l'histoire trop difficile pour les historiens ou les critiques. Pourtant, ici comme souvent, la vérité sur l'art se tient plutôt du côté des artistes.

On trouve une expression frappante de cette vérité dans une remarque attribuée par Leslie à Constable. Le médecin de la famille, le Dr Gooch, venait de dire en présence de Constable que

60. Voir la critique appliquée et vide dirigée contre l'œuvre de Picasso dans le livre, d'ailleurs tout à fait charmant, de Léon Werth, *La peinture et la mode*, Paris, B. Grasset, 1945 : *Le cas Picasso*, pp. 165-199. Ce critique peut avoir raison de ne pas admirer Picasso, mais après qu'il l'a dit en trente pages, on ne sait toujours pas pourquoi. Un cas typique est celui du peintre M. Vlaminck, procédant à l'exécution du même Picasso dans *Portraits avant décès*, pp. 181-190. Ramenée à l'essentiel, cette diatribe se réduit au reproche que, du commencement à la fin de sa carrière, Picasso a toujours imité quelqu'un. Mais, d'abord, cela ne prouverait rien contre la valeur artistique de ses imitations. Ensuite, ce reproche est exactement celui contre lequel Delacroix a vigoureusement défendu Raphaël : « Beaucoup de critiques seront peut-être tentés de lui reprocher ce qui me semble à moi la marque la plus sûre du plus incomparable talent, je veux parler de l'adresse avec laquelle il sut imiter, et du parti prodigieux qu'il tira, non pas seulement des anciens ouvrages, mais de ceux de ses émules et de ses contemporains. ». E. Delacroix, *Œuvres littéraires*, vol. II, p. 11. La suite mérite d'être lue. — Opinion confirmée par Ingres : « Raphaël, en imitant sans cesse, fut toujours lui-même. » *Ingres raconté par lui-même*, p. 78.

« chaque cas particulier de maladie exigeait de lui une nouvelle étude » ; le peintre s'empara aussitôt de cette parole pour l'appliquer à là peinture et dit : « Pareillement, chaque tableau vraiment original est un objet séparé et régi par des lois qui lui sont propres, de sorte que ce qui dans l'un est bien, serait souvent tout à fait mauvais si on le transportait dans un autre[61] ». Pour autant qu'il réussit à atteindre le mode individuel d'existence qui lui est propre, un tableau est pleinement justifié d'être exactement ce qu'il est.

Ces conclusions reposent sur la propriété mystérieuse qu'ont les formes de constituer des êtres organisés complètement définis en eux-mêmes. Comme tous les concepts directement reliés à la notion première d'être, celui de forme ne peut se comprendre par réduction à aucun autre dont on partirait pour en éclairer le sens. Notre seule chance d'approcher de plus près le concept de forme sera de demander aux peintres eux-mêmes ce qu'il signifie pour eux quand ils l'envisagent du point de vue de leur art ; mais puisqu'en attribuant à l'artiste le pouvoir de produire des formes, nous lui reconnaissons du même coup celui de produire des êtres, il convient d'examiner d'abord de plus près l'ordre ontologique de la qualité, où s'exerce l'activité productrice du peintre.

III. Le monde de la qualité

L'effet le plus visible de l'activité poiétique est d'ajouter au total des êtres naturels un certain nombre d'autres êtres qui, s'il n'y avait pas d'artistes, n'existeraient pas. C'est pourquoi l'on ne peut guère éviter l'emploi, tout analogique d'ailleurs, du mot création, en parlant de la production des œuvres d'art. Nous avons déjà noté qu'il ne s'agit pas ici d'une production d'êtres nouveaux à partir du néant : un peintre ne crée son œuvre du néant de

61. Leslie, *Memoirs of the Life of John Constable*, p. 281. Cf. ce fragment d'une lettre de William Collins à Leslie : « Je vous ai mentionné son admirable remarque sur la composition d'un tableau, à savoir, que ses parties lui étaient toutes si nécessaires en tant que tout, qu'il ressemblait à une somme arithmétique ; ôtez ou ajoutez le moindre chiffre, la somme devient nécessairement fausse. » *Op. cit.*, pp. 278-279.

peinture que comme le pape crée un cardinal à partir du néant de cardinalat. Mais dans quel ordre de l'être le peintre opère-t-il ?

Tout conspire à nous en dissimuler la vraie notion. D'abord la nature essentiellement quantitative de l'univers de la science, qui est notre véritable univers mental puisque les innombrables machines et appareils mécaniques dont la vie quotidienne est encombrée attestent sa réalité. Ensuite l'influence exercée par cette vue quantitative de l'univers sur l'imagination des peintres eux-mêmes, parfois quand ils exercent leur art, plus souvent encore quand ils parlent.

Un lien subtil, mais réel, court d'ailleurs entre cette vue mentale du monde et les styles modernes de peinture qui se désignent eux-mêmes de noms divers : non-objectif, non-représentatif, non-imitatif, non-figuratif, ou, pour lui donner son titre le plus communément reçu, l'art abstrait. Les noms sont affaire d'usage et l'on ne saurait attendre d'eux rien de plus que de servir d'appellations, on dirait presque d'étiquettes désignant sans équivoque grave les objets qui les portent. Tous ces noms ont été critiqués[62] et il est aisé de se livrer à ce jeu tant qu'on n'entreprend pas soi-même d'en proposer un meilleur. L'important est de comprendre que tous suggèrent une tendance, perceptible dans l'art de nos jours, à remplacer les images complexes des objets réels par des structures plastiques équivalentes dont le sens est en elles-mêmes plutôt que dans leurs rapports aux objets. On verra plus loin[63] pour quelles raisons, inhérentes à la conception traditionnelle de la peinture, ces styles modernes se sont développés ; pour le moment, acceptons le fait comme tel et cherchons à en préciser le sens.

A certains égards, la tendance à l'abstraction conceptuelle et à

62. D'un certain point de vue, « art abstrait » est une dénomination absurde, car il n'y a rien de plus « concret » qu'un tableau. Mondrian a même fait observer avec raison qu'un tableau dit abstrait est plus concret qu'un tableau naturaliste : le premier est une chose, le second n'est qu'une image. — « Art non-figuratif » est également équivoque, car il n'y a pas de tableau qui ne consiste en figures, que celles-ci soient ou non des images. — « Art non-objectif » se heurte au fait que cet art vise au contraire des objets comme tels, non comme simples moyens d'expression. — « Constructivisme » prête à équivoque, car l'art en question exige la destruction de la forme particulière. Bref, conclut Mondrian, à qui nous empruntons ces remarques, on peut dire que tout art est plus ou moins un réalisme car tout art manifeste une réalité. Ici, la réalité est comprise comme la manifestation plastique des formes et non pas des événements de la vie. Cité d'après le texte anglais de Piet MONDRIAN, *Plastic Art and Pure Plastic Art*, p. 17.

63. Voir plus loin, ch. V, § 3 : *Le labyrinthe de la peinture.*

la formulation mathématique ne font qu'un avec l'esprit. Selon Aristote (*Métaphysique,* I, 5, 985 b-986 b 8) Pythagore et ses disciples croyaient que les principes des nombres étaient aussi les principes des choses. Aristote lui-même s'en montrait surpris ; il trouvait étrange qu'on ne fît pas appel à des principes empruntés à l'ordre du sensible pour rendre raison du sensible (*Métaphysique,* I, 8, 989 b 29-990 a 32), mais, précisément, c'est en cela même que consistait le pythagorisme. Les nombres fondamentaux s'y trouvaient naturellement associés aux figures géométriques correspondantes dont d'ailleurs certains portent encore aujourd'hui les noms : le carré, le cube. Un ancien doxographe, Aetius, dans son *De placitis philosophorum* (II, 6) résume ainsi la cosmologie de Pythagore : « L'univers est fait de cinq figures solides, que l'on nomme aussi mathématiques. Parlant de ces figures, Pythagore dit que la terre est venue du cube, le feu de la pyramide, l'air de l'octaèdre, l'eau de l'icosaèdre et la sphère enveloppant le tout du dodécaèdre ».

Il va sans dire que les peintres modernes n'ont pas déduit de Pythagore leur notion de ce que doit être la peinture, mais plusieurs d'entre eux ont été tentés par l'idée d'une entreprise beaucoup plus paradoxale que celle dont Aristote s'étonnait. Pythagore a certainement gagné la partie ; le nombre est en fait devenu le langage de la science et le succès pratique de l'entreprise est tel que nul ne songe à en discuter le principe. Mais un peintre ne se propose pas d'expliquer le sensible ; l'objet de son art est, selon les opinions, soit de représenter le sensible, soit simplement de créer des objets sensibles d'un nouveau genre. De toute manière le sensible est son langage ou, s'il pratique un art muet, le sensible en est la matière. Les apparences visuelles sont cela même dont la peinture est faite. Le peintre ne dispose en fin de compte que de surfaces, de lignes, de points et de taches de couleurs, c'est-à-dire d'objets de perception qui doivent être appréhendés comme tels plutôt qu'intellectuellement connus. Le savant peut décider de transcender les apparences pour atteindre leur formule intelligible, mais comment un peintre transcenderait-il le visible ? Même si son art lui permettait de le faire, que pourrait-il espérer atteindre, au moyen des sens, au-delà de l'ordre de la sensibilité ?

C'est un lieu commun dans l'histoire des idées que la science moderne a pris conscience de sa vraie nature, vers le début du dix-septième siècle, quand la physique décida de rendre raison de tous les phénomènes en les interprétant en termes de quantité seulement. Au centre de cette révolution, et sinon son initiateur, du moins son porte-parole, se trouvait René Descartes, dont la physique, la biologie et même la médecine qu'il se promettait de construire reposaient entièrement sur les deux notions d'étendue et de mouvement. La vieille physique qualitative d'Aristote se trouvait donc éliminée. Et non sans raison, car expliquer les phénomènes physiques et biologiques à l'aide des quatre *qualités* élémentaires, le froid, le chaud, le sec et l'humide, revenait à expliquer les événements naturels au moyen de sensations humaines. Comme Pythagore, qu'il continuait, Descartes a gagné la partie. La science qualitative est morte, mais la qualité ainsi éliminée de la science ne l'a pas été de la nature, car l'homme fait partie de la nature et, de quelque manière qu'on explique le fait, il perçoit des qualités. Descartes a détruit une fois pour toutes l'illusion commune que les couleurs, par exemple, telles que le rouge ou le jaune, sont dans les objets matériels sous la forme de perceptions non perçues. En d'autres termes, beaucoup pensaient, et pensent encore, qu'un objet rouge est tel en vertu d'une qualité qui est exactement notre sensation de couleur rouge. Il n'y a aucune raison de penser qu'Aristote lui-même ait commis cette erreur. Selon lui, la perception sensible était l'acte commun du sentant et du senti ; selon sa propre doctrine, le sujet et l'objet étaient donc également nécessaires pour qu'il y eût sensation ; on ne voit même pas comment ce qui, par définition, est l'acte commun du sentant et du senti pourrait être dans le senti, pris à part et en soi seul, ce qu'il est dans cet acte commun. On a raison de dire que selon Aristote, les qualités sensibles sont réelles, qu'elles sont réellement dans l'objet et que nous les percevons telles qu'elles y sont ; on a seulement tort d'inférer de là qu'elles y sont des sensations.

Peu importe d'ailleurs ici ce qu'en pensait Aristote. Quelle qu'ait été sa véritable pensée sur ce point, il y a des qualités sensibles dans la nature aussi longtemps qu'il y a des sensations. Bien que la science ne fasse plus appel à la qualité comme principe d'explication, le langage des physiciens et des chimistes reste aussi plein des qualités sensibles qu'il le fut jamais. Tant qu'ils continuent de parler de lumière, de son, de poids et autres notions de ce genre, les savants eux-mêmes continuent de penser en termes de quantité un monde de choses qu'ils perçoivent, étant hommes, comme un ensemble de qualités. Gœthe n'était pas imperméable à l'explication scientifique, mais il était trop sensible aux formes pour ne pas vivre habituellement dans un univers qualitatif ; la théorie newtonienne des couleurs ne pouvait le convaincre entièrement pour la simple raison qu'une théorie ne peut se flatter d'expliquer complètement les couleurs si, pour en rendre raison, elle les supprime. L'exploration sensible de l'univers est le premier moment de son explication en termes de notions intelligibles ; l'intellection des objets présuppose la perception sensible de leur intelligibilité.

Il suit de là qu'une immense zone du réel reste en dehors de l'ordre de l'explication scientifique et se trouve par là-même abandonnée à l'arbitraire des jugements et des opinions privées. On dit communément que des goûts et des couleurs il ne faut pas discuter, et cela est vrai, mais il est assez troublant de penser que, lorsque deux spectateurs regardent le même objet et les mêmes couleurs, il n'existe pour eux aucun moyen de s'assurer qu'ils voient exactement la même chose. Le problème commence avec le peintre lui-même, car sa peinture est l'œuvre d'un homme dont l'œil a ses particularités ; il ne voit ni les choses, ni son tableau même tels que nous les voyons. Que de déformations audacieuses sont des naïvetés de l'œil ! Savons-nous comment Greco voyait ses œuvres ? C'est seulement par hasard que nous avons quelque information sur l'appareil optique dont disposait Paul Cézanne[64]. Une relativité fondamentale, due à la variabilité de sa matière même, affecte le monde entier de la qualité.

Si différentes soient-elles dans leur contenu, les qualités sensibles forment pour l'homme une importante partie de la nature et leur variabilité même ne les empêche pas de rester assez comparables pour que, dans les limites de l'expérience normale, les jugements portés sur elles ne soient pas complètement équivoques. Les noms attribués aux couleurs simples — le bleu, le jaune et le rouge — évoquent des images analogues chez tous ceux qui ne souffrent pas de daltonisme. Peu d'êtres humains pourraient fournir une explication scientifique cohérente du phénomène des cou-

64. « Le défaut dont avait le plus à se plaindre Cézanne était celui de sa vue. « Je vois les plans se chevauchant, me disait-il, et parfois les lignes droites me paraissent tomber. » Ces défauts, que je croyais des négligences volontaires, il les accusait comme des faiblesses et des vices de son optique. De là sa préoccupation constante de trouver un moyen de bien voir les valeurs. Il parlait souvent des bésicles et de la visière de Chardin, comme remède ; mais il ne s'en servit jamais. » E. BERNARD, *Souvenirs sur Paul Cézanne...*, p. 91. — Même remarque du côté du spectateur. L'admirable Focillon, qui nous a fait voir tant de choses dans la peinture, comment la voyait-il ? Collé sur le tableau comme une loupe, son œil semblait en parcourir la surface à l'allure de quelques centimètres carrés à la fois. Il voyait mieux, mais, dans une certaine mesure, autrement que nous.

leurs, mais la plupart d'entre eux n'en distinguent pas moins les couleurs fondamentales de la même manière. On n'en trouverait de nouveau qu'un nombre assez restreint dont on puisse dire qu'ils ont l'œil juste, mais c'est précisément là que les peintres ont quelque chose à dire. Le monde qualitatif des couleurs appartient à l'art du peintre, comme le monde quantitatif des ondes lumineuses appartient à l'optique. L'art de peindre porte sur la qualité, même dans les cas nombreux où il porte sur la qualité de la quantité.

La notion de qualité a été simplifiée à l'excès par le sens commun autant que par la science. Des certitudes élémentaires acquises à la philosophie depuis des siècles ont été progressivement oubliées. On trahit certainement la réalité en parlant d'un monde de la qualité comme distinct de celui de la quantité. Des formules de ce genre permettent de distinguer le monde de l'art et de l'action du monde de la spéculation et de la science, mais ces manières de parler n'autorisent pas à penser que, toutes distinctes qu'elles sont, la quantité et la qualité soient séparées. Il n'y a jamais qualité sans quantité ni quantité sans qualité. Généralement parlant, dans l'expérience humaine, il n'y a jamais être sans qu'il y ait qualité.

Au sens absolu, la qualité se révèle dans la différence ou la ressemblance qui paraît entre deux êtres en raison du fait primitif que chacun d'eux est ce qu'il est. De là l'universelle applicabilité de la notion. Le genre de qualité le plus fondamental est celui qui fait qu'un être est ce qu'il est, et n'est pas ce que sont d'autres êtres. La qualité commence donc au niveau de l'essence[65]. Puisqu'elle est « ce qui fait qu'une chose est telle », l'essence, qui en détermine la nature, relève éminemment de la qualité. La même notion s'applique aux nombres, dont beaucoup sont des nombres « remarquables » par les propriétés dont ils jouissent. On a trop longtemps et trop souvent spéculé sur les propriétés de certains nombres, propriétés non seulement mathématiques, mais mystiques, mais sacrées, pour qu'il soit nécessaire d'insister sur ce point. Inutile d'ailleurs de dépasser le niveau de la plus simple arithmétique ; c'est une qualité pour un nombre que d'être pair ou impair, entier ou fractionnaire, premier ou non, ainsi de suite. Le nombre 18 et le nombre 35 sont des entités purement quantitatives ; pourtant, parce qu'ils n'ont d'autre diviseur commun que l'unité, ils

65. L'immense domaine abstrait exploré par la dialectique platonicienne du *même* et de l'*autre* relève de ce fait. Chez Aristote, le premier sens de « qualité » est : ce qui différencie une essence d'une autre, *Metaphysique*, V, 14, 1020 a 33.

présentent la qualité d'être premiers entre eux. Il semble donc que toute variation de quantité s'accompagne d'une variation de qualité.

Il en est d'abord ainsi de la quantité même, car c'est une qualité que d'être quantité[66]. Il en va encore de même des quantités d'espace, ou situées dans l'espace. Prises comme des unités, les lignes, les surfaces et les volumes possèdent des propriétés dont la quantité seule ne suffit pas à rendre raison : une droite et une courbe de même longueur sont deux lignes qualitativement différentes. Dans l'ordre de la quantité, les touts ont des propriétés qui transcendent celles de leurs parties et, généralement parlant, celles du nombre. Toute propriété de ce genre est une qualité.

Ces propriétés qualitatives constituent l'essentiel de ce que l'on nomme, très correctement d'ailleurs, la beauté naturelle. En effet, la nature fournit en grand nombre des formes analysables dans le langage de la quantité, mais que la vue appréhende directement comme des ensembles doués de qualités remarquables dont la perception plaît par elle-même. Même sans aller jusqu'aux formes du monde végétal et du monde animal les plus complexes, les cailloux, les cristaux, les coquillages amassés par les enfants suffisent à illustrer la richesse qualitative des choses naturelles les plus simples. Les fleurs plaisent souvent par leurs couleurs, mais aussi par l'étonnante perfection de certaines de leurs formes : la même qualité formelle se retrouve dans le calice simple de certaines tulipes, dans certaines feuilles d'érable, dans les crosses de la jeune fougère. La cause de notre admiration est qu'en pareil cas notre vue perçoit la présence d'un ordre entre les parties d'un tout. Il se peut que certaines coquilles de mer soient exprimables par des formules algébriques applicables au développement de surfaces du même genre, mais la connaissance de telles formules est spécifiquement autre que la vue de ces formes. De même que la loi d'une courbe n'est intelligible qu'à l'esprit, sa forme n'est perceptible qu'au sens. La place des parties à l'intérieur de leur tout n'est visible que pour un sens de la vue tel que celui de l'homme. L'ordre intelligible de chaque tout quantitatif perçu par le sens est sa qualité.

66. Le dictionnaire usuel que nous avons sous la main le dit explicitement : « Quantité. Qualité de ce qui peut être mesuré ou nombré, de tout ce qui est susceptible d'augmentation ou de diminution. » *Petit Larousse illustré*, éd. Claude Augé, Paris, Larousse, 1906, p. 812. La définition n'est pas citée comme inattaquable, mais comme révélatrice du lien qui, dans la conscience commune, unit les deux notions.

Les peintres modernes ont été les explorateurs de cet univers des qualités visibles. Ils ont perçu et ils nous ont appris à percevoir un nombre pratiquement infini de relations quantitatives, intelligibles en elles-mêmes, mais que, sans même savoir en quoi elles consistent, il est possible de *voir*. Ce genre d'exploration n'a été poussé si loin que parce qu'il a été création. Après avoir exploré les formes naturelles dont la perception est source de plaisir, ou plutôt en même temps qu'ils continuaient cette exploration, les peintres modernes nous ont invité à les suivre dans leur effort pour créer des structures quantitatives uniquement conçues et exécutées en vue de plaire aux yeux. L'objet de leur art est devenu, si l'on peut s'exprimer ainsi, de donner l'être à une classe nouvelle d'objets artificiellement fabriqués pour être naturellement beaux, Dans cette entreprise nouvelle, les aimables beautés de la nature, dont tant de peintres offrent adroitement l'image au lieu d'en créer une qui dût l'être à leur art, cessent d'être des modèles que suivra l'artiste. L'artiste ne peut plus tricher sans être pris. Rien ne reste désormais que le peintre, l'œuvre de son esprit et de sa main, et nous-mêmes. Au moment où l'œuvre est sous nos yeux, l'effort du peintre a pris fin, mais c'est pour le nôtre le temps de commencer. Y aura-t-il un public pour suivre ce nouveau guide, pour se prêter à cette prospection des possibilités d'un univers qualitatif possible, mais encore à naître ? Toutes les probabilités sont contre, mais le propre de l'homme est de travailler sans cesse contre le jeu de la loi des grands nombres et des probabilités naturelles. Que les initiatives formelles de la peinture moderne se soient finalement créées un public est un fait dont il faut tenir compte en essayant de comprendre la nature de cet art.

La condition premièrement requise pour le succès d'une telle entreprise est, du côté des artistes une liberté entière dans l'initiative créatrice, unie au sens infaillible de la spécificité de leur art. Toutes les inventions, combinaisons et constructions de formes et de couleurs assemblées sur une surface plane sont permises, pourvu qu'elles visent à produire des objets d'expérience esthétique relevant du seul art de peindre. Les formes géométriques, par exemple peuvent légitimement être utilisées, elles peuvent en venir à constituer le sujet même du tableau, si l'imagination de l'artiste a d'abord imposé ces formes, mais elles ne peuvent en aucun cas figurer dans le tableau à titre de formes géométriques ; elles n'y ont de place qu'au titre de formes plastiques, exactement comme le papier de verre, les papiers de journaux, le faux-bois et les pipes employés par les auteurs de collages. Un dessin géométrique est de la géométrie ; afin d'entrer dans un tableau, même s'il s'y introduit tel quel, ce dessin doit cesser d'être de la géométrie pour devenir de la peinture[67].

Cette liberté d'initiative de la part des artistes doit avoir pour contre-partie une égale liberté d'appréciation de la part du public. Les deux conditions ont été réunies dans les civilisations occidentales de la fin du dix-neuvième et du début du vingtième siècle. Nul n'oserait prétendre que la spéculation commerciale, l'amour du gain, le goût du jeu et la publicité la plus éhontée n'ont joué aucun rôle dans le succès de l'art moderne. Le snobisme sous toutes ses formes, dont celui de la critique journalistique n'est pas la moins comique, est assurément aussi pour une part à l'origine de l'accueil favorable fait à un art que tout prédestinait à échouer auprès du grand public. Mais ces forces malsaines n'ont pas toujours agi dans un mauvais sens. Dans l'ensemble, elles ont favorisé l'art qui méritait de l'être plutôt que son contraire. N'oublions d'ailleurs pas ce qu'a de presque incroyable le geste de l'inconnu, souvent de fortune modeste ou nulle, achetant une œuvre de quelque peintre simplement parce qu'il la convoite, parce qu'il l'aime. Aucune doctrine psychologique ou sociologique ne rendra jamais ce geste moins mystérieux qu'il ne l'est. Caillebotte, de Bellio, Chocquet — ces trois noms en symbolisent des centaines d'autres — ont activement pris part à la révolution qui s'est produite dans l'art de peindre au temps de l'impressionnisme et, généralement parlant, lors de la naissance de l'art moderne. A cette avant-garde du public, joignons les premiers critiques d'art qui ont encouragé le goût souvent hésitant de la masse des spectateurs, sans oublier les défenseurs inconnus des formes nouvelles de la peinture, troupe anonyme dont les suffrages totalement désintéressés ont eu pour effet, en un temps remarquablement court, que des œuvres d'abord rejetées avec indignation ou tournées en ridicule, sont aujourd'hui l'honneur des musées d'art moderne spécialement construits pour les accueillir.

67. C'est dans cet esprit qu'Amédée Ozenfant semble avoir composé un petit lexique des *Constantes des sensations et éléments de la forme dans la nature et dans l'art*, dans *Foundations of Modern Art*, pp. 259-263. A propos de la forme, Ozenfant parle d'une sorte de « mathématique de la sensation », p. 256. Cf. p. 260, où le même peintre distingue la mathématique, art de traiter des « structures intellectuelles », de l'art plastique, qui a affaire avec des « structures senties » (perçues par voie de sensation) et mises en rapport avec des structures affectives et intellectuelles.

L'idée qu'il puisse n'y avoir là qu'une colossale supercherie ou, du moins une méprise comique, ne tient pas compte des données du problème. L'évolution de l'art de peindre a été d'abord l'œuvre des peintres eux-mêmes, reprenant à pied-d'œuvre l'étude de leur art à partir d'Ingres et de Delacroix ; peut-être même, car Delacroix nous inviterait à le dire, à partir de David[68]. Nous aurons à nous interroger sur le sens de cette évolution, mais il reste dans le public des témoins encore vivants d'un important fragment de cette histoire. Ils se souviennent de leurs propres hésitations au premier contact de l'art cubiste, mais aussi de leur intense désir de comprendre ce qui leur échappait encore en partie. L'hypothèse de la supercherie ou de l'illusion collective s'accorde mal avec l'expérience personnelle, si fréquente chez les amateurs de bonne volonté, que tout homme dont l'esprit et le goût sont assez généreusement ouverts, réussit progressivement à comprendre et à aimer des œuvres qu'il jugeait d'abord dénuées de sens. Cette hypothèse s'accorde plus mal encore avec le fait, impersonnel celui-là, que, de notre propre temps, les styles picturaux les plus hermétiques ont été singés par la réclame commerciale sous forme d'affiches et de publicité illustrée. Enfin, qui n'a souvent pensé avec mélancolie que Gauguin et Van Gogh n'ont pas toujours trouvé de leurs toiles le prix que beaucoup payent aujourd'hui pour un livre illustré — un « livre d'art » — consacré à l'histoire de leur vie et de leurs œuvres ? Cette conquête du public par Seurat, Juan Gris et d'autres maîtres de l'art moderne ne saurait être entièrement dénuée de signification.

Les amis de la peinture ont suivi les artistes dans leur effort ascétique vers un art de plus en plus dépouillé des flatteries sur lesquels l'art de leurs prédécesseurs comptait pour gagner la faveur du public. S'il se demande aujourd'hui pourquoi il l'a fait, chacun d'eux se répondra probablement d'abord qu'il n'a jamais laissé volontairement s'éteindre une seule de ces lueurs d'abord indécises et faibles, mais impossibles à méconnaître, par quoi se révèle la présence d'un art authentique. Avant même de le connaître, ils pratiquaient le grand précepte de Delacroix : toujours parier pour le génie. Peut-être aussi ceux qui vécurent un moment de cette histoire cédèrent-ils au désir confus de participer à une

68. Delacroix n'a pas que de l'admiration pour Louis David, — tant s'en faut — on n'en lira qu'avec plus d'intérêt les pages de haute critique, malheureusement incomplètes, consacrées à ce « composé singulier de réalisme et d'idéal», dans le *Journal*, 22 février 1860; vol. III, pp. 270-272.

aventure spirituelle dont le sens ne leur était pas encore clair. Il ne l'était même pas complètement pour leurs guides. A quelque raison qu'ils aient cédé, tous se sont vus progressivement conduits de plus en plus loin des facilités de la beauté naturelle et des plaisirs de la sentimentalité. Les apparences familières du monde visible sont devenues de moins en moins aisément reconnaissables, mais un monde nouveau s'est progressivement constitué sous leurs yeux, peuplé de réalités qualitatives dont le sens n'était ni celui d'une œuvre de la nature, ni celui d'un simple reflet de quelque objet naturel. Chacun de ces êtres témoignait avant tout, de manière modeste, mais réelle, que l'homme participe à l'énergie créatrice dont l'univers tient à la fois son être et son pouvoir d'opérer.

Ainsi, dans le temps même où l'imagination scientifique renonçait de plus en plus à se représenter le monde de la nature afin de le mieux comprendre, l'art de peindre prenait de plus en plus profondément conscience de son analogie avec la Puissance Créatrice dont la fécondité a pourvu la connaissance humaine d'un objet à connaître. Cette expérience spirituelle n'allait certainement pas sans périls. Certains artistes, particulièrement chez les poètes, dont la matière toute verbale est si ténue, égarés par la nature insubstantielle des concepts et des métaphores dont leurs œuvres sont faites, ont aspiré au pouvoir de créer *ex nihilo* propre à Dieu seul. Quelle tentation ! Sans autre donné que leur génie et le non-être de l'œuvre à faire, lui conférer d'un seul coup existence, intelligibilité et beauté[69] ! Un peu moins bien protégés contre ces illusions que les sculpteurs, mais beaucoup mieux que ne le sont les poètes, les peintres ont trop de toiles à remuer et de couleurs à malaxer pour donner dans ces rêvries. Quand un artiste doit d'abord acheter la matière de ses œuvres il n'a pas l'illusion de la créer.

Les peintres n'en ont pas moins souvent eu le sentiment d'être associés au grand œuvre de la création et initiés à son mystère. De très modestes artistes ont eu claire conscience de la nature du problème, jusqu'à ses implications spirituelles mêmes. Lorsque le peintre Jules Breton s'aperçut, lui aussi, que l'art ne pouvait avoir pour fin la simple imitation de la nature, il se demanda avec

69. Voir l'expression d'un état d'esprit différent, mais analogue, dans la lettre célèbre de Mallarmé à Henri Cazalis, du 14 mai 1867 ; citée par Henri MONDOR, *Vie de Mallarmé*, 2 vol., Paris, Gallimard, 1941 ; vol. I, p. 237.

inquiétude comment savoir dans quelle mesure on doit imiter, dans quelle mesure on doit créer. Comment l'artiste doit-il créer ? « N'y a-t-il pas orgueil à croire qu'on peut créer[70] ? ». Peut-être faut-il voir dans cette confession de modestie mal placée l'explication de la timidité qui retint cet honnête artiste, fort clairvoyant sur soi-même, en-deçà du niveau du grand art.

De nos jours, Paul Klee semble au contraire avoir pris claire conscience de la véritable nature des êtres faits de main d'homme que nous nommons des peintures. Moins timide que Jules Breton — mais il avait moins de raisons de l'être — Klee a reconnu la source commune des œuvres du peintre. Nul n'a mieux exprimé que lui la transcendance essentielle des œuvres de l'art sur la simple imitation des œuvres de la nature : « Autrefois, les artistes aimaient montrer ce qui était réellement visible, que ce fussent des choses qu'ils aimaient regarder ou des choses qu'ils eussent aimé avoir vues. A présent, nous nous intéressons à la réalité plutôt qu'au simplement visible ; nous exprimons par là notre conviction que le royaume du visible n'est rien de plus qu'un « cas particulier » par rapport au cosmos et que d'autres vérités ont virtuellement plus de poids. Dans nos peintures, les apparences visibles des choses ont un sens plus large et plus complexe qui semble souvent contredire l'expérience rationnelle d'hier. Nous nous efforçons vers l'essence qui se cache derrière le fortuit[71] ».

Telle est bien l'intime conviction plus ou moins obscurément

70. Jules BRETON, *La vie d'un artiste*, p. 281. Le même sentiment de modestie s'exprime en termes vigoureux dans une série de textes du sculpteur Hans Arp, à qui l'on ne saurait reprocher de tomber dans la simple imitation de la nature. L'homme, dit-il, est devenu « un créateur enfantin ». Atteint de mégalomanie, il a voulu créer le monde une deuxième fois (*On My Way*, p. 36). Ceci ne veut pas dire que cet artiste entende se contenter de reproduire ce qu'il voit, mais il assimile la production artistique à la production naturelle (ce qui, en tant que l'homme fait partie de la nature, est vrai). Selon Arp, un tableau qui n'a pas d'objet pour modèle est juste aussi concret qu'une feuille ou qu'une pierre (p. 50). Il ne veut ni copier la nature, ni reproduire ce qui existe ; Arp « veut produire comme une plante produit son fruit et non pas reproduire. » C'est d'ailleurs pourquoi il affirme que l'art ainsi entendu n'a rien d'abstrait ; au contraire, c'est un art éminemment concret (p. 70). Bref, l'œuvre d'art est un fruit qui pousse dans l'homme ; c'est le fruit spirituel de l'homme. Un arbre qui produit son fruit n'essaie pas de le faire ressembler à quelque chose d'autre ; dans le cas de l'art, on ne voit pas pourquoi, au lieu d'assumer sa forme propre et autonome, l'œuvre assumerait une ressemblance absurde avec quelque chose d'autre (*On My Way*, pp. 50-51).

71. O. KLEE, *Schöpferische Konfession*, cité dans W. GROHMANN, *Paul Klee*, p. 99.

avouée par un grand nombre d'œuvres d'art modernes, surtout peut-être dans le domaine des arts plastiques et particulièrement de la peinture. Le monde de la nature où nous vivons n'est qu'un cas particulier de ce qui, dans la pensée de son Créateur, est l'inépuisable royaume de l'infinité des univers possibles. Il n'appartient pas à l'homme de créer de l'être. Le plus puissant génie ne saurait ajouter un atome d'existence actuelle à la somme totale de celle que représente l'univers, mais il reste au pouvoir de l'homme de collaborer à sa manière à l'œuvre du Créateur en produisant, de la matière dont il dispose, des êtres d'un type nouveau, inédits en quelque sorte, et dont l'artiste qui les produit tire l'idée moins de la nature que de lui-même et de son propre esprit. La fonction propre du peintre est de produire de telles œuvres, témoins d'un univers possible différent du nôtre, où les couleurs et les formes seraient libérées de leurs fonctions naturelles pour n'être plus que les signes sensibles de l'intelligibilité du réel. S'il désire exercer ce haut office, il pense sans doute, comme Cézanne, que l'Art est « en effet un sacerdoce, qui demande des purs qui lui appartiennent tout entiers[72] ». Sa place n'est plus alors dans le monde de l'homme, des choses ni des images. Elle se trouve : « un peu plus près du cœur de toute la création qu'on n'a coutume de l'être. Mais encore bien loin d'en être assez près[73] ».

72. Lettre à Vollard, 9 janvier 1903 ; *Correspondance*, p. 252.

73. Emprunté au fragment du *Journal* de Paul Klee qui fut gravé sur sa pierre tombale : « Je ne peux être compris en termes purement terrestres. Car je peux vivre aussi heureux avec les morts qu'avec ceux qui sont encore à naître. Un peu plus près du cœur de toute la création qu'il n'est coutume. Mais encore loin d'en être assez près. » W. Grohmann, *Paul Klee*, p. 95.

CHAPITRE IV

Ontogénèse du tableau

La *Poétique* d'Aristote est dominée par la notion d'« imitation ». Ce que lui-même entendait par le mot n'est pas toujours clair — par exemple dans le cas de la musique — mais il n'est pas douteux que, dans sa pensée, l'art n'ait été une activité essentiellement imitative, et que, selon lui, la diversité des beaux-arts ne vînt des moyens divers dont ils usent pour imiter. Dans tous les arts poiétiques les moyens employés par l'artiste consistent en une forme et en quelque chose qui est informé par elle. Nous avons appelé matière ce quelque chose. Certains artistes usent du langage comme matière de leur art, et la poésie en résulte. D'autres usent de leur corps, ce sont les danseurs et les mimes. D'autres encore usent comme matière de leur personne, qu'ils soumettent pour un temps, et de propos délibéré, à la forme d'une personnalité empruntée : ce sont les acteurs. Les musiciens travaillent la matière que fournissent les sons, et il en résulte la musique ; les peintres, enfin, emploient la couleur et la forme comme moyens d'imiter divers objets, et le résultat est la peinture (*Poétique*, I).

Les mêmes notions auxquelles Aristote recourt pour décrire d'une manière générale la structure des œuvres d'art s'appliquent pareillement, dans sa doctrine, à la structure des êtres naturels. Par exemple, dans sa *Métaphysique* (V, 2, 1013 a 24) Aristote cite comme la première des quatre causes naturelles, « ce à partir de quoi, comme sa matière immanente, une chose en vient à exister, comme, par exemple, le bronze est cause de la statue et l'argent cause de la coupe[1] ». Quant à la forme, qu'Aristote nomme ici le paradigme, sa notion est manifestement empruntée à celle des

1. Sur ce problème en général, voir F. Battaglia, *Forme naturalistiche e forme estetiche*, dans *Convivium*, sept.-oct. 1954, pp. 513-533. — Les termes « ontogénèse », « embryogénie », etc., employés dans ce chapitre n'impliquent aucune prétention pseudo-scientifique. Leur seul objet est de marquer une analogie avec des faits qui, étant biologiques au sens usuel du terme, sont eux, objets de connaissance scientifique.

modèles sur lesquels les artistes se règlent pour donner forme aux matières dont ils usent. Dans la pensée d'Aristote, les notions de forme, ou de figure, sont inséparablement liées à celle d'un schème typique qui, bien qu'individué par la matière et les accidents, reste un et le même dans chaque espèce. Comme ce qui se trouve ainsi informé est matière, les formes naturelles manifestent les essences des choses de manière à les rendre perceptibles aux sens. Les processus de la nature et de l'art sont donc analogues et même, en un sens, parallèles. Cherchant à quoi comparer la relation de matière à forme dans la nature, Aristote n'hésite pas à dire : « Ainsi, l'art de la sculpture et le bronze sont causes de la statue, uniquement en tant que statue ; ils ne sont pourtant pas causes de la même manière, mais le bronze l'est comme matière et la sculpture comme cause du mouvement (*Métaphysique*, V, 2, 1013 b 2-9).

Cette dernière remarque mérite d'être notée. En effet, l'art du sculpteur, qui joue dans les œuvres d'art un rôle semblable à celui que la forme joue dans les opérations de la nature[2] est ici décrit comme la cause d'un mouvement ou, ce qui revient au même chez Aristote, d'un changement. La forme est la cause du processus qui change le bronze en statue de bronze. Dans le cas du devenir naturel, la forme est une cause intrinsèque du mouvement dont le terme ultime est un être naturel actuellement existant. Cette forme intérieure à l'être en devenir prend le nom de nature lorsqu'on la considère comme le germe qui travaille la matière du dedans jusqu'à la complète constitution de l'être en devenir. La nature, dit Aristote, est la forme même considérée comme cause de « la genèse des choses qui croissent » (*Métaphysique*, V, 4, 1014 b, 16). Pour qu'elle puisse jouer ce rôle, il faut que la forme soit orientée, et elle l'est en effet, puisque le terme du devenir est l'actualisation complète de la forme elle-même dans la matière, de sorte que la cause est fin. Ainsi entendue, la nature est une sorte d'art immanent à la matière, et, par conséquent, l'art est une sorte de nature

2. Cette ancienne notion aristotélicienne, puis scolastique, d'un art qui imite la nature dans sa manière d'opérer, n'a jamais été complètement oubliée. Probablement sous l'influence de Ravaisson, donc d'Aristote encore, la réintégration de l'art humain dans le cadre de la nature en général, a été tentée par Gabriel SÉAILLES, *Essai sur le génie dans l'art*, Paris, F. Alcan, 5 éd., 1923. Il est vrai que G. Séailles a plutôt intégré la nature à l'art que l'art à la nature, mais cet idéalisme lui-même pourrait se réclamer de sources grecques. D'ailleurs, voir le génie à l'œuvre dans la nature est une thèse dont s'accommoderait fort bien la théologie de l'art divin.

extrinsèque à la matière et la travaillant du dehors. Mais les artistes eux-mêmes sont des êtres naturels ; il peut donc être utile de considérer leur activité comme un cas particulier de la productivité de la nature. De toute manière, on ne risque pas de s'égarer beaucoup en abordant de ce biais la fonction exercée par la forme dans la genèse des tableaux.

I. Forme et sujet

Il y a des manières de peindre si différentes et des tableaux de genres si différents qu'on ne peut rien dire de la peinture en général. La remarque est particulièrement vraie de l'élément que nous nommons forme et que nous plaçons, avec la volonté du peintre, à l'origine de l'œuvre. Il existait jadis un numéro de music-hall, ou de cirque, que l'on nommait Un Tableau en Cinq Minutes. Au début du numéro, il n'y avait rien qu'un chevalet, une toile et un peintre dont cette toile n'était pas le « blanc souci » ; cinq minutes plus tard, exactement, la toile faisait voir une plage au premier plan, une falaise à gauche, la mer à droite et un voilier penchant sous le vent. Aucun problème n'avait dû se poser à cet artiste, mais nous parlerons ici de ceux à qui la nature même de l'œuvre à faire pose des problèmes, parce que l'invention de sa forme domine pour eux le problème de sa production.

Parmi les peintres qui ont tenté de décrire leur activité productrice, la plupart ont situé à son origine une sorte de semence, ou de germe, un sentiment confus d'une œuvre qui demande à naître sans que l'on sache encore exactement ce qu'elle sera. Il ne faut pas se laisser tromper par les déclarations des peintres qui prétendent ne jamais commencer une œuvre sans que chacun de ses traits ne soit d'avance arrêté dans leur esprit. Ingres disait que le peintre doit avoir, pour ainsi dire, son tableau « tout dans sa tête » avant de l'exécuter, mais il faisait en même temps observer que « le plus long pour un bon peintre est de *penser* en tout son tableau[3] ». En effet, penser le tableau est une grande partie de l'opération qui consiste à en trouver la forme.

3. *Ingres raconté par lui-même*, p. 19.

Au début de cette opération se trouve une image plus ou moins fluide, qui se forme parfois d'elle-même et comme en rêve, mais surgit le plus souvent à l'occasion de quelque perception. Le mot image ne signifie pas ici seulement des images auditives ou visuelles, mais aussi des images motrices, qui sont en réalité des ébauches de mouvements. Quel qu'il soit, le contenu de cette image est l'œuvre de l'imagination créatrice beaucoup plus que du donné réel saisi par la perception. Chacun a éprouvé le pouvoir suggestif des bruits rythmés : les roues d'une voiture de chemin de fer franchissant à vitesse constante des sections de rails de longueur égale, les intervalles musicaux parfois si curieux (car ils ignorent la gamme tempérée) que font entendre des gouttes d'eau dans le silence de la nuit, ces bruits et beaucoup d'autres invitent l'imagination auditive à unifier et organiser ce matériel sonore en lui donnant la continuité d'un rythme, parfois même celle d'une ligne mélodique ou d'un chant. La plupart des peintres répondent pareillement à la perception des dessins les plus vagues, suggérés par n'importe quelle surface colorée, en inventant des images beaucoup plus définies dont chacune se présente comme une esquisse mentale fournie par la nature.

Il n'est pas nécessaire d'être peintre pour s'assurer du fait. La simple vue d'un rocher, d'un bois mort, de taches de couleur ou de lignes distribuées au hasard sur une surface plane suffit à évoquer à l'esprit des formes, des objets, des êtres et parfois des scènes qui suggèrent autant de tableaux possibles. Les remarques de Vasari sur l'aptitude presque pathologique de Piero di Cosimo à cet égard ne doit pas faire méconnaître l'importance du fait qu'il rapporte non sans crudité : « Il s'arrêtait parfois à contempler un mur sur lequel avaient longuement craché des personnes malades, et il en tirait des mêlées de chevaux, les cités les plus fantastiques et les paysages les plus extraordinaires que l'on ait jamais vus ; il faisait la même chose avec les nuages en l'air[4] ». De là sans doute l'art extraordinaire qu'il mit à peindre tant

4. Vasari, *Vita di Piero di Cosimo*, dans *Opere*, vol. I, p. 465. Des remarques semblables se rencontrent chez Léonard de Vinci, *Carnets de notes*, XXIX, vol. II, p. 207. Léonard en fait une méthode, ou une « manière de stimuler l'esprit et de l'exciter à diverses inventions. » C'est ce que l'on nomme parfois un phénomène de « perception créatrice ». Ce pouvoir suggestif des points, taches et lignes est inclus dans les calculs de certains peintres abstraits et contribue certainement au plaisir que donne la vue de leurs œuvres. Le spectateur est invité par l'artiste à participer à la création de l'œuvre par l'acte même de la percevoir.

d'êtres fantastiques rendus de manière si convaincante qu'on ne s'interroge pas sur leur réalité.

L'origine du processus créateur est donc moins la sensation elle-même que la réponse de l'imagination à la perception sensible. Ce point doit être noté, pour les conséquences qui en résultent touchant la notion ambiguë de *sujet* en peinture. En fait ces réponses de l'imagination créatrice de l'artiste à la perception sensible sont les sujets mêmes de ses tableaux. Comment les peintres comprennent-ils ces réponses ?

Paul Cézanne a si souvent employé le mot « motif » qu'on en a fait un terme technique presque indispensable à l'esthétique de la peinture. Il est imprudent d'attribuer aux mots un sens plus précis qu'il ne l'est dans l'esprit de ceux qui en usent, mais il semble que Cézanne ait employé celui-ci avec intention. Un motif est quelque chose d'autre qu'un sujet. En son sens premier, c'est ce qui porte à faire quelque chose, et bien que le motif soit généralement intérieur à l'esprit plutôt qu'extérieur, une perception créatrice peut être considérée comme incluant les deux. En fait, Cézanne lui-même a toujours refusé d'isoler l'image interne de l'objet extérieur donné dans la perception. On pourrait presque voir là le caractère propre de son attitude d'artiste à l'égard de la réalité, tellement que deux descriptions, opposées mais toutes deux justifiables, pourront toujours être données de son œuvre. D'un premier point de vue, Cézanne est un constructeur de figures qui ne craint pas de pousser leur interprétation jusqu'au géométrique : ses pyramides de baigneuses en témoignent ; d'autre part, on a pu soutenir par d'excellentes raisons que ce soi-disant géomètre était un observateur attentif de la réalité, aussi scrupuleux qu'un hollandais dans sa manière de la représenter[5]. Les deux points de vue sont vrais et leur unité peut être ce qui donne son sens plein à la notion cézanienne de motif.

Le motif semble d'abord être la réalité elle-même, et l'on aurait tort de croire qu'aux yeux de Cézanne cette réalité n'était nécessaire que le temps d'un clin d'œil, ou comme un appui dont on pouvait bientôt se débarrasser. Tout au contraire, il aimait les têtes de mort et les pendules parce qu'elles ne changent pas, et les pommes parce qu'il leur faut un temps assez long pour changer sensiblement d'apparence. Lui-même a exprimé la satisfaction que lui donnaient certains « motifs » provençaux, dont la végétation

5. L. WERTH, *La peinture et la mode*, pp. 98-106.

d'oliviers et de pins est si stable qu'il pouvait travailler sur eux trois ou quatre mois sans craindre de les voir changer sous ses yeux[6].

On se méprendrait cependant si l'on cherchait la raison de ce sentiment dans un désir de littéralité dans l'imitation. Comme beaucoup d'autres peintres, même parmi les plus abstraits d'aujourd'hui, Cézanne éprouvait le besoin de garder contact avec la réalité dont il construisait, souvent à grand peine, un substitut plastique. Tout paysage, même beau, n'était pas apte à provoquer en lui l'image d'une œuvre à peindre et le désir de l'exécuter : « J'ai ici de beaux points de vue, mais ça ne fait pas tout à fait motif[7] ». Les expressions familières : « aller au motif » (comme on va *aux* champignons), travailler « sur le motif », discuter un tableau « sur le motif » viennent naturellement sous sa plume, et rien n'en fait mieux comprendre le sens que la phrase qu'il écrivit, comme incidemment, vers la fin de sa vie : « Tout est, en art surtout, théorie développée et appliquée au contact de la nature[8] ». Enraciné dans la réalité, son art se nourrit d'images douées de l'intensité des sensations et organisées plus tard par l'entendement. Comme le poète, le peintre est alors un visionnaire de la réalité. Ce qui seul importe pour le moment est que ce que d'autres peintres appelleraient peut-être leur sujet se trouve ici réduit à la condition de motif, c'est-à-dire, non d'un modèle à copier, mais d'un excitant à créer un équivalent plastique de la réalité[9].

Une notion du même genre est suggérée par ce que Cézanne

6. « Mais il y a des motifs qui demanderaient trois ou quatre mois de travail, qu'on pourrait trouver, car la végétation n'y change pas. Ce sont des oliviers et des pins qui gardent toujours leurs feuilles ». P. CÉZANNE, à Camille Pissarro, 2 juillet 1876 ; dans *Correspondance*, p. 127. Ce besoin de stabilité dans le « motif » est symbolisé par le veston de Vollard, que Cézanne lui fit laisser à l'atelier en vue du jour où il recommencerait de travailler au fameux portrait, et que l'on retrouva plus tard mangé des mites : A. VOLLARD, *En écoutant Cézanne*, p. 64. — Il n'est d'ailleurs pas impossible que Cézanne ait simplement employé le mot « motif » au sens impropre de « sujet de tableau ». Le seul sens correct du terme, en matière de beaux-arts, est « sujet de composition », justement parce que, le motif étant donné, il reste à composer le tableau.

7. P. CÉZANNE, *A Émile Zola*, [L'Estaque] 24 mai 1883 ; dans *Correspondance*, p. 195.

8. *A Charles Camoin*, 22 février 1903 ; éd. cit., p. 253. C'est le sens de la fameuse formule : « Imaginez Poussin refait entièrement sur nature, voilà le classique que j'entends. » Émile BERNARD, *Souvenirs sur Paul Cézanne et lettres*, p. 93, note 1.

9. Émile BERNARD, *Souvenir sur Paul Cézanne et lettres*, pp. 19-20, 44, 55, 56, 82.

nommait sa « petite sensation », c'est-à-dire sa manière personnelle de concevoir une image mentale dans une réalité perçue et avec toute l'intensité de la perception qu'elle informe. Ce complexe organique de perception et de vision est ce qu'André Lhote a si heureusement appelé des « hallucinations d'après nature ». Quelques lignes plus loin, le même peintre décrit cette expérience comme exigeant « au départ l'oubli de ce qui s'est fait, de ce qui s'est vu, et l'abandon total à la sensation ». Mais il ajoute aussitôt : « Car tout objet, si l'on renonce un instant à la connaissance qu'on a de sa forme, de sa couleur et de sa matière, devient source d'images inattendues, dont la captation extasiée fournit à l'imagination du spectateur un tremplin sans précédent ». Tel est le sens vrai du mot « inspiration », c'est-à-dire « ces instants cruciaux où se révèle le tableau à faire » et dans lesquels « le monde habituel disparaît pour faire place à un monde composé uniquement d'apparences, de fantômes[10] ».

Cette description du premier moment de la création picturale s'accorde avec ce que les initiateurs de l'art moderne en ont dit, dans les cas trop rares où ils nous ont fait des confidences. L'expression d'« extase continue » n'est pas trop forte. Dépouillée de toute connotation mystique proprement religieuse, elle veut dire que cette vision initiale de l'œuvre à faire doit être entretenue par le peintre, autant que possible en sa vivacité première, pendant la durée totale qu'exigera l'exécution de l'œuvre. Et il est bien vrai que Cézanne, Monet et Van Gogh, d'autres encore, ont ainsi conçu et produit leurs œuvres, mais il l'est beaucoup moins que cette manière de peindre soit une découverte moderne propre à l'art de notre temps. Il est tentant, ne serait-ce que pour simplifier les choses, de distinguer l'attitude des peintres modernes, qui partent d'une expérience visionnaire, « de la pondération classique, du travail traditionnel évoluant autour d'une *idée* initiale[11]» ; mais comment s'assurer de la manière dont travaillaient les maîtres d'autrefois ? Surtout, si l'on admet que Van Eyck, Brueghel, Patinir et quelques autres ont, eux aussi, produit des œuvres dont la vue plaît encore, quelle raison peut-il y avoir de supposer que leur art ait suivi des voies différentes de celles de la peinture moderne ?

La réponse à cette question variera selon la manière dont on se représente ce qu'était l'idée d'un tableau, ou son sujet, dans l'esprit

10. André LHOTE, *Traité du paysage*, p. 8.
11. André LHOTE, *ibid.*

d'un peintre de formation traditionnelle. Assurément, les idées, histoires, anecdotes et scènes de toutes sortes ont joué dans l'art classique un rôle plus important que celui qu'elles jouent dans la partie de la peinture moderne qui ne prolonge pas l'art classique. Pourtant, à toutes les époques, il y a eu des artistes pratiquant un véritable art de peindre et, par conséquent, procédant au fond de la même manière en dépit des conventions imposées du dehors auxquelles il leur fallait se plier. Les conventions ne sont pas toujours les mêmes, mais il y en a toujours, et même la décision de faire « moderne » en est une. On confond trop souvent les représentations dont chaque époque accompagne certaines fonctions, ou certains actes essentiellement liés à la nature de l'homme, avec ces fonctions ou ces actes mêmes. Il y eut un temps où l'on voulait que la procréation fût un fait sociologique ; mais les enfants sont toujours venus au monde à peu près de la même manière. Il est au moins probable que si l'on considère la peinture de chaque époque dans ses manifestations vraiment créatrices, l'acte humain de produire une fresque, un tableau ou un dessin a toujours été, pour l'essentiel, sensiblement de même nature. La raison principale qu'il y ait d'éviter l'illusion contraire est qu'en y cédant on perdrait l'intelligence de la peinture classique. Elle n'en souffrirait aucunement, mais nous y perdions beaucoup.

On se trompe sans doute en pensant que les peintres de la Renaissance, ou leurs successeurs jusqu'à la fin du dix-neuvième siècle, trouvaient le point de départ de leurs œuvres dans les idées qu'elles nous suggèrent aujourd'hui, ou dans celles des scènes qu'elles représentent et des anecdotes qu'elles racontent. Il est plutôt à croire que les anecdotes ou événements représentés par les peintres classiques étaient pour leurs imaginations des tremplins semblables à ceux que, plus près de nous, les paysages réels et les objets perçus semblent avoir été pour l'imagination créatrice de Monet, Cézanne, Van Gogh et Gauguin. Sans doute, partir d'une perception sensible doit conduire à des œuvres différentes de celles auxquelles on aboutit en partant d'une idée, mais on ne voit pas bien en quoi la méthode du mur souillé, pratiquée par Piero di Cosimo et recommandée par Léonard, diffère de celle de l'hallucination d'après nature. Surtout, on ne voit pas comment, même si le sujet de son tableau peut se définir en termes d'idées, aucun artiste peut effectivement le peindre sans que ces idées ne prennent d'abord la forme d'une image de l'œuvre à faire. Cette image initiale, chargée d'éléments affectifs et moteurs, est ce qui importe vraiment, et tant qu'un artiste peut se maintenir par elle en état d'extase continue, son origine n'affecte en rien le caractère créateur de l'acte de peindre. On obtiendra un autre genre de peinture, mais ce sera le même genre d'art, parce que, dans les deux cas, il y aura eu production d'une œuvre peinte à partir d'un motif fourni par l'esprit.

Beaucoup d'entre nous, peintres ou non, semblent avoir perdu contact avec le monde historique et mythique de l'antiquité classique, parfois même avec le monde religieux de l'Ancien et du Nouveau Testament. Dans son *Ia orana Maria*, du Musée Métropolitain de New-York, Gauguin ne voit aucun inconvénient à représenter une salutation angélique où la Vierge porte sur ses épaules un enfant déjà grand. En fait, Gauguin voulait son ange aux ailes jaunes et l'étonnant feu d'artifice de couleurs qu'est ce chef-d'œuvre ; il ne se proposait de représenter aucune scène scripturaire en particulier. Peu de peintres modernes éprouvent encore le pouvoir d'émotion qu'avaient jadis les récits de l'Écriture Sainte et la force avec laquelle ils agissaient sur des artistes tels que Giotto, Michel-Ange, Tintoret et Rembrandt. La culture littéraire classique, dont il reste aujourd'hui si peu de chose, a semblablement perdu son pouvoir sur les esprits. La mythologie est morte. Sans poser à nos contemporains des problèmes trop difficiles, on peut se demander ce que signifie pour beaucoup d'entre eux le sujet du célèbre tableau d'Ingres : *Jupiter et Thétis ?* On pourrait peut-être tracer une ligne de partage des temps au moment où l'*Orphée aux Enfers* d'Offenbach, avec ses calembours mythologiques, n'a plus trouvé de public pour les comprendre. L'art de la peinture humaniste, qui tenait pour accordée la connaissance de l'histoire gréco-romaine, n'offre plus guère aux visiteurs des musées que des titres dénués de sens. On se demande même ce que feraient les logistes du concours de Rome, s'ils avaient à traiter des sujets que nous acceptons de confiance en passant dans un musée devant maint tableau de Rubens : *Pausias et Glycère, L'enlèvement des filles de Leucippe, La reine Tomyris recevant la tête de Cyrus.* Sait-on seulement s'il s'agit là de fable ou d'histoire ? La plupart des sujets de ce genre sont devenus aussi indéchiffrables pour le spectateur moderne que ceux des peintures d'Ajanta[12].

12. Il est vrai que le sujet du Prix de Rome de sculpture pour 1953, s'il faut en croire les journaux du 9 juillet de cette même année, proposait

Avant d'opposer ainsi les peintres de style traditionnel aux initiateurs de la peinture moderne, il ne serait pas inutile de se demander ce que les maîtres d'autrefois ont réellement fait, depuis Cimabue et Giotto jusque vers la fin du dix-neuvième siècle. Mettons à part les cas où des peintres officiels furent expressément chargés, par des souverains ou des gouvernements, de perpétuer par un tableau le souvenir de quelque événement historique dont l'artiste lui-même a été témoin. Lorsque David représenta la cérémonie du sacre de Napoléon Ier, à laquelle il avait assisté et où il avait pris des notes, le peintre n'eut pas à travailler sur un simple motif, mais sur un sujet complètement défini. En fait, l'œuvre est un document historique.

Pareils cas sont plutôt rares. Ordinairement, même si l'on imposait au peintre un sujet traditionnel, par exemple une Annonciation, une Nativité ou une Crucifixion, nul ne pouvait exiger d'eux l'exactitude historique. Leur point de départ était une image créatrice suggérée par la lecture de sources littéraires et la vue d'œuvres antérieures représentant déjà le même sujet. A partir de ces données très générales, l'artiste était libre et l'histoire de l'art fait assez voir que, pour un seul et même peintre, si le peintre est Tintoretto, un sujet aussi composé d'avance que la Dernière Cène se prête aux compositions les moins attendues. En outre, la formule littéraire des sujets de tableaux n'a jamais été qu'un faux-semblant. Dans *Jupiter et Thétis*, Ingres n'a certainement pas eu l'intention de représenter l'un ni l'autre. Ce qu'il se proposait de peindre était la composition de deux figures à présent exposée au musée d'Aix-en-Provence, ce modèle barbu d'atelier, quelque peu ridicule, dont il a fait un soi-disant Jupiter et la jeune déesse dont Louis Gillet a si éloquemment décrit la plastique[13]. Ce groupe est

aux candidats, le thème que voici : « L'aube étonnante s'élève par-dessus les sombres draperies qui enveloppent la nuit portée par le silence et l'immatériel repos des facultés ». Cette bouillie verbale est ce que l'on nomme de la prose d'art. Le vainqueur a fort raisonnablement traduit : deux femmes dont l'une essaie de sortir de ses draps.

13. Louis GILLET, « Visites aux musées de Province » : III, Aix-en-Provence, *Revue des Deux-Mondes*, 15 septembre, 1932. — Cette figure mérite entièrement l'éloge qu'en fait Louis Gillet, mais le tableau lui-même est ce que Delacroix aurait nommé un « monstre ». Le Jupiter d'atelier (un « fleuve ») est un figurant de théâtre. Il est heureux que Thétis ne sorte pas du même magasin d'accessoires. Les deux personnages viennent de deux mondes différents. Jupiter, de celui des modèles d'atelier (« La moustache doit laisser la joue pleinement découverte ! »). Thétis est une création personnelle d'Ingres ; c'est la *Vénus blessée par Diomède* (du « péché de jeunesse », AMAURY-DUVAL, p. 28) où le jeune héros, un peu trop terrestre,

le sujet du tableau, non le récit d'Homère, que le peintre a d'ailleurs représenté d'une manière intolérable aux yeux d'un Grec : même une déesse ne porte pas la main gauche au visage de Jupiter ! Mais qui donc en a souci ? Nul n'a vu Jupiter. Michel-Ange n'a pas assisté à la création du monde et la seule idée de représenter Dieu serait ce qu'il y a au monde de plus comique si, par une inexplicable perversité aujourd'hui passée dans les mœurs, on n'avait décidé d'imaginer les Anges, ces glorieux esprits, sous l'aspect de nouveau-nés qui portent leurs ailes en nœud de cravate.

On peut aborder le problème sous un autre angle. Comme une seule anecdote ou un seul sujet littéraire peut offrir matière à un nombre pratiquement illimité de tableaux différents, de même aussi des tableaux dont le sujet pictural est le même peuvent représenter des anecdotes différentes. Delacroix, l'un des premiers peintres qui se soient interrogés sur la nécessité d'un sujet, n'en a pas moins perdu bien du temps à lire et relire certains écrivains dans l'espoir d'y trouver des titres de tableaux. Delacroix allait au motif dans les livres comme, après lui, Cézanne devait aller au motif dans la campagne de Provence. Il dressait même de longues listes de sujets, mais on discerne aisément, parmi ceux qu'il a retenus, des groupes de tableaux de titres différents qui semblent autant de variations sur un thème plastique commun. L'idée première de ce thème n'appartient même pas nécessairement au peintre qui en exploite les possibilités. Delacroix a profondément admiré le *Radeau de la Méduse*[14], pour lequel il a posé et dont il a d'ailleurs fait une copie ; mais on en retrouve le motif plastique dans plusieurs de ses œuvres : *Dante et Virgile*, *Le naufrage de Don Juan*, le *Christ sur le lac de Génésareth* dont, sauf erreur, il a peint sept versions différentes. On reconnaît volontiers qu'un élément humain est commun à toutes ces toiles. Toutes mettent en contraste la faiblesse de l'homme devant la puissance accablante de la nature ; mais le schème visuel est plus uniforme encore : une nacelle oblongue encombrée d'hommes apeurés, plein d'une pesante densité flottant au centre d'un vide.

lui aussi, mais si séduisant et d'ailleurs racheté par le casque, semble avoir posé le même problème. Les deux corps féminins et les quatre chevaux sont des Olympiens ; les deux corps d'hommes font trou dans la toile par leur densité terrestre.

14. Sur le « sublime radeau », voir *Journal d'Eugène Delacroix*, 1er avril 1824 ; vol. I, p. 66. Delacroix a plusieurs fois comparé le *Radeau de la Méduse* avec l'*Élévation en croix* de la cathédrale d'Anvers : 10 août 1850 ; vol. I, p. 408. Cf. 20 octobre 1853, vol. II, p. 96.

On a parlé des « sources littéraires » de Delacroix, et à bon droit puisque lui-même en a dressé des listes, mais en quel sens les lectures d'un peintre sont-elles pour lui des sources ? Lorsque nous-mêmes lisons Homère, Virgile, Dante, Shakespeare ou Goethe, éprouvons-nous le désir de donner forme de tableau à certains des événements que ces écrivains racontent ? A moins qu'on ne soit peintre, on n'y pense même pas. On éprouverait plutôt quelque mauvaise humeur, si le livre est illustré, contre le sans-gêne de l'illustrateur dont les images trop précises coupent le vol du rêve. De deux peintres qui vont au motif dans le même livre, l'un n'y trouvera pas les mêmes sujets que l'autre. Sa propre imagination picturale reste pour chacun d'eux la raison ultime de ses choix. C'est le peintre qui crée ses propres sources littéraires. Il est lui-même leur source ou, plutôt, ce qui est en lui leur source, c'est sa propre imagination plastique, son propre pouvoir de création[15].

La parenté fondamentale qui, par delà des différences dont on ne méconnait ni la réalité ni l'importance, unit les deux attitudes, apparaîtra peut-être mieux si l'on examine la manière de faire recommandée par Ingres et que d'ailleurs il pratiquait. On sait assez qu'il prétendait peindre ses modèles tels qu'ils étaient. Le peintre Granger le félicita un jour sur la manière dont il avait embelli son modèle pour le tableau d'*Oedipe*. « Comment ! embelli ? » protesta Ingres, « Je l'ai copié servilement[16] ». Jamais Granger ne l'en fit démordre, et l'on ne saurait dire qu'Ingres se

15. Le *Journal* de Delacroix (11 avril 1824) permet d'observer sur le vif le peintre en quête d'un sujet, non pas du tout qu'il en manque, mais parce qu'il attend que l'un d'entre eux s'empare de lui. « C'est qu'avec un esprit aussi vagabond et impressionnable, une fantaisie chasse l'autre plus vite que le vent ne tourne dans l'air et ne tourne la voile dans le sens contraire : il arrive que j'aie nombre de sujets. Eh bien ! qu'en faire ? Ils seront donc là en magasin à attendre froidement leur tour, et jamais l'inspiration du moment ne les animera du souffle de Prométhée : il faudra les tirer du tiroir, quand la nécessité sera de faire un tableau ! C'est la mort du génie. Qu'arrivera-t-il ce soir ? Je suis, depuis une heure, à balancer entre *Mazeppa*, *Don Juan*, *Le Tasse*, et cent autres. » (vol. I, p. 73). — On le voit, les sujets de l'imagination ne sont pas plus les vrais sujets que ne le sont ceux de l'érudition historique ou de la connaissance abstraite. Delacroix ne l'a jamais clairement compris. Il voit que le seul fait « de pouvoir balancer entre deux suppose absence d'inspiration », mais au moment même où il a envie d'étaler de la bonne couleur grasse sur une toile (c'était cela l'inspiration !) il ne pense qu'à « ouvrir un livre capable d'inspirer... Il y en a qui ne doivent jamais manquer leur effet. Ce sont ceux-là qu'il faut avoir. De même que des gravures. Dante, Lamartine, Byron, Michel-Ange » (vol. I, p. 74).

16. AMAURY-DUVAL, *L'atelier d'Ingres*, p. 60.

trompât car lui aussi avait sa « petite perception » ; il *voyait* le tableau dans le modèle. Il n'y avait pour Ingres aucune différence entre voir la réalité telle qu'elle était et voir le tableau qu'il voulait peindre. Ingres n'avait pas l'imagination créatrice de Delacroix, mais il avait celle de Cézanne. Lui aussi refaisait déjà Poussin d'après nature : « Il ne faut pas essayer d'apprendre le beau caractère », disait-il, « il faut le trouver dans son modèle[17] ». Pourtant, on aurait indigné Ingres en lui annonçant qu'il était l'initiateur d'une révolution dans l'art de peindre, et que celle-ci consistait à ne plus partir d'une idée. Il n'aurait probablement pas compris de quoi l'on parlait.

La vraie nature du problème ne se découvre clairement que si l'on remonte au-delà de la distinction entre la perception du réel et l'idée, ou si l'on se tient en-deçà. Dans l'un et l'autre cas, l'objet propre de l'art du peintre est antérieur à l'ordre du langage. Ce peut être ce que l'on voit, ce que l'on imagine ou ce que l'on pense, pourvu qu'il s'agisse toujours d'une pensée qui, au lieu de s'écouler en mots, se traduise en mouvements producteurs de formes plastiques directement perceptibles aux sens. La pensée du peintre est analogue à celle qui, dans la nature, s'exprime par l'invention des formes cristallines et des espèces végétales ou animales. C'est une pensée plastique, non une pensée conceptuelle et verbale. La nature du choc qui la fait surgir est sans importance, car bien qu'il en soit de plusieurs sortes, la genèse de l'œuvre reste sensiblement la même. Un exemple concret le dira peut-être mieux.

Le Musée de Boston possède un tableau célèbre, peint par Gauguin en 1898, sur lequel on a la bonne fortune de posséder un commentaire de l'artiste lui-même. Le critique André Fontainas avait écrit, dans le *Mercure de France* de janvier 1899, un article sur quelques tableaux exposés à la gallerie Ambroise Vollard. On y voyait entre autres le tableau du musée de Boston dont Fontainas fit observer que, bien que l'œuvre fût manifestement symbolique, rien ne permettrait d'en deviner le sens de l'allégorie, si Gauguin lui-même ne lui avait donné ce titre abstrait : « D'où venons-nous ? Que sommes-nous ? Où allons-nous ? » Voici donc, semble-t-il, un tableau dont l'origine semble bien être une idée et dont le sens peut se définir au moyen de mots.

Il n'en est rien pourtant. Gauguin a décrit, aussi précisément que possible, la naissance des premières images plastiques au sein

17. *Ingres raconté par lui-même*, p. 59.

de la perception créatrice et du trouble émotif dont celle-ci est chargée. Notons d'ailleurs que, puisqu'il en parle, le langage dont il use comme d'un moyen de communication nécessaire est postérieur à l'événement : « Ici, près de ma case, en plein silence, je rêve à des harmonies violentes dans les parfums naturels qui me grisent. Délice relevé de je ne sais quelle horreur sacrée que je devine vers l'immémorial. Autrefois, odeur de joie que je respire dans le présent ». Et voici que surgissent les premières images plastiques, fantômes d'êtres dont, s'ils étaient là, la présence expliquerait l'émotion qui, en fait, les suscite : « Figures animales d'une rigidité statuaire : je ne sais quoi d'ancien, d'auguste, religieux dans le rythme de leur geste, dans leur immobilité rare. Dans des yeux qui rêvent, la surface trouble d'une énigme insondable ». L'intention de Gauguin est manifestement ici de souligner l'antériorité de ces présentations figurées par rapport à la pensée conceptuelle. Ses yeux se ferment « pour *voir sans comprendre* le rêve dans l'espace infini qui fuit devant » lui. Les italiques sont de Gauguin et elles sont indispensables à l'expression de sa pensée. Car c'est justement aux remarques de Fontainas sur l'inscription ajoutée au tableau qu'il en a. Sans elle, avait dit le critique, rien dans le panneau de Gauguin ne nous révélerait le sens de l'allégorie. Mais, précisément, répond Gauguin, « mon rêve ne se laisse pas saisir », il « ne comporte aucune allégorie ; poème musical, il se passe de libretto » (citation Mallarmé). Par conséquent, immatériel et supérieur, l'essentiel dans une œuvre consiste précisément dans « ce qui n'est pas exprimé ; il en résulte implicitement des lignes, sans couleurs ou paroles, il n'en est pas matériellement constitué[18] ».

Cette exaltation de ce qui, antérieur à l'expression, en est la cause et lui demeure irréductible, n'est pas elle-même pure de toute contamination littéraire. On peut néanmoins la recevoir telle quelle, entre l'appel à la musique, écho de Delacroix, qui la pré-

18. *Lettres de Gauguin à sa femme et à ses amis*, à André Fontainas, Tahiti, mars 1899, p. 288. Toute cette doctrine procède de Delacroix, probablement par l'incomparable étude de Baudelaire sur « L'œuvre et la vie de Delacroix ». Par exemple : « La ligne et la couleur font penser et rêver toutes les deux ; les plaisirs qui en dérivent sont d'une nature différente, mais parfaitement égale et absolument indépendante du sujet du tableau ». BAUDELAIRE, *Œuvres*, p. 863. Le rôle joué par Baudelaire comme interprète et prophète de la doctrine de Delacroix peut difficilement être exagéré. Lui-même, d'ailleurs, sentait la vanité de sa prédication : « Mais, hélas ! à quoi bon, à quoi bon toujours répéter ces inutiles vérités ? » (*op. cit.*, p. 864).

cède[19], et le rappel de Mallarmé qui la suit. Elle marque le moment où, chacun d'eux ayant curieusement scruté sa propre essence, plusieurs arts se retrouvent d'accord pour situer en-deçà de la parole le principal de leur message. Ce que la poésie, qui est un art du langage, prétend faire en dépit du sens usuel des mots dont elle compose ses œuvres, pourquoi le peintre, qui produit des « choses silencieuses », ne le ferait-il pas à l'aide de couleurs et de lignes qui ne sont pas nécessairement des signes ? L'exemple d'Eugène Delacroix, ne pouvait qu'encourager Gauguin sur cette voie. Gauguin a profondément médité et compris Delacroix, et c'est la conclusion de cette méditation que nous avons sous les yeux : « Au réveil, mon œuvre terminée, *je me dis, je dis :* d'où venons-nous ? que sommes-nous ? où allons-nous ? Réflexion qui ne fait plus partie de la toile, mise alors en langage parlé tout à fait à part sur la muraille qui encadre ; non un titre, mais une signature[20] ». Cette fois encore, c'est Gauguin lui-même qui souligne, et non sans raison puisque le sens des mots soulignés est que le langage parlé ou écrit ne commence que lorsque le tableau est fini : « Émotion d'abord ! compréhension ensuite[21] ».

19. « Parfois, cependant, volontaires — ces répétitions de tons, d'accords monotones, au sens musical de la couleur, n'auraient-elles pas une analogie avec ces mélopées orientales chantées d'une voix aigre, accompagnement des notes vibrantes qui les avoisinent, les enrichissant par opposition ? Beethoven en use fréquemment (j'ai cru le comprendre) dans la sonate pathétique, par exemple. Delacroix avec ses accords répétés de marron et de violets sourds, manteau sombre vous suggérant le drame. Vous allez souvent au Louvre ; pensant à ce que je dis, regardez attentivement Cimabue. Pensez aussi à la part musicale que prendra désormais la couleur dans la peinture moderne. La couleur qui est vibration de même que la musique est à même d'atteindre ce qu'il y a de plus général et partant de plus vague dans la nature : sa force intérieure. ». P. GAUGUIN, lettre citée, pp. 287-288. — La présence du mot « vague » est un renvoi à Delacroix ; la notion de musique de la couleur est, on le verra, une référence à Delacroix plus précise encore.

20. P. GAUGUIN, lettre citée, p. 289.

21. P. GAUGUIN, *A Charles Morice (Tahiti), juillet 1901*, p. 301. — Voir l'importante lettre de février 1898, dans les *Lettres de Paul Gauguin à Georges Daniel de Monfreid*, pp. 201-202. Gauguin y donne une explication allégorique du tableau de Boston, y compris l'idole, le lézard et l'oiseau, puis il pose cette excellente question : Si l'on disait aux étudiants des Beaux-Arts, pour le concours de Rome : le tableau que vous avez à faire doit représenter : « D'où venons-nous ? Que sommes-nous ? Où allons-nous ? », que feraient-ils ? — Il faut distinguer la lisibilité du tableau (déchiffrer ce qu'il représente), la signification allégorique de ce qu'il représente (idées qui pourraient aussi bien être exprimées à l'aide de mots) et le symbolisme du tableau (la forme plastique symbolisant la forme intérieure conçue par le peintre).

Il faut lire toute la lettre à Charles Morice, écrite de Tahiti en juillet 1901, pour sentir combien profondément l'erreur excusable de Fontainas avait affecté Gauguin. Il y allait pour lui du tout de son art et du sens de la peinture même. Il avait cru comprendre que Fontainas lui reprochait une impuissance à signifier son idée, à traduire en formes concrètes le sens de son titre, bref, à s'exprimer en allégories aussi claires que celles de Puvis de Chavannes. Sur quoi Gauguin commence une description des trois parties principales de sa grande composition. Il « explique le tableau », en termes d'ailleurs elliptiques et énigmatiques, pour le bénéfice de Charles Morice, puis il conclut que, justement parce que lui ne procède pas par symboles connus, comme fait Puvis qui intitule un tableau *Pureté* et peint « une jeune vierge avec un lys à la main », il y a un monde entre Puvis et lui. Gauguin, dit-il, « au titre Pureté peindra un paysage aux eaux limpides ; aucune souillure de l'homme civilisé, peut-être un personnage[22] ».

On peut se demander si Gauguin n'est pas à son tour victime de l'illusion qu'il dénonçait avec tant de force chez André Fontainas. Si ce que le tableau représente n'est pas véritablement son sujet, mais seulement l'allégorie du sujet, il est sans aucune importance que cette allégorie soit conventionnelle, usagée et transparente, ou, au contraire, neuve, rare et obscure. En tant qu'elle est langage, l'allégorie ne compte pas. Il n'y a donc pas « un monde » entre ce que fait Puvis et ce que fait Gauguin, du moins dans les œuvres où leur art est vraiment créateur. Il n'y a pas grande différence entre symboliser la pureté par une jeune vierge et la symboliser par une source pure. Les deux opérations relèvent de la signification et du langage ; c'est la même opération dans les deux cas et elle n'est pas essentielle à la peinture. Gauguin avait dit toute la vérité dans sa lettre à André Fontainas : quand le peintre commence de parler, il a fini de peindre. Les mots dont on use pour s'exprimer n'ont guère d'importance. On peut donc soit dire avec

22. P. GAUGUIN, *A Charles Morice*, p. 301. « Puvis explique son idée, oui, mais il ne la peint pas ». Gauguin croyait sincèrement que Puvis partait « d'une idée, *a priori*, abstraite » qu'il cherchait à vivifier par une représentation plastique (*A André Fontainas*, Tahiti, août 1839, p. 293). Dans la même lettre, il rapporte un propos de Puvis de Chavannes s'affligeant qu'un critique se soit plaint de « ne pas comprendre » un tableau aussi simple que *Le pauvre pêcheur*. Gauguin croyait-il vraiment que Puvis était parti, pour peindre sa toile, de l'idée *a priori*, abstraite, de pêcheur-pauvre ? Tant il est difficile, pour un peintre de reconnaître son propre idéal sous le style d'un autre peintre !

Delacroix, que le peintre est à lui-même son propre sujet[23] ; soit encore dire que chaque œuvre a un « double sujet ». L'un, celui du tableau, est la forme même incorporée dans la matière de l'œuvre ; l'autre est ce que le tableau représente et qui peut être lu comme le sujet de n'importe quelle image parce que les éléments en sont empruntés à la réalité ; ou enfin, avec Maurice Denis, on peut dire que chaque tableau est un « symbole », parce que ce qu'il paraît représenter ne fait que suggérer la forme plastique, présente à la pensée du peintre, selon laquelle son art a modelé la matière de l'œuvre[24]. Quelque langage que l'on emploie, le sens reste à peu de chose près le même. Il importe seulement de comprendre que dès qu'elle commence d'être vue comme une image justifiable par le sens de son titre, l'œuvre peinte a cessé d'être vraiment une peinture ; elle a perdu son véritable sujet.

II. Les Formes germinales et les possibles

Antérieure à son incorporation plastique, la forme initiale ne peut être décrite en elle-même ; comme toute autre essence, elle n'est connaissable que par ses effets, c'est-à-dire par l'œuvre qui en résulte. Pourtant, on ne saurait parler de peinture sans examiner cette origine du processus créateur, et la manière dont on en parle n'est pas sans importance. Chaque fois qu'il s'agit de création artistique, et non pas simplement de fabrication en série, le

23. « Oh ! jeune artiste, tu attends un sujet ? Tout est sujet ; le sujet c'est toi-même ; ce sont tes impressions, tes émotions devant la nature. C'est en toi qu'il faut regarder, et non autour de toi. » E. Delacroix, *Œuvres littéraires*, vol. I, p. 76. On se tromperait sur le sens de ce passage, croyons-nous, si l'on y lisait que l'objet du peintre est de se représenter soi-même. Le sujet est le peintre en tant qu'inventeur de la forme dont il fera un tableau.

24. M. Denis a développé cette notion du sujet à propos du problème de l'art religieux. Il voulait un art religieux qui fût un art d'imitation, mais où l'image lisible fût un symbole plastique de la réalité représentée. Par-dessus tout, il voulait que ce symbole agît sur le spectateur en tant qu'œuvre plastique, et non par les images de la réalité religieuse qu'elle représentait : *Théories*, p. 33. Religieusement parlant, il y a quelque chose d'inquiétant dans cette ambition avouée d'exciter les sentiments religieux par l'œuvre plutôt que par son objet.

point de départ de la production est un projet mouvant, moins modèle à reproduire que germe d'un être à concevoir. S'il n'est un simple copiste de soi-même ou des autres, auquel cas nulle activité créatrice n'est en cause, le peintre ne sait pas exactement ce que sera son œuvre ; il ne la connaît qu'après l'avoir terminée. Ce que l'on nomme « mettre la dernière touche à un tableau » signifie, en même temps qu'un certain acte, la fin d'une période d'incertitudes qui, dans l'esprit et la main du peintre, est celle de la gestation de son œuvre.

Le terme dont on usera pour signifier ce mode d'existence de l'œuvre dans la pensée de l'artiste dépend naturellement de la manière dont on conçoit l'art de peindre. Le nom traditionnellement reçu est celui d'idée. Il est d'autant plus satisfaisant qu'on en use d'ordinaire pour distinguer la connaissance de l'œuvre à faire de la simple conception abstraite que forme l'intellect à partir de l'expérience sensible d'objets matériels déjà présents. L'idée est modèle, non copie. A cet égard, la forme germinale est assurément idée, mais si l'on use de ce nom, il faut prendre garde à ne pas concevoir l'idée comme une sorte de concept qui viendrait pour ainsi dire avant la chose au lieu de la suivre. La notion d'Idée vient de Platon, et ni dans sa doctrine ni dans celle des théologiens chrétiens qui la lui ont empruntée, elle ne désigne quoi que ce soit qui ressemble au concept. A vrai dire, cette notion ne se conçoit sans contradiction qu'à propos de Dieu, en qui la forme de toute œuvre future préexiste en effet à l'état de complète détermination. Sa création ne réserve au Créateur aucune surprise ; elle ne suppose aucune période de gestation, parce qu'elle n'est pas un devenir. Dans le *Timée,* où le Démiurge travaille mythiquement à la manière d'un homme[25] la formation du monde comporte de l'avant et de l'après, mais c'est qu'en effet Platon le représente comme un surhomme ou, si l'on veut, comme un dieu, non comme Dieu.

Les mêmes remarques s'appliquent au mot « intuition ». En son sens premier, ce mot signifie « vue ». Les philosophes en usent de préférence pour désigner toute appréhension, perception ou connaissance intellectuelle immédiate d'un objet donné. En ce

25. Le démiurge du *Timée* doit au moins choisir entre les modèles qui s'offrent à lui ; en outre, puisqu'il se propose d'imiter dans le temps des modèles éternels, son imitation ne peut pas être une copie. Le monde créé par le démiurge est une image mouvante de l'immobile éternité ; il faut donc que cette image au moins soit inventée par lui.

sens, le contenu entier de l'esprit est intuition ou peut être objet d'intuition pour l'intellect qui prend conscience de soi et s'appréhende directement. Mais l'intuition présuppose la présence d'un objet déjà donné. Comme disaient les Scolastiques, l'intelligible précède l'intellection. Dans le cas de l'œuvre d'art, la conscience de soi préside assurément à sa conception première et en accompagne entièrement la gestation, mais l'œuvre à faire ne lui est à aucun moment donnée comme une image arrêtée, finie et complète représentant ce que l'œuvre sera une fois achevée. Au moment où « l'idée » du tableau atteint ce degré de précision — si elle l'atteint jamais vraiment avant la dernière touche — l'œuvre est pratiquement faite. Ici encore, l'intuition suit l'objet, elle ne le précède pas.

On pourrait soumettre d'autres termes encore à un examen critique de ce genre. Il est à craindre pourtant que de telles discussions dialectiques soient d'usage petit ou nul, car elles ne portent que sur des mots. L'important est de savoir si l'on conçoit ou non la production d'une peinture comme étant essentiellement un acte de connaissance ? On ne redira jamais assez qu'il est inconcevable sans connaissance intellectuelle. Tout ce que fait le peintre est intelligent et part de son intellect ou passe par lui, mais on oublie trop que l'intellect est l'origine et la cause de toutes les opérations de l'homme, sans en excepter aucune. Comme acte premier de l'être humain, il est littéralement notre vie, c'est-à-dire celle du corps aussi bien que celle de la pensée. On réserve le nom d'intellection aux actes et opérations qui lui sont propres, en ce sens qu'il les produit seul et sans qu'aucun organe corporel soit requis pour leur exercice. En ce sens, peindre n'est pas une intellection ; c'est une opération du composé humain, calculée, conduite et progressivement déterminée par l'intellect, mais dont l'intellection reste celle d'une œuvre à faire aussi longtemps que l'activité productrice de l'artiste n'a pas atteint son terme. C'est seulement ensuite que l'œuvre devient objet de connaissance spéculative, mais alors l'art n'a plus rien à en dire, il est trop tard.

a) *Sur le théorétisme esthétique*

La tendance à concevoir le problème de l'art comme un cas particulier du problème de la connaissance est visible dans la plupart des doctrines philosophiques où les problèmes esthétiques sont pris en considération. Les métaphysiciens n'ignorent pas que la fonction du peintre est de faire des objets. Ouvrier, l'artiste produit des œuvres. Le plus souvent pourtant cet aspect opératoire est tenu par les philosophes pour secondaire. Ce qui est technique est en somme l'affaire de l'artiste lui-même, la spéculation philosophique n'a donc pas à s'en occuper. Il lui suffit de déterminer ce que les philosophes nomment l'*objet* de l'art. Une fois établi ce que l'artiste doit se proposer de faire, la manière de s'y prendre pour le faire ne regarde plus que lui. Ce qui, pour l'artiste lui-même, est le problème central de l'art, l'exécution, se trouve ainsi relégué à l'arrière-plan.

Schopenhauer est un remarquable exemple de cet état d'esprit. Le troisième livre du *Monde comme volonté et représentation* contient une véritable philosophie de l'art en général. Pas plus que les autres philosophes, Schopenhauer ne distingue entre les arts. Comme les autres philosophes, il met à profit la commodité que cette attitude lui offre de choisir chacun de ses exemples dans celui des arts dont la nature favorise la thèse particulière qu'il désire confirmer à chaque moment de l'explication. Que ce qui se vérifie de l'architecture soit moins évidemment vrai de la musique, ou inversement, peu lui importe. Ce qui l'intéresse, c'est l'objet de l'Art en général, et la formule de sa réponse suffit à caractériser son attitude : *Die platonische Idee : das Objekt der Kunst.* Le type même de l'objet de l'Art, c'est l'Idée de Platon.

Autant dire que nous sommes une fois de plus engagés sur la voie de la contemplation. Selon Schopenhauer, il n'y a guère que deux voies possibles, celle d'Aristote, ou celle de Platon, revue par Kant et Schopenhauer lui-même. Le monde est une suite interminable de causes et d'effets, de naissances et de morts, qui sont autant d'œuvres de la Volonté, et dont la science poursuit indéfiniment l'étude en s'appuyant sur le principe de raison suffisante sous toutes ses formes. Aristote et son œuvre symbolisent assez bien cette première voie. La deuxième, que symbolise le nom de Platon, est toute différente. On y entre même par un refus d'entrer dans la première. Il ne s'agit plus alors de poursuivre l'apparence, dont la science détermine les lois, la structure d'ensemble et les relations qui en résultent. Au contraire, laissant de côté ce qui est relation, la connaissance se porte alors directement sur l'essentiel du monde, sur le contenu véritable caché sous les apparences et dont, à cause de sa vérité même, la nature demeure immuablement la même à travers la suite des temps. En un mot, l'objet de ce genre de connaissance est l'Idée. Et qu'est-ce qui connaît ainsi l'Idée ? Qu'est-ce exactement que cette connaissance ? « C'est l'art, qui est l'œuvre du génie. L'art répète les Idées éternelles appréhendées par la contemplation pure, l'essentiel et le permanent de toutes les apparences du monde, et selon la matière dans laquelle il les répète, il est art plastique, poésie ou musique[26] ».

Voilà ce que Schopenhauer a cent fois redit. L'essence même du génie artistique, est une aptitude souveraine à ce genre de contemplation. Le grand artiste commence par se détourner du subjectif, c'est-à-dire de la volonté dirigée vers sa propre personne, pour se tourner entièrement vers l'objectif, l'impersonnel, qui est l'Idée. En ce sens, « la génialité n'est autre chose que l'objectivité la plus parfaite possible. » Le primat grec de la contemplation continue donc de s'affirmer jusque dans cette métaphysique de la Volonté. Non seulement Schopenhauer adopte, pour parler de l'art, le point de vue du spectateur, mais il l'impose à l'artiste lui-même. La fonction du génie est d'abord de voir, puis de répéter (*wiederholen*) ce qu'il a vu. Tous les arts en sont là, même la musique. La génialité est proprement le pouvoir de se libérer de la Volonté pour devenir un « pur sujet connaissant ». Elle consiste à solidifier dans une pensée durable ce qui flotte au gré de l'apparence. L'artiste semble jouir d'une faculté de connaître si puissante, qu'après en avoir dépensé le nécessaire au service de sa volonté individuelle, il lui en reste assez, sujet désormais libre de tout vouloir, pour employer cet excédent à devenir « un miroir limpide de l'essence du monde[27] ».

On chercherait vainement un correctif à ce pur contemplativisme dans l'étude du processus de « répétition ». La technique de l'opération est sans importance philosophique. L'essentiel de l'art est ailleurs. Alors que les hommes du commun arrêtent leur regard à l'individuel, auquel seul la volonté s'intéresse, l'artiste porte le sien sur l'universel, sur l'Idée, et il la rend mieux parce qu'il la voit mieux que nous ne faisons. Il la représente ensuite telle qu'il la voit, pure des imperfections qui l'obscurcissent quand elle s'engage dans les matières individuelles. Schopenhauer est le métaphysicien des peintres qui pensent que l'objet de leur art est de retrouver l'Idée par delà les déformations que la

26. *A. Schopenhauer's sämtliche Werke*, Berlin, s. d., vol. II, p. 182 : *Die Welt als Wille und Vorstellung*, livre III, art. 36.

27. *Op. cit.*, pp. 183-184. Voir la remarque : on reconnait le génie artistique à son regard contemplatif, pp. 185-186.

réalité lui impose. L'artiste permet aux autres hommes de voir le monde comme le voient ses propres yeux. « Qu'il ait de tels yeux, qu'il reconnaisse l'essence de la réalité, ce qu'elle est indépendamment de toute relation concevable, c'est précisément le don du génie, et c'est un don inné ; ce qui est acquis, c'est son aptitude à nous faire participer à ce don, à nous prêter ses yeux, et cette aptitude acquise, c'est ce qu'il y a de technique dans l'art[28] ». Bref, la technique est l'ensemble des procédés qui permettent à une contemplation d'offrir à une autre contemplation une *image* de son propre objet.

Il est surprenant que cette philosophie de la Volonté se soit à ce point désintéressée de l'opération par laquelle l'artiste produit son œuvre. La même surprise, encore renforcée s'il se peut, nous attend dans la philosophie d'Henri Bergson.

Par son inspiration la plus profonde, la plus constante et la plus lucidement consciente d'elle-même, le bergsonisme était comme prédestiné à fournir la philosophie de la création artistique dont une époque telle que la nôtre avait besoin. En fait, il nous l'a donnée, mais il l'a fait en quelque sorte sans le savoir. Bergson a vécu dans un constant émerveillement de ce que lui-même nommait « la création continue d'imprévisible nouveauté qui semble se poursuivre dans l'univers ». Il croyait l'expérimenter à chaque instant[29] comme d'autres sont hantés par la merveille permanente qu'il y ait quelque chose plutôt que rien. Notre vie même était aux yeux de Bergson une sorte d'œuvre d'art dont chaque moment était « une espèce de création[30] ». Partout, en formules, images et comparaisons sans cesse renouvelées, Bergson enseigne que la spontanéité créatrice de formes à l'œuvre dans la nature invite à reconnaître comme un fait la réalisation de l'imprévisible. Nous en repoussons l'idée en tant que nous sommes géomètres et mécaniciens, mais, ajoutait Bergson en une phrase qui le conduisait droit au cœur de ce qu'aurait dû être sa propre esthétique, nous devrions au moins pouvoir accepter cette idée « en tant que nous sommes artistes, car l'art vit de création et implique une croyance latente à la spontanéité de la nature[31] ». En fait, pourtant, Bergson lui-même s'est représenté la création artistique comme localisée dans

28. *Op. cit.*, art. 37, pp. 192-193.

29. H. Bergson, *Le possible et le réel*, dans *La pensée et le mouvant*, Presses universitaires de France, Paris, 22e éd., 1946, p. 99.

30. H. Bergson, *L'évolution créatrice*. Paris, F. Alcan, 44e éd., 1929, p. 7.

31. H. Bergson, *op. cit.*, p. 49.

une partie de l'effort créateur tout autre que l'effort d'invention formelle qui préside à l'exécution.

Deux raisons le sollicitaient en ce sens. D'abord le cadre général d'une doctrine où toute l'invention se rencontre du côté de l'esprit, alors que la matière, simple déchet laissé derrière elle par l'évolution créatrice, est le lieu même du mécanique, de la répétition, bref de ce que Bergson lui-même nommait le *tout fait*, par opposition au *se faisant*. Dans cette perspective, l'exécution artistique apparaît comme le résidu d'un acte créateur qui, en soi, dépasse et transcende l'œuvre qui en résulte. Rien ne peut remplacer ici la lecture des pages de *L'évolution créatrice* où, décrivant la « genèse idéale de la matière », Bergson invoquait l'expérience personnelle sur ce point. Si nous nous replaçons dans l'intuition de la durée et, en quelque sorte, de son élan, « nous comprenons, nous sentons que la réalité est une croissance perpétuelle, une création qui se poursuit sans fin ». Et il ajoutait : « Notre volonté fait déjà ce miracle. Toute œuvre humaine qui renferme une part d'invention, tout acte volontaire qui renferme une part de liberté, tout mouvement d'un organisme qui manifeste de la spontanéité, apporte quelque chose de nouveau dans le monde ». Comment souhaiter un univers mieux fait pour l'art ? Ce serait vrai sans la vue curieusement pessimiste de la matière qui, loin de l'associer à l'effort créateur, tend plutôt à l'y opposer. Dans cette genèse idéale de la matière, en effet, celle-ci se présente comme « un simple arrêt de l'action génératrice de la forme », si bien que les lignes dessinées par l'artiste sont déjà, « elles-mêmes, la fixation et comme la congélation d'un mouvement[32] ». On ne peut s'y tromper ; par rapport à la force créatrice qui l'engendre, l'œuvre d'art est moins un triomphe que l'effet d'un renoncement.

La deuxième raison, purement négative celle-ci et, avouons-le, simplement hypothétique, semble avoir été, chez cet admirable artiste du langage, un manque de familiarité à peu près complet avec la nature des opérations requises pour l'exécution d'une œuvre d'art. Informé par Ravaisson, semble-t-il, et sans doute aussi par l'exemple quotidien d'une artiste, Bergson savait que le coup de crayon d'un dessinateur est une unité incommensurable avec la multitude des fragments et des points que l'analyse peut y discerner, mais loin de constituer à ses yeux la création artistique, l'action

32. H. BERGSON, *op. cit.*, p. 260.

était essentiellement pour lui, comme il vient d'être dit, une interruption de la création, acte simple de l'esprit, dont elle n'est qu'une pause[33]. Une fois engagé dans l'action, donc dans la matière, on entre dans le mécanique et du même coup, selon notre philosophe, dans le technique. Sans aller absolument jusqu'au terme de sa propre position, Bergson paraît avoir pensé que la technique de l'artiste (qui est la substance même de son art) est presque complètement étrangère à la création. L'exécution commence où la création finit. Ayant noté que l'artiste n'a pas besoin d'analyser son pouvoir créateur, mais laisse ce soin au philosophe, et se contente de créer, Bergson ajoutait : « En revanche, il faut que le sculpteur connaisse la technique de son art et sache tout ce qui s'en peut apprendre : cette technique concerne surtout ce que son œuvre aura de commun avec d'autres ; elle est commandée par les exigences de la matière sur laquelle il opère et qui s'impose à lui comme à tous les artistes ; elle intéresse, dans l'art, ce qui est répétition ou fabrication, et non plus la création même[34] ».

Il y a là de quoi rêver. Quand Picasso dresse un guidon sur une selle de bicyclette et propose au regard *Le bucrane*, que répète-t-il ? Cède-t-il aux exigences de la matière, ou tire-t-il de la matière une forme dont nul ne soupçonnait la possibilité ? Mais le point crucial est ailleurs. En fait, il nous ramène à la position que nous avons déjà notée dans la doctrine de Schopenhauer. La fonction propre de l'artiste est de connaître plus profondément que le commun des hommes et d'admettre ceux-ci à partager cette connaissance par le moyen de l'œuvre d'art : « A quoi vise l'art, sinon à nous montrer, dans la nature et dans l'esprit, hors de nous et en nous, des choses qui ne frappaient pas explicitement nos sens et notre conscience[35] ? ». Il peut donc y avoir invention, au sens primitif de trouvaille ; il peut y avoir découverte ; on ne voit pas qu'il soit ici question de création. Un Corot, un Turner agissent comme fait le révélateur d'une image photographique sur la plaque plongée dans le bain où elle se développe. On objectera peut-être que ces peintres n'ont pas seulement vu, avant nous et mieux que nous, mais créé, et que nous prenons plaisir à voir leurs imaginations ? Bergson concède qu'il en est ainsi dans une certaine mesure, mais non pas entièrement. Ce

33. H. Bergson, *La pensée et le mouvant*, p. 103.
34. *Ibid.*
35. *Op. cit.*, p. 149.

n'est particulièrement pas vrai de certaines œuvres, celles précisément des maîtres, dont nous disons qu'elles sont *vraies*[36]. Aucune hésitation sur sa pensée n'est permise : la Vérité du grand art n'est pas création, elle est imitation.

Le primat de la connaissance est aussi net dans l'esthétique de Bergson, disons plutôt, dans sa notion de l'art, qu'il l'était dans celle de Schopenhauer. On a vu ce dernier définir l'art comme une contemplation de la réalité véritable par un esprit libéré des soucis de la Volonté ; on voit à présent Bergson définir l'art comme notre manière de voir la nature lorsque les découpages artificiels et les simplifications que requiert l'action ne s'interposent plus entre elle et nous. Son essai sur *Le Rire* contient à ce sujet quelques pages, admirables comme toujours, mais dont on se demande avec quelque inquiétude si elles-mêmes ne seraient pas un bon exemple de ce mécanique plaqué sur du vivant qui n'est jamais entièrement exempt de comique ?

Être un artiste, selon cette doctrine, c'est voir la réalité d'une certaine manière et, à vrai dire, telle qu'elle est en elle-même, sans les étiquettes que colle sur elle le langage, lui-même un moment de l'action. Il y faut simplement une sorte de « détachement naturel » qui, s'il était complet dans un homme totalement désintéressé de toute action, produirait l'âme d'un artiste tel que le monde n'en a encore jamais vu. Parlant de cette âme incomparable, Bergson assure en toute simplicité qu'en vertu de la seule perfection de son détachement, « elle excellerait dans tous les arts à la fois, ou plutôt elle les fondrait tous en un seul ». Malheureusement, ajoute Bergson, cet artiste idéal qui serait un visionnaire de la réalité dans tous les ordres, n'existe pas. Chaque artiste ne peut s'adonner à l'art que dans l'ordre du sens particulier où, pour lui, la nature « a oublié d'attacher la perception au besoin ». Dans le cas du peintre, c'est la vue, et ce désintéressement de la vue des grands artistes à l'égard des exigences de l'action suffit à notre philosophe pour expliquer l'évolution de la peinture moderne. Comme il aime la couleur et la forme pour elles-mêmes, non pour lui-même, le vrai peintre voit la vie intérieure des choses transparaître à travers leurs apparences visuelles. C'est cette même vie intérieure qu'il nous accoutumera progressivement à voir, quitte à déconcerter d'abord nos regards : « Pour un moment au moins, il nous détachera des préjugés de forme et

36. *Op. cit.*, p. 150.

de couleur qui s'interposaient entre notre œil et la réalité. Et il réalisera ainsi la plus haute ambition de l'art, qui est ici de nous révéler la nature ». Écarter les symboles du langage, les abstractions reçues ou les conventions sociales, tout cela « pour nous mettre face à face avec la réalité même[37] », voilà quelle est la vraie fonction de l'art. Il est le miroir toujours imparfait, mais véridique, de la plus profonde réalité.

Devant cette notion purement spéculaire de l'art, on est saisi d'un étonnement analogue à celui que Bergson lui-même dit avoir un jour éprouvé devant le monde de l'évolution telle que l'avait conçue Herbert Spencer : une évolution où le temps ne jouait effectivement aucun rôle. Ici, la surprise est plus forte encore. C'est dans un univers où tout est mouvement, changement, durée, vie et création, que l'art est présenté comme une simple fonction de connaissance. Ses œuvres n'ajoutent rien à la nature ; bien au contraire, celle-ci les contient toutes virtuellement dans ce qu'elles ont de réalité ; elle en contient même une infinité d'autres, dont il suffirait qu'un œil d'artiste les vît pour les faire exister. Au fond, si l'on percevait la réalité directement, en elle-même et sans référence à l'action, il semble bien « que l'art serait inutile, ou plutôt que nous serions tous artistes, car notre âme vibrerait alors continuellement à l'unisson de la nature[38] ». Pour être de tels artistes, nous n'aurions rien à faire ; sans doute même faudrait-il éviter d'agir ; il faudrait seulement regarder.

C'est donc contre les intentions de Bergson que nous invoquerons ses pénétrantes analyses de l'acte libre pour éclairer la nature de la création artistique. Lui-même ne s'y opposerait sans doute pas. Il ne refuserait pas d'admettre que, dans la mesure si faible soit-elle où l'art est créateur, l'art est libre. Simplement, la notion d'art ne s'associait pas dans sa pensée à celles de production, d'addition au réel ou d'enrichissement du monde. Comme la philosophie, l'art était de l'ordre de la connaissance et, au degré de l'expérience sensible du moins, d'une sorte d'intuition.

37. H. BERGSON, *Le rire*, pp. 115-121.

38. *Op. cit.*, p. 115. — Sur l'esthétique de Bergson : Albert THIBAUDET, *Le bergsonisme*, vol. II, pp. 51-69. André et Jean BRINCOURT, *Les œuvres et les lumières*, ch. II, pp. 37-58. — On trouvera des vues différentes dans S. DRESDEN, *Les idées esthétiques de Bergson*, pp. 55-75. Cette étude renvoie, p. 53, note, à un travail de Raymond BAYER, *L'esthétique de Bergson*, publié dans le numéro spécial de la *Revue philosophique* consacré à Bergson (1942) et réédité sous le titre : *Études bergsoniennes*, pp. 124-190. Nous n'avons pas eu connaissance de ce travail.

Sauf illusion de notre part, l'esthétique de Bergson n'est pas plus bergsonienne que, chez saint Thomas d'Aquin, la notion d'art plastique — si elle y existe — n'est thomiste. Ce n'est pas un scandale. Si vaste soit-il, aucun génie n'a prise sur la totalité du réel. On le constate une fois de plus si l'on tente de transférer à la création artistique les conclusions de notre philosophe touchant l'acte libre. Léon Brunschvicg se plaisait à dire : « Ce qu'il y a de faible, chez Bergson, ce sont ses têtes de turc ». Lui-même pensait sans doute à la notion simplifiée de l'intelligence que Bergson s'était faite pour lui opposer plus vigoureusement l'intuition. Des réserves du même genre peuvent être faites à propos de la notion bergsonienne de finalité. Nous ferons ces réserves, mais non sans en avoir d'abord fait d'autres en faveur cette fois de ce maître inoubliable, de qui l'on tient souvent la vérité même qu'on lui oppose.

Il est vrai que ce philosophe de l'intuition et de la durée n'en fut pas moins un dialecticien tel que les aimait Platon, habile à découper le réel en concepts selon les articulations de ses membres. En tant qu'elle précède l'intuition et la prépare, la philosophie ne peut être que dialectique. En outre, en usant de sa pénétrante intelligence pour fabriquer des concepts abstraits aussi définis que possible, Bergson devait avoir conscience d'en user selon sa nature et dans le sens de sa vocation. Enfin et surtout, même si l'on doit protester contre la simplification excessive subie dans sa doctrine par des notions telles que celles d'intelligence ou de cause finale, Bergson ne saurait être accusé d'avoir en cela fait preuve d'arbitraire. Sa critique peut ne s'appliquer ni à l'intelligence ni à la finalité, elle s'applique certainement à des manières très répandues de concevoir l'une et l'autre. De ce point de vue, il a eu si souvent raison contre ses critiques, qu'il les a parfois convertis, sinon à son propre langage, du moins à ses propres vues. L'intelligence et la finalité dont beaucoup défendent aujourd'hui les droits ne sont plus celles qu'il a critiquées ; dans une certaine mesure, c'est sous la pression de sa critique, si souvent pertinente, que ces notions ont été purifiées, restituées à elles-mêmes, rendues à leur sens vrai[39].

39. Bergson lui-même avait conscience du caractère exemplaire des notions qu'il commençait par définir et par réduire à leur essence nue avanl de les critiquer. Noter, par exemple, ce qu'il dit de l'erreur du mécanisme « radical » et du finalisme « radical » dans *L'évolution créatrice*, p. 47 ; cf. « le finalisme radical est tout près du mécanisme radical sur la plupart des points », *op. cit.*, p. 48.

La conception bergsonienne de la liberté, conçue comme toujours créatrice en quelque mesure, s'insère entre une critique double et parallèle de la finalité et du mécanisme. Il n'y aurait pas lieu de mentionner ici ce dernier, si la finalité elle-même n'apparaissait à Bergson comme une sorte de mécanisme à rebours. C'est en effet ce qu'il est dans la notion simplifiée qu'en ont beaucoup d'esprits. Dans la causalité mécanique, le résultat apparaît à la fin, sous la pression de forces qui se composent sans que rien les ait orientées ; dans le cas de la cause finale, la fin est le résultat lui-même, conçu comme préexistant en quelque sorte aux opérations qui doivent le produire ; dans les deux cas, le processus de génération ou de production exclut toute invention, toute création proprement dite ; à vrai dire, on ne sort pas du déterminisme, on n'accède pas encore à la liberté.

Pour réintroduire dans l'art de peindre le genre de liberté qu'il comporte, et pour relier cette liberté à la spontanéité inventive de la nature, il faut retoucher, à la fois, l'image que Bergson proposait de la création artistique et celle que tant de finalistes se sont faite de la finalité naturelle.

La nature essentiellement spéculaire de l'art, tel que Bergson le concevait, lui interdisait de se contenter d'un pis-aller dont beaucoup se déclareraient satisfaits. Nul ne soutenant que l'œuvre d'art soit l'effet d'une création *ex nihilo*, il suffirait peut-être de dire que faute de créer au sens fort du terme, l'artiste produit du moins des synthèses nouvelles, c'est-à-dire des combinaisons, non données dans la réalité, d'éléments donnés dans la réalité. Mais Bergson refuse cette position, car « là où les éléments préexistent, la synthèse qui s'en fera est virtuellement donnée, n'étant que l'un des arrangements possibles : cet arrangement, une intelligence surhumaine aurait pu l'apercevoir d'avance parmi tous les possibles qui l'entouraient[40] ».

On ne saurait dire plus clairement que l'art est de la nature du calcul. Dans cette vue, la création proprement dite serait impossible au Dieu chrétien en raison de son omniscience même. Semblable au *Nous* de Plotin, ce Dieu contiendrait en soi tous les êtres du seul fait qu'il contient tous les intelligibles. En effet, pour la connaissance, le radicalement nouveau n'est pas simplement l'incalculé, c'est l'incalculable ; non le simple imprévu, mais l'absolument imprévisible. Exactement, c'est ce qui est imprévisible au Créa-

40. H. Bergson, *L'évolution créatrice*, p. 31, note 1.

teur lui-même. C'est bien pourquoi, dans le bergsonisme authentique, l'évolution créatrice n'est pas l'œuvre d'un Dieu qui crée, elle est l'élan créateur même ; l'être et la connaissance apparaissent ensemble dans le sillage de la création.

Dans les quelques indications laissées par Bergson sur ce qu'aurait pu être son esthétique, cette notion si particulière de la force créatrice entraînait pour la doctrine des difficultés qu'il n'y a pas lieu de relever ici. En introduisant dans l'élan créateur même la « contingence radicale dans le progrès » et l'« incommensurabilité entre ce qui précède et ce qui suit », Bergson soumettait la continuité de la durée pure à un morcelage autrement profond que celui que, selon lui, les vues superficielles de l'intellect imposent à la durée. Celles-ci ne sont que d'apparence, celle-là serait réelle. Pour s'en tenir au point de vue l'art, il faut bien dire que la pensée de Bergson semble indifférente à tout un ordre de problèmes qui sont ceux-là mêmes avec lesquels l'artiste est aux prises, parce qu'il se meut dans un ordre où l'on ne peut savoir ce qui est possible avant de l'avoir effectivement réalisé.

Le peintre n'est pas un dieu embrassant éternellement dans son regard l'infinité des tableaux possibles. Pour l'être, il ne lui suffirait même pas de voir ; il lui faudrait regarder, c'est-à-dire choisir du regard, parmi toutes les combinaisons possibles de couleurs et de formes, celles qui, informant des matières appropriées, sont de nature à plaire aux regards d'un être doué d'intelligence tel que l'homme. On sort ici de l'ordre du vrai pour entrer dans celui du bien. En admettant qu'on réduisît la notion de création artistique à la notion de synthèse, il faudrait donc déjà reconnaître qu'elle exigerait de l'artiste un acte de choix, d'attention vitale dont lui seul et ses pareils sont capables, bref, sinon une création proprement dite, du moins une invention. Si on l'admet, il importe peu que, pour un Dieu tel que celui du christianisme, l'objet de la découverte n'ait rien de neuf. Au sens analogique où l'on peut parler de création lorsque le créateur en question est un homme, il suffit aussi que, pour lui, la vue spontanément choisie par son regard le soit à titre de préférable et de meilleure pour que, par rapport à l'ordre de la vérité seule, le choix en soit imprévu et pratiquement imprévisible. La découverte progressive, par les hommes que nous nommons peintres, d'un petit nombre de synthèses choisies comme des biens et pour leur bonté même, échappe déjà par elle-même à la prévisibilité spéculative dont il est ici question.

Ce n'est pas tout. Un peintre n'est pas seulement un voyant ou un imaginatif ; il est encore un artisan, un ouvrier. Faute d'avoir observé d'assez près le travail des artistes qui créaient autour de lui, Bergson s'est représenté les « synthèses » conçues par eux comme autant de bleus d'architecte qu'il suffirait au peintre de copier pour obtenir son œuvre. C'était oublier ce qu'un philosophe ou un écrivain peut tenir pour une donnée secondaire du problème, mais à quoi le peintre attache toujours une importance primordiale : l'exécution. En effet, c'est dans et par l'exécution seule que le tableau accède à l'existence réelle. Si la force créatrice de l'artiste ne propulse pas l'exécution elle-même, le résultat est une œuvre sans vie. On n'obtient alors rien de plus qu'un autre tableau du genre dit académique, la copie d'une image que l'exécution ne révèle en rien à elle-même. La *vraie* exécution, disait Delacroix, est celle qui « ajoute à la pensée[41] ». En peinture, toute matérielle qu'elle puisse d'abord paraître, l'exécution relève de l'ordre de l'esprit comme la conception même[42] ; en fait, l'exécution aussi est conception et création.

C'est ici qu'apparaît l'insuffisance — en partie consciente et voulue — de la notion de finalité justement critiquée par Bergson, mais qu'il n'a voulue si pauvre que pour en triompher plus sûrement. Le tableau n'existe qu'au terme de l'exécution, et puisque l'effort de création est coextensif à l'exécution, le peintre ne saurait partir de l'image de ce qu'il sera une fois teminé. On ne saurait mieux décrire la création artistique qu'en empruntant à Bergson lui-même l'admirable analyse où il fait voir comment, tout au long de la délibération qui constitue la maturation de la décision libre, des échanges ne cessent de se nouer entre son projet et les moyens de sa réalisation possible. Dans la genèse du tableau, c'est son idée même qui se crée à mesure que l'œuvre s'exécute. La vraie finalité est la vitalité même de ce germe dont nous comparons ailleurs[43] le développement à celui d'une nature. Ceux qui réduisent l'espèce naturelle à sa quiddité la placent à la fois au début et au terme de la génération. En un sens, ils ont raison, car l'individu s'oriente dès sa conception vers le type de l'espèce ; mais en un autre sens, ils s'illusionnent s'ils confondent l'espèce

41. *Le Journal de Eugène Delacroix*, 25 janvier 1857 ; vol. III, p. 44.
42. *Loc. cit.*, III, pp. 53-54. Comme nous l'avons déjà fait observer, la vraie date de ce passage capital, écrit en vue de l'article *Exécution* du dictionnaire projété, parait être : 15 décembre 1857.
43. Voir plus loin, pp. 203.

avec le contenu de sa définition. En tant qu'elle existe, l'espèce est la forme vivante même en voie d'atteindre le terme de la génération. Atteindre ce terme, c'est pour elle, indivisément, être et être ce qu'elle est. L'artiste diffère de la nature en ce que les œuvres de son génie ne sont pas des individus inclus dans une espèce, mais il a ceci de commun avec elle qu'il engendre comme elle des formes vivantes dont aucune n'est complètement prévisible[44]. Afin de pouvoir se connaître elle-même, chacune d'elles doit d'abord s'incorporer à la matière, c'est-à-dire, elle aussi, être et être ce qu'elle est.

b) *Embryogénie du tableau*

Il n'a pas été nécessaire d'attendre Aristote pour savoir que, laissées à elles-mêmes, des Idées ne produiraient rien ; où il y a production, il doit y avoir cause réelle, et le mythe du Démiurge n'a pas d'autre sens. Il ne suit pas de là que l'art implique nécessairement l'exercice actuel de la volonté. Un artiste oisif n'est pas une rareté. La proposition est vraie d'une vérité littérale, sans aucune ironie. Dans tous les arts, la peinture entre autres, on connaît des exemples d'artistes qui cessent de produire, pendant des temps plus ou moins longs et pour des raisons qu'il n'est pas toujours facile de discerner. Elles échappent parfois à l'artiste lui-même, à tel point qu'ayant terminé une œuvre importante, il se demande parfois s'il aura le désir, le courage ou la force de s'imposer à nouveau pareil effort.

D'une manière générale certains peintres produisent beaucoup, d'autres peu, et ceux qui font preuve de la puissance de travail la plus grande ne sont pas nécessairement les meilleurs artistes : Horace Vernet le sentait en lui-même, le craignait et en avouait sa crainte[45] ; mais d'autres, qui furent

44. La spécificité de l'ordre du bien et de l'art par rapport à celui du vrai et de la science se reconnaît au rôle important, et bienfaisant à sa manière, que peut jouer parfois l'accident au cours même de l'exécution. Voir sur ce point H. FOCILLON, « Éloge de la main », dans *Vie des formes*. Bien entendu, l'artiste ne permet jamais à l'accident de diriger son travail, mais il sait l'accueillir et l'utiliser ; bref, il ne laisse rien au hasard. Voir BAUDELAIRE, *Salon de* 1846, dans *Œuvres*, p. 621.

45. Voir les déclarations d'Horace Vernet dans A. LHOTE, *De la palette à l'écritoire*, p. 152. Il est vrai qu'André Lhote (p. 151) y voit un « monument d'impertinence », et non sans raison ; mais il y a une manière de revenir sur les succès officiels pour se consoler de n'être que peu de chose, et de le savoir : « J'ai joué mon rôle. Il faut songer à fermer boutique. Je sais ce qui manque à mes ouvrages quant à l'idée et quant à l'exécution. Que voulez-

d'excellents artistes comme El Greco, ont énormément produit alors que certains, du génie le plus rare, n'ont laissé qu'un petit nombre d'œuvres. On a même fait observer que, s'il n'avait eu tant d'intérêts divers, il serait permis de se demander à quoi Léonard de Vinci a bien pu employer son temps[46] ? Quelle qu'en soit la cause, et qu'il leur faille du temps pour permettre le mûrissement de leurs idées, ou même pour des raisons psycho-physiologiques étrangères à l'art, certains peintres possèdent tous les moyens requis pour l'exercice de leur art, sauf la volonté de les employer.

Bien que lui-même ne soit pas l'art, le désir de l'acquérir et de l'exercer est nécessairement présent à son origine. Ce désir a son siège moins dans l'esprit de l'artiste que dans l'homme, et particulièrement dans la main. Certains éprouvent un irrésistible besoin de tracer des lignes et des figures, parfois même de couvrir des surfaces blanches de griffonnages apparemment sans suite tandis que leur attention est engagée autre part. L'existence de ce besoin ne prouve pas la présence des autres dons qui sont requis pour faire un peintre[47], mais s'il ne sent parfois dans la main le désir de prendre un crayon, un fusain ou une craie pour tracer des lignes et des figures, il y a peu de chances qu'un homme acquière jamais l'art de peindre ou sente le besoin de l'exercer.

Des remarques aussi élémentaires ont pour elles que leur évidence même expose un philosophe à les oublier. On peut spéculer

vous ? Il faut m'avaler comme je suis ; je ne suis qu'un robinet, mais il a bien coulé, et quiconque après moi s'avisera de l'ouvrir n'en verra sortir rien de bon. » Le jugement est juste et, somme toute, pas tellement indulgent. — Comme exemple de jugement porté sur l'œuvre d'un peintre par un esprit purement littéraire, et d'ailleurs suprêmement intelligent, voir Sainte-Beuve, « Horace Vernet », quatre articles (!) de 1863, dans *Nouveaux Lundis*, vol. V, pp. 42-149. Ne pas manquer, pp. 148-149, le couplet patriotique de la fin.

46. « Une douzaine de tableaux est tout ce que l'on peut attribuer à Léonard avec quelque degré de certitude, ou même de probabilité, et le témoignage des documents contemporains, avec quelque crédulité qu'on l'interprète, ne fait que doubler ou tripler ce nombre. Comment il occupait son temps serait une énigme sans l'existence de la vaste collection de ses dessins et particulièrement de ses carnets de notes. » Préface d'Edward MacCurdy à sa traduction anglaise des *Notebooks of Leonardo da Vinci*, Jonathan Cape, London, 1938, vol. I, pp. 15-16. Trad. fr. p. 18.

47. Pendant les séances de l'Assemblée des professeurs, Paul Valéry employait à couvrir de dessins les feuilles blanches mises à sa disposition par l'administration du Collège de France. On lui doit mainte remarque pénétrante sur l'art de peindre, et il s'y est d'ailleurs essayé. Était-il en son pouvoir de devenir un peintre, s'il l'eût voulu ? On ne saurait le dire. Il ne semble pas l'avoir cru, mais cela même ne prouve rien.

à l'infini sur le sens et les motifs de l'art d'Altamira ou de Lascaux (arts d'ailleurs si profondément différents dans leur plastique même) il faudra toujours admettre que ce sens et ces motifs se sont finalement exprimés par la main d'hommes couvrant de figures gravées au trait et peintes en rouge ou en noir sur les parois ou les voûtes de cavernes où leurs œuvres se voient encore. On peut tout expliquer d'une peinture par des raisons sociologiques, anthropologiques ou, comme l'on dit aujourd'hui, culturelles, sauf ce par quoi elle est une peinture. Les perceptions créatrices ou les hallucinations d'après nature ne servent de rien si, au moment où il les éprouve, et sans doute même avant de les éprouver, le peintre ne sent dans la main un obscur besoin de les traduire sous forme plastique. Nous simplifions d'ailleurs à dessein une situation beaucoup plus complexe, car tenir un crayon n'est pas tout. Le vrai peintre éprouve le besoin de presser des tubes, de mêler des pâtes, de les étaler sur une toile avec une brosse ou le couteau à palette[48]. Cette partie de la psychanalyse de la terre n'a pas encore été écrite ; ceux qui tenteront de le faire ne consulteront pas sans fruit ce que les peintres ont écrit à ce sujet.

Pourquoi tant de mains humaines ne peuvent-elles laisser une feuille blanche sans la couvrir de signes ? Si nous le savions, bien des secrets du monde nous seraient expliqués. En fait, nous en sommes réduits à nous aider de celui-ci, qui est observable dans l'homme même, pour comprendre des faits analogues qui se produisent hors de nous. C'est un adage aristotélicien que « la nature a horreur du vide » ; on s'en est beaucoup amusé depuis Descartes et l'idée semble aujourd'hui naïve ; pourtant dans son *Salon de 1846*, Baudelaire écrivait : « la peinture de Delacroix est comme la nature, elle a horreur du vide » ; et il disait vrai, non seulement de Delacroix, mais de toute peinture et de tout art en général. Le peintre a horreur du vide, parce qu'il est homme, que l'homme fait partie de la nature et que la nature a horreur du vide. Qu'il s'agisse de l'homme ou de tout autre être capable d'opérer — disons donc, de toute nature — c'est pour lui une seule et même chose d'être et de tendre à déployer hors de soi

48. En un moment où Delacroix souffrait de ne pouvoir se décider pour aucun sujet, il savait pourtant ce qu'il avait envie de faire : « Certes, si je prenais la palette en ce moment, et j'en meurs de besoin, le beau Velasquez me travaillerait. Je voudrais étaler sur une toile brune ou rouge de la bonne grasse couleur et épaisse. » *Le Journal de Eugène Delacroix*, 11 avril 1824 ; vol. I, p. 74.

son actualité en produisant des actes ou des objets qui lui ressemblent. On ne remontera pas au-delà de cette affirmation spontanée de soi-même qu'est l'acte d'être, ni du besoin, coessentiel à cet acte, de s'affirmer aussi pleinement qu'il en est capable. Partout où il y a vide, il y a place pour de l'être possible, qui n'existe pas, mais pourrait exister. Universellement parlant, un possible est toujours la possibilité d'un être qui manque encore et dont l'actualisation accroîtrait la valeur du monde si on le faisait exister.

Le cas du poète est tout semblable[49] mais nous n'avons pas à l'examiner ici. Du moins ne peut-on douter que le peintre né ne puisse se trouver devant une surface vide sans éprouver un obscur désir de la couvrir de formes. Ce sentiment a été exprimé avec force par Piet Mondrian, qui l'associait d'ailleurs, peut-être avec raison, à cet autre plus profond encore qu'est l'horreur de l'homme pour la solitude, dans laquelle, nul échange n'étant pour lui possible, aucun développement de sa personnalité ne lui est permis. L'impression que produit l'espace vide est intolérable. Un homme seul dans le désert ou sur l'océan les peuple spontanément d'images et d'impressions subjectives. Même des espaces limités et de forme définie peuvent nous déprimer s'ils sont trop grands. A quoi Mondrian ajoute que les choses et les êtres nous effraient quand leur détermination spatiale est incomplète. Bref, conclut-il, « l'action de l'art plastique ne consiste pas à exprimer l'espace, mais à le déterminer complètement[50] ».

L'espace vide s'offre donc au peintre comme l'absence d'un être qu'il a, pour ainsi dire, vocation de produire, afin de ne pas laisser passer une occasion d'accroître le réel sans la mettre à profit. Ceux qui pensent qu'en couvrant un papier de dessins l'artiste laisse sa main suivre un modèle intérieur, ou une règle que son

49. Voir les remarquables paroles prêtées par Eugène Fromentin à son héros dans *Dominique;* citées dans *L'École des Muses*, Paris, J. Vrin, p. 226. Dans le même sens, Charles MORGAN, *Sparkenbroke*, London, Macmillan, 1950, p. 274 : « Opposant l'impatience de Pier en tout le reste au calme dont il faisait preuve quand il s'agissait de son art, Georges dit, une main sur le manuscrit : « Est-ce ceci que vous préférez à tout le reste dans la vie ? Qu'en attendez-vous, la gloire ? ». — « De le faire », dit Pier. — « Mais pourquoi ? Il doit y avoir quelque chose de plus ? » — « S'il y a plus, cela échappe à mes prises. »

50. Piet MONDRIAN, *A New Realism*, dans *Plastic Art and Pure Plastic Art (*1947*) and Other Essays (1941-1943)*. The Documents of Modern Art. New York, Wittenborn, Schultz, 1945 ; 3 éd. 1951, p. 17. Nous nous excusons de citer cette traduction d'un original français que nous n'avons pu nous procurer.

esprit considère, n'ont assurément pas tort, mais ils simplifient beaucoup l'opération. Ils expliquent ce que la main dessine, non pourquoi elle dessine. Plaçons donc en premier lieu le sentiment, confus mais intense, qu'il ne faut pas laisser le néant prévaloir quand on peut en réduire l'aire. C'est seulement à partir de là que commence l'échange continuel entre l'œil du peintre et sa main, où la main ne donne pas moins que l'œil, et dont le résultat est l'œuvre même. Le peintre, dont l'imagination est habitée par les rudiments de formes encore incomplètement déterminées, est un homme dont la main ne s'arrêtera plus qu'elle ne les ait fait être en réalité ce qu'elles aspirent obscurément à devenir. Pour s'assurer de ce qu'elles sont, il faut que le peintre les voie ; la fonction propre de la main est de les faire exister.

Le peintre n'est pas sans le savoir et c'est ce qui confère sa nuance propre au sentiment qu'il a d'être vraiment et totalement l'auteur de ses œuvres. Peu d'artistes ont le temps de poursuivre des réflexions proprement philosophiques sur la nature de leur art ; certains l'ont fait pourtant, et il est remarquable que leur réponse aille dans le sens de l'idéalisme. Mme de Staël a fait comprendre à Eugène Delacroix cette remarquable affinité entre l'idéalisme allemand et l'expérience de l'artiste. Sa violente aversion pour le réalisme en peinture le prédisposait à se réclamer, prudemment mais avec une sympathie visible, du peu qu'il semble avoir connu de Kant, pour situer le principe de l'art dans l'esprit plutôt que dans la réalité donnée. C'est même à cette occasion qu'il a repris à son compte un principe dont lui-même n'a sans doute pas aperçu la portée révolutionnaire : la séparation radicale des beaux-arts et de l'imitation[51].

Ces notions se rencontrent chez lui souvent mêlées à une autre dont la confusion contribue pour sa part à celle de l'ensemble : la

51. Delacroix semble avoir connu Kant par Mme de Staël : « Les Allemands ne considèrent point, ainsi qu'on le fait d'ordinaire, l'imitation de la nature comme le principal objet de l'art ; c'est la beauté idéale qui leur paraît le principe de tous les chefs-d'œuvre, et leur théorie est, à cet égard, tout à fait d'accord avec leur philosophie. L'impression qu'on reçoit par les beaux-arts n'a pas le moindre rapport avec le plaisir que fait éprouver une imitation quelconque. L'homme a dans son âme des sentiments innés, que les objets réels ne satisferont jamais, et c'est à ces sentiments que l'imagination du peintre sait donner une forme et une vie. Le premier des arts, la musique, qu'imite-t-il ? » E. Delacroix, *Œuvres littéraires*, vol. I, pp. 65-67. Tout ce passage, qu'on lit aujourd'hui comme du Delacroix, devrait être entre guillemets. C'est une citation du livre de Mme de Staël, *De l'Allemagne*, III, 9, p. 451.

notion de vérité. Si l'on considère l'imitation comme la fin de l'art, la notion de vérité artistique est simple. La peinture devient alors une forme du langage et, pour un tableau, être vrai consiste à représenter la réalité telle qu'elle est. De ce point de vue, il ne peut pas y avoir connaissance vraie de l'œuvre future dans l'esprit de l'artiste, parce que, nous l'avons dit, l'œuvre n'existant pas encore, il ne saurait la concevoir telle qu'elle est. Pour emprunter un exemple à la poésie, la vérité que vise le poète n'est pas la conformité de sa connaissance à un poème qui n'existe pas encore. Ce n'est pas non plus la conformité du poème à un modèle déjà complet dans sa pensée. Le poème lui-même est la vérité du schème confus et mouvant dont le poète est parti en commençant de l'écrire, ce qui n'était au début qu'une image dans sa pensée, s'est fait vérité dans la réalité de l'œuvre. Être vrai, ici, c'est être réel. On connaît la parole célèbre de Keats : « L'imagination est comparable au songe d'Adam — à son réveil, il le trouva vrai[52] ». Ève est la vérité du rêve d'Adam. Ève, c'est-à-dire, non pas l'image d'une réalité, mais une image faite réalité.

On constaterait aisément la présence d'expériences semblables chez des musiciens, par exemple Richard Wagner[53], mais il importe surtout de noter qu'elles ne sont pas non plus étrangères aux peintres. Elles se compliquent d'ailleurs chez eux d'un nombre considérable de problèmes techniques, tels ceux qui concernent la manière dont il convient d'user du modèle, ou celui, plus épineux encore, de la nature du portrait. A lui seul, ce dernier sujet couvrirait toute l'histoire de la peinture. Disons seulement que, sauf erreur de notre part, on constaterait un remarquable accord des peintres touchant le bon usage du modèle. Il faut avoir des modèles et les étudier avec soin, en procédant à autant d'études d'ensemble ou de détail que l'on voudra, pourvu que cette étude précède l'exécution de l'œuvre ; pendant l'exécution, il est mauvais d'avoir le modèle sous les yeux[54]. En effet, si l'on peut parler d'un modèle

52. John KEATS, *Letters*, éd. M. B. Forman, 4e éd. G. Cumberledge, Oxford University Press, New York, 1952 ; à Benjamin Bailey, 22 novembre 1817, p. 41. — Sur le rêve d'Adam, MILTON, *Paradise Lost*, VIII, 460-490. Voir les pénétrantes remarques de Lionel TRILLING, *The Opposing Self, Nine Essays in Criticism*, The Viking Press, New York, 1955.

53. É. GILSON, *L'école des muses*, p. 135.

54. Ce sentiment, assez ancien, se trouve exprimé par Diderot dans son *Essai sur la peinture*, ch. I : contre l'abus de l'étude de l'écorché (DIDEROT, *Œuvres*, éd. A. Billy, La Pléiade, Paris 1946), p. 1145 ; — contre les années passées à dessiner d'après le modèle, p. 1146 ; — « J'ai connu un jeune homme

de l'œuvre, il est dans l'esprit du peintre ; l'œuvre en est la vérité.

Les artistes l'ont d'autant mieux compris, qu'ils ont plus consciemment refusé de réduire leur art à l'imitation. Dans son *Journal*, en date du 6 juin 1851, Delacroix écrivait : « Je trouve en moi, à mesure que j'avance dans la vie, que la *vérité* est ce qu'il y a de plus beau et de plus rare » ; mais c'est au même passage qu'il se demande, non sans trembler en écrivant « ce blasphême propre à faire dresser les cheveux de tous les hommes d'école », si l'on ne reconnaîtra pas un jour que « Rembrandt est un beaucoup plus grand peintre que Raphaël ». En effet, l'élévation qu'a Raphaël dans les lignes et les figures, Rembrandt l'a peut-être « dans la mystérieuse conception du sujet, dans la profonde naïveté des expressions et des gestes[55] ». C'est que la vérité d'une toile de Rembrandt est dans sa relation à la conception dont elle est née, non aux figures et draperies qu'elle représente. Comme Delacroix l'écrivait de lui-même à une autre date : « Qui le croirait ? Ce qu'il y a de plus réel pour moi, ce sont les illusions que je crée avec ma peinture. Le reste est un sable mouvant[56] ». Ainsi, en matière de création artistique, la règle de la vérité n'est pas au dehors, mais au-dedans : « Le vrai dans les arts est relatif à la personne seule qui écrit, peint, compose dans quelque genre que ce soit[57] ». Toutes ces notions sont tellement connexes qu'elles s'échappent et glissent les unes dans les autres : la vérité de

plein de goût qui, avant de jeter le moindre trait sur sa toile, se mettait à genoux et disait : Mon Dieu, délivrez-moi du modèle », p. 1146 ; cf. p. 1147, sur les musées. — Delacroix n'avait pas besoin de Diderot pour apprendre cette vérité, mais il était d'accord avec lui sur ce point. Delacroix a lu l'*Essai sur la peinture;* il en a même conseillé la lecture à Louis DE PLANET, *Souvenirs de travaux de peinture...*, p. 39 ; il y a de « bonnes choses à y trouver ». Delacroix lui-même écrit : il n'y a « que ceux qui savent faire de l'effet en se passant du modèle, qui puissent véritablement en tirer parti, quand ils le consultent » *Journal*, 12 octobre 1853 ; vol. II, p. 86 ; sur le rapport à l'intériorité de la vérité dans l'art : « Il est donc beaucoup plus important pour l'artiste de se rapprocher de l'idéal qu'il porte en lui, et qui lui est particulier », que de rendre, même avec force, l'idéal passager que peut présenter la nature. C'est l'imagination de l'artiste « qui fait le beau » (p.87) ; « l'art du peintre vraiment idéaliste est aussi différent de celui du froid copiste que la déclamation de Phèdre est éloignée de la lettre d'une grisette à son amant. » (p. 88). — Cf. « Quelque génie que vous ayez, si vous peignez non d'après la nature déjà copiée par vous, mais directement d'après le modèle, vous serez toujours esclave et votre tableau sentira la servitude. » INGRES, *Essais sur l'art*, La jeune Parque, Paris, 1947, p. 15.

55. *Le Journal de Eugène Delacroix*, vol. I, pp. 439-440.

56. *Op. cit.*, 27 février 1824, p. 53.

57. E. DELACROIX, *Correspondance...*, A Madame Cavé, vendredi 8 juin 1855 ; vol. III, p. 265.

l'œuvre est dans son rapport à l'esprit ; elle n'est pas dans la fidélité au modèle ; elle est plutôt dans le projet que l'artiste abstrait de la nature, et c'est justement parce que, dès le début, l'art est abstraction, que l'œuvre d'art est invention[58].

Plutôt que de se représenter la forme première de l'œuvre comme une Idée, il convient d'y voir un analogue mental de la forme aristotélicienne. Celle-ci n'est pas objet de représentation, mais d'expérience. Parce qu'elle est consciente d'elle-même, tout au moins dans son existence, son opération et son évolution, elle se prend parfois pour une connaissance, mais sa vraie nature est plutôt celle d'une de ces formes naturelles qui sont le principe actif de la génération et son terme. On objectera sans doute que c'est là revenir à une philosophie périmée, mais un des reproches principaux adressés à la doctrine d'Aristote est sa manière anthropomorphique de se représenter la nature. En effet, les âmes y sont des sortes de formes et les formes y sont des sortes d'âmes. Or cette philosophie de la nature fournit un langage excellent à la philosophie de l'art, précisément parce qu'Aristote a conçu la nature comme une sorte d'art. L'art humain permet d'observer celui de la nature sur le vif, dans le seul cas connu où il ait conscience de soi.

Il est vrai qu'Aristote lui-même, et plus encore ses commentateurs, ont extrêmement simplifié la notion de forme naturelle. Leur manière de concevoir les espèces les y invitait. Chacune de celles-ci s'offrait à eux comme une essence exprimable par une définition. Quand l'intellect a formé une définition, il s'empresse de la substituer à la réalité. Les espèces d'Aristote ont donc été conçues comme des quiddités, et l'objet du devenir, dont le terme est la génération d'un individu, comme l'information d'une matière selon le type défini d'une certaine espèce. Il n'y a pas trace d'invention dans le monde d'Aristote ; les seules innovations que présentent les individus, par rapport au type spécifique, y sont dues à des malfaçons accidentelles causées par la matière. Ce sont des êtres manqués ou, comme on dit vulgairement, des ratés.

58. « Un conseil, ne peignez pas trop d'après nature. L'art est une abstraction ; tirez-là de la nature en rêvant devant et pensez plus à la création qui en résultera, c'est le seul moyen de monter vers Dieu en faisant comme notre Divin Maître, créer ». *Lettres de Gauguin à sa femme et à ses amis*, A Émile Schuffenecker, (Pont-Aven) 14 août 1888, p. 134. Il est superflu de noter quel lien profond unit ici les deux notions de peinture et d'abstraction. On observera aussi le point de départ, inattendu chez Gauguin, offert par l'artiste à une spiritualité de l'art.

Il est impossible d'en rester à cette vue simpliste de la nature, car l'univers de la science n'a jamais été moins aristotélicien qu'il ne l'est aujourd'hui. Le monde physique lui-même a désormais une histoire, à plus forte raison celui des êtres vivants, et comme il n'y a pas d'histoire sans changement, sans nouveauté, l'univers de la science moderne s'offre à l'esprit comme le point d'aboutissement d'un effort d'invention dont l'énergie, immanente à la matière et la travaillant sans cesse du dedans, ressemble à celle que l'artiste déploie dans la production de ses œuvres[59].

Les Stoïciens, Plotin, saint Augustin et ses disciples du moyen âge, ont donné le nom de *raisons séminales* aux formes, latentes dans la matière, qui se développaient au cours du temps, selon le type de leur espèce, jusqu'à l'apparition d'individus pleinement

59. Ceci n'est qu'une évidence de sens commun. La même vue inspirait déjà la thèse de Gabriel Séailles, *Essai sur le génie dans l'art*, Paris, F. Alcan, 5 éd. 1923. La dédicace de la thèse à Félix Ravaisson crée une atmosphère aristotélicienne. L'essentiel de la position est défini dans l'Introduction, p. VIII : « la pensée continue la vie, elle tend à s'assimiler, à organiser tout ce qui pénètre en elle ; on peut la définir aussi justement que la vie du corps « une création ». Il est dommage que la notion de génie, déjà si vague quand il s'agit de l'art seul, ait été choisie comme cheville ouvrière d'une synthèse aussi vaste en son objet. Séailles a profondément aimé l'art, particulièrement la peinture. Lié d'étroite amitié avec Eugène Carrière, il a vécu la réalité de l'art dans sa vie familiale même. La présence de cette expérience est perceptible au ch. V, *De la conception dans l'art* (spécialement II et III, pp. 160-182) mais elle y est comme noyée dans l'aisance de développements qui se déploient à la surface de tous les arts en général : poésie, musique, peinture. Notons surtout, non comme un blâme mais comme un fait, que l'art restait pour Séailles un langage (« la langue de l'exécution », p. 196) ; selon lui, « l'exécution est contenue dans la conception » (p. 199) ; voir le ch. VII en entier, où les pages excellentes sont d'ailleurs nombreuses, particulièrement pp. 234-236, sur la sensation comme résultat d'un « calcul instantané ; le plaisir est comme la solution d'un problème spontanément résolu ». Chacun traverse à sa manière la forêt des problèmes posés par l'art ; chemin faisant, il lui arrive souvent de rencontrer d'autres voyageurs qui, venant d'autre part et allant ailleurs, passent par le même endroit que lui. Il y a d'ailleurs, dans la conclusion de ce livre, un reflet de la générosité et de la bonté de l'homme, qui étaient sans limites. — H. Bergson a pris en considération l'esthétique de Séailles, dans *L'évolution créatrice*, p. 31, note 1. Il la ramène, pour l'essentiel, à faire de l'œuvre d'art une synthèse d'éléments préexistants ; or « là où les éléments préexistent, la synthèse qui s'en fera est virtuellement donnée », n'étant qu'un des arrangements possibles et discernables d'avance, pour une intelligence surhumaine, « parmi tous les possibles qui l'entouraient ». Mais, précisément, l'homme n'est pas une intelligence surhumaine. D'ailleurs, la possibilité de l'œuvre d'art est une possibilité d'existence à produire et dont la formule intelligible ne se découvre que dans sa production même. Ce n'est pas une possibilité abstraite, objet de pure spéculation. En fait, Séailles pensait, lui aussi, que « dans le domaine de la vie, les éléments n'ont pas d'existence réelle et séparée ». Bergson était moins loin de Séailles qu'il ne semble l'avoir pensé.

constitués. Dans le même sens, l'auteur d'*Art et scolastique* a dit de la conception première de l'œuvre d'art, qu'elle est « comme un germe spirituel ou une *raison séminale* de l'œuvre » ; et il l'a rapprochée très judicieusement du « schéma dynamique » de Bergson. On peut reprendre l'expression, légèrement modifiée, et nommer *forme germinale* le schème initial conçu par l'esprit de l'artiste au contact de l'expérience sensible et origine d'opérations dont le terme est une œuvre d'art. Cette fois, pourtant, il ne s'agit plus de produire des individus dont les différences tiendraient à ce qui leur manque pour reproduire intégralement le type de l'espèce. Beaucoup de ces formes avortent ; il n'en résulte aucune œuvre. D'autres seront des cas de développement interrompu ; l'œuvre correspondante ne sera jamais achevée. Certaines, au contraire, maintenues fermement par la volonté sous le regard intérieur de l'artiste, finissent par atteindre leur complet développement. Une nouvelle œuvre est née. Il n'y a jamais eu deux tableaux, peints par le même artiste, dont l'histoire ait été la même. Dans certains cas, l'esprit semble laisser la main courir librement pendant quelque temps ; d'autres fois, les échanges entre la main et l'esprit deviennent si animés qu'on dirait une contestation et presque une bataille ; parfois encore, après n'avoir fait rien d'autre à un tableau que d'y penser pendant plus ou moins longtemps, on verra l'artiste finir l'œuvre en quelques jours, parfois même en quelques heures. Ce qui n'arrive jamais, c'est que l'œuvre finie résulte de la forme germinale suivant un cours entièrement prévisible. Pourtant, s'il ne suit une telle forme en produisant son œuvre, le peintre est certain d'aboutir à un échec.

Le premier moment de l'opération est celui où la forme germinale se met en quête d'un corps. Platon et Plotin se sont souvent demandé pourquoi, au lieu de continuer éternellement à vivre dans la contemplation bienheureuse du monde intelligible, les âmes humaines semblent avoir été irrésistiblement tentées de s'incarner. Quelle peut avoir été la cause d'une telle initiative ? Fut-ce le vertige d'une chute ? Ou la générosité de l'amour a-t-elle entraîné la forme vers une matière susceptible d'intelligibilité, d'ordre et d'être ? Plotin lui-même semble avoir hésité sur la réponse. Quelle qu'elle soit, des faits analogues, observables et dont la réalité n'est pas douteuse, invitent à poser le problème. Le langage est une expérience aussi évidente que commune à cet égard. Pourquoi les conceptions de la pensée s'incorporent-elles dans la matérialité des mots, des phrases, des arguments et des discours parlés par écrits ? Et d'abord, pourquoi est-il écrit que « le Verbe s'est fait chair » (Jean, I, 14) sinon parce qu'il voulait se manifester en habitant parmi nous ? La forme germinale présente à l'esprit du peintre manifeste, à un plan infiniment plus modeste, une tendance analogue à s'incorporer dans une matière. La volonté aime en elle, dès le début, l'être possible dont elle est la semence et par rapport auquel seulement elle-même à un sens. Prise dans sa réalité concrète, la forme germinale est celle d'un objet dont l'existence est désirable. C'est donc seulement par une abstraction qu'on peut la concevoir d'abord en elle-même, ensuite dans son effort pour se donner un corps. Ainsi que l'a parfaitement dit Focillon, le problème est de comprendre « non seulement comment la forme est, en quelque sorte, incarnée, mais qu'elle est toujours incarnation[60] ».

En dépit de différences inévitables entre individus, la germination et le développement de l'œuvre procèdent en général de manière analogue à la méthode empirique des approximations successives. L'invasion soudaine d'une matière par un rudiment de forme, est ordinairement suivie d'un effort prolongé d'adaptation réciproque, qui est l'exécution même. Plusieurs incorporations différentes d'une forme sont parfois possibles, mais l'artiste n'en peut réaliser qu'une seule à la fois. Son choix peut être alors dicté, ou conseillé par la dimension, le format, la texture et la teinte même du papier ou de la toile aont l'artiste dispose. On connaît des cas où la matière seule cause l'excitation initiale d'où naîtra l'œuvre[61].

60. H. Focillon, *Vie des formes*, p. 52. C'est pourquoi ce processus prend du temps et, tout conscient qu'il est de son propre développement, ressemble pourtant à une croissance biologique. « La création c'est, si l'on peut dire, un automatisme « à terme », ce choix patient de la sensibilité entre les signes offerts, ce lent travail d'approche vers un schéma subconscient préexistant : « tu ne me chercherais pas si tu ne m'avais déjà trouvé ». Une toile qui se fait, nous avons le sentiment de la reconnaître peu à peu, mais sans jamais savoir à l'avance quel sera exactement son vrai visage ». Jean Bazaine, *Notes sur la peinture d'aujourd'hui*. Aux Éditions du Seuil, Paris, 2 éd. 1953, pp. 27-28. Cf., p. 29 : « Tant vaut le peintre, et tant vaut la force et la qualité de ces incarnations successives. Chez les meilleurs il en est de celles-ci comme de la réincarnation bouddhique, où l'être grandit et s'épure à chaque nouvelle vie qui lui est offerte ». Voir plus bas, note 71, un autre témoignage du même peintre.

61. « A présent, je commence rarement un tableau à partir d'hallucinations comme je faisais dans les années vingt, ou, comme plus tard, vers 1933, à partir de formes suggérées par des collages. Ce qui m'intéresse davantage aujourd'hui sont les matériaux avec lesquels je travaille. Ils me procurent souvent le choc qui suggère mes formes, à peu près comme les fissures du mur suggéraient la forme à Léonard. Je commence une toile

Parfois, enfin l'imagination du peintre est partagée entre le désir de travailler dans un certain format et celui de faire une œuvre qui s'y adapte mal. Il doit alors chercher un compromis et des esquisses nombreuses sont essayées, mais même à s'en tenir aux cas normaux, et en apparence simples, il faut du temps pour qu'une forme germinale conduise à bonne fin l'une de ses incarnations possibles[62].

En un premier sens, on nomme possible tout ce qui n'est pas intrinsèquement impossible, c'est-à-dire tout objet dont la notion n'est pas contradictoire. Ce premier sens lui-même n'est pas simple. Certains nomment impossible ce qui leur paraît contradictoire du point de vue des quelques essences qu'ils connaissent, non pas même en elles-mêmes, mais à en juger d'après leurs opérations. Par exemple, selon Aristote, une substance intellectuelle séparée et une forme matérielle sont deux essences possibles, mais une substance intellectuelle qui serait en même temps la forme d'un corps serait une essence contradictoire et impossible ; c'est pourtant ce qu'est l'âme humaine selon saint Thomas d'Aquin.

Supposons néanmoins que, connaissant certaines essences en elles-mêmes, nous fussions capables de dire quelles sont possibles et quelles impossibles, il resterait à distinguer, de ce premier genre de possibilité, un deuxième qui relève d'un ordre tout différent, celui de l'existence. Ce qui, abstraitement parlant, n'est pas impossible, n'a pourtant pas la moindre chance d'exister aussi longtemps qu'aucune cause réelle n'est là pour lui conférer l'existence. Une

sans avoir idée de ce qu'elle peut finalement devenir. Je la mets de côté quand le feu du commencement s'est calmé. Je peux ne pas la regarder pendant des mois. Alors je la sors et je la travaille froidement comme un artisan, guidé strictement par les règles de composition après que le premier choc de suggestion s'est refroidi. Les formes prennent réalité pour moi à mesure que je travaille. Autrement dit, au lieu de me mettre à peindre quelque chose, je commence de peindre et, à mesure que je peins, la peinture commence de s'affirmer, elle se suggère elle-même sous le pinceau. La forme devient le signe d'une femme ou d'un oiseau pendant que je travaille. De simples traces accidentelles laissées par le pinceau en le nettoyant, un défaut dans la toile, une tache sur le panneau peuvent suggérer le commencement d'une peinture. La deuxième étape, cependant, est soigneusement calculée. La première est libre, inconsciente, mais ensuite le tableau est entièrement contrôlé, d'accord avec ce besoin de travail discipliné que j'ai éprouvé dès le commencement ». Juan Miro, dans James Johnson SWEENEY, art. *Miro*, dans *Art News Annual* 23 (1954) 187.

62. Voir, dans l'article cité (note précédente) la suite d'images d'une même œuvre de Miro, pp. 77-78. — Dans le même article, voir, p. 70, un curieux exemple de forme germinale qui commence par s'exprimer en même temps à l'aide de mots et à l'aide de lignes.

illusion philosophique répandue, et d'ailleurs fort nuisible, consiste à confondre l'ordre des non-impossibilités essentielles avec celui des possibilités existentielles. Ce sont deux ordres différents. Tant que l'on s'en tient à la simple non-impossibilité de l'essence, tout ce qui n'est pas de soi contradictoire est, non seulement possible, mais même compossible. Au contraire, dès qu'on pénètre dans l'ordre de l'existence actuelle, les incompossibilités se multiplient. La forme germinale d'un tableau s'offre d'abord comme une possibilité partiellement indéterminée d'un nombre plus ou moins grand d'œuvres différentes. Aucune de ces œuvres n'est de soi contradictoire avec la forme initiale dont elle est une des matérialisations possibles ; l'artiste peut les garder toutes présentes à l'esprit, pourvu qu'il n'entreprenne d'en réaliser aucune. Dès que l'exécution commence, il lui faut au contraire procéder à une série de déterminations dont chacune, à mesure qu'elle précise davantage la structure d'un existant réel, exclut progressivement de l'existence les autres possibles. Beaucoup des malentendus qui opposent les artistes aux critiques, aux historiens, ou simplement aux amateurs d'art viennent de la confusion qui règne trop souvent sur ce point. Les artistes ont à faire des choses ; ils sont donc aux prises avec des possibilités existentielles. Les amateurs d'art, les historiens et les critiques se contentent de voir les tableaux, de penser et de parler à leur sujet. La seule chose qu'ils fassent, eux aussi, est d'écrire ce qu'ils pensent, et cela non plus ne va pas sans art, mais il s'agit alors d'un art du langage, dont les problèmes diffèrent de celui que pose l'art de faire des tableaux. Le spectateur pense et parle de toutes sortes de tableaux abstraitement possibles ; s'il consentait à prendre à son tour la palette et la brosse, il comprendrait vite que, de tant de possibles, on ne peut faire exister qu'un seul à la fois.

Le point de vue du spectateur est si étranger à celui du peintre, sauf lorsque le peintre adopte le point de vue du spectateur, qu'il ne soupçonne même pas une différence. Le visiteur d'un grand musée moderne passe en deux ou trois heures devant des œuvres d'époques et d'écoles très différentes. Rien ne lui semble plus naturel ; les musées sont faits précisément pour rendre une telle expérience possible. Mais au lieu que le spectateur accueille d'un cœur égal toutes les manières de peindre, pourvu qu'elles soient bonnes, le peintre éprouve parfois une pointe de regret. Ce panneau, cette toile qu'il admire au musée, représente une réussite à laquelle lui-même ne saurait prétendre, parce que chaque technique particulière permet à l'artiste d'obtenir certains résultats qu'on ne peut obtenir d'aucune autre. Delacroix ne s'intéressait guère à ceux que nous nommons aujourd'hui les primitifs. Un jour pourtant, revisitant le musée de Rouen, il fut touché par la grâce. Le peintre regardait probablement l'admirable Gérard David qui s'y trouve encore. Devant cet art si différent du sien, Delacroix semble avoir éprouvé le regret que ce genre de beauté aussi ne fût pas son œuvre[63] ; mais il ne pouvait pratiquer sa propre manière de peindre et obtenir des résultats qui exigent une manière différente. L'existence, l'individuation et la différence étant nécessairement liées, elles présupposent un choix.

Il serait vain de dresser une liste des options qui s'offrent au peintre ; le nombre en est indéterminé et c'est l'art même qui les crée puisque l'exécution de l'œuvre consiste à les lever. Afin de ne pas rester entièrement dans le vague, nous en décrirons pourtant une ou deux, choisies pour leur généralité même et parce qu'il y a eu des peintres pour en attester l'existence.

Une option première qui s'impose d'elle-même au peintre, et qui se fait d'ordinaire en lui sans qu'il en ait d'abord conscience, est entre les deux éléments principaux de l'art de peindre, le dessin et la couleur. On a vu Giorgio Vasari définir le tableau, fort simplement, un dessin avec des couleurs autour. Cette dualité élémentaire affecte tout ce que l'on peut dire de cet art et elle introduit une tension difficile à soulager, impossible à supprimer. On se débarrasse verbalement du problème en disant que les grands maîtres en ont tous trouvé la solution, mais il est inscrit dans la nature des choses. Le dessin est un art complet en soi. Il a ses matières, ses outils, ses possibilités plastiques et ses fins propres. Il a d'ailleurs ses maîtres, qui peuvent être en même temps grands peintres, mais qui ne le sont point nécessairement. De toute manière, il y a une différence d'espèce entre le dessin qui finit en tableau et celui que l'artiste commence et finit comme un dessin. Un portrait à la mine de plomb par Ingres est tout autre chose qu'un tableau que l'on n'aurait pas encore colorié. Ingres lui-même avait fait son choix, mais il ne contestait pas

63. « J'ai remarqué pour la première fois deux ou trois tableaux de Lucas de Leyde, ou dans son genre, qui m'ont charmé. Grande délicatesse dans l'expression des détails qui rendent le tempérament, la finesse de la peau et des cheveux, la grâce des mains, etc. La peinture traitée largement ne peut donner ce genre d'impression. » *Le Journal de Eugène Delacroix*, 3 octobre 1849 ; vol. I, p. 311.

qu'un choix fût nécessaire[64]. Delacroix dessinait lui aussi ; il ne restait même jamais longtemps sans le faire, mais le souci de la couleur dominait dans son art celui de la figuration linéaire. Beaucoup de peintres ont pensé que le seul dessin qui convienne vraiment à leur art est le dessin au pinceau, sinon au couteau à palette. Chaque peintre est libre de faire son choix et même d'en changer. Le fait est qu'on ne peut pas donner tout à la couleur et tout au dessin ; le dosage des deux éléments n'est même pas affaire de calcul, car c'est la nature et la qualité de ce qu'est un dessin de peintre, non sa quantité ou proportion à la couleur, qui est en cause. L'inévitabilité du choix et la nature de ses termes sont seuls ici en question. La formule germinale ne se développera pas librement dans les deux sens à la fois.

Une deuxième option s'impose, dans l'ordre de la couleur même, entre le ton local et le modelé des volumes. La nécessité de choisir n'exclut pas les compromis ; au contraire, elle les impose. Il est d'ailleurs souvent difficile de savoir si ce que l'on voit aujourd'hui sur certains tableaux répond aux intentions de leurs auteurs. On reproche à d'anciens maîtres d'avoir exagéré l'importance du modelé par rapport à la couleur, mais c'est peut-être que le contraste des valeurs, qui détermine le modelé, tend naturellement à s'exagérer avec le temps, alors que les couleurs se noient progressivement dans les fonds et disparaissent. Le problème est pourtant réel et son existence est facile à constater. On peut se donner le plaisir d'étaler sur une surface blanche deux ou trois beaux tons à peu près purs avec, çà et là, de pseudo-noirs pour les faire chanter, mais si l'on veut en même temps modeler, il faut renoncer à la pureté des tons et rompre les surfaces. Aucun artiste ne pourrait peindre à la fois comme

64. « L'expression, partie essentielle de l'art, est donc intimement liée à la forme. La perfection du coloris y est si peu requise que les peintres d'expression excellents n'ont pas eu, comme coloristes, la même supériorité. Les en blâmer, c'est ne pas connaître assez les arts. On ne peut demander au même homme des qualités contradictoires. D'ailleurs la promptitude d'exécution dont la couleur a besoin pour conserver tout son prestige ne s'accorde pas avec l'étude profonde qu'exige la grande pureté des formes ». *Ingres raconté par lui-même*, pp. 61-62. Noter les mots, « qualités contradictoires ». Voir les réflexions de Baudelaire sur la couleur, dans *Le Salon de 1846*, III, particulièrement la fin du chapitre, où il demande si le même homme peut être à la fois un grand dessinateur et un grand coloriste. — Le dialogue Ingres-Delacroix est bien connu ; c'est un dialogue de sourds. — Voir les excellentes pages d'A. Lhote, *Prestige du dessin*, dans *La peinture*, pp. 305-308.

Léonard et comme Gauguin. Il ne s'agit pas ici de critique d'art, ni d'un jugement à porter sur des styles, mais de deux éléments de son art entre lesquels le peintre doit nécessairement chercher un équilibre. A moins que comme Gauguin, il ne se jette tout entier d'un seul côté[65], ce qui est reconnaître la réalité de l'obstacle plutôt que le franchir.

A ces limitations générales, il faut en ajouter d'autres, innombrables, qui sont accidentelles et particulières. Toutes les spécifications attachées à certaines commandes sont de ce nombre. Le sujet en est une. Quel peintre refuse une commande parce que le sujet lui déplaît ? Le fait est rare ; pourtant, quand Delacroix accepta de peindre *La théologie*, *La philosophie* et même *La législation* — fût-ce pour décorer la Chambre des Députés — on peut douter que ces noms aient instantanément fait jaillir de son imagination des semences douées d'une intense vitalité. Il lui fallait chercher quelque chose d'au moins conciliable avec le sens de ces mots. Beaucoup plus importantes, d'ailleurs, sont les déterminations objectives de l'œuvre. Ses dimensions, la forme de la surface à peindre, son éclairage (en face d'une fenêtre, entre deux fenêtres, etc.), son emplacement et sa fonction décorative (plafond, coupole, etc.), toutes ces conditions, et d'autres encore, doivent être prises en considération par l'artiste. Il n'est pas rare que ceux qui leur confient une tâche n'aient aucune idée des problèmes que

65. « Qui aime particulièrement la couleur ne pense qu'en tons *chauds* et *froids*, à tendance complémentaire, et ne voit pas les contrastes de valeurs... A vrai dire, ces deux mondes de la couleur et du clair-obscur ne sont pas absolument étrangers l'un à l'autre, mais le peintre qui s'installe dans l'un ne devra faire dans l'autre que les incursions les plus courtes ; la pureté de son œuvre dépendra de sa fidélité à la discipline que sa sensibilité aura choisie ». A. LHOTE, *La peinture*, p. 306, et toute la p. 307, sur « les héros de la peinture » (Tintoretto, Rembrandt, Rubens, Gréco, Cézanne), les « courageux équilibristes qui tentent — leur sensibilité ayant opté soit pour la valeur, soit pour la couleur — d'introduire dans leurs œuvres le maximum permis de l'élément contraire ». Ce problème est intimement lié à celui, en apparence tout différent, du trompe-l'œil, que nous retrouverons plus loin. — Une autre antinomie, *sujet et toile*, « ou écriture et architecture, contenu et contenant, détail et ensemble » (D.-H. KAHNWEILER, *Juan Gris...*, p. 152) sera considérée sous une autre forme, celle d'*image et peinture* au chapitre suivant. Sur l'antinomie *ton local-volume* dont nous venons de parler, voir D. H. KAHNWEILER, *op. cit.*, p. 153. — « Mais méfiez-vous du *modelé*. Le vitrail simple attirant l'œil par ses divisions de couleurs et de formes, voilà encore ce qu'il y a de mieux. En quelque sorte la musique ». *Lettres de Gauguin à sa femme*, A Daniel de Monfreid, Tahiti, août 1892, p. 232.

l'artiste devra résoudre pour la mener à bien[66] ; mais le peintre n'en saurait ignorer l'existence et c'est à travers ces obstacles que devra circuler sa liberté.

L'idéal d'un acte créateur entièrement libre ne représente donc qu'une notion limite. Il n'est pas vain de la définir en soi, puisque c'est à partir de là seulement qu'on pourra interpréter les cas concrets, mais l'histoire de la forme germinale, entre sa conception première et l'achèvement de l'œuvre, doit prendre en considération les conditions restrictives qui influent sur sa croissance. La volonté du peintre lui-même ne cesse d'intervenir pour orienter cette liberté. Chaque décision nouvelle de l'esprit et de la main réduit le champ des possibilités futures, et ceci est d'autant plus important que les premières décisions de la main sont parfois des surprises pour le peintre lui-même. De même qu'un écrivain n'écrit pas toujours les livres qu'il se propose d'écrire, ou qu'ayant entrepris un livre dans l'intention de dire une certaine chose, il arrive au terme de l'œuvre sans avoir trouvé l'occasion de l'exprimer, de même aussi, les peintres sont parfois surpris de ce que le tableau devient sous leur propre main. C'est que le véritable possible est celui dont les causes sont réelles et présentes, déjà à l'œuvre pour le produire et qui jouit par là-même d'un commencement de réalité.

La même distinction explique la fréquence du découragement que tant d'artistes éprouvent après avoir terminé une œuvre. D'abord, entre la fin d'un effort et le commencement d'un autre, ils éprouvent la fatigue et l'ennui d'un travailleur sans emploi. Surtout, ils ne reconnaissent pas dans le tableau fini celui qu'ils s'étaient proposé de peindre. L'œuvre était si belle, si émouvante, si radieuse et pleine de vie tant qu'elle était encore un possible abstrait et indéterminé dans les limbes de l'imagination créatrice ! A présent que l'œuvre est faite, il ne reste de tous ces espoirs

66. Un excellent exemple est la lettre de Poussin, citée par Félibien, où le peintre justifie sa manière de concevoir la décoration d'une galerie. On reprochait à la décoration d'être trop modeste. Poussin répondit qu'il avait eu plusieurs raisons de ne pas la concevoir plus riche : 1° le petit nombre d'ouvriers parisiens capables d'y travailler ; 2° le temps qu'il aurait fallu pour finir le travail ; 3° les frais qu'il aurait fallu faire, alors qu'il ne s'agit que de décorer un passage, et encore un passage dont on laissera sans doute se détériorer la décoration, « la négligence et le trop peu d'amour que ceux de notre nation ont pour les belles choses étant si grande, qu'à peine sont-elles faites qu'on n'en tient plus de compte, mais au contraire on prend souvent plaisir à les détruire » ; dans A. Lhote, *De la palette à l'écritoire*, p. 45.

qu'une chose inerte, sans avenir et dont les possibilités se réduisent à ce qu'elle est.

C'est qu'à l'origine de chaque tableau un nombre illimité de possibles abstraits et purement spéculatifs étaient donnés à la fois. Puisque nul d'entre eux n'avait commencé d'accéder à l'existence, ils ne se gênaient pas les uns les autres. Ce que l'artiste prenait alors pour le germe d'une œuvre à venir, restait gros d'autres œuvres également possibles. Sa substance s'accroissait alors de celle de tous. Tant que l'œuvre n'est pas finie, elle est encore, outre ce qu'elle est en effet déjà, tout ce dont il n'est pas absolument certain qu'elle ne le deviendra jamais. Le travail une fois achevé, l'illusion n'est plus possible ; le tableau est contraint par son existence même d'avouer ce qu'il est.

Le déplaisir fréquent du peintre envers l'œuvre finie peut malheureusement être justifié, mais puisqu'il l'éprouve souvent sans raison objective, le mieux à faire est de le tenir, en principe, pour une réaction subjective qui ne signifie rien quant à la valeur réelle de l'œuvre. Il y a souvent à cela une compensation. Plus d'un peintre a éprouvé la plaisante surprise, en revoyant après un certain temps une toile dont il n'était pas satisfait, de la trouver beaucoup meilleure qu'il ne s'en souvenait. C'est un signe assuré que, la forme germinale ayant cessé de vivre dans son esprit, il juge désormais l'œuvre en elle-même. Simple spectateur, et la voyant désormais telle qu'elle est, le peintre ne perçoit plus ce qui lui manquera toujours pour unir en soi la richesse illimitée des purs possibles et la singularité de l'existant.

c) *Vie et mort des formes*

La forme germinale veut un certain temps pour atteindre le terme de son évolution. Il peut être si court que le travail entier semble se développer à l'intérieur du choc initial dont il est né. Le plus souvent, une durée plus ou moins longue est nécessaire pour que la forme se construise le corps dont elle a besoin pour subsister. Certains tableaux, où l'on ne discerne aucune trace d'incertitude, ont attendu des années avant d'être terminés. *La Source* d'Ingres qui se présente aujourd'hui comme une œuvre plutôt conventionnelle de style néo-classique, est longtemps restée dans l'atelier du peintre à l'état d'un nu qui n'avait pas encore trouvé sa tête[67].

La nécessité de prendre du temps pour mener une œuvre à bonne fin n'est liée à aucun genre particulier de style. Il y a des manières de peindre dont le fini et le détail rendent l'exécution particulièrement minutieuse et longue, mais ce n'est pas de ce genre de délai qu'il est ici question. La durée dont nous parlons est celle dont le peintre a besoin pour en définir parfaitement l'idée à mesure même qu'il l'exécute. S'il faut en croire Ambroise Vollard, Cézanne aurait interrompu son portrait après cent quinze séances de pose, en disant : « Je ne suis pas mécontent du devant de la chemise[68] ». On sait du moins sans doute possible par quelles angoisses Ingres dut passer tandis qu'il cherchait, à travers maintes séances de pose, des esquisses et des essais sans nombre, son portrait d'Émile Bertin. En voyant l'œuvre au Louvre, on serait plutôt tenté de dire que, pour une peinture, elle donne un peu trop l'impression d'une photographie. On sait pourtant qu'après de nombreuses séances, Ingres dut prier son modèle de les interrompre faute d'avoir obtenu un résultat satisfaisant. « Il pleurait », dit Bertin à Amaury-Duval, « et je passais mon temps à le consoler ». Plus tard, alors que Bertin causait avec un ami, Ingres le vit « dans la pose du portrait ». Il lui demanda de reprendre les séances et le portrait fut achevé en moins d'un mois[69].

Quelle qu'en soit la durée, ce processus de maturation obéit à ce que l'on nomme parfois une sorte de nécessité, mais qui est bien plutôt une fidélité de la forme à elle-même et à l'œuvre qu'elle engendre. Non dénuée de souplesse, puisqu'elle est la règle d'un mouvement qui cherche son terme, la forme germinale ne saurait s'en écarter beaucoup sans cesser de vivre. Il y a un point au-delà duquel elle ne peut varier sans perdre son efficace. Le travail du peintre est une liberté, non parce qu'il est sans loi, mais parce qu'il consiste à prendre progressivement conscience de la loi qu'il est

67. Ingres a toujours trouvé difficile de résoudre ce genre de problèmes : « Jamais la tête et le cou ne s'enfilent : ils forment toujours deux lignes discontinues » *Ingres raconté par lui-même*, p. 65. De là, probablement, le goître dont certains de ses nus sont affligés. Il s'agissait de faire tenir la tête dans le prolongement du cou.

68. A. VOLLARD, *En écoutant Cézanne...*, pp. 63-64. — « Il avait besoin de temps pour *pousser* (ital. dans le texte) et il le trouvait devant des crânes, devant des fruits verts ou des feuilles de papier ». E. BERNARD, *Souvenirs sur Paul Cézanne*, pp. 90-91.

69. AMAURY-DUVAL, *L'atelier d'Ingres*, pp. 97-98.

et de la fin vers laquelle il se dirige. Le peintre ne voit pas distinctement cette fin, mais une sorte d'instinct l'avertit lorsqu'il s'en écarte et l'invite à rechercher le sentier perdu.

Parce qu'ils sont complètement hors du jeu auquel ils assistent, les spectateurs éprouvent quelque surprise. En repensant aux orageuses séances de pose pour le portrait d'Émile Bertin, Mme Ingres disait à Amaury-Duval : « Il faut toujours qu'il recommence ; moi, je trouvais ça très beau[70] ». En effet, Mme Ingres voyait ce que le peintre avait fait, mais elle n'avait aucune idée de ce qu'il se proposait de faire. Le spectateur n'entend pas, il n'aura jamais entendu l'appel que perçoit confusément l'artiste et sur lequel il s'efforce de régler sa course. Dès que le peintre lui-même cesse de l'entendre, il se trompe de chemin. Les ateliers sont encombrés de tableaux inachevés, voies sans issue où s'est fourvoyé l'artiste. Ce sont des essais que le peintre n'a pu faire aboutir, soit que la perception créatrice manquât de la substance nécessaire pour nourrir l'œuvre, soit simplement que l'artiste ait perdu contact avec elle. La plupart du temps, si nous connaissions l'histoire détaillée de certaines œuvres qui semblent avoir surgi du néant au premier appel du génie, nous entendrions un récit d'hésitations, d'incertitudes, de marches et contre-marches qui, vues du dehors, sont dénuées de sens. Vues du dedans, au contraire, elles s'expliquent fort bien. L'une des principales difficultés auxquelles le peintre se heurte, est la nécessité d'exclure les autres possibilités dont son imagination est riche et de leur interdire l'entrée de la seule d'entre elles qu'il ait choisi de réaliser. Malheureusement, lui-même ne sait pas toujours distinctement ce qui appartient à l'œuvre et ce qui lui est étranger. Le peintre s'engage donc souvent sur de fausses voies. Ce sont des voies, mais qui, suivies jusqu'au bout, conduiraient à d'autres œuvres. Dès qu'il en reçoit l'avertissement, l'artiste doit s'arrêter, revenir sur ses pas et effacer jusqu'à ce qu'il rejoigne le point précis où l'exécution s'est engagée sur une fausse piste. S'assurer de ce point et en repartir comme si rien de ce que l'on a fait depuis ne comptait, bref, réintégrer le tableau dans la ligne de sa forme germinale, c'est la seule manière de sauver une œuvre qui, autrement, ne sera jamais achevée[71].

70. *Op. cit.*, p. 97. — Le *Saint Symphorien* de la cathédrale d'Autun fut commandé en 1824. Il fut entièrement refait à plusieurs reprises (BAUDELAIRE, *Le salon de 1846*, IV, Eugène Delacroix, p. 622) et terminé en 1834. Voir WILDENSTEIN, *Ingres*, p. 206, planches 131 et 132.

71. J. Hersch a fort bien dit que l'effort de l'artiste est liberté parce que l'artiste invente, mais qu'en un autre sens cet effort est nécessité parce

La manière la plus facile de comprendre cette expérience du peintre est de la comparer à celle, beaucoup plus commune, de l'écrivain. Qu'il s'agisse de poésie, de prose, et non point même nécessairement d'une œuvre d'art mais simplement d'une composition littéraire quelconque, le problème se pose souvent pour l'écrivain de savoir où il a perdu sa route. Ce qui l'en avertit n'est pas nécessairement le manque de matière, ce peut tout aussi bien être une sorte d'inquiétante aisance à filer des développements sur quoi ne pèse plus aucune contrainte. Les bords sont à présent si lointains qu'on n'est plus certain de se trouver sur aucune route. Il est facile de continuer, mais vain, car il faudra défaire tout ce que l'on a fait à partir du point où l'on est sorti de la forme. Si l'on ne retrouve pas exactement ce point, et ce n'est pas toujours facile, l'œuvre n'existera jamais.

De grands écrivains ont admirablement décrit cette expérience[72] mais il n'est pas nécessaire d'être soi-même un artiste pour comprendre le sens d'expressions aussi familières que « perdre le fil de son discours ». ou « perdre son sujet de vue ». La différence est que, dans la création d'une œuvre plastique, aucun calcul logique ne permet d'établir le point où l'exécution a commencé de dévier. Le peintre doit se remettre dans le courant qui, né de la forme

que, s'il sort de sa voie, il n'inventera rien. « Parfois il [l'artiste] perd cette voie unique, il perd contact avec l'être, il ne sent plus la contrainte formelle, et aussitôt sa liberté se vide, se confond avec le néant : il ne crée plus, il change seulement le donné, il modifie la disposition de matériaux friables. Il lui faut retrouver la seule chose possible pour que *cette* forme soit. C'est l'unité de cette forme qui le possède, c'est elle qu'il retient de toutes ses forces, c'est d'elle que coule vers lui l'extraordinaire liberté sans choix. Parce que c'est *un*, il le fait ; et parce que c'est un, *c'est.* » *L'être et la forme*, p. 206. On ne saurait dire plus vrai, ni mieux ; et voici le témoignage d'un peintre : « Le hasard lui-même, qui, bien souvent, met en branle, provoque la découverte, n'a plus sa place, quoi qu'il y paraisse, dans le déroulement de l'invention artistique. Rien de moins fantaisiste que les étapes de cette progression .Elles ne sont que le plus ou moins de fidélité, le plus en plus de fidélité à une nécessité. Cette obscure intuition qui dirige le jeu, nous sentons bien qu'elle nous engrène dans une mécanique implacable, et qu'elle nous mène rigoureusement, tâtonnant dans une nuit où l'intelligence ne nous est plus d'aucun secours, vers le plus particulier, vers le plus universel de nous-mêmes ». J. BAZAINE, *Notes sur la peinture moderne*, p. 27.

72. Charles MORGAN, *Sparkenbroke*, livre II, ch. 21, éd. cit., pp. 272-273, et livre IV, ch. 4, p. 350. — Cf. *Journal de Eugène Delacroix*, 23 avril 1854 ; vol. II, pp. 168-169 : « Repris la *Clorinde*, et je crois l'avoir amenée à un effet entièrement différent qui me ramène à ma première idée, qui m'avait échappé peu à peu. Il arrive malheureusement très souvent que l'exécution ou des difficultés ou des considérations tout à fait secondaires font dévier l'intention ».

initiale, lui permettra de continuer un chemin qui soit le même chemin, d'ajouter à l'œuvre commencée quelque chose de nouveau, mais qui la fasse être plus complètement encore la même œuvre. Bref, il faut que l'artiste reparte du point où l'œuvre a cessé de devenir ce qu'elle était.

Il n'est pas facile de savoir si l'on a perdu contact avec la forme ou si c'est la forme elle-même qui a épuisé sa vertu. Une forme peut n'avoir pas la vitalité requise pour conduire l'œuvre à son terme, mais il se peut aussi que l'artiste en ait mal utilisé les ressources. Le danger principal tient à ce caractère assez curieux de la forme qu'elle semble généralement s'épuiser dans un effort unique d'invention. Ceci n'est pas absolument vrai, mais il est bien rare qu'une réplique ait la vigueur et le montant de l'original. Tout se passe comme si la forme n'était vraiment créatrice d'être qu'une seule fois. Lorsqu'elle s'est trouvée elle-même, désormais à peu près certaine de ce qu'elle est, elle ne refera plus ce travail de découverte de soi-même et d'incarnation dans sa matière, en quoi consiste la création artistique même. On comprend par là que beaucoup de peintres estiment dangereux de pousser trop loin des esquisses trop grandes. Ils redoutent avec raison cette dépense prématurée de forces[73]. En effet, il n'y a pas de peinture vraiment créatrice si l'effort d'invention n'y est pas un avec l'effort d'exécution. Quand l'esquisse est poussée trop loin, le tableau sera sans vie parce qu'en le peignant l'artiste ne fera plus qu'une copie, donc une *image* de son propre tableau.

Lorsque la forme s'épuise avant la fin de l'œuvre ou, ce qui revient au même, si l'artiste ne parvient pas à en préserver l'efficace, deux décisions sont possibles. Le vrai peintre tourne la toile contre le mur et la laisse inachevée ; l'artiste moins exigeant, ou simplement dont on exige qu'il finisse l'œuvre et exécute la commande, n'aura d'autre ressource que de faire semblant de la finir. De nombreuses toiles semblent finies, ou, si l'on préfère, sont finies, mais elles sont incomplètes. Si l'on osait sortir de la philosophie pour risquer des jugements esthétiques, on dirait que dans un grand nombre des immenses toiles que Rubens a laissées,

73. Voir les remarques d'un peintre un peu timide, mais perspicace et qui du moins connaissait ses forces, sur la manière de procéder du « peintre d'expérience ». Celui-ci veille à ce que l'esquisse, établie de sang-froid, n'engage pas l'œuvre qui la suit : Jules Breton, *La vie d'un artiste*, pp. 284-285. — Expérience analogue chez le sculpteur Eric Gill, *Art Nonsense*, pp. 84-85.

on discerne des parties faibles et baclées, faites de pratique plutôt que d'inspiration, comme si, faute de pouvoir achever vraiment l'œuvre l'artiste avait dû se contenter de la couvrir de couleurs et, comme on dit, de boucher les trous.

Les notions d'achèvement et de fini ne sont pas identiques. Dans le langage courant, les deux mots ont très souvent le même sens ; dans celui des peintres, « finir » signifie parfois amener un certain travail à son dernier degré de perfection en l'exécutant complètement jusque dans ses moindres détails et, s'il le faut, en lui conférant le poli d'un vernis brillant. Des peintres fort différents : Van Eyck, Ingres, finissent leurs œuvres de cette manière. Une œuvre finie n'est pourtant pas nécessairement une œuvre complète, alors qu'inversement une œuvre peut être tout à fait complète sans être finie. Baudelaire a si fortement souligné cette distinction qu'on ne peut guère ajouter à ce qu'il en a dit. Défendant Corot contre le reproche de ne pas « finir » ses paysages, Baudelaire allait jusqu'à opposer les deux notions de finir et de compléter ; en général, disait-il, ce qui est complet n'est pas fini[74], mais la remarque ne vaut ni pour toutes les époques ni pour tous les styles. Si le fini d'un tableau se mesure à la précision du rendu, on conçoit aisément qu'un peintre puisse ruiner son œuvre en la chargeant de détails qui en rompent l'unité. Le tableau est complet quand il contient tous les éléments requis pour sa structure et unifiables par sa forme. S'il est complet, il peut n'être pas fini au sens qui vient d'être dit, mais il l'est juste autant qu'il doit l'être, c'est-à-dire, pour reprendre le mot de Baudelaire, *suffisamment*[75].

Le problème de savoir jusqu'où le fini doit être poussé ne peut donc être résolu que par l'artiste même et il doit l'être chaque fois à nouveau pour chaque œuvre nouvelle, puisqu'il ne fait qu'un avec le problème de l'exécution. La forme classique sous laquelle il se pose est connue de tous les peintres. C'est le problème du passage de l'esquisse au tableau. Une esquisse complète comme esquisse peut être laissée telle quelle ; non seulement il y en a de fort belles, mais une bonne esquisse a toujours des qualités dont elle perdra quelque chose quand le peintre aura décidé d'en faire un tableau.

L'artiste est ici aux prises avec une curieuse difficulté. Il peut s'en tenir à l'esquisse, projet suffisant d'une œuvre possible. Cer-

74. Ch. Baudelaire, *Le salon de 1845* : V. Paysages ; p. 586.
75. Ch. Baudelaire, *ibid.*

tains l'ont fait souvent, tel Gustave Moreau, mais quand le peintre s'y résigne, il manque la fin véritable de l'art qui est de conférer l'être à son objet. Le tableau n'existe, il n'*est* vraiment, que comme un ensemble d'éléments plastiques (lignes, figures et couleurs) qui ne manque d'aucune de ses déterminations nécessaires et les intègre toutes dans l'unité d'une seule forme. Tant que les éléments ne sont pas tous là, on voit bien quel tableau pourrait être, mais on voit aussi qu'il n'est pas encore. Le besoin qu'éprouve le peintre de ne pas se contenter de l'esquisse, si satisfaisante soit-elle, est exactement le besoin même qu'il a de produire une œuvre. Le fait peut s'exprimer en langage de philosophe, et même de philosophe scolastique. L'art n'admet pas l'inachevé, dit saint Thomas : *omnis ars infinita repudiat*[76]. Mais les peintres usent d'un langage plus simple pour expliquer leur répugnance à ne pas conduire l'œuvre à son terme. Hochant la tête, ils répondent simplement : on ne peut pas la laisser comme ça.

Le péril est pourtant connu. Le peintre John Burnet l'a fort bien exposé dans une de ses notes aux *Discours* de Reynolds : « Tout le monde a observé, en examinant les études et dessins faits d'après nature par n'importe quel maître célèbre en vue d'un grand travail, combien elles perdent de leur intérêt et de leur beauté quand on les transporte sur la toile : beaucoup de délicatesses du dessin et du sentiment disparaissent en s'enfonçant dans les ombres, à moins qu'il ne faille les accuser plus fortement si l'on veut qu'ils restent perceptibles sous les tons plus riches dont on les charge nécessairement[77] ». Ainsi les études préparatoires ne peuvent manquer de souffrir quand vient le moment de les intégrer à l'ensemble, mais, inversement, l'ensemble lui-même risque de perdre son équilibre quand il lui faut faire place aux détails. Delacroix tourne en tous sens dans son esprit les données de ce problème. Parlant de son *Christ au tombeau*, il écrivait dans son *Journal* : « Je suis satisfait de cette ébauche, mais comment conserver, en ajoutant des détails, cette impression d'ensemble qui résulte de masses très simples ? » Absolument parlant, la chose est impossible, et Delacroix le savait, car il parle au même endroit du « chagrin que l'on éprouve à voir l'impression de simplicité d'une belle ébauche disparaître à

76. *Contra Gentiles*, I, 63, 6.

77. J. REYNOLDS, *Discourses*, pp. 28-29 ; note de John Burnet. Cf. l'anecdote relative au *Waterloo Bridge* de Constable, dans LESLIE, pp. 207-208. — Sur le traitement qu'un marchand de tableaux infligea à cette toile un an après la mort du peintre (une couche de *noircissant !*), *op. cit.*, pp. 227-228.

mesure qu'on y ajoute des détails[78] ». Pourtant, ajoute-t-il, on ne peut pas finir le tableau en poussant indéfiniment l'ébauche comme ébauche, ou, comme il le dit si bien, « en continuant d'ébaucher ». L'ébauche de plus en plus poussée n'est toujours qu'une ébauche ; l'œil s'y accoutume et la croit finie. Autant dire que le tableau ne sera jamais fini ; il n'existera jamais.

Les maîtres savent à quel moment l'œuvre est finie, mais ils ne disposent d'aucune formule générale pour déterminer ce moment. Il y a dans la forme germinale un contenu que le peintre désire extérioriser totalement ; il ne peut le faire qu'à la condition de ne jamais pousser simultanément toutes les parties de son œuvre à un point tel que, prenant le faux air de toile finie dont on vient de parler, l'artiste qui la voit ne sache plus comment il peut encore y travailler. Peut-être n'y a-t-il pas deux peintres qui conduisent l'exécution de leurs œuvres exactement de la même manière et chacun d'eux ne se fait que progressivement une méthode, dont il n'hésitera pas à changer s'il le faut. L'essentiel est pour lui de ne jamais laisser un état quelconque de l'œuvre lui cacher celle qu'il travaille vraiment à réaliser. Lorsque celle-ci a finalement accédé à l'existence, le peintre en est averti par le sentiment qu'il n'y a plus rien à lui faire. Quand le peintre ne voit plus ce qu'il pourrait enlever, ajouter, corriger, modifier sans ruiner l'œuvre ou sans en refaire une autre, toute différente, il sait qu'elle est finie. Comme l'a si bien dit Georges Braque : « Le tableau est fini quand il a effacé l'idée[79] ». Une forme de plus a réussi à saturer sa matière. Un individu de plus vient d'être ajouté à la substance du monde.

Pour atteindre ce but, le peintre doit courir un risque. Il lui

78. *Journal de Eugène Delacroix*, 1er mars 1847, vol. I, p. 196. On trouvera en date du 2 mars (vol. I, pp. 197-198) la méthode qu'il propose : ébaucher « par le ton et l'effet, sans s'inquiéter des détails. Si le peintre commence par finir les fonds, il évitera la tentation de charger de détails superflus chacune des figures qu'il entreprendra ensuite de finir. En effet, la nécessité de rester d'accord avec la simplicité des fonds et des figures seulement massées qui l'entourent le gardera de laisser proliférer les détails. — Une autre position du même problème se trouve dans Jules BRETON, *Nos peintres du siècle*, pp. 246-249.

79. *Le jour et la nuit*, p. 27. — Cf. les remarques de H. Matisse : « Il y a une proportion nécessaire des tons qui peut m'amener à modifier la forme d'une figure ou à transformer ma composition. Tant que je ne l'ai pas obtenue pour toutes les parties, je la cherche et je poursuis mon travail. Puis il arrive un moment où toutes les parties ont trouvé leurs rapports définitifs et, dès lors, il me serait impossible de rien retoucher à mon tableau sans le refaire entièrement. » Propos rapportés dans *Henri Matisse* par Raymond Escholier ; cités par A. LHOTE, *De la palette à l'écritoire*, p. 381.

faut jouer quitte ou double et, en conduisant son œuvre à terme, s'avouer lui-même tel qu'il est[80]. Alors seulement « l'œuf ou l'embryon de l'idée[81] » a véritablement atteint le terme de son développement, mais alors aussi la forme germinale est morte. Rien n'est plus difficile au peintre que de s'en convaincre et l'on citerait sans peine un grand nombre de cas où, ayant conduit une œuvre à son terme, l'artiste en essaie une ou plusieurs répliques. Plus souvent encore, certains des possibles qu'il a dû éliminer d'abord reviennent mendier le don de l'existence, et le peintre se laissera peut-être plusieurs fois tenter[82]. On ne peut formuler de jugement *a priori* sur les œuvres de ce genre. Il est seulement certain qu'en règle générale, les rejetons n'ont pas la vigueur de la première pousse.

Le mal ne serait pas grand, si des circonstances entièrement étrangères à l'artiste et à son art ne contribuaient à l'aggraver. Les marchands de tableaux savent combien il est difficile d'accoutumer le public à un certain style et, si l'on peut dire, de lui en donner le goût. L'amateur de peinture lui-même ne désire pas simplement

80. *Journal de Eugène Delacroix*, 20 avril 1853 ; vol. II, p. 23.

81. « L'idée première, le croquis, qui est en quelque sorte l'œuf ou l'embryon de l'idée, est loin ordinairement d'être complet ; il contient tout, si l'on veut, mais il faut dégager ce tout, qui n'est autre chose que la réunion de chaque partie. Ce qui fait précisément de ce croquis l'expression par excellence de l'idée, c'est, non pas la suppression des détails, mais leur complète subordination aux grands traits qui doivent saisir avant tout ». *Op. cit.*, 23 avril 1854 ; vol. II, pp. 169. Tout ramène Delacroix à la notion de « sacrifices ».

82. Voici, dans un même témoignage, un cas d'aboutissement laissant des possibilités ouvertes suivi d'un cas excluant toute possibilité de ce genre : « On m'a fait observer, et peut-être avec justesse, que je reproduisais trop souvent mes compositions, au lieu de faire des ouvrages nouveaux. Voici ma raison : la plupart de ces œuvres, que j'aime par le sujet, m'ont paru valoir la peine que je les rendisse meilleures en les répétant ou en les retouchant, ce qui m'est arrivé souvent pour les premières que j'ai faites, entre autres pour la *Chapelle Sixtine*. Lorsque par son amour pour l'art et par ses efforts un artiste peut espérer qu'il laissera un nom à la postérité, il ne saurait assez faire pour rendre ses œuvres plus belles ou moins imparfaites. J'ai pour exemple le grand Poussin, qui a souvent répété les mêmes sujets ; mais il ne faut abuser de rien. Il est aussi des ouvrages qui peuvent ne pas être redits, et, sans orgueil, je serais absurde de vouloir refaire le *Saint Symphorien*. » *Ingres raconté par lui-même*, pp. 37-48. Ce texte est daté de 1859 par ses éditeurs. — Le *Saint Symphorien* de la cathédrale d'Autun est de 1834 ; ce tableau avait été précédé d'un autre (1827), aujourd'hui aux États-Unis, assez différent et beaucoup moins chargé de personnages ; malgré la déclaration qu'on vient de lire, Ingres fit plus tard (1865) une réplique du tableau d'Autun. Cette réplique, aujourd'hui au Musée d'Art de Pennsylvania (Philadelphia) offre quelques variantes, notamment dans la nature morte du premier plan.

un Corot ; il veut ce que, dans la simplicité de son goût, il nomme un *vrai* Corot parce que la toile *ressemble* à un Corot. Il y a cinquante ans, un vrai Corot était un étang de Ville-d'Avray ; aujourd'hui c'est un paysage romain des débuts. Le peintre lui-même a besoin de vivre, donc de vendre. S'il a le bonheur douteux d'avoir réussi près du public avec une certaine toile, il lui faudra un héroïsme véritable pour ne pas en tirer un plus ou moins grand nombre d'images. A ce moment, l'artiste devient le faussaire de son art.

Protégés contre l'extrême pauvreté par l'exercice de quelque art du langage, philosophes, historiens et critiques s'expriment parfois en termes assez durs sur les abdications de ce genre. Le côté tragique du problème se révèle clairement dans le cas des peintres que le sentiment de leur dégradation conduit au désespoir. A cet égard, aucun document n'est plus navrant que le journal intime de Benjamin-Robert Haydon. Chargé de responsabilités familiales et complètement dénué de ressources, Haydon conquit l'attention du public anglais, pour des raisons trop évidemment étrangères à la peinture, par son *Napoléon rêvant à St. Hélène*. A partir de ce moment, il lui devint impossible de se débarrasser du sujet : « Commencé et fini un *Napoléon* en deux heures et demie ; le plus rapide que j'aie jamais peint, et le vingt-cinquième ». On ne s'étonne pas que lui-même ait ajouté cette remarque : « L'art est devenu avec moi une ignoble vulgarité ». Et encore : « La grandeur solitaire de la peinture d'histoire est partie[83] ».

Tel est le prix à payer si l'on pèche contre les nécessités essentielles de la création artistique sous la pression des nécessités cruelles de la vie pratique. Pourtant, Haydon n'était ni un peintre sans talent[84], ni un caractère médiocre. Le dernier jour de l'année 1841, il pouvait écrire à bon droit dans son *Journal* : « J'ai toujours aimé mon art mieux que moi-même ». C'est d'ailleurs pourquoi, incapable de survivre à sa propre dégradation, il finit par se donner la mort, « comptant pour son pardon sur les mérites du

83. *The Autobiography and Journals of Benjamin Robert Haydon*, p. XI. Cf. « Peint un Napoléon rêvant (de face) et l'ai vendu pour vingt guinées, le tout en six heures » (p. 602). « Peint un petit Napoléon en quatre heures — de neuf heures à une heure ». « Travaillé dur et fini un autre Napoléon : Haydon, brevet pour la fabrication rapide de *Napoléons rêvant*. Celui-ci est le huitième » (p. 618), et ainsi de suite, p. 620 ; p. 621 : « J'ai peint dix-neuf Napoléons » ; pp. 626, 627, 628, 633.

84. *Journal de Eugène Delacroix*, mercredi 30 juin 1824 ; vol. I, p. 116 « Très grand talent. Mais, ... absence d'un style bien ferme à lui ».

Christ[85] ». L'art ne finirait jamais ainsi en tragédie, si ses problèmes les plus profonds n'étaient étroitement liés à la vie même de l'artiste. Une fois qu'il a choisi de la servir, la peinture devient sa raison d'être : tous deux survivent ou périssent à la fois.

85. HAYDON, *The Autobiography...*, pp. 596 et 654. — Cf. l'histoire semblable contée par Jules BRETON, *La vie d'un artiste*, pp. 263-264. Un diptyque du peintre Marchal connut un éclatant succès. Pendant deux ou trois ans, il lui fut impossible de vendre autre chose et Marchal épuisa son talent en répliques. Finalement, il se suicida, « en habit de soirée, avec toute la correction d'un gentleman ».

CHAPITRE V

La peinture et son objet

Si l'on considère les tableaux comme de simples objets fabriqués, le problème de leur raison d'être ne se pose pas. *Homo faber* aime faire des choses. A cet égard, les peintres ne diffèrent en rien des autres artisans, ils prennent plaisir à donner l'existence à des objets, qui, sans eux, n'existeraient pas. Les peintres, Delacroix nous l'a fait observer, éprouvent le sentiment de causer et de posséder leurs œuvres à un degré que ne connaissent pas les musiciens, peut-être même pas les poètes. Pour la même raison, le plaisir qu'ils prennent à produire est d'une intensité remarquable. Certains d'entre eux en parlent avec une exaltation semblable à celle dont s'accompagnerait une activité vraiment créatrice. Les œuvres du peintre sont ses propres œuvres plus réellement et profondément que s'il les produisait indirectement, à l'aide de quelque machine ou que si, produites directement par son esprit comme les œuvres du poète, elles ne consistaient qu'en symboles doués de sens[1].

Une question plus difficile serait de savoir pourquoi certains hommes semblent attacher tant d'importance à peindre des tableaux. Pour la poser vraiment, il faut oublier un instant les prestiges dont s'entoure la notion d'art, car eux-mêmes font partie de ce qu'il s'agit d'expliquer. Rien de plus naturel que le plaisir d'un enfant à qui l'on donne une boîte de couleurs et qui se met aussitôt à colorier, mais que des adultes et même des vieillards consacrent leur vie à dessiner et à peindre des images à l'aide de bâtonnets garnis de poils, qu'ils en parlent avec solennité, comme si ce passe-temps était une œuvre d'importance capitale, non seulement pour eux mais pour le monde, et avec cela que toute une littérature se constitue autour de cette imagerie, que des États se

1. Certains rattachent ce sentiment au fait que l'artiste conçoit l'idée de l'œuvre et qu'il la domine par là comme l'Idée divine domine la nature : J. Reynolds, *The Third Discourse*, p. 42. D'autres, plus positifs, y voient le simple plaisir de posséder sa propre création. Le sculpteur Eric Gill a dit dans quelles circonstances il a sculpté sa première statue, une femme nue, l'image d'une réalité qui faisait alors défaut.

fassent gloire de posséder ces œuvres, que des fortunes privées se dépensent à les collectionner, à les abriter et à les entretenir ; surtout, peut-être, qu'un peuple immense de parasites, critiques, historiens, « écrivains d'art », philosophes, y trouve demeure et subsistance comme la vermine dans la crinière du lion, voilà qui mérite réflexion.

Ce spectacle présente l'absurdité, bien connue des existentialistes, de toute opération privée de sa finalité. On ne peut en chercher la justification que dans la nature même du tableau, où d'ailleurs elle n'est pas immédiatement évidente. Il y a plus de sens qu'on ne croirait d'abord dans la question du paysan à Théodore Rousseau : « Pourquoi peignez-vous ce chêne, puisqu'il est déjà là[2] ? ». En effet, doubler le monde réel d'une série d'images des êtres qui le constituent, est le même genre d'opération qu'ajouter à un objet son reflet dans un miroir. L'importance attachée aux tableaux par les peintres et par la foule des amateurs d'art suggère que ces objets possèdent une réalité propre, constituent un univers autre que celui de la nature et possèdent des principes d'intelligibilité fondés dans leur nature même. Le but immédiat que le peintre se propose étant, nous l'avons dit, de conférer l'existence à un objet qu'aucun autre ne peut remplacer pour lui parce qu'il ne le trouve pas tout fait dans la nature, quelles qualités cet objet doit-il posséder pour lui donner satisfaction ?

I. Peinture et beauté

Pénétrer dans un monde d'objets dont la fonction propre soit de plaire aux yeux, c'est entrer en contact avec l'ordre de la pure beauté picturale.

Les mots « beau » et « beauté » sont passés de mode, sinon chez les artistes eux-mêmes, qui en usent volontiers dans leurs écrits, du moins chez les philosophes libérés du dogmatisme et chez les esthéticiens qui interprètent les œuvres de l'art comme des objets physiques quelconques. Le beau est alors rejeté comme une notion métaphysique sans objet précis.

2. Jules Breton, *La vie d'un artiste*, p. 291.

Cette attitude est justifiée dans une large mesure par l'erreur que beaucoup de métaphysiciens ont commise en isolant le beau de l'être, comme s'il s'agissait d'une réalité distincte et définissable en soi. On demande alors : qu'est-ce que le beau ? et l'on ne trouve que des réponses verbales dont il ne faut pas longtemps pour percevoir le vide. La métaphysique du dix-huitième siècle a préparé la voie à la critique de Kant, elle-même suivie de la philosophie moderne des *valeurs,* contre laquelle il n'y a rien à dire, sinon qu'elle porte principalement sur des mots. Laissant à chacun la liberté de son propre langage, on demandera simplement la permission de définir une fois de plus le sens de celui dont on usait jadis quand un philosophe disait du beau (*pulchrum*) qu'il est un transcendental dont la notion est convertible avec la notion d'être.

Cette formule signifiait d'abord que le beau n'a aucune réalité propre, de quelque sorte que ce soit, en dehors de celle de l'être. Être beau, c'est être, et être, c'est être beau. Tout ce qui est, est beau en tant même qu'il est, le laid n'étant qu'un manque d'être, dont il n'y a rien à penser ni à dire sinon pour signaler la place laissée vide par une absence de réalité. Ce point fondamental implique, en conséquence, que l'on n'a ni à définir le beau en soi, ni à se plaindre de n'en pouvoir trouver la définition, ni à craindre, en usant du terme, de faire appel à une notion sans objet. Mais ces remarques ne sont justifiées que si ce que l'on dit du beau s'applique toujours à quelque être actuellement existant, ou capable d'existence actuelle, non à la notion purement abstraite d'être. L'être en général n'est pas beau, parce qu'il n'existe pas.

Soit donc un être particulier donné. En tant qu'il est objet de connaissance pour l'intellect, il est vrai, mais sa vérité n'est que son être même en tant que connu. En tant que cet être est désirable ou désiré par la volonté, c'est un bien ; l'être est donc bon, mais sa bonté ne lui ajoute rien en tant qu'être ; il ne saurait aucunement être bon au-delà de ce qu'il est. Parmi les différentes manières dont un objet peut être bon, celle qui nous intéresse particulièrement ici consiste à être une chose bonne à voir. De ce qui possède ce genre de bonté, on dit qu'il est beau. Ici encore, un objet ne peut être beau qu'en tant qu'il est ; il ne saurait posséder la moindre trace de beauté au-delà de ce qu'il possède d'être. Être et être beau, c'est la même chose, le beau n'étant que l'être comme bon à percevoir.

Il se publie beaucoup de livres illustrés de figures et de planches explicatives. Ces aides visuels, comme l'on dit, ont pour fin de faciliter la compréhension du texte. Le lecteur les consulte donc autant de fois qu'il a besoin de le faire pour comprendre ce que l'auteur du livre s'efforce de dire. Une fois qu'il a compris, le lecteur n'y revient plus ; comme l'on dit, « il n'a pas besoin de la figure », elle encombrerait même peut-être inutilement son esprit ; bref, il ne désire plus la revoir, il préfère s'en passer.

La même remarque s'applique au texte que la figure illustre. Quand on lit pour apprendre, on a parfois besoin de relire. Il peut être nécessaire de relire plusieurs fois certaines pages, et il est même des livres que leur difficulté et leur profondeur rendent en quelque sorte inépuisables. A des intervalles plus ou moins considérables, on ne cessera jamais d'y revenir. Mais il n'en est ainsi que parce que l'effort requis du lecteur pour comprendre ce qu'il lit a partiellement échoué. Ce que l'on a parfaitement compris et assimilé, on le porte en soi si complètement qu'il n'y a nulle raison de le relire. Au contraire, les livres de ce genre sont de ceux dont on dit : je n'ai pas besoin de le lire, parce que je sais ce qu'il dit.

Mais il est d'autres livres, ou parfois les mêmes dont certaines pages intéressent moins par ce qu'elles disent que par leur manière de le dire. On se plaît à l'entendre dire. Si nous savons la page par cœur, nous nous la redisons à nous-mêmes ; si nous ne pouvons nous la redire, et que nous désirions pourtant l'entendre une fois encore, nous la relisons. On ne sait d'ailleurs à quoi cela tient : une douzaine de mots dont aucun ne peut être changé ni dérangé sans que le charme se dissipe ; il n'en faut pas davantage pour provoquer le désir de réentendre des phrases souvent très simples. C'est le signe infaillible que la beauté est là.

La remarque s'applique aussi bien aux images accompagnant le texte. Celles qu'il est désormais inutile de consulter parce qu'elles ont rempli leur office seront effectivement négligées par le lecteur à moins qu'il n'ait une autre raison pour désirer les revoir que le seul besoin de comprendre. Léonard pensait sans doute noter des documents scientifiques lorsqu'il couvrait de dessins les feuilles aujourd'hui conservés à Windsor dans la Bibliothèque Royale. Pourtant, ses projets d'avion, ses plans de villes ou de travaux urbains, ses vues de chaînes ou de vallées alpines, retiennent l'attention du visiteur pour ce qu'ils sont plus que pour ce qu'ils représentent. Il est assurément curieux de voir Léonard inventer un organisme imaginaire rendu par lui possible ; mais le pied d'homme avec des ongles d'ours est autre chose qu'une curiosité de l'esprit. Son volume, le jeu des tendons et des muscles perçus cette fois comme des lignes, produisent une sorte de fascination. L'œil désire le bien qu'est la perception de cet être, signe certain que le dessin est beau.

Les mots trahissent toujours l'expérience qu'ils tentent de décrire, mais ils sont efficaces pour y renvoyer. Celle-ci est nécessaire à l'intelligence de l'art de peindre ; dès qu'on la perd de vue, la notion de peinture, au fond si simple, glisse dans une ou deux autres et s'y perd. Le désir de souligner la nature essentiellement fabricatrice de l'art a conduit certains artistes à glorifier le moyen âge, où la notion d'art incluait toute activité artisanale, si bien que la notion de *beaux-arts* y était encore inconnue. On fait de celle-ci une invention regrettable de la Renaissance. Il n'est pas certain que cette perspective historique soit juste. La tradition classique n'a jamais confondu les arts en une masse indifériencée. Au contraire, nous l'avons vue distinguer les « bons arts », ou arts libéraux, des arts manuels, mécaniciens et par conséquent serviles. C'était une vue d'intellectuels et d'écrivains. La notion de beaux arts ne s'est progressivement dégagée que pour distinguer, entre les arts dits serviles, qu'on limitait à la production d'objets d'usage ou de luxe, ceux dont l'activité vise la production de beaux objets, voulus pour leur beauté même. Comme tous les noms, celui-ci est discutable, mais la notion même est justifiée par le besoin de distinguer, au sein des fabrications artisanales, un groupe aussi manifestement spécialisé.

La peinture appartient à ce groupe. Ce n'est pas qu'un peintre ne puisse, et souvent ne doive, se proposer des fins simplement utiles, mais dans la mesure, si faible soit-elle, où les opérations de son art ont pour objet que l'œuvre soit belle, il poursuit une fin distincte de l'utilité pure et simple. Michel-Ange à la chapelle Sixtine, Raphaël au Vatican, furent des artisans et des ouvriers peintres en bâtiment, mais ils étaient en même temps autre chose ; ce qu'il entre de poursuite de la beauté dans une activité artisanale quelconque, de la plus humble à la plus noble, mesure exactement son droit à figurer parmi les beaux-arts.

Cette détermination de la notion d'art de peindre n'est pas encore complète. Tout art est producteur d'êtres, et puisque l'être et le beau sont convertibles, il semble suivre de ce qui précède que tous les arts soient des beaux-arts. Admettre cette conséquence reviendrait à supprimer la notion de beaux-arts. Or, il y a certainement des arts du beau, et si la peinture est de leur nombre, elle doit être un de ceux dont la fin est de produire des êtres en tant qu'ils sont beaux, ou même, si le peintre pousse son ambition jusque-là, des êtres dont toute l'essence et tout l'usage soient d'être beaux.

C'est là ce qui spécifie les produits de l'art de peindre et les distingue de ceux des autres arts. Du même coup, cette détermination les spécifie dans l'ensemble des êtres qui constituent le monde. Dans la mesure où elle est un des arts du beau, la peinture est l'art qui consiste à produire, en assemblant avec ordre des lignes et des couleurs sur une surface plane, des objets dont leur beauté soit la raison d'être. Tels sont précisément ceux dont nous disions que l'expérience sensible est désirable pour elle-même, à tel point qu'au lieu d'en épuiser en une fois le contenu, comme lorsqu'il s'agit de connaissance, le spectateur éprouve le désir de la répéter. Ce désir peut être assez intense pour avoir des conséquences pratiques dans l'ordre de la vie personnelle, sociale ou économique. L'acte apparemment simple d'aller à Florence pour revoir San Marco a des répercussions dans les trois ordres à la fois.

Le désir de répéter un tel acte est celui de répéter une perception sensible, donc une cognition. Le plaisir que le spectateur y prend est la cause de ce désir, mais ceci ne change pas la nature de l'acte lui-même. En outre, ce désir de répétition se prolonge en une série d'efforts intellectuels dont l'objet est d'éclairer, d'approfondir, de prolonger la première appréhension de l'œuvre. L'expérience esthétique d'un tableau, pour peu qu'elle dure, se prolonge en désir d'en comprendre intellectuellement la cause. C'est un de ces cas où le désir, la connaissance et le plaisir nouent des échanges continuels, le désir naissant du plaisir que donne la connaissance, et la connaissance entretenant ce désir parce qu'elle en approfondit la source. En disant que l'expérience esthétique est celle d'un plaisir, nous entendons donc toujours par là le genre d'émotion que donne la vue d'un tableau dont l'appréhension est désirable pour elle-même. Le beau est l'être dont la nature est de donner ce plaisir et de faire naître ce désir ; en d'autres termes, c'est l'être en tant que cause de telles appréhensions sensibles, de tels plaisirs accompagnés d'une telle activité de l'esprit. Les actes de ce genre ont depuis longtemps trouvé leur nom. En tant que connaissance délectable et délectation qui s'approfondit en connaissance, l'expérience esthétique de l'œuvre peinte est une variété du genre contemplation.

A la lumière de ces faits et de ces notions, certaines doctrines anciennes retrouvent la plénitude de leur vérité. Leur ancienneté n'est pas ce qui les rend vraies, mais on se demande parfois si le désir louable de faire progresser l'analyse philosophique, ne compense pas le gain de vérités nouvelles par la perte de vérités anciennes dont l'importance est considérable. L'existence d'une mode philosophique est profondément regrettable ; elle prive la spéculation pure de la sincérité et de la droiture qui lui sont essentielles. Loin de trahir sa vocation en partant ouvertement du point d'arrivée de ses prédécesseurs, en essayant de saisir leurs conclusions dans la plénitude de leur vérité et en disant explicitement le nom des doctrines sur lesquelles sa réflexion s'exerce, un philosophe ne fait en cela qu'imiter l'attitude des savants, dont aucun ne met son ambition à créer de rien une vérité bonne pour lui seul. La notion du beau que nous tentons ici de préciser a des origines très anciennes ; elle n'en demeure pas moins utile à méditer.

Les scolastiques, nous l'avons dit, n'ont pas eu d'esthétique des arts plastiques en général, ni de l'art de peindre en particulier ; mais ils ont eu une métaphysique. En tant que transcendental convertible avec l'être, le beau joue un rôle considérable dans la doctrine de Denys l'Aréopagite et, dès le début du treizième siècle, des théologiens ont consacré des études spéciales à en élucider la notion. La définition scolastique communément acceptée du beau (*pulchrum*), est *id quod visum placet* : ce qui plaît quand on le voit. Le plaisir est donc proposé comme la marque distinctive de l'expérience du beau. Cette notion n'a guère varié jusque vers la fin du dix-neuvième siècle. Nicolas Poussin disait de la peinture : « sa fin est la délectation[3] ». Dans les dernières lignes de son *Journal*, Delacroix a noté au crayon cette réflexion que nous reproduisons entière parce qu'elle ouvre des perspectives multiples : « Le premier mérite d'un tableau est d'être une fête pour l'œil. Ce n'est pas à dire qu'il n'y faut pas de la raison : c'est comme les beaux vers, toute la raison du monde ne les empêche pas d'être mauvais, s'ils choquent l'oreille. On dit : *avoir de l'oreille* ; tous les yeux ne sont pas propres à goûter les délicatesses de la peinture. Beaucoup ont l'œil faux ou inerte ; ils voient littéralement les objets, mais l'exquis, non[4] ».

3. Cité dans A. Lhote, *De la palette à l'écritoire*, p. 57. La phrase se trouve dans une lettre à M. de Chambray, datée de Rome, 1er mars 1665.

4. *Journal de Eugène Delacroix*, 22 juin 1863; vol. III, p. 335. Delacroix est mort le 13 août de la même année.

Faire que l'expérience repose sur le plaisir sensible, mais sans exclure la connaissance intellectuelle ou, comme disait Delacroix, la raison, c'est donc là, semble-t-il, une doctrine reçue. Il serait dommage de laisser perdre une position sur laquelle se sont accordés les scolastiques, Poussin et Delacroix. Mais la meilleure manière d'en assurer la survie est peut-être d'en examiner les implications.

La formule classique des scolastiques — *id quod visum placet* — est frappante en sa concision, mais elle n'a pas toute la précision souhaitable. Un nombre immense d'objets plaisent, quand on les voit, pour des raisons sans rapport avec la beauté. La nourriture plaît à l'affamé qui la voit : elle n'est pas belle. La vue de la maison plaît au voyageur de retour : il n'est pas nécessaire que la maison soit belle. Le plaisir de voir une chaise, si l'on est fatigué, est sans rapport avec celui de voir une chaise exposée dans un musée. Les belles chaises sont de celles qu'il est plaisant de voir, mais sur lesquelles il est souvent défendu de s'asseoir. Bref, la vue de tout objet de nature à satisfaire quelque besoin cause un plaisir auquel la beauté n'a le plus souvent aucune part. Pour que la perception d'un objet soit une expérience esthétique, il faut que ce soit l'appréhension même de l'objet qui plaise. Assurément, le beau est dans l'être dont l'appréhension plaît, ou plutôt, il est cet être même, mais le plaisir dont il est la cause n'est pas celui dont s'accompagne l'idée de l'objet ; ce n'est pas non plus celui dont s'accompagne la vue de l'image qui le représente ; c'est le plaisir dont s'accompagne l'acte même par lequel l'objet ou l'image sont appréhendés. Le beau (*pulchrum*) est *id cuius ipsa apprehensio placet*[5].

Il ne reste plus qu'une seule précision à ajouter, mais elle est nécessaire, car cette dernière formule s'applique au beau en général, y compris celui de la nature. Un paysage quelconque, un bord de mer, une vue de montagnes, un animal, un être humain, son visage ou seulement sa main, les œuvres de l'homme telles que des villes, des machines, des outils ou des meubles, en somme les plus modestes des êtres ou des objets peuvent devenir les causes

5. THOMAS D'AQUIN, *Summa theologiae*, I-II, q. 27, art. 1, ad 3m. Le sens de la doctrine est que le beau est à la connaissance ce que le bien est à la volonté : « Le beau est pourtant la forme sensible du bien. Mais comment peut-il être le bien, s'il n'est pas en même temps le vrai ? » (P. REVERDY, *Le gant de crin*, p. 70). Réponse : il est le vrai, mais le vrai sensiblement perçu ; voir plus loin, pp. 235-237.

d'une expérience esthétique. Quels qu'en soient la nature et l'usage, l'objet en question est alors l'objet d'une appréhension désintéressée et, pour ainsi dire, d'une contemplation. La nature de l'expérience est la même dans les deux cas, en ce sens que l'objet en est le même. Ce que nous aimons dans le spectacle de la nature est de même sorte que ce que nous aimons dans une œuvre d'art. La différence entre les deux expériences réside dans l'origine de leurs objets et, indirectement, dans la conscience que nous avons de cette origine. L'appréhension des œuvres de la nature inclut les sentiments, d'ailleurs complexes et dont on a des expressions littéraires sans nombre, qu'éprouve le spectateur en présence de réalités transcendant l'homme en tous sens. Si l'on pense à leur auteur, c'est la notion de Dieu qui vient spontanément à l'esprit. L'appréhension d'un beau tableau inclut au contraire le sentiment qu'une œuvre d'art est en cause, et si l'on pense à son auteur, c'est le nom d'un homme qui s'offre à la mémoire. Le sens de la grandeur de l'homme a certainement une de ses sources dans l'expérience de la beauté des œuvres d'art[6].

Le beau dans l'art de peindre est donc ce dont toute la nature est d'être cause de délectation. Ce qui distingue les tableaux de la réalité naturelle, c'est que celle-ci, même si elle est belle, n'a pas pour fin unique d'être belle. Si l'on est gêné par ce finalisme à propos de la nature, il suffira de dire qu'entre toutes les propriétés d'une belle chose, il en est d'autres que la beauté et le plaisir qu'elle cause. Mais le langage du finalisme s'impose à propos de l'art, dont il dérive, et l'on peut dire qu'à la différence des œuvres de la nature, celles de l'art sont faites par l'homme de telle manière que leur appréhension s'accompagne de plaisir. C'est là qu'est la raison d'être de leur existence et de leur structure. A la question posée par le paysan, Théodore Rousseau aurait pu répondre : « Je peins un chêne parce que celui que nous voyons n'est pas exactement celui que j'aimerais voir. C'est un beau chêne, mais il n'a pas été fait exclusivement pour être beau, au lieu que celui que je peins, simple apparence pourtant, contient

6. Sur le sens ultime de la création artistique : « l'homme ne se contente pas de ce qu'il a, il aspire à ce dont il est privé. En art la jouissance esthétique découle de cette privation de la réalité dont l'œuvre n'est que le reflet. Et l'âme pâtit au milieu de la beauté naturelle qui ne contient q'un reflet de la beauté incréée. » P. Reverdy, *Le gant de crin*, p. 71. C'est-à-dire, l'âme souffre au milieu d'une beauté mêlée d'impuretés; l'artiste tente de produire des objets dont la beauté soit la substance même. C'est pourquoi ses œuvres sont directement perçues comme *œuvres d'art*.

tout ce qu'il faut pour le plaisir des yeux, et rien d'autre ». L'appréhension de l'œuvre d'art donne au désir la joie d'avoir atteint sa fin[7].

Le monde des tableaux se compose donc d'êtres conçus et produits dans la beauté, en vue de la beauté, par des hommes qui, tout sensibles qu'ils sont à celle de la nature, aspirent à lui en ajouter une autre, dont ils sont eux-mêmes la cause, et qui est celle même de l'art. Il est vain de se demander quel est le plus beau, du monde de la nature ou de celui de l'art. La beauté naturelle n'est pas l'œuvre de l'homme et rien dans l'art ne peut rivaliser avec la puissance des impressions qu'elle produit sur nous, mais la nature ne contient aucune beauté du genre de celles que créent les artistes. Il ne s'agit pas de plus ou de moins, mais d'autre chose. De ces apparences fragiles que présentent les tableaux, il n'est pas une seule dont on trouverait l'équivalent dans la nature, parce que l'œuvre du peintre n'a d'autre substance, d'autre structure, d'autre réalité que ce qu'elle doit en avoir pour offrir aux regards un objet dont la perception même soit donneuse de joie[8].

On trouve ici l'une des causes de la créativité de la perception et de l'imagination esthétiques, source des formes germinales. Les écrits des peintres confirment abondamment ce fait. Tous se flattaient jadis de prendre la nature pour modèle, mais ils affirmaient en même temps n'avoir jamais rien vu de laid dans la nature[9].

7. L'appréhension est ici d'abord sensible, mais elle est aussi intellectuelle : « Le beau est du domaine des sens autant et peut-être même plus que de l'esprit » (P. Reverdy, *Le gant de crin*, p. 63). Sans aucun doute ; mais les sens sont, eux aussi, connaissance, et ce qu'ils appréhendent deviendra la nourriture de l'esprit.

8. Dans son *Second Discourse*, Reynolds avait dit qu'en comparaison avec la vraie splendeur de la Nature, « les tableaux les mieux coloriés ne sont que pâles et sans vigueur », le peintre Burnet fit observer en note que, « si l'on se reporte à la nature, on cherche en vain ces combinaisons qui, dans les œuvres de Titien et des autres grands coloristes, produisent des effets si admirables ». *The Discourses of Sir Joshua Reynolds*, p. 24, note 5. Burnet remarque pertinemment que le charme de la peinture ne tient pas à l'intensité des couleurs mises en œuvre, mais à la proportion des masses de tons chauds et de tons froids et de lumière et d'ombre, ainsi qu'à l'usage judicieux fait par les peintres de touches vives qui, par contraste avec ces masses donnent au tableau le brillant et la vigueur de la nature : *op. cit.*, p. 25, note 5.

9. « A une dame qui, regardant une gravure représentant une maison, disait que c'était une vilaine maison, il [Constable] répondit : , Non, Madame, il n'y a rien de laid ; *je n'ai jamais vu une chose laide de toute ma vie* ». Leslie, *Memoirs of the Life of John Constable*, p. 280. La dame parlait de la maison

En effet, de tels peintres perçoivent moins la réalité physique donnée que son image spontanément transformée en œuvre d'art. Vivant dans un univers qui leur est propre, ils habitent une sorte de paradis terrestre où les êtres et les événements de toute sorte sont tels qu'ils doivent être pour fournir aux actes qui les appréhendent des objets parfaitement faits pour être appréhendés.

C'est un lieu commun de la philosophie, qu'on ne parle pas de beauté à propos de tous les sens, mais seulement, ou principalement, à propos de ceux dont les perceptions se prêtent à la connaissance intellectuelle, particulièrement au calcul. Telles sont les perceptions visuelles et auditives. On peut légitimement parler d'art de la parfumerie ou d'art culinaire, mais fort peu soutiendraient sérieusement que ce soient des arts du beau. Ce fait seul suffit à prouver que, toute sensible qu'elle est, l'expérience esthétique est liée à l'exercice de l'esprit. Le plaisir qu'elle implique atteste la présence d'un intelligible perçu dans la sensation.

La nature de ce plaisir se révèle moins clairement dans le cas de la peinture que dans celui de la musique. Les sons musicaux sont des vibrations de l'air, et les combinaisons de deux ou plusieurs sons plaisent ou déplaisent à l'oreille selon les relations numériques entre la fréquence de ces vibrations. A l'époque d'Aristote, l'oreille grecque semble avoir retardé de beaucoup sur l'œil grec dans son aptitude à percevoir les relations de ce genre, mais on savait déjà que les plaisirs de l'œil et ceux de l'oreille sont de même nature. Dans son traité sur *La sensation et le senti*, Aristote dit que les couleurs sont comme les sons, en ceci du moins que la cause des plaisirs qu'ils donnent est la même. Les harmonies sont particulièrement agréables à l'oreille quand elles obéissent à des proportions numériques simples, par exemple l'unisson, qui est l'identité parfaite dans la hauteur de deux sons ; ou l'octave, où la proportion est de deux à un. Aristote mentionne encore les proportions de trois à deux (*diapente*), de trois à quatre et ainsi de suite. Bref, toutes les combinaisons de sons exprimables en termes de proportions numériques sont agréables à entendre ; les autres ne le sont pas. Les mêmes remarques s'appliquent aux couleurs. Dans le commentaire qu'il a écrit sur ce texte, Thomas

de la gravure, Constable parlait de la gravure de la maison. — « Aimez le vrai parce qu'il est aussi le beau, si vous savez le discerner et le sentir. Faisons-nous des yeux qui voient bien... Si vous voulez voir cette jambe laide, je sais bien qu'il y aura matière, mais je vous dirai : Prenez mes yeux, et vous la trouverez belle. » *Ingres raconté par lui-même*, p. 48.

d'Aquin dit que, de même que les harmonies les plus agréables à entendre sont celles qui sont exprimables par des nombres, de même aussi, dans le cas des couleurs, « celles qui consistent en proportions numériques sont les mieux proportionnées, et ce sont aussi les plus agréables à voir, telles que le jaune et le rouge. Et de même que peu d'harmonies sont agréables à entendre, de même aussi peu de couleurs sont agréables à voir. Quant aux autres couleurs, qui ne sont pas agréables à voir, elles ne consistent pas en proportions numériques[10] ».

Le problème était donc encore à l'état d'enfance au temps de Thomas d'Aquin. Le fait qu'il ne parle même pas de la consonance de plusieurs couleurs, mais seulement de la proportion numérique en quoi une seule couleur consiste, ne modifie pas l'essence du problème. Au contraire, il en situe exactement la difficulté. Celui dont l'œil ne perçoit pas la présence des proportions numériques dont l'appréhension serait pour lui cause de plaisir est exactement aveugle à la peinture et exclu des expériences esthétiques liées à la vue des tableaux. Le plaisir lui-même n'est pas l'expérience esthétique, mais il l'accompagne, et son absence révèle celle de l'acte qu'il devrait normalement accompagner. A son origine se trouve l'adaptation parfaite entre un certain œil et un certain visible, dont sa nature fait pour la vue un objet parfait d'appréhension. Généralement parlant, l'œil est un récepteur dont la structure est analogue à celle des messages qu'il capte. Comme on disait autrefois, lui aussi est un rapport, une proportion. L'harmonie, ou consonance entre les vibrations lumineuses, doit avoir son écho dans l'acte de perception sensible pour que la vue d'un objet soit en même temps une expérience esthétique[11]. Cette expérience

10. ARISTOTE. *La sensation et le senti*, ch. III ; dans le commentaire de Saint Thomas, éd. R. Spiazzi, n. 101, p. 32. — Sur la nature essentiellement cognitive de l'appréhension du beau et ses conséquences touchant la vue et l'ouïe, *Summa theologiae*, I-II, q. 27, art. 1, ad 3m.

11. « Dans un objet, le beau et le bien sont fondamentalement la même chose, car ils reposent sur le même fondement, qui est la forme ; c'est d'ailleurs pourquoi on dit du bien qu'il est beau. Mais ils diffèrent dans leurs notions. D'une part, le bien se rapporte à l'appétit (puisque le bien est ce que tout désire) et par conséquent il a les caractères d'une fin (puisque le désir est une sorte de mouvement vers quelque chose). D'autre part, le beau est lié à un pouvoir de connaître, car on nomme belles les choses qui plaisent quand on les voit. Le beau consiste donc en une due proportion, car le sens prend plaisir aux choses dument proportionnées, comme à quelque chose qui lui ressemble. En effet le sens lui-même est une sorte de proportion *(proportio, ratio)*, comme c'est le cas pour tout pouvoir cognitif. Et puisque toute connaissance est assimilation, et que la ressemblance est affaire de forme, le beau se rattache en propre à la notion de cause formelle. » THOMAS D'AQUIN, *Summa theologiae*, I, 5, 4, ad 1.

elle-même est donc l'expression consciente d'un calcul spontanément effectué par le sens.

Cette conclusion donne son véritable sens à la notion de plaisir esthétique. Certains regrettent de voir ramener ainsi la doctrine du beau à un simple hédonisme. Mais, d'abord, l'expérience esthétique n'est pas ici réduite au plaisir, elle en est la cause. Et la dignité de tout plaisir est proportionnelle à celle de sa cause. Les théologiens nomment « béatifique » la vue de Dieu qu'ils tiennent pour la fin la plus haute à laquelle l'homme puisse aspirer. Dans le cas plus modeste de l'expérience esthétique, le plaisir en question prend sa source dans l'intelligibilité de l'être perçue par les sens.

Il est remarquable qu'en réfléchissant sur la nature de leur art, plusieurs des maîtres les plus hardis de la peinture moderne, ont été conduits à conclure que des relations intelligibles sont à l'œuvre dans l'expérience esthétique et que, pour cette raison même, elles doivent présider à la facture de son objet. Certains propos attribués à Cézanne, et sur lesquels, après tant d'autres, nous aurons à revenir, signifient certainement d'abord que les objets construits par le peintre expriment sous forme sensible des rapports intelligibles[12]. En disant qu'elle est une perception sensible, nous présentons cette expérience comme essentiellement distincte d'un acte de connaissance intellectuelle[13], mais nous maintenons en même temps la nature essentiellement intelligible de son

12. « Pour résumer la méthode de Cézanne, on doit la diviser en deux temps. D'abord le peintre, au contact d'un spectacle, éprouve une émotion d'ordre *essentiellement plastique:* il démêle sous les apparences l'existence d'un ordre caché qui suscite en sa conscience une construction géométrique adéquate. La sensation remplace l'inspiration au sens classique et demeure investie des mêmes pouvoirs. Le premier travail, direct, spontané, consiste à nourrir de matériaux colorés, renfermant l'essentiel de l'objet envisagé, le fugace édifice de la sensation. Le second travail, qui a lieu à tête reposée, consiste à soumettre à un rythme mécanique — reflet du rythme universel — les éléments nés de l'analyse précédente. » A. LHOTE, *La peinture*, p. 26.

13. La crainte de voir leur art retomber au rang d'un simple métier manuel explique l'insistance de certains artistes sur le caractère intellectuel de l'expérience esthétique. Par exemple, Eric Gill : « L'esthétique est ce qui plait à l'esprit au moyen du sens », *Work and Property*, p. 29, mais on pourrait invertir la formule, car enfin, bien qu'il doive être conscient de soi et qu'il se nourrisse de pensée, le plaisir de l'art n'en est pas moins d'abord un état de la sensibilité. C'est d'ailleurs ce dont Eric Gill semble convenir ailleurs (pp. 128-129), où il dit que le plaisir esthétique n'est qu'un plaisir mental, « exactement de même que le mal de dents est une douleur mentale » ; en dernière analyse, « le plaisir esthétique a son fondement dans le physique plutôt que dans le spirituel ».

objet[14]. L'expérience esthétique du tableau suppose l'aptitude du sens de la vue à percevoir, sous forme de qualités sensibles, la structure intelligible d'un certain assemblage de lignes, de formes et de couleurs.

Le pouvoir qu'a la vue de percevoir sensiblement un certain ordre d'intelligibles est donc la condition première de l'expérience esthétique en peinture. C'est pourquoi nous rappelions à l'instant qu'il faut d'abord que le peintre inscrive cet intelligible dans la structure même de son objet. Les spéculations néoplatoniciennes des Nabis[15] n'étaient certainement pas nécessaires ; il n'est même pas certain qu'elles aient été utiles, mais elles étaient inévitables, en ce sens du moins qu'il ne se pouvait pas que ces choses ne fussent pas dites par quelque peintre scrutant la nature de son art. Il serait dangereux pour un artiste de partir de relations intelligibles pour en déduire les formes sensibles de son œuvre ; s'il est vraiment un peintre, et non un mathématicien, l'artiste pensera ses œuvres sous forme d'objets perceptibles offerts directement au sens plutôt qu'à l'entendement ; mais des objets conçus comme pures expressions de rapports intelligibles peuvent être également perçus comme des œuvres d'art. Qui peut entrer dans un cabinet de mathématiques sans être saisi par la beauté de certains moulages conservés sur ses rayons ? Ce ne sont là que des modèles géométriques représentant le développement dans l'espace de formules algébriques dont l'intelligibilité, rendue perceptible au sens, est perçue comme beauté. Il n'est donc pas surprenant que les mêmes formes, ou de toutes semblables, se rencontrent de nouveau, non plus comme objets de connaissance scientifique mais comme œuvres d'art, dans la *Colonne développable* de Pevsner, le *Thème spiral* de Naum Gabo, et qu'elles aient été dès longtemps intégrées par certains peintres à la structure de leurs tableaux[16].

14. Pour une interprétation des constructions géométriques de Cézanne et de leur rapport à la perception sensible, voir A. LHOTE, *La peinture*, pp. 23-24. Noter que les vues personnelles de l'auteur sont (naturellement) impliquées dans son interprétation. Selon lui, ce que Cézanne peignait à l'époque de sa maturité était des équivalents plastiques de la relation des objets perçus à des figures transcendantes (sphère, cylindre, cône) ou à des ensembles résultant de leurs combinaisons. Ainsi conçus, les tableaux peuvent se définir des « architectures mentales nées de la sensation du peintre ». *Op. cit.*, p. 29.

15. Paul SÉRUSIER, *A B C de la peinture*, pp. 15-21. — Cf. OSBORNE, *Theory of Beauty*, pp. 174-187.

16. Voir les divers polygones dessinés par Léonard de Vinci pour le livre *De divina proportione*, de Fra Luca di Pacioli, dans Matila GHYKA, *Le Nombre*

La portée de ces faits est considérable. Ils aident à comprendre la nature des formes traitées par le peintre. Derrière chaque rapport de tons, chaque volume et chaque arabesque, derrière une simple ligne, même à ses inflexions, l'œil perçoit la présence d'une intelligibilité mathématique. Leibniz aimait redire qu'il n'est aucun nombre de points, jetés au hasard sur une surface plane, qu'il ne soit en principe possible de relier par une ligne unique susceptible d'une formule intelligible, c'est-à-dire, par une loi. La forme germinale n'est pas une loi de ce genre, mais elle atteste dans son développement un certain sens de l'intelligibilité semblable à celui qui oriente l'évolution de la forme vers sa fin dans la génération des êtres naturels. Le résultat de l'opération, pour emprunter le mot si juste de Baudelaire, est de produire « *une autre* » nature[17]. Seulement, dans le cas de la peinture, la forme germinale s'incorpore à une matière organisée pour offrir à l'œil un objet parfait d'appréhension et, pour ainsi dire, en vue de provoquer une contemplation sensible. En tant qu'œuvre de l'art du peintre, un tableau n'a pas d'autre fin.

II. Peinture et Imagerie

Le langage est libre dans les limites de l'usage. Bien que celles-ci soient mouvantes, il serait vain de prétendre régenter le sens des mots. Ainsi, on ne peut nier que selon l'usage commun

d'Or, vol. I, pls. VII-IX ; les magnifiques spécimens de coquillages, pl. XV et XVI. — Cf. André Sainte-Laguë, *Le monde des formes*, pp. 110-116 : représentation (d'après le mathématicien suédois G. Gyllström) des courbes intégrales de deux équations différentielles complexes ; surfaces géométriques figurées par des fils tendus sur des cadres de cuivre (p. 200) et la figure de la p. 201 qui semble avoir hanté l'imagination de Pevsner et de Gabo. — Incidemment, comparer la trace d'une particule mue par le mouvement brownien (p. 179) avec certains dessins linéaires de Paul Klee.

17. Baudelaire, *Salon de 1846: Eugène Delacroix*, dans *Œuvres*, p. 623. Dans ce passage, Baudelaire développe l'idée qu'il y a plusieurs genres de dessin : « Le premier est négatif, incorrect à force de réalité, naturel, mais saugrenu ; le second est un dessin naturaliste, mais idéalisé... ; enfin le troisième, qui est le plus noble et le plus étrange, peut négliger la nature ; il en représente une autre, analogue à l'esprit et au tempérament de l'auteur ». Peu auparavant Baudelaire écrit : « Un tableau est une machine dont tous les systèmes sont intelligibles pour un œil exercé » ; *op. cit.*, p. 621.

tous les tableaux peints ne soient des images. En ce sens, on peut nommer image toute peinture, vue ou concevable par l'esprit, encore même qu'elle ne se composerait que de lignes et de couleurs assemblées en un certain ordre, sans aucun souci d'imitation ni de représentation. Il est donc loisible d'employer le mot en ce sens large, mais il n'est certainement pas interdit d'en restreindre l'usage à son sens propre, surtout si l'on veut en faire un usage philosophique. Le langage commun ne se constitue pas en vue de fournir au philosophe un instrument satisfaisant ; pour en tirer de la philosophie, il faut le soumettre à une épuration semblable à celle que le poète lui impose pour en obtenir de la poésie. Bref, la langue commune est la matière de la langue philosophique dont l'idéal, d'ailleurs inaccessible, serait de disposer d'un mot distinct pour chaque concept distinct et d'un concept distinct pour chaque réalité distincte. Ce ne serait encore là qu'une langue bonne à poser les problèmes, mais elle permettrait du moins de mettre de l'ordre dans la réalité. Sans prétendre aller si loin, on demande simplement la permission, en vue du problème qui est ici le nôtre, de ramener le mot « image » à son sens propre et d'en définir les connotations essentielles.

Image vient du latin *imago*, dont il a conservé les sens de représentation, de portrait et aussi d'apparence, par opposition à réalité. Il est remarquable que le premier dérivé connu du verbe, non attesté d'où venait *imago* n'ait pas été l'un des dénominatifs *imagino*, ou *imaginor*, que l'on rencontre à l'époque impériale, mais bien le fréquentatif *imitor*, lui-même souche de nombreux dérivés. « La langue de l'époque républicaine », disent ses historiens, « ne connaît que *imago, imitor*[18] ». Autant dire que, primitivement, imiter consistait à produire une image ou, inversement, que la notion d'image était intimement liée à celle d'imitation.

Il en va de même dans la langue française classique. On peut aisément s'en convaincre en consultant le dictionnaire de Littré au mot *Image*. Le premier sens en est : « Ce qui imite, ce qui ressemble, ressemblance (sens propre du latin *imago*) ». Tous les sens suivants, sans exception, impliquent la même relation fondamentale entre la notion d'image et celles d'imitation ou de représentation. Par exemple, « représentation d'un objet dans l'eau, dans un miroir, etc. » ; « représentation de quelque chose en sculpture, en peinture, en gravure, en dessin » ; « estampes représen-

18. A. Ernout et A. Meillet, *Dictionnaire étymologique de la langue latine*, p. 416. Toutes nos remarques sur *imago* sont empruntées à cet ouvrage.

tant des sujets pieux ou autres » ; sens figuré, « ce qui figure, imite » ; autre sens figuré, « représentation des objets dans l'esprit, dans l'âme ». Les autres sens, tels que ceux d'« idée », de « description » et le reste, communiquent avec la notion fondamentale d'imitation par des passages parfois indirects, mais toujours continus.

Si l'on aborde le problème par le côté peinture, ou tableaux, il est évident que l'histoire de l'art de peindre est encombrée d'images. On ne saurait donc blâmer ceux pour qui les deux notions de peinture et d'image sont, non seulement liées, mais identiques. En principe, un tableau représente toujours quelque chose ; la notion d'une œuvre d'art peinte où l'œil du spectateur ne pourrait reconnaître l'effigie d'aucun objet réel, semble d'abord une absurdité.

Il n'est donc pas surprenant que les peintres les plus qualifiés, par leurs œuvres et par leurs réflexions, pour discuter ce problème, ne se soient pas directement interrogés sur le rapport de la peinture à l'imagerie. On ne pouvait en arriver là qu'au terme d'un long effort d'abstraction pour obtenir les notions distinctes de deux essences, quitte, après les avoir ainsi distinguées, à les associer dans la réalité.

En revanche, les peintres ont dès longtemps porté leur attention sur un problème voisin du précédent, celui du modèle. La relation entre les deux difficultés est évidente. On a vu que de Reynolds à Matisse, en passant par Delacroix, les peintres se sont accordés sur deux points : la pratique du modèle est bienfaisante, nécessaire même, mais on doit le pratiquer surtout avant de peindre, afin de se le mettre en quelque sorte dans la tête ; sauf pour vérifier des détails, il est dangereux d'avoir le modèle sous les yeux pendant l'exécution. Sous vingt formes différentes les plus grands artistes ont dit et redit la même chose et la raison qu'ils en ont donnée est la même : le peintre a besoin de s'inspirer de la réalité, mais, s'il est un artiste, il ne peut se contenter de copier le modèle qu'il a sous les yeux. En fait de copie, aucune sculpture n'égalera jamais la fidélité d'un bon moulage, aucun tableau ne pourra soutenir la comparaison avec une bonne photographie en couleurs[19].

19. Delacroix estimait le recours au modèle utile pour donner du caractère, mais il redoutait la pente au réalisme que l'abus du modèle implique nécessairement : « Il [le modèle] tire tout à lui, et il ne reste plus rien du peintre. » *Journal*..., vol. I, p. 85. Cf. pp. 87-88. — Voir plus haut, ch. IV, note 54, p. 201.

En effet, la notion de modèle est inséparable de celle de copie. « Modèle », dit Littré, « objet d'imitation ». Si donc il entreprend de dessiner ou de peindre d'après le modèle, ce qu'il peut juger bon de faire pour diverses raisons, l'artiste se propose implicitement de copier, d'imiter et de représenter. En pareil cas, le résultat de son effort sera, devra être, une image du modèle. Se demander si l'objet propre que doit se proposer le peintre est de copier fidèlement un modèle revient à se demander si l'objet propre de la peinture est de produire des images, ou si, au contraire, la peinture et l'imagerie ne sont pas deux arts différents, poursuivant deux fins différentes et produisant deux classes d'œuvres spécifiquement distinctes.

Une remarque de Delacroix met sur la voie de la réponse. On sait qu'il a toujours professé l'« idéalisme » en art et poursuivi le « réalisme » d'une hostilité sans relâche. Il nommait réalisme la copie, ou l'imitation presque servile de la réalité, telle qu'il regrettait de la trouver dans les figures de David ; par exemple, dans la jambe et le pied du vieil Horace (*Les Horaces*). La raison de cette hostilité était simple. Si l'art est invention, poésie, le réalisme ainsi conçu en est la négation même. En effet, dans la mesure où elle est art, la peinture est invention ; elle est donc le contraire de l'imitation. Pour être vraiment art, c'est-à-dire invention et apport propres de l'artiste, l'œuvre peinte doit donc être, en ce sens précis, idéaliste ; elle doit prendre sa source dans l'esprit du peintre, non dans la réalité. De là, écrivait Delacroix dans un passage de grande importance : « de là la nécessité de ne prendre du modèle que ce qui sert à expliquer, à corroborer l'idée. Les formes du modèle, que ce soit un arbre ou un homme, ne sont que le dictionnaire où l'artiste va retremper ses impressions fugitives ou plutôt leur donner une sorte de confirmation, car il doit avoir de la mémoire. Imaginer une composition, c'est combiner les éléments d'objets qu'on connaît, qu'on a vus, avec d'autres qui tiennent à l'intérieur même, à l'âme de l'artiste. Beaucoup d'entre eux, au contraire, composent avec le modèle sous les yeux, ils ôtent, ils retranchent peut-être, ou ils ajoutent, mais ils partent toujours de cet objet étranger à eux-mêmes, le modèle extérieur[20] ». S'il n'est

20. Voir l'essai de Delacroix intitulé « Réalisme et idéalisme » dans *Œuvres littéraires*. La phrase citée se trouve vol. I, p. 58. C'est d'ailleurs pourquoi toute copie d'un tableau, même de la main qui peignit l'original, diffère spécifiquement de l'original. Le but d'une copie est l'imitation d'un modèle déjà donné ; la copie d'une peinture est donc une image ; elle relève d'un autre art que celui qui produisit l'original.

pas erroné d'assimiler le problème de l'imitation du modèle à celui de la nature de l'image qui en résulte, on peut donc définir d'abord l'image comme *une œuvre dont le point de départ est extérieur et étranger à l'esprit de son auteur.*

Ainsi entendue, l'image va se distinguer de la peinture à plusieurs égards et se constituer, par des marques précises, comme espèce distincte entre les autres arts du dessin. Partant, comme elle fait, d'un objet étranger à l'esprit de l'imagier, l'image se réfère, du commencement à la fin de la conception et de l'exécution, à l'objet extérieur comme à sa règle et à son modèle. On peut exprimer cette même notion de bien des manières. Par exemple : il est de l'essence de l'image d'être l'imitation d'un modèle, l'imagerie est donc essentiellement représentation et imitation ; l'imagier ne saurait donc craindre de pousser trop loin la fidélité dans la ressemblance au modèle. Du point de vue de l'artiste, car l'imagerie est un art et l'imagier un artiste, c'est le triomphe du fini dans l'imitation, du rendu qui est l'expression rigoureusement exacte d'objets réels, et même d'un trompe-l'œil dont l'ambition est d'offrir aux regards une image qui se fasse prendre pour une réalité[21]. L'imagerie atteint sa perfection lorsque, grâce à l'art de l'imagier, l'image équivaut au modèle. Ces remarques s'appliquent aux œuvres même les plus authentiquement picturales dans la mesure où, pour une raison quelconque, l'artiste a cru devoir recourir aux techniques de l'imagerie. Celle-ci n'est alors qu'un art ancillaire de la peinture, mais il est légitime de juger le peintre selon les règles de l'imagerie dans la mesure où lui-même a voulu faire œuvre d'imagier[22].

21. Fénelon a naïvement exprimé la nécessité de cette relation entre imitation et trompe-l'œil dans sa *Lettre sur les occupations de l'Académie:* « La poésie est sans doute une imitation et une peinture. Représentons-nous donc Raphaël qui fait un tableau, il se garde bien de faire des figures bizarres, à moins qu'il ne travaille dans le grotesque ; il ne cherche point un coloris éblouissant ; loin de vouloir que l'art saute aux yeux, il ne songe qu'à le cacher ; il voudrait pouvoir tromper le spectateur, et lui faire prendre son tableau pour Jésus-Christ même transfiguré sur le Thabor. Sa peinture n'est bonne qu'autant qu'on y trouve de vérité. L'art est défectueux dès qu'il est outré ; il doit viser à la ressemblance ». On voit au clair l'apparentement des thèmes : la peinture comme langage d'une connaissance vraie (bonne peinture = vérité) ; la vérité peinte conçue comme ressemblance ; la ressemblance parfaite identifiée au trompe-l'œil. De là cette peinture mortellement ennuyeuse dont on a rempli tant d'églises et qu'aujourd'hui encore des censeurs qui n'ont aucune idée de ce qu'est la peinture, préconisent comme l'idéal même de l'art religieux.

22. Cézanne aurait dit qu'« il faut de l'imitation, et même un peu de trompe-l'œil ; ... cela ne nuit pas si l'art y est. » E. BERNARD, *Souvenirs...*, p. 92.

Après sa fidélité, le premier mérite d'une image, considérée en tant que telle, est sa lisibilité. Entendons par là que, essentiellement représentative, elle doit ne laisser aucun doute sur ce qu'elle représente. Bien que d'autres éléments y contribuent, sa perfection tient pour beaucoup à l'aisance avec laquelle elle permet d'identifier son modèle dans l'ensemble comme dans la multiplicité de ses moindres détails. Une image photographique est bonne si, après une mise au point exacte et un temps de pose correct, sa finesse permet d'en lire les détails à première vue. Un dessin d'après nature, une nature morte, un paysage ou un portrait peints sont des images d'autant meilleures qu'elles se rapprochent davantage de la limite idéale où un inventaire du tableau est aussi facile et aussi complet que le serait un inventaire du modèle. Il se peut que le modèle de l'image soit un objet réel, comme lorsque, dans l'atelier du peintre, le modèle et son portrait s'offrent côte à côte. Mais ce genre de ressemblance n'est pas nécessaire pour qu'une image soit réussie. Aussitôt le portrait terminé, le modèle commence de changer. Après la mort du modèle, les problèmes de ressemblance perdent leur sens. Il n'est pas toujours facile d'identifier l'original d'un portrait à l'aide d'autres portraits de la même personne par le même artiste, ou par des artistes différents. S'il ne reste qu'un seul portrait, c'est le modèle qui pour nous lui ressemble. Le seul vrai visage de Descartes que nous connaissions est celui que lui a donné Franz Hals, si c'est bien lui que le fameux portrait représente ; et si ce n'est pas vraiment lui, Descartes n'en peut mais ; il restera pour nous le modèle imité jadis par Franz Hals.

A sa limite, cette possibilité de substitution révèle l'aptitude de l'image à représenter indifféremment le réel ou le possible. Dans le second cas, l'objet de la représentation est conçu comme une réalité qui aurait pu être, ou qui pourrait exister. Il suffit alors que l'image fasse voir en traits non équivoques ce que fut jadis cette réalité conçue par la pensée, ou même ce qu'elle pourrait être soit à présent, soit dans l'avenir. Telle est aussi l'origine de l'extraordinaire extension du domaine des images visuelles et de leur représentation figurée par l'une quelconque des nombreuses variétés de l'art du dessin. Alors que l'imitation d'un modèle réel ne peut s'exercer que dans l'aire de l'existence actuelle, celle d'un modèle possible ne connaît pas de limites. Le surréalisme pictural semble précisément s'être assigné pour tâche de démontrer que ces limites n'existent pas. En combinant à son gré des images d'objets réels, ou même des fragments librement disloqués et réarrangés de telles images, un peintre affirme son incontestable pouvoir de produire même la réalité imaginaire qu'il paraît imiter.

Il convient donc d'assouplir assez la notion d'imitation pour qu'elle puisse s'étendre du réel au possible. On peut le faire sans arbitraire, si l'on met en œuvre une autre fonction que l'image exerce dans les deux cas et qui, par conséquent, les inclut l'un et l'autre. La production de l'image est essentiellement imitation, mais, une fois faite, l'image elle-même est un signe. Entendons par « signe », avec Littré, l'« indice d'une chose présente, passée ou à venir ». Décrivant plus loin le troisième sens de ce mot, Littré ajoutait : « Ce qui sert à représenter une chose. Les mots ne sont que les signes des idées. Les signes algébriques, géométriques. Les signes de la ponctuation ». Joignons les images à ce commencement de liste, et nous pourrons dire que, précisément parce qu'elles sont essentiellemnt imitatrices et représentatives, toutes les images sont autant de signes, c'est-à-dire d'indices, de quelque chose présente, passée, à venir ou simplement possible. Depuis la forme du signe la plus simple, qui est le geste, jusqu'à la représentation picturale la plus élaborée, la fonction significatrice de l'image reste la même. *L'élévation en croix* de Rubens est un signe, mais c'en est déjà un que le signe de la croix.

Cette extension du rôle propre attribué à l'image ne change en rien sa nature ni sa relation aux objets qu'elle signifie. Qu'elle soit le signe d'un objet actuellement existant ou d'un objet simplement possible, le point de départ de l'image et le critère de sa valeur lui sont extérieurs. En effet, ils coïncident entre eux et avec sa signification. Par ce mot, toujours suivant Littré, nous entendons : « ce que signifie une chose. La signification d'un tableau, d'un symbole ». Pour le moment, bornons-nous à noter que, soit qu'il s'agisse d'un tableau, soit qu'il s'agisse d'un symbole, l'image est entièrement dominée, déterminée et mesurée par sa signification. Comme elle est la cause de l'image, sa signification en est la règle ; elle lui est donc, en un sens, extérieure ; elle est ce que l'image a pour fonction de manifester, de faire connaître ou, tout au moins, de dénoter.

L'imitation essentielle à l'image n'est donc que le mode de signification qui lui est propre dans tous les cas où la fin qu'elle se propose est de faire voir l'apparence visuelle d'un objet, ou d'un ensemble d'objets quelconque, en vue de le signifier. Une nature morte, un paysage fait d'après nature, un portrait, signifient les objets qu'ils représentent, ou qu'ils sont censés représenter. Il arrive d'ailleurs souvent que, sans prétendre à l'exactitude dans la représentation, l'image ne soit qu'un schème visuel conventionnel et traditionnel dont les spectateurs savent d'avance ce qu'il signifie. Nulle explication n'est alors nécessaire : tout Chrétien reconnaît à première vue un Christ, une Vierge Marie ou un Jean-Baptiste, dont ni lui-même, ni l'artiste n'ont jamais vus les originaux. Il ne s'agit plus alors de signification par mode de ressemblance, mais seulement par mode de figuration conventionnelle. Par exemple, on entre rarement dans une demeure privée, en Colombie, sans y voir les effigies de Bolivar (le Libérateur) et du Sacré-Cœur de Jésus. Si différentes soient-elles, les images de Bolivar semblent reliées entre elles par une ressemblance assez lâche, mais perceptible, qui suppose l'existence d'un modèle commun jadis réellement existant. Les effigies du Sacré-Cœur sont pareillement reliées par une ressemblance commune, souvent due à une même origine industrielle, mais qui repose en fin de compte sur une sorte de convention tacitement acceptée. Il va de soi que nulle relation fondée en réalité ne justifie cette convention. Une image du Sacré-Cœur représente un homme généralement pourvu d'une longue chevelure et d'une barbe blondes, qui pourrait à la rigueur jouer les ténors wagnériens, mais exhibant son cœur et, par là-même, immédiatement reconnaissable comme « un Sacré-Cœur ».

Tout signe dont la signification est conventionnellement acceptée relève évidemment de l'ordre du langage. En ce sens, l'imagerie est une variété de l'écriture. On pourrait montrer que, même lorsqu'elles imitent directement une réalité donnée, les images mettent en œuvre mainte méthode d'expression dont la nature conventionnelle n'est pas douteuse. Les règles de la perspective picturale en sont un bon exemple. Mais la chose est plus évidente encore dans les cas, littéralement innombrables, où une sorte de canon tacitement obéi permet au spectateur de déchiffrer, immédiatement et infailliblement, le sens de l'image que l'artiste offre à son regard. Une gradation insensible et continue relie ces images conventionnelles aux purs symboles, dont c'est le propre de signifier sans représenter. « Symbole », c'est-à-dire, « figure ou image employée comme signe d'une chose ». Ainsi, dans les catacombes romaines, l'image d'un poisson ne signifiait pas un poisson, mais bien : Jésus-Christ, fils de Dieu, sauveur ». Pareillement, une ancre signifiait l'espérance, une colombe l'âme chrétienne et un bateau chargé d'amphores l'Église portant en elle les Chrétiens.

Entre de telles images et les mots proprement dits, les idéogrammes formeraient une transition. Mais il n'en est pas besoin ; on entre dans l'ordre du langage et de l'écriture dès qu'on fait usage de signes quelconques dont le point de départ est leur signification[23].

Dans la plupart des cas où elle est considérée, à tort ou à raison, comme relevant du genre peinture, l'image se suffit à elle-même. Elle est intelligible sans qu'il soit besoin d'user de mots pour expliquer ce qu'elle représente. Reconnaître ce qu'une image représente est d'ailleurs à peu près la même chose que ce que la plupart des spectateurs appellent : comprendre un tableau[24]. Un tableau « incompréhensible » est celui dont on n'arrive pas à discerner les objets qu'il représente, ou les relations que l'on suppose exister entre ces objets. En tout cas, la signification d'un tableau de ce genre est toujours formulable à l'aide de mots. Au lieu de décrire le physique d'un personnage historique célèbre, le peintre s'est contenté d'en tracer les traits ; nous voyons l'œuvre, et nous disons : Napoléon Ier. L'imagerie remplit alors les fonctions d'un langage plus rapide, plus concret et parlant plus directement aux yeux que celui qui, au lieu de faire voir les choses, se contente de signes verbaux. Elle n'en diffère pourtant pas essentiellement.

Une difficulté surgit ici dont il importe de se défaire. D'un certain point de vue, on peut soutenir que tout acte étant significatif et expressif au moins de ce qu'il fait, il est par là-même image. Il n'y aurait donc pas lieu de distinguer entre des œuvres d'art qui ne seraient aucunement expressives, ni significatives et d'autres qui, comme les images, annoncent et déclarent quelque chose du fait même qu'elles sont.

Cette difficulté n'est peut-être pas insurmontable. Tout ce qui est se déclare, s'annonce et se signifie soi-même sans avoir à faire pour cela quoi que ce soit d'autre que d'exister, mais ceci veut dire simplement que, de soi, tout ce qui existe est connaissable et intelligible de plein droit. S'il s'agit, non seulement d'un être, mais de l'une de ses opérations ou actions, on est *a priori* certain qu'outre son intelligibilité propre, elle est orientée vers une certaine fin. Pour employer une formule du langage commun, simple

23. Rudolf Koch, *The Book of Signs*, New York, Dover Publications, s. d.

24. Baudelaire, ' L'art philosophique ', et ' Peinture didactique ', dans *Œuvres*, pp. 926-936.

mais expressive, on dira de toute opération ou action qu'elle « a un sens ». Mais il ne résulte pas de là que tout être, toute opération ou toute action soit un signe.

L'abus que l'on fait aujourd'hui du mot « message », transféré, semble-t-il, du domaine d'une certaine théologie prédicante à celui de l'esthétique, appelait une saine réaction, mais on aurait tort d'oublier qu'à côté des choses dont la fonction première est d'être elles-mêmes, il en est d'autres dont la fonction essentielle est d'être en effet des messages, c'est-à-dire, de signifier. Par exemple, il est vrai de dire que, si je mange, je déclare par là-même que j'ai faim, mais cela n'implique pas que, pris en soi, l'acte de manger consiste à déclarer qu'on a faim. Il est pareillement vrai que, de quelque manière qu'il s'y prenne, un peintre ne pourra jamais éviter de dire par ses œuvres qu'il est et veut être un peintre, ni même de signifier quel genre de peintre il est, mais on ne peut en conclure que peindre soit essentiellement l'acte qui consiste à signifier ces choses. En peignant, l'artiste dit qu'il est un peintre comme celui qui court dit en courant qu'il est un coureur, mais ni peindre ni courir ne sont premièrement des déclarations ni des signes. Au contraire, le tableau qui représente un homme en train de manger ou de courir est essentiellement l'image et le signe des réalités actuelles ou possibles qu'il représente. Il est donc vrai de dire de l'imagerie qu'elle a pour objet propre de « rendre publique sa signification », mais on ne saurait affirmer que ce soit vrai de tout art[25]. La possibilité d'une distinction entre imagerie et peinture à cet égard doit être au moins provisoirement réservée.

Il n'est donc pas surprenant que le désir de s'exprimer aussi aisément et complètement que possible ait souvent conduit à combiner la parole et l'imagerie de bien des façons différentes.

On citera d'abord l'illustration d'un texte littéraire. Nous laissons ici de côté la notion de « livre illustré », dont le sens est tout autre. Celui qui illustre un livre ajoute à l'œuvre imprimée, qui relève de l'art littéraire, une autre œuvre, imprimée ou gravée, qui relève d'un art plastique. Illustrer un livre, comme firent Maurice Denis pour *Sagesse* et Henri Matisse pour Mallarmé, ce n'est pas nécessairement dessiner ou peindre ce qui est dit dans le livre ; c'est plutôt en doubler le texte par des équivalents plastiques librement choisis[26]. Au contraire, illustrer un texte est faire voir

25. Robert LEBEL, *Chantage à la beauté*, p. 12.
26. Maurice DENIS, *Théories*, p. 11.

au moyen d'images ce que le texte écrit ne peut que suggérer à l'aide de mots. Les peintres l'ont souvent fait observer et l'expérience quotidienne le confirme : une seule image fait voir en un instant, avec précision et clarté, ce que le langage n'arrive qu'à peine à suggérer au moyen de mots sans nombre. L'art de l'illustration a pour objet de suppléer à cette déficience du langage et c'est de ce point de vue qu'on a droit de le juger[27].

Plus libre, et déjà plus elle-même, l'image peut se présenter au contraire comme une sorte de texte dont les paroles seraient le commentaire. C'est un rôle qu'elle joue de plus en plus fréquemment dans les méthodes d'enseignement qui font plus confiance à la perception sensible qu'à l'intellect. Mais ce genre d'images pullule littéralement dans les journaux, sous la forme de dessins accompagnés de légendes explicatives, ou chargés de ces ballons parlants, chers aux dessinateurs anglo-saxons, qui semblent sortir de la bouche des personnages et contiennent leurs paroles.

A ce procédé sans élégance, les dessinateurs continentaux ont souvent opposé le « dessin sans légende », ou la suite de dessins formant une « histoire sans paroles ». Les œuvres de ce genre font voir avec évidence que, prise sous sa forme pure, l'imagerie peut remplir les fonctions attribuées d'ordinaire au langage, notamment celle de raconter. Un récit dessiné peut être aussi clair et plus frappant qu'un récit simplement écrit ou parlé. Le langage commun l'emporte chaque fois que l'expression de quelque notion abstraite est en cause ; l'imagerie l'emporte au contraire lorsqu'il s'agit de faire voir un objet concret. En pareil cas, il n'y a simplement pas de commune mesure entre la description verbale et le dessin.

Cet emploi de l'imagerie au service de significations objectives conditionnant l'image semble assez caractéristique pour justifier sa constitution en art distinct. Rappelons une fois de plus que distinguer les essences par l'abstraction n'autorise pas à les poser dans l'expérience comme autant de réalités isolées. Ces distinctions signifient pourtant que, dans la mesure où l'image se réduit plus complètement à la description qui vient d'en être donnée, elle

27. L'illustrateur qui se propose de donner des équivalents plastiques d'un texte littéraire peut d'ailleurs s'attendre à être jugé comme un mauvais imagier. Un amusant exemple est le début de l'essai de Macaulay sur une édition illustrée du *Pilgrim's Progress* de Bunyan. Il se plaint, en somme, que l'illustrateur n'ait pas reproduit les images que lui-même, Macaulay, avait dans l'esprit en lisant ce livre.

mérite davantage qu'on pose l'imagerie comme une espèce distincte dans l'ensemble des arts du dessin.

Distinguer l'imagerie de la peinture n'est aucunement l'avilir. Au contraire, elle est un art d'importance considérable, dont la valeur propre apparaît d'autant plus clairement qu'on cesse d'en juger les œuvres d'après les principes d'un autre art. On ne dira jamais assez combien de confusions qui encombrent le terrain de la critique d'art, sont dues à cette méprise. Rien n'est plus commun que de juger des peintures comme si elles étaient des images, ou des images comme si elles étaient des peintures. L'imagerie a ses caractères et ses vertus propres ; elle occupe dans la vie des hommes une place beaucoup plus grande que celle qu'y occupe la peinture. Il est facile de s'assurer de ces deux vérités.

Tracer des images et les colorier est un besoin apparemment essentiel de la nature humaine. Les peintures rupestres attestent son antiquité ; c'est par lui que des légendes expliquent l'origine de la peinture même : en s'efforçant de tracer le contour d'une ombre portée sur un mur ou sur un rocher, les premières effigies seraient nées sous la main de l'homme ; enfin et surtout chacun peut observer, sur lui-même ou sur d'autres, quel plaisir nous prenons à dessiner et à reproduire sur du papier les apparences visibles des choses ou des êtres vivants qui nous entourent. Il existe une abondante littérature sur les dessins d'enfants. Si, comme il se doit, on nomme art une certaine aptitude raisonnée à faire quelque chose, il est difficile de concevoir aucune raison pour nier que l'art de l'imagerie ne prolonge une tendance naturelle de l'homme. Prise sous sa forme complètement développée, l'imagerie est incontestablement un art. Le dessin pur n'est pas autre chose. Le plaisir que petits et grands trouvent à dessiner les objets invite à faire de l'imagerie, prise comme art de retracer les apparences visibles, non seulement un art, mais l'un des beaux-arts.

Ce qui est vrai du côté de l'artiste l'est plus évidemment encore de celui du spectateur. Les enfants éprouvent un intense plaisir à feuilleter leurs « livres d'images » et les adultes restent toujours enfants à cet égard. La vogue moderne du livre illustré sous toutes ses formes montre bien que l'industrie a trouvé dans le plaisir de regarder des images une disposition quasi universelle à exploiter. Là encore, un certain art peut jouer son rôle : une bonne photographie en couleurs prise par un habile opérateur sous un angle choisi avec goût, est une œuvre d'art à sa manière et bien peu la regarderaient sans plaisir. Considérer l'imagerie comme l'une des formes sous lesquelles s'exerce l'activité de l'*homo faber*, n'est donc aucunement l'exclure de la compagnie des autres arts. Tout au contraire, c'est y revendiquer pour elle une place distincte que nul autre art ne saurait occuper.

La place de l'imagerie dans la vie humaine est illimitée. Comme celle du langage, elle est coextensive à la vie elle-même. Sous sa forme la plus simple et la plus efficace, l'image est document, et parce qu'elle survit à l'événement aussi bien qu'à l'observateur, elle est irremplaçable. Nous ne pouvons guère contrôler la fidélité de ces images à la réalité. La reine Marie-Antoinette était-elle vraiment sur la charrette qui la conduisit à la guillotine, telle que l'a représentée le cruel croquis à main levée du peintre David ? On ne le saura jamais, mais on sait du moins avec certitude qu'elle offrit alors ce spectacle pitoyable à l'œil d'un peintre témoin de l'événement. Les anciennes vues de pays et de villes, les anciens portraits d'après nature ; pour l'âge d'après Daguerre, toutes les photographies et bandes cinématographiques, en noir ou en couleurs, constituent un amas sans cesse croissant d'images documentaires qui perpétuent, imparfaitement mais réellement, la vue d'objets et de spectacles depuis longtemps disparus. Le nombre et la qualité de ces images ne cessant de croître, on peut prédire à coup sûr que l'importance de l'imagerie documentaire, à la fois sonore et auditive, ne cessera de croître à l'avenir.

Outre cette fonction collective de conservation des apparences visuelles, l'imagerie joue le rôle d'aide-mémoire dans la vie personnelle de chaque individu ou de chaque groupe social. Le dessin, le tableau peint, la photographie, permettent de voir, comme s'ils étaient encore présents, ceux dont nous sommes séparés par l'absence ou par la mort. N'y aurait-il en eux de mort que leur jeunesse, celle-ci du moins nous serait ainsi restituée dans sa beauté, telle qu'elle fut avant d'avoir subi les outrages du temps. Nos portraits d'enfance et de l'âge mûr nous deviennent incroyables à nous-mêmes, plus encore à nos amis. Symbolisons par l'album familial de photographies cette fonction commémorative de l'image ; les exemples en sont trop communs pour qu'il vaille la peine d'insister.

Beaucoup plus importante est la fonction significatrice de l'image. Il est de son essence qu'elle fasse voir. En faisant voir, elle enseigne. La parenté de l'imagerie avec le langage est ici plus évidente encore que précédemment. Les religions ont très tôt placé des images des dieux sous les yeux des croyants. Les murs égyptiens, les vases grecs, les porches des cathédrales du moyen âge, ont été justement comparés à des livres où les figurations remplaceraient les mots écrits, qui d'ailleurs s'y associent fréquemment. En ce sens proprement *iconique* du mot, l'histoire de l'imagerie se nomme iconographie, et ce nom seul suffit à faire voir combien intimement le sort de l'imagerie est lié à celui de la peinture.

Il en est pourtant distinct. Les peintures ne sont qu'un groupe étroitement limité de l'immense famille des images. Sculptées, gravées, dessinées, peintes, photographiées, cinématographiées ou télévisées, celles-ci ont progressivement envahi le champ total de la représentation et de la pédagogie. On a beaucoup progressé en ce sens depuis le temps où les artistes du moyen âge sculptaient la Bible d'Amiens. L'encyclopédie universelle de toutes les sciences et techniques humaines que Campanella imaginait peinte sur les murs concentriques de la Cité du Soleil est en passe de devenir réalité grâce à l'incessant progrès de l'illustration dans le livre scolaire moderne. L'« enseignement par l'image » tend de plus en plus à confier à l'image l'essentiel de l'enseignement. N'entrons pas ici dans un problème pédagogique étranger à notre propos ; il suffira de dire que si le fait constitue une menace, son existence du moins est certaine. On ne peut se représenter l'avenir d'une humanité qui penserait de plus en plus par images et de moins en moins par concepts ou par signes symboliques. On peut déjà voir ce qu'est une pensée religieuse trop souvent réduite au représentable et à l'imaginable. Mais le rôle de l'imagerie religieuse va plus loin que la simple représentation.

En effet, puisque l'image parle, elle peut le faire plus ou moins bien. Son apparentement au langage lui ouvre l'accès de la rhétorique, qui est l'art, non plus seulement de dire, mais de persuader. C'est afin d'émouvoir, et d'ordonner en vue de leurs propres fins les émotions qu'elles travaillent à provoquer, que les nations et les églises multiplient les images des héros populaires, des saints et même de la divinité sous toutes les formes et dans toutes les fonctions qui leur sont attribuables. La représentation figurée des scènes majeures de l'histoire nationale ou religieuse d'un groupe humain quelconque occupe une place considérable dans la vie des peuples et des églises. Chaque grande cité, chaque nation, chaque secte utilise les arts, plastiques ou non, pour affirmer son essence, son importance et persuader les esprits de sa grandeur en leur mettant sous les yeux des objets visibles qui l'expriment, la représentent et par conséquent l'attestent. Bref, l'image est partout au service de la propagande ou, pour user d'un terme plus moderne, de la publicité. Le prospectus, l'affiche, l'image patriotique et l'image religieuse peuvent différer grandement par la nature et la dignité des causes qu'elles servent. Il peut s'agir d'un tube de pâte dentifrice ou du salut éternel des hommes. Les émotions et les intérêts mis en cause par de telles images sont aussi différents que leurs objets, mais la nature du moyen mis en œuvre dans tous ces cas demeure essentiellement la même.

Ceci est tellement vrai qu'on a voulu faire de l'art publicitaire « la forme d'art véritablement originelle ». On est allé jusqu'à dire : « Il n'y a d'art que publicitaire[28] ». Oui, si l'on entend par là que tout art exprime quelque chose et tend par conséquent à l'exprimer. Mais ce qui caractérise l'usage publicitaire ou propagandiste de l'art, c'est la volonté d'utiliser l'art au service d'une cause autre que l'art. Dans le cas dont il s'agit ici, l'art met à profit le pouvoir expressif et la puissance émotive des images afin d'agir sur les sensibilités au bénéfice d'une certaine vérité et de lui gagner des adhésions en lui conciliant des esprits. En ce sens, on peut dire en effet de l'imagerie qu'elle est souvent publicitaire, non pas tant parce qu'elle vise à rendre publique sa signification, mais plutôt parce que, grâce à l'image, elle explique, recommande et célèbre ce qu'elle représente. Engagé dans une entreprise étrangère à son art, le peintre qui se fait imagier asservit nécessairement son œuvre aux exigences du genre particulier de langage dont il a décidé d'user. Le génie a souvent triomphé du genre de difficulté qui consiste à parler sans renoncer à peindre ; nous disons simplement qu'il existe un art plastique dont l'objet propre est de parler au moyen d'images, que ce type d'art est fréquemment publicitaire et que c'est l'art de l'imagier.

On ne le voit jamais mieux que dans les cas où, par delà le langage et la rhétorique, l'imagerie s'engage dans l'action. Il est vrai que le propagandiste est nécessairement agissant, mais certains imagiers vont jusqu'à s'engager directement dans une cause sociale, politique ou nationale et mettent leur art au service de ce que, prenant le mot dans toute sa généralité, on peut nommer un parti. L'art du caricaturiste, où l'écriture n'a souvent pas moins d'importance que l'imagerie, représente ce dont nous voulons parler ici. Elle le représente exactement dans le cas de la caricature politique illustrée en France par des noms tels que Daumier, Gavarni, Forain

28. Robert Lebel, *Chantage à la beauté*, p. 12.

et tant d'autres. Les variétés et sous-variétés du dessin satirique, illustrant ou non une légende, sont pratiquement innombrables et il n'est même pas certain qu'un travail étendu, entièrement consacré à ce seul problème, réussirait à les discerner, à les définir tous et à les classer[29].

Le genre d'importance propre à l'imagerie et aux imagiers apparaît clairement lorsqu'on le compare à celui de la peinture proprement dite et du peintre au regard de l'histoire de leur temps, que ce soit celle qui se fait ou celle que des historiens s'efforceront d'écrire un jour. L'imagier est au cœur même de cette histoire. Reflet vivant des mœurs, des sentiments et des événements principaux de son époque, il les exprime, les commente avec passion, avec amertume ou avec une gracieuse ironie, mais toujours de manière telle que son œuvre en porte témoignage. Même si tous les autres documents périssaient, quelque chose de l'histoire d'une époque survivrait dans l'œuvre de ses imagiers[30]. Au contraire, plus l'artiste est proprement peintre, moins il est nécessaire à la perfection de son œuvre qu'elle parle d'autre chose qu'elle-même. Parce qu'elle-même est un document, l'œuvre de l'imagier demande ou fonde le commentaire historique. Il se peut que l'idée de travailler pour l'histoire n'ait pas même effleuré la pensée de son auteur, mais c'est finalement ce qu'il fait, et c'est pourquoi les historiens recourent si volontiers à son imagerie savante ou populaire afin d'illustrer la description de certaines

29. Comme souvent, Baudelaire a vu la nature du problème et compris son importance : *Œuvres*, pp. 729-759. On ne sera pas surpris non plus que Sainte-Beuve en ait reconnu l'emplacement et qu'il ait tourné autour, en plaignant « la critique qui se priverait de toute ouverture de ce côté ». Voir les trois articles de 1863 sur ' Gavarni ', dans *Nouveaux Lundis*, t. VI, pp. 138-212. Pour ce qui est du lithographe, il s'en remet aux Goncourt du soin de le décrire « avec une sorte de rivalité de plume » (p. 209) ; lui-même se réserve le « littérateur » et l'« observateur » qu'il intègre à la famille des « maîtres moralistes » (p. 157). D'où un parallèle entre Gavarni et Balzac (pp. 160-162) où, naturellement, Balzac n'a pas le dessus, car Gavarni « est l'observation même » (pp. 140-141). On voit ici l'art de l'imagier verser complètement du côté de la littérature.

30. Les couvertures du *Saturday Evening Post* représentent le type parfait de l'imagerie. Leur ensemble constituera plus tard une documentation sans prix sur les visages changeants de la vie quotidienne aux États Unis. Norman Rockwell restera peut-être le plus grand de ces portraitistes des types et des mœurs du pays. On remarquera que chacune de ces images est accompagnée d'une explication écrite, souvent suivie elle-même de lettres à l'éditeur qui prolongent le commentaire. On est ici dans l'ordre du langage. Juger ces images comme s'il s'agissait de peintures, serait une erreur ; leur mérite est ailleurs.

mœurs ou le récit de certains événements. Le plus modeste imagier est plus important à cet égard que ne le sera jamais Paul Cézanne. S'il ne nous restait, pour connaître les années 1839-1906, que le seul témoignage de ses œuvres, nous ne saurions même pas qu'il vit la chute du second empire et vécut en marge de la guerre de 1870.

Deux arts spécifiquement différents appellent des esthétiques différentes. Chacun d'eux se propose une fin distincte, use pour l'atteindre de moyens qui lui sont propres.

Entreprendre de définir une esthétique de l'imagerie serait une tâche considérable, mais elle ne nous incombe pas. Il suffit à notre propos de formuler le principe qui, semble-t-il, devrait dominer cette esthétique et fonder les jugements portés sur les images. Nous avons déjà dit que l'origine de l'image lui est extérieure ; c'est donc aussi hors d'elle qu'il convient de situer le critère au nom duquel on pourra la juger. Essentiellement imitation d'un objet, l'image sera d'autant meilleure qu'elle sera plus parfaitement image, c'est-à-dire qu'elle sera plus semblable à son modèle, si celui-ci est réel, ou, si le modèle est imaginaire, qu'elle sera plus vraisemblable. Il est donc juste d'inclure d'abord dans l'appréciation des images le degré de leur succès à offrir au regard une réalité actuelle ou possible. A un art d'imitation doit correspondre une esthétique de l'imitation.

En tant qu'elle est signe, symbole, langage sous une forme quelconque, l'image ne saurait être trop explicite et trop complète. Assurément l'imagier doit lui aussi consentir des sacrifices. Il est un point d'insistance sur le détail au-delà duquel l'image perd de sa lisibilité, et s'il s'agit de suggérer une idée, le sens de celle-ci doit présider au choix des moyens dont l'artiste usera pour la mettre en valeur. Mais il n'y aura d'autre limite au nombre et à l'intensité des signes employés que la nécessité de rester clair. L'image d'une boulangerie est d'autant meilleure, comme image, que son auteur y a fait plus complètement tenir tout ce que l'on s'attend à voir dans la boutique d'un boulanger. « Quand on parle, c'est pour se faire comprendre », et « on ne s'explique jamais trop complètement », ces deux dictons s'appliquent correctement à l'art de l'imagerie, ils permettent pour une part d'en juger les œuvres et justifient en fait d'innombrables jugements qui, sans valeur pour d'autres arts, sont entièrement valables pour celui-là[31].

31. Pour prendre un exemple au hasard, la couverture de *Saturday*

Un troisième caractère de l'imagerie concerne son rapport à la beauté naturelle. L'image n'est pas nécessairement liée à cette beauté. Elle peut représenter n'importe quoi, le laid, le repoussant et l'ignoble aussi bien que le beau, l'attrayant et le noble. Dans les innombrables cas où sa fonction est principalement documentaire, elle doit même représenter l'objet, quel qu'il soit, tel qu'il est. C'est là sa fonction propre d'image. Mais si l'imagier entend se comporter en artiste, c'est-à-dire s'il considère l'imagerie comme l'un des beaux-arts, le problème devient autre. Comme tout imagier, il doit d'abord mettre en œuvre les techniques et l'habileté requises pour produire, sur le papier, sur la toile ou sur le mur, un équivalent des formes et des couleurs de ce que son image représente. En cas de réussite, et elle est quasi-miraculeuse lorsqu'il s'agit d'un virtuose du dessin, la seule apparition de ce double visuel d'un modèle donné suffit à causer un plaisir sensible qui peut être extrêmement vif. Les professionnels du portrait à main levée, qui opèrent dans certains hôtels ou à la terrasse de certains cafés, ne manquent jamais d'attirer autour d'eux un groupe de spectateurs fascinés par ce spectacle. N'importe quel peintre de plein air, d'ailleurs, est certain que peu de personnes passeront près de lui sans s'arrêter, et qu'elles le jugeront presque toutes en imagier, sur la fidélité de son esquisse ou de sa toile au spectacle qu'elle représente. Mais ce n'est pas là le seul plaisir qu'on attende légitimement de l'imagerie. Puisqu'elle a pour fin de représenter, pourquoi ne donnerait-elle pas, outre le plaisir d'une représentation réussie, celui de voir représentés de beaux

Evening Post, 26 janvier 1957, est signée Amos Sewell. Elle représente une maîtresse de maison en train de ranger son grenier. Le balai à la main, assise sur une malle de voyage (de noces ?), entourée du débarras habituel de vieilles lampes, radios, chaufferettes électriques, etc., cette femme encore jeune mais envahie par un embonpoint précoce, considère avec mélancolie un mannequin taille 12. Commentaire, p. 3 : « Ah ! les années légères de cœur, légères en tout, où Mrs. Portleigh était faite comme cela. La taille 12 sur son mannequin signifie qu'elle était la perfection incarnée — ou préféreriez-vous un 10 ou un 14 ? Pour se faire une robe à sa taille, aujourd'hui, cette dame devrait enrouler d'abord un édredon piqué autour du mannequin. Peut-être va-t-elle consulter sa tête au lieu de sa digestion, se mettre à la diète et se faire maigrir juste assez pour être jolie. Mais, hélas ! elle pourrait bien manquer de résolution ; elle a l'air velléitaire *(wistful)* un adjectif que Mr. Webster définit : exprimant une envie sans grand espoir de satisfaction. Amos Sewell a emprunté ce mannequin à Westport, Connecticut ; il le porta sous son bras jusqu'à sa voiture sans que personne se moquât de lui. Dans les colonies d'artistes les gens ne s'étonnent évidemment plus de rien ». Une telle image est à elle seule un récit complet.

objets ? Le beau naturel fait plaisir à voir ; sa vue s'unit en nous à des tendances vitales diverses[32]. Les émotions que la vue de la nature et d'êtres humains éveillent si souvent en nous, à cause de leur caractère ou de leur beauté, peuvent être pareillement évoqués par leurs images. Celles-ci disposent même de maint moyen pour renforcer cette beauté et en rendre la vue plus plaisante encore qu'elle ne l'est naturellement. Dans le cas de l'imagerie, on ne voit donc aucune raison pour que l'artiste ait scrupule à ajouter la beauté naturelle à la beauté propre de l'image ou, plutôt, à l'y inclure et à les fondre en une seule pour le plus grand plaisir des yeux. Le spectateur lui-même est bien fondé à souhaiter qu'il en soit ainsi. Des embellissements, faits avec art, de beautés naturelles plaisantes par elles-mêmes, que peut-on désirer de plus, ou de mieux ? S'il s'agit d'images, rien.

Cette esquisse d'une variété distincte des arts du dessin n'en donne qu'une notion abstraite. Peut-être d'ailleurs n'a-t-il jamais existé une seule image qui ne fût absolument rien d'autre que ce qui vient d'être dit. Il y a contradiction à supposer qu'une idée puisse être un objet et que l'Image en soi puisse en même temps exister comme un individu donné dans la réalité. Le mélange des idées est de règle. Mais on peut dire que d'innombrables artistes ont voulu pratiquer un art de ce genre et se sont même employés à en justifier la notion. Qu'ils y aient trouvé difficulté, nous aurons bientôt occasion de le voir. Il semble même que la conscience de plus en plus aiguë qu'ont eue les peintres de s'engager par là dans des embarras inextricables ait été l'un des ressorts de l'évolution qui a conduit l'art de peindre au point où nous le

32. En premier lieu, aux tendances sexuelles. L'imagerie féminine est pratiquement inséparable de la sexualité. De là les remarques du genre de celle que le jeune Maurice Denis recueillit de la bouche d'un de ses maîtres. L'élève peignait un nu ; le professeur objecta qu'on ne voudrait pas coucher avec une femme comme celle-là (*Théories*, p. 12). Joindre l'anecdote racontée par Vollard, trop parfaite pour n'être pas un peu arrangée, mais probablement vraie quant au sens, dans *En écoutant Cézanne...*, pp. 188-189 : le maçon, le littérateur et le peintre. Au contraire, l'art abstrait (non-imitatif) est complètement pur d'érotisme. Voir à ce sujet la spirituelle remarque d'Amédée OZENFANT, *The Foundations of Modern Art*, p. 82 : « L'art sans l'érotisme » ; les pommes que Cézanne nous a offertes, dit Ozenfant, ne doivent rien à Ève. On en dirait difficilement autant d'un certain art dit « religieux ». Les saintes, les Marie-Madeleine (surtout les « pénitentes » qui, comme on sait, semblent avoir pratiqué une sorte de pieux semi-nudisme), enfin les Èves elles-mêmes (pour ne rien dire de figures plus sacrées encore) sont souvent offertes comme autant de *pin up saints* à la vénération de fidèles qui, étant hommes, s'en plaignent rarement

voyons aujourd'hui. Quelque imagerie se mêle toujours à la peinture, et sans doute aurait-on peine à trouver un imagier si purement tel qu'aucune trace de peinture ne se mêle à ses images. Mais le fait que les genres se mélangent dans la réalité n'autorise pas à les confondre. Même les buts inaccessibles dans leur pureté doivent être clairement définis par qui, faute de pouvoir les atteindre, désire du moins s'en rapprocher. En fait, les peintres eux-mêmes ont fait porter sur ce problème le meilleur de leurs réflexions depuis trois siècles ; pour en comprendre la nature, il nous suffira de les accompagner.

III. Le labyrinthe de la peinture

Les notions d'image et d'imitation sont inséparables de l'histoire de la peinture depuis les débuts de la Renaissance en Italie. C'était d'ailleurs là un héritage de l'art et de la philosophie des Grecs de l'époque classique. Dans un passage bien connu[33] Platon s'est trouvé conduit à comparer l'être divin qui produit l'idée du lit, le menuisier qui fait des lits à l'image de cette idée, et le peintre qui peint des lits à l'image de ceux que fait le menuisier. Dieu est le créateur de l'Idée, mais le lit du menuisier n'est déjà qu'une imitation et celui du peintre est une imitation de cette imitation. Dans cette vue, lorsque Van Gogh peignit le lit devenu depuis l'Idée de tant de cartes postales, il n'en était pourtant l'auteur qu'au troisième degré. Pour reprendre les termes mêmes de Platon, étant l'auteur d'un objet deux fois éloigné d'une création, le peintre n'en est, à proprement parler, que l'imitateur.

Ce que fut l'art grec pour les artistes à qui nous en devons les œuvres, nous l'ignorons. Entre leurs œuvres et nous, ils n'ont pas laissé de littérature. Du moins est-il certain que l'interprétation communément admise de cet art est qu'il s'efforça principalement d'imiter la nature. La lettre de Jean-Baptiste Adriani à Vasari sur

33. Platon, *République*, X, 598 a-d. — Dieu est le *créateur* de l'Idée du lit, le menuisier est l'*ouvrier* du lit, le peintre est l'*imitateur* de ce dont le menuisier est l'ouvrier, 597 d. L'efficace productrice du peintre est ici au plus bas.

la peinture des Anciens[34] ne parle que de représentations d'êtres ou d'objets réels. Cette notion nous est venue, dans une large mesure à travers Léonard de Vinci, des premiers peintres de la Renaissance italienne et surtout de l'interprétation de leur œuvre que Vasari a laissée. On ne peut lire ses *Vies des peintres illustres* sans être constamment averti du fait. Selon sa perspective historique, le point de départ de l'évolution qui aboutit à Michel-Ange et à Raphaël est le rejet de l'art rigide et gauche de la tradition byzantine. Pas un instant l'idée ne lui vient que les artistes byzantins avaient pu délibérément choisir de ne pas imiter la réalité, ou, du moins, n'être pas tentés de le faire. Selon Vasari, puisqu'ils ne l'ont pas fait, c'est qu'ils ne savaient pas le faire. Le progrès réalisé par les maîtres italiens aurait au contraire consisté à redécouvrir « la bonne manière de la Grèce antique », la *buona maniera*, tout court.

En quoi consistait ce progrès ? Telle que Vasari la conçoit, la contribution de Cimabue fut de rendre les draperies, les vêtements et autres objets peints beaucoup plus souples, naturels et ressemblants qu'ils n'étaient chez ses prédécesseurs. Mais Giotto alla plus loin en ce sens et la description que Vasari fait de son œuvre révèle clairement ce que le grand art de la Renaissance italienne signifiait pour les témoins de sa décadence. Dans la mosaïque de la *Navicella*, dit Vasari, « les apôtres sont admirablement représentés, vaquant aux diverses manœuvres nécessitées par la tempête, pendant que les vents gonflent une voile dont le relief est tel qu'une vraie voile n'en aurait pas davantage ». Même les sentiments et les émotions des personnages, ou du moins leurs expressions, sont rendues avec une non moins admirable fidélité. Sur quoi Vasari conclut : « Cette œuvre rallie les suffrages de tous les artistes[35] ».

La nature du problème est claire. Admettons que Giotto mérite

34. Imprimée au début de *Le opere di Giorgio Vasari...*, vol. I, pp. 64-87. La lettre est datée du 8 septembre 1567. C'est en réalité un traité écrit à la demande de Vasari par son ami. On notera pourtant que l'histoire célèbre de la visite d'Apelle à Protogénès (pp. 69-70) repose sur l'art de tracer une droite, ce qui est sans rapport avec l'imitation de la nature. Mais sa notion de la peinture ancienne inclut le trompe-l'œil (anecdote de la caille peinte que les autres prennent pour une vraie, p. 72).

35. *Vita di Giotto*, dans G. Vasari, *Le opere*, vol. I, p. 120. Cette mosaïque faite pour Saint-Pierre de Rome (telle qu'était alors l'église) a été si remaniée qu'on ne saurait en son état présent juger de ce qu'elle fut. Sur son illustre pêcheur à la ligne, voir précédemment, p. 68.

d'être admiré pour cette mosaïque, et plus encore pour les peintures où il a décrit, avec une précision frisant parfois la caricature, les émotions de ses personnages, la question demeure : est-ce là le travail du peintre ? Est-ce là ce qui fait qu'une peinture est une peinture ? S'il s'engage dans cette voie, le peintre peut aisément aller plus loin. Pourquoi ne pas écrire ce que l'artiste s'efforce de dire ? On peindra donc une inscription portant l'explication écrite de ce que l'œuvre représente et des leçons qui s'en dégagent ; ou encore un bandeau sortant de la bouche d'un personnage et disant en langage clair ce que le peintre veut exprimer par son tableau. Un cas fréquent est celui de l'ange de l'Annonciation prononçant les mots de la salutation angélique, ou le crucifix disant à saint Thomas en prière : *Bene scripsisti de me, Thoma*, pendant, dit Vasari qu'« un confrère reste confondu d'entendre parler un crucifix[36] ». Telle est la noble origine du procédé qu'ont popularisé les *comics*, aliment de régime pour ceux dont l'entendement préfère les images aux concepts.

Il ne sert de rien d'objecter qu'il doit y avoir une limite et que celle-ci passe entre la représentation peinte des expressions de physionomie et l'écriture de mots empruntés au langage parlé. Cette ligne existe, en effet. C'est celle qui sépare le tableau du livre, mais il n'est pas nécessaire de peindre des mots sur la toile pour que le tableau devienne un livre. Un tableau devient livre dès que l'artiste commence à se servir de couleurs et de lignes pour représenter et raconter une histoire, pour décrire des sentiments humains, des passions ou des pensées humaines, bref, pour exprimer ce qui pourrait se dire à l'aide de mots.

Cette conception littéraire de l'art de peindre est fort bien illustrée par la description des fresques où un élève de Giotto a peint la vie de la bienheureuse Micheline. Vasari loue l'artiste, entre autres mérites, d'avoir merveilleusement représenté « une jeune femme de grande beauté qui, pour se justifier d'une accusation d'adultère, prête serment sur un livre saint, dans un geste admirable, les yeux fixés sur ceux de son mari » ; alors que le visage du mari fait voir la colère et la méfiance, celui de sa femme exprime l'innocence et la simplicité. Giotto a exprimé aussi avec beaucoup

36. *Vita di Filippo Lippi*, dans G. Vasari, *Le opere*, vol. I, p. 405. Il s'agit de Filippino, fils de Filippo, mais Vasari lui donne ce dernier nom. Sur le rétable de St. Bavon (Gand) Van Eyck a peint à l'envers la réponse de la Vierge, parce que, répondant, ses paroles vont en sens inverse.

de réalisme un homme couvert de plaies ; « toutes les femmes qui l'entourent, écœurées par la puanteur, se détournent de lui avec des contorsions et des grimaces les plus gracieuses du monde[37] ». N'est-ce pas là louer un peintre d'avoir exprimé au moyen de lignes et de couleurs ce qu'un écrivain peut dire avec des mots ? Si cela est vrai, les occidentaux ont vécu dès le début de la Renaissance dans l'illusion que la peinture est un art essentiellement représentatif, dont l'objet est de parler aux yeux comme celui de l'art littéraire est de parler à l'imagination.

Il ne s'agit ni de critiquer ni de diminuer l'art de la Renaissance. Il y aurait quelque naïveté à rejeter une conception de l'art de peindre, incroyablement variée dans ses styles, d'une fécondité presque inépuisable et à laquelle nous devons, directement ou non, les innombrables chefs-d'œuvre dont s'honorent les plus grands musées du monde. On veut seulement suggérer que, dans une large mesure, les maîtres de la Renaissanc ont conçu la peinture comme une sorte de langage. Tous les tableaux religieux, tous les tableaux mythologiques, toutes les peintures allégoriques ou soi-disant historiques exécutées par les maîtres de Florence, de Venise et de Rome, sont autant d'illustrations de récits et d'histoires imprimables et imprimées. En les voyant, chacun se souvenait de quelque chose qu'il avait lu ; les livres étaient dans les mémoires, les images destinées à les illustrer étaient sous les yeux. Le fait que les peintres racontaient des histoires ne les empêchait pas de peindre souvent des chefs-d'œuvre, mais ce n'était pas ce qui en faisait des chefs-d'œuvre. Le texte du premier chapitre de la Genèse, les modestes images qui illustrent les Histoires Saintes destinées à l'enseignement religieux des enfants, les fresques de la chapelle Sixtine, disent tous la même histoire, mais les dernières seules sont des chefs-d'œuvre de l'art de peindre. Bref, même s'il était vrai de dire que peinture et représentation sont toujours données ensemble, on ne saurait en conclure de là que l'essence de la peinture soit de représenter.

Une première manière d'aborder directement le problème serait de reprendre l'histoire de la perspective et du rôle qu'elle a joué aux origines de la Renaissance italienne. Ici encore, Vasari peut servir de témoin sur le sens d'événements aujourd'hui enfouis dans

37. *Vita di Giotto*, dans G. Vasari, *Le opere*, vol. I, p. 121. Vasari ne doute pas de l'authenticité de l'œuvre. Un exemple de plus à verser au dossier des fausses attributions dont des peintres sont responsables.

un passé si lointain que leurs conséquences prennent l'aspect de nécessités naturelles. En décrivant la naissance du nouvel art de peindre, Vasari souligne la découverte des lois de la perspective. En fait, il s'agissait là d'une extension à la peinture des lois de l'optique codifiées par les savants arabes et transmises au quinzième siècle par les maîtres latins des treizième et quatorzième siècles. Il n'est pas sans intérêt de noter le rôle qu'a joué la science aux origines de l'art moderne ; une science de la manière humaine de voir les choses préside à la naissance de ce dernier, dont le souci premier semble avoir été de définir correctement, à l'aide de couleurs et de lignes, l'objet de la vue. On a voulu d'abord codifier les règles d'une expression vraie, comme si, en son ordre, la fin de la peinture était d'exprimer, elle aussi, une adéquation entre l'expression de la connaissance et son objet. L'art italien de la Renaissance a certainement été autre chose et mieux que cela, mais il s'est non moins assurément conçu comme un des modes humains d'expression de la connaissance. Son culte pour la science de l'optique ou, comme on disait au treizième siècle, de la perspective, s'explique par là[38].

On comprend ainsi que Vasari ait attaché tant d'importance aux plus anciennes manifestations de ce savoir. Il ne serait peut-être pas inexact de dire que nous admirons aujourd'hui Giotto pour les qualités picturales que son art retenait du passé, c'est-à-dire pour tout ce qui, en lui, n'était pas encore la virtuosité que la Renaissance devait atteindre dans l'art de représenter les apparences visuelles. Au contraire, Vasari célèbre en lui le précurseur des techniques nouvelles de l'imitation. Il le loue d'avoir représenté des mendiants si habilement déformés qu'on doit y voir l'origine de l'art du raccourci[39]. A partir de ces premiers essais, la perspective allait acquérir une telle importance dans l'art de la Renaissance qu'en rapportant la vie de Paolo Uccello,

38. « Où il faut ne voir que le beau, notre public ne cherche que le vrai. Quand il faut être peintre, le Français se fait homme de lettres ». Suit l'anecdote des deux soldats « en contemplation perplexe devant un intérieur de cuisine » que, par une erreur de numéro, le catalogue annonçait comme représentant une bataille de l'empire : « Mais où donc est Napoléon ? » demandait l'un... « Imbécile ! dit l'autre, ne vois-tu pas qu'on prépare la soupe pour son retour ? ». BAUDELAIRE, 'Théophile Gautier', IV ; dans *Œuvres*, p. 1041. Baudelaire ajoute : « Et ils s'en allèrent contents du peintre et contents d'eux-mêmes. Telle est la France ». Sans doute, mais tels sont aussi tous les autres pays du monde. C'est l'homme lui-même qui est ainsi fait.

39. *Vita di Giotto*, dans G. VASARI, *Le opere*, vol. I, p. 121.

Vasari lui-même s'est demandé s'il n'y avait pas eu quelque excès dans son enthousiasme passionné pour cette science nouvelle. Paolo, dit Vasari, « était toujours occupé à étudier des effets de perspective difficiles et impossibles », mais il conduisit à sa perfection l'art de représenter les édifices, en perspective, de la base au sommet et dans tous les détails de leur structure. Il réduisit donc en art ce que ses prédécesseurs laissaient encore à la chance. La passion de Paolo pour ces recherches était telle qu'il « restait seul, comme un ermite, sans presque voir personne pendant des semaines et des mois ni permettre que personne le vît[40] ». Qui donc contesterait le droit du peintre à pratiquer les règles de la perspective ? Personne, surtout si l'artiste sait dominer son savoir et le plier à ses propres fins. Pourtant, le fait demeure qu'il y eut pendant des milliers d'années des peintres ignorant les lois de la perspective, et qu'aujourd'hui beaucoup qui connaissent ces lois refusent d'y soumettre leur art[41]. Pourquoi considérerait-on comme essentiel à l'art de peindre une technique dont, en fait, cet art peut se passer ?

La même question peut se formuler autrement : le trompe-l'œil est-il de l'essence de la peinture ? Ici, la réponse semble plus facile parce que l'usage attache à ce terme un sens légèrement péjoratif, mais ce n'en est pas moins le même problème.

Le trompe-l'œil est l'art de faire prendre des images peintes pour des objets matériels et solides existant en réalité. En principe, artistes et critiques d'art s'accordent à considérer cet artifice comme indigne d'un grand peintre. On ne lui interdit pas de jouer avec, ne serait-ce que pour faire preuve de virtuosité, mais il serait difficile de trouver un artiste pour soutenir que le trompe-l'œil soit le sommet et la perfection de l'art de peindre. Bon pour les peintureurs de panoramas, de dioramas ou de décors de théâtre, cet artifice n'a de place dans la peinture qu'accidentellement et à titre de procédé dont les emplois sont étroitement limités.

Cette opinion est sans doute justifiée, mais si l'on rejette le trompe-l'œil comme indigne de l'art de peindre, la perspective doit

40. *Vita di Paolo Uccello*, dans G. Vasari, *Le opere*, vol. I, p. 230.

41. Le caractère intellectuel de la déformation perspective ainsi codifiée est excellemment exposé par A. Lhote, *La peinture*, p. 17. Cet artiste, qui a si profondément médité sur son art, dit fort bien qu'avec le quinzième siècle, lorsque la peinture se détourna des « abstraites splendeurs de Byzance » (p. 16), « pour la première fois, place prépondérante fut donnée à l'illusion d'optique. Les objets ne furent plus, comme chez les primitifs, représentés tels qu'ils sont, mais tels qu'ils paraissent être ». *Op. cit.*, p. 17.

en être exclue avec lui[42], et, avec eux, le modelé qui n'est qu'un cas particulier de la perspective aérienne. Il faudra même s'interdire de peindre des ombres, parce que l'ombre n'est finalement que « le trompe-l'œil du soleil ». Bref, il faut ou bien accepter le trompe-l'œil comme essentiel à la peinture, ou renoncer à tout ce qui, dans le dessin ou la couleur, contribue si peu que ce soit à produire une apparence de réalité sensible. On ne saurait, ici non plus, tracer quelque part une ligne. Les peintres qui, avec Joshua Reynolds, prétendent le faire, sont incapables de dire où cette ligne doit passer. Ils restent dans le vague des bonnes intentions et des bons conseils[43], car la peinture est trompe-l'œil dès l'instant où elle entreprend de représenter des solides sur une surface plane ; elle est trompe-l'œil dans la mesure exacte où elle est imagerie.

Le peintre est donc aux prises avec une antinomie. L'art que nous tenons pour classique depuis l'aube de la Renaissance a toujours été imitatif, à tel point que certains maîtres, parmi les plus grands, n'ont pas craint de pousser l'imitation jusqu'au point où elle devient pur trompe-l'œil. De nombreuses villas italiennes, des résidences seigneuriales et des églises décorées par Véronèse ou par Tiepolo font voir des colonnes, des corniches, des fenêtres, des portes, ou même des hommes, des femmes et des enfants, bref des êtres ou choses de toutes sortes, là où il n'existe en réalité que des surfaces planes couvertes d'une mince couche de couleur[44]. D'autre part, il n'est guère de peintre qui ne se sente insulté si l'on prétend que la peinture soit essentiellement trompe-l'œil, mais si la peinture est essentiellement imitation, pourquoi ne serait-elle pas trompe-l'œil qui, après tout, est la perfection de l'imitation ? Quoi

42. « Une immense découverte a été faite [au temps de la Renaissance] qui rend désormais impossible l'art descriptif des primitifs. *La perspective a été inventée.* Qu'est-ce que la perspective ? C'est l'art de remplacer une certitude morale par une *illusion sensible* ». A. LHOTE, *La peinture*, p. 210. Toute cette conférence faite au Collège de France sur *Nature-peinture, Peinture poésie* (pp. 207-226) mérite d'être attentivement méditée.

43. Reynolds est contre le trompe-l'œil qu'il considère comme la mauvaise manière d'imiter la nature. C'est une imitation « mécanique » (il veut sans doute dire : procédant par application stricte de règles scientifiques) et par conséquent incompatible avec le « grand style » (*gusto grande* des Italiens) ou le « beau idéal » des Français (*The Third Discourse*, p. 38). — « Si tromper l'œil était le seul but de l'art, il est certain que le fignoleur serait mieux capable de réussir ; mais ce n'est pas à l'œil, c'est à l'esprit que le peintre de génie désire s'adresser. » *Op. cit.*, p. 48.

44. Fabricio CLERICI, *The Grand Illusion. Some considerations of Perspective. Illusionism and Trompe-l'œil*, dans *Art News Annual*, novembre 1953, pp. 99-122, avec de nombreuses planches excellemment choisies.

qu'il en soit, puisque nulle frontière certaine ne départage les deux domaines, on devrait peut-être admettre à la fois la légitimité d'un art de l'imitation pure, ou de l'imagerie pure, et celle d'un art de peindre qui, pour éliminer complètement le trompe-l'œil, éliminerait complètement aussi l'imitation[45].

Il n'existe aucun *devoir* d'aimer ou de ne pas aimer un certain art. Tous les goûts ne se valent pas, mais, à son rang, chacun d'eux est légitime : il mesure simplement l'aptitude du spectateur à percevoir la beauté. En revanche, on a toujours droit de discuter les raisons invoquées par le spectateur pour justifier son goût. Ces raisons ne sont souvent que des illusions, comme il arrive lorsqu'on se plaint de ne pas comprendre pourquoi, alors que tant de maîtres ont produit pendant quatre siècles tant de chefs-d'œuvre en traitant la peinture comme un art d'imitation, trop de peintres modernes renoncent arbitrairement à suivre cette voie sûre pour courir les risques sans profit de l'abstraction. On vient de voir que la peinture imitative se heurte à ses propres difficultés, mais l'antinomie imitation-création n'est pas moins encombrée d'obstacles, et il importe de la considérer en elle-même. Peut-être verra-t-on mieux par là que les formes modernes de la peinture, loin de représenter des initiatives arbitraires, sont nées du désir de résoudre des problèmes posés par la peinture d'imitation.

Le principal de ces problèmes se définit en termes simples : si l'on accorde que l'objet de la peinture est d'imiter, que doit-elle imiter ? On connaît la réponse classique à cette question : l'objet de l'art du peintre est d'imiter la nature. Dans son éloge du por-

45. On dit parfois que les techniques du trompe-l'œil semblent avoir été rajeunies par les cubistes (vers 1912-1914). Faux-bois, faux marbres, faux journaux, suivis plus tard de vrais morceaux de bois, de verre, de cuir, de journaux imprimés. On a même vu des cadrans de montres, des pipes, des boîtes de sardines (pleines), etc. Diverses interprétations de ces faits ont été proposées ; les peintres eux-mêmes n'ayant pas choisi, nous nous abstiendrons de le faire. Touchant Gris et Picasso, voir D.-H. KAHNWEILER, *Juan Gris*, pp. 173-178. Gertrud Stein (*Picasso*, p. 23) pense qu'en insérant des objets réels entre des couleurs, ou en peignant certains objets (une pipe, un journal, etc.) avec un réalisme intense, ces peintres espéraient que le reste du tableau « s'y opposerait ». S'il nous est permis de risquer une opinion, nous avouerons ne trouver aucun désir de trompe-l'œil dans ces méthodes. On ne trompe pas l'œil en lui montrant une pipe réelle que nul ne prend pour une pipe peinte ; cette technique se rattache plutôt (pensons-nous) au désir qu'éprouvent certains peintres de produire des objets, non des images. Faire des objets avec des objets est plus facile que de les faire avec de la peinture. Ce n'est peut-être plus de la peinture, mais c'est encore de l'art.

trait de *Mona Lisa* par Léonard, Vasari donne une description de ce tableau célèbre qui conviendrait à une bonne photographie en couleurs. Tout y apparaît tel qu'on le voit dans la réalité. On ne dirait pas de la peinture, mais de la chair vivante ; le pouls semble battre, et quant à la bouche, dont le sourire est devenu proverbial quel en est le secret ? Simplement ceci, qu'on ne dirait pas de la couleur mais de la chair[46]. En somme, Vasari nous ramène pratiquement au trompe-l'œil conçu comme la fin de l'art de peindre.

Il ne le fait pas sans raison, car Léonard s'exprime parfois dans le même sens. Selon lui, le peintre lutte et rivalise avec la nature : « L'esprit du peintre doit être comme un miroir qui prend toujours la couleur de l'objet qu'il reflète et qui se remplit d'autant d'images qu'il y a d'objets placés devant lui[47] ». Le texte classique à cet égard est la recette de Léonard pour « représenter correctement une scène ». Prenez un morceau de verre et placez-le entre vous et l'objet que vous voulez peindre ; immobilisez votre tête au moyen d'un instrument quelconque pourvu seulement que tout mouvement lui devienne impossible ; fermez un œil et dessinez sur le verre exactement ce que vous voyez ; cela fait, décalquez sur un papier mince le dessin tracé sur le verre, puis reportez le décalque sur du papier de bonne qualité ; enfin, conclut simplement Léonard, peignez-le, si vous voulez, en observant soigneusement la perspective aérienne[48]. Quand on entend Léonard affirmer que « le miroir doit être pris pour guide, le miroir plat », on s'étonne un peu qu'avec tant de miroirs on ait si peu de peintres d'un talent comparable au sien[49].

Léonard ne pouvait manquer de voir, par l'expérience de son art même, que la peinture ne se laisse pas réduire au réalisme littéral qu'elle devrait être si le peintre se contentait de décalquer la réalité. On aurait alors raison d'y voir un art mécanique et tout servile, conception de la peinture bien connue de Léonard mais

46. *Vita di Lionardo da Vinci*, dans G. Vasari, *Le opere*, vol. I, p. 449. Léonard a fait voir « combien l'art pouvait imiter la nature » ; il a donc « contrefait tous les détails qu'un pinceau subtil peut rendre » ; on y voit les cils sortir de la peau, etc. — Incidemment, on notera combien peu nous voyons de ce visage au teint devenu cadavérique, sur lequel Léonard travailla pendant quatre ans et qu'il laissa pourtant inachevé.

47. Dans la traduction française des *Carnets de Léonard de Vinci*, ch. XXIX, vol. II, p. 194.

48. *Op. cit.*, vol. II, p. 210.

49. *Op. cit.*, vol. II, p. 211.

à laquelle il s'est vigoureusement opposé[50]. On peut dire de cette antinomie qu'elle reparaît chaque fois qu'un peintre du dix-septième ou du dix-huitième siècle entreprend de définir l'objet de son art. Que faut-il imiter ? La nature. Qu'est-ce que la nature ? Ce n'est pas le détail par quoi l'objet individuel diffère des autres, ce doit donc être plutôt ce qu'il a de commun avec eux. Mais encore, où trouver ce modèle commun dans la réalité[51] ?

Une première réponse possible serait celle de Platon : l'objet du peintre, c'est l'Idée. Il faut avouer que peu de peintres l'ont prise en considération, et la raison en est simple : comme modèle à suivre par le peintre, l'Idée platonicienne a le grave défaut d'être invisible. On rencontre çà et là des platoniciens dont les paroles du philosophe séduisent l'imagination, mais il est extrêmement rare qu'un peintre tente sérieusement d'appliquer sa doctrine[52]. Platon n'a guère fourni aux peintres que des métaphores pour dire que l'objet de l'art est au-delà de tout ce que l'œil peut voir ou la main réaliser.

Savoir ce qu'est le réel est une question philosophique. Il n'est donc pas surprenant qu'en la posant les peintres se soient inspirés des réponses déjà données à la question par les philosophes ou, ce qui est au moins aussi probable, que leur réflexion personnelle les leur ait suggérées. De toute manière, un grand nombre de peintres se sont comportés comme si, faute de trouver satisfaction dans une attitude platonicienne, ils s'étaient tournés vers la doctrine d'Aristote. Copier servilement l'individu est chose indigne d'un artiste ; représenter par des moyens matériels une Idée platoni-

50. *Op. cit.*, vol. II, pp. 189-191.

51. Concevoir la peinture comme un art d'imitation était quasi universel au XVIIe siècle. Les écrivains n'hésitaient pas sur ce point. Voir le texte de Fénelon cité plus haut note 21. Dans l'esprit de Fénelon lui-même, ce passage est un plaidoyer en faveur d'un certain réalisme des petites choses et des petites gens : il y a des chèvres dans un paysage de Titien, des danses de village chez Téniers et des scènes familières dans l'*Odyssée*. C'est aux héros de *Clélie* ou de *Cléopâtre* qu'il en a ; Fénelon leur préfère Eumée. — Les peintres avaient donné l'exemple : « Qu'est-ce donc que cette fin du peintre ? C'est bien de tromper les yeux et d'imiter la nature ; mais il faut ajouter que cela se fait par le moyen des couleurs, et il n'y a que cette seule différence qui rende la fin de la peinture particulière, et qui la distingue d'avec celle des autres arts. » *Conférence de M. Blanchard sur le mérite de la couleur* (7 novembre 1671) dans A. LHOTE, *De la palette à l'écritoire*, pp. 68-69. Dans sa réponse du 9 janvier 1672, Jean-Baptiste de Champaigne (le neveu) précise : « imitation de la belle et parfaite nature », A. LHOTE, *op. cit.*, p. 78.

52. Jules BRETON, *La vie d'un artiste*, pp. 278-279, p. 292. — Concernant Platon, voir plus haut, note 33.

cienne dont l'essence est d'être immatérielle, c'est une entreprise contradictoire ; reste donc la réalité si curieuse qu'Aristote a située au-dessus de l'individu mais au-dessous de l'idée, c'est-à-dire l'espèce. De ce point de vue, représenter l'espèce et imiter la nature ne feraient qu'un.

Joshua Reynolds est un parfait interprète de cette doctrine. Pour un portraitiste, l'attitude était paradoxale ; il s'en est aperçu et l'on pourrait d'ailleurs soutenir que son art en porte la marque, mais il n'a jamais hésité sur la théorie, à tel point qu'on peut y voir l'une des pièces maîtresses de la doctrine soutenue dans ses *Discours*[53]. Sa solution du problème n'a jamais varié du premier au dernier de ses écrits. Le peintre trouve à imiter dans la nature un grand nombre d'individus différents. S'il se contente d'imiter l'un ou l'autre d'entre eux, ce n'est pas la nature qu'il peindra, mais certaines de ses particularités. Pour éviter ce péril, le peintre comparera les individus et, par un processus de généralisation, son imagination concevra « l'idée abstraite des formes ». A ce moment aussi « on peut dire du peintre qu'il est admis au grand Conseil de la Nature ». En effet, une fois en possession de la forme que la nature se propose de réaliser, l'artiste peut agir comme une nature dont aucun accident particulier ne viendrait contrarier les dessins. La forme dont la nature ne réussit que des approximations particulières, le peintre peut donc la produire dans la pureté de sa généralité[54].

Rien ne fait mieux voir l'influence durable, ici funeste, exercée par Aristote sur la formation de l'art moderne. D'abord le problème de l'objet de l'art de peindre, qui est un art de faire, emprunte les termes du problème de l'objet de la connaissance.

53. Pour l'arrière-plan classique de la doctrine, voir la Préface de Dryden à sa traduction du poème de Dufresnoy *De arte graphica*, dans *The Works of Sir Joshua Reynolds*, vol. III, pp. 217-282. Noter son platonisme (p. 222), l'usage fait de Proclus (commentaire sur le *Timée*), Cicéron *(Orator)*, Leone Battista Alberti, etc. Le thème de la Préface est un parallèle entre la poésie et la peinture. « Bien imiter la nature en tout sujet est la perfection des deux arts », p. 253. Le tableau qui imite la nature de plus près est aussi le meilleur *(ibid.)*. Seulement, Reynolds a toujours conçu l'imitation de la nature comme celle d'une nature généralisée (*Notes on the Art of Painting*, éd. cit., vol. III, p. 97). Dans son esprit, la remarque s'appliquait même au portrait : « La ressemblance d'un portrait, comme je l'ai précédemment fait remarquer, consiste plus à conserver l'effet général du visage, qu'à finir avec une extrême minutie les traits ou l'une quelconque de ses parties. » *The Fourteenth Discourse*, p. 255.

54. J. Reynolds, *Notes on the Art of Painting*, éd. cit., vol. III, p. 97. *To the Idler*, no. 79, 20 oct. 1759, éd. cit., vol. II, pp. 235-237.

Supposant, avec Aristote, que la réalité à connaître soit la forme générale de l'espèce, non les accidents individuels, Reynolds en infère que l'objet de l'art, dont la fonction est d'imiter la nature, consiste à représenter la forme de l'espèce dans sa généralité. Qu'on ne se méprenne pas sur ses intentions. Reynolds craint surtout qu'on ne réduise la peinture à la simple copie du particulier : « L'étudiant abandonnera l'artiste médiocre à la conviction que les meilleures peintures sont celles qui sont les plus capables de tromper l'œil du spectateur. Il laissera le petit peintre, semblable à celui qui fait un herbier ou collectionne des coquillages, mettre en évidence les différences intimes qui distinguent un objet d'un autre objet de même espèce. Au contraire, comme le philosophe, il considérera la nature à l'état abstrait et représentera dans chacune de ses figures le caractère de l'espèce[55] ».

On croit rêver. Au pays de Locke ! Et il faut un peintre pour croire encore possible de former une image qui représente l'homme en général sans représenter aucun homme en particulier ! Il est trop évident que la chose est impossible. L'homme qu'on peindra sera mâle ou femelle ; dans chaque sexe, ce sera un enfant, un jeune homme ou une jeune fille, un adulte ou un vieillard ; non seulement il appartiendra à une certaine race ou à un certain type, mais il sera probablement marqué par sa profession : un pugiliste et un philosophe ne se ressemblent d'ordinaire ni par le corps ni par l'expression du visage. L'image composite de l'espèce humaine est simplement sans objet.

Pour répondre à cette objection trop prévisible, les peintres de la nature abstraite disposent d'une thèse de rechange. Au lieu d'assigner l'espèce comme objet de l'imitation picturale, ils lui substituent une image de l'objet naturel qui en corrige et en améliore l'apparence afin de lui conférer la beauté. Reynolds donne cette position comme approuvée par les poètes, orateurs et rhétoriciens d'autrefois. Il cite à l'appui Cicéron et Proclus, ce qui n'a rien de surprenant, car sous cette forme la doctrine trahit une origine platonicienne, mais elle n'en est pas plus claire pour cela. Quelles règles suivra-t-on pour décider du type le plus beau de l'espèce ? Comment décidera-t-on des proportions les plus satisfaisantes aux yeux de tous ? Cicéron, Proclus et Reynolds se tirent d'embarras en s'en remettant du choix au goût d'un artiste dont le consentement universel fait l'arbitre suprême en ces matiè-

55. J. Reynolds, *The Third Discourse*, p. 48.

res. Il n'y a plus lieu de chercher le type idéal de l'homme, puisque les Grecs l'avaient trouvé. On le rencontre déjà réalisé dans leur art, particulièrement celui de Phidias[56].

La décision de choisir les œuvres de Phidias comme canon de l'espèce humaine sous sa forme parfaite n'était pas moins arbitraire que les précédentes. Phidias ne représente pas l'art grec, mais seulement, comme on le sait aujourd'hui, un de ses moments. Ce moment lui-même marqua le triomphe de certaines conventions, particulièrement de celle qui consistait à organiser toutes les formes par rapport à la figure humaine et à définir celle-ci par certaines proportions tenues pour idéales.

La moindre réflexion suffisait à déceler quelques-unes des innombrables difficultés soulevées par ces manières de penser et de faire. Les sculpteurs grecs de l'époque classique admettaient qu'un corps humain bien conformé devait avoir une hauteur d'environ huit têtes. Tel est du moins le canon que leur attribuaient Reynolds et la plupart de ses contemporains. Mais l'annotateur de Reynolds, le peintre Burnet, ne tarda pas à faire observer que cette proportion n'avait rien de nécessaire. Les figures de Raphaël ne mesurent parfois que six têtes et demi, et le Parmesan peut réduire ses têtes au dixième de la figure[57]. Même sans en venir à nos jours, où certaines statues portent une tête d'épingle — si elles en ont une — il faut bien reconnaître que le canon de Phidias, authentique ou non, ne s'impose aucunement[58].

Le succès de la formule exerça sur l'évolution de l'art de peindre une influence considérable. Reynolds lui-même avait déduit du principe cette conséquence en effet nécessaire : « Pour faciliter l'acquisition de cette beauté idéale, on recommande à l'artiste une étude attentive de la sculpture antique[59] ». La peinture devint donc, à partir de ce moment, le trompe-l'œil d'une partie de la sculpture grecque. On a trop négligé l'immense sujet d'étude qu'est l'histoire de l'influence exercée par la sculpture sur la peinture. L'épisode de cette histoire dont il s'agit ici a laissé des suites visibles. L'invasion des ateliers et des écoles de peinture par les mou-

56. J. Reynolds, *op. cit.*, pp. 37-38.

57. John Burnet, Note au *Third Discourse* de Reynolds, éd. cit., p. 41, n. 7.

58. Kenneth Clark, *The Nude. A Study in Ideal Form* (Bollingen Series XXXV. 2) Pantheon Books, New York, 1956, p. 15.

59. *Notes on the Art of Painting*, dans *The Works of Sir Joshua Reynolds*, vol. III, p. 97.

lages en plâtre d'après l'antique est une des origines les plus certaines de l'art dit académique : une « peinture sculpturale », selon la parole d'Ingres, étant d'ailleurs bien entendu que le type idéal de la forme sculpturale est fourni par les modèles grecs. Reprenant la doctrine de Dufresnoy et de Reynolds, Ingres enseigne à son tour que les statues grecques surpassent la nature seulement parce qu'elles réunissent en une seule statue « toutes les belles parties que la nature réunit bien rarement dans un même sujet ». À quoi il ajoute : « L'artiste qui procède ainsi est admis dans le sanctuaire de la nature. Il jouit alors de la vue et de l'entretien des dieux ; il en observe la majesté comme Phidias, il en apprend le langage pour en faire part aux mortels[60] ».

Ce mélange de notions venues de Platon et d'Aristote aboutissait en fait à un premier essai d'art abstrait, fondé sur ce qu'on peut nommer la mauvaise abstraction, celle qui consiste à substituer aux individus concrets des concepts d'espèces réalisées. On doit à cette invasion de l'art de peindre par l'abstraction conceptuelle les interminables salles de musée peuplées des fantômes peints de statues grecques, quand elles ne sont pas simplement romaines, dont les images sans vie suent l'ennui. C'est souvent de l'excellent travail d'atelier, exécuté avec soin selon des règles de composition elles-mêmes héritées des maîtres d'autrefois ; mais s'il est déjà malaisé d'intéresser l'esprit par un discours portant sur des notions purement générales, il est absolument impossible d'intéresser les yeux à des espèces dont l'absurde tentative de les peindre suffit à déceler l'irréalité.

Une réflexion plus approfondie sur les données du problème aurait probablement suffi à déceler le côté fallacieux de l'entreprise. Les théoriciens de l'académisme ne semblent pas avoir aperçu la vérité que Diderot avait mise en lumière : tout individu est un système de formes tellement liées qu'on ne peut en modifier une seule sans ôter au tout l'apparence même de la réalité[61]. En d'autres termes, l'ambition d'améliorer la nature en réunissant en une seule image ce qu'il y a de mieux en plusieurs êtres est une entreprise contradictoire, car ce qu'un certain être a de mieux est inséparable en réalité de ce qu'il a de moins bon. Placé devant ces images composites, l'œil voit la fausseté du calcul dans celle du résultat. Rien n'est plus irréel qu'une image de ce qui ne peut pas exister.

60. *Ingres raconté par lui-même*, p. 60 et pp. 44-45.
61. Diderot, *Essai sur la peinture*, ch. I, dans *Œuvres*, pp. 1143-1144.

C'est ce qui explique pourquoi les réactions dirigées contre l'académisme prennent si souvent la forme d'un retour au réalisme. Tant qu'il se tient à l'intérieur de la notion dont nous suivons le développement, l'art de peindre n'a pas d'autre choix. Son objet, disent les peintres, est d'imiter la nature, mais comme ils refusent de réduire leur art à copier servilement le réel, ils identifient la nature tantôt à l'espèce, tantôt au type amélioré que l'espèce semble s'efforcer de produire, mais qu'elle ne réussit jamais tout à fait. C'est le moment décisif où le peintre se substitue à la nature et entreprend hardiment de produire lui-même, en peinture, des êtres que la nature échoue à produire en réalité. Peindre l'espèce, c'est pour lui la même chose que peindre la réalité telle qu'elle devrait être et, du même coup, la beauté. Si cette recette échoue, il ne reste plus qu'à revenir à l'individu pris dans sa réalité concrète et avec toutes ses marques individuantes, ce qui est proprement le réalisme en art.

Un signe de ce que la décision a d'inévitable se trouve dans l'œuvre même des maîtres de l'art académique. Pour s'en tenir à trois noms, Reynolds lui-même, David et Ingres ont été sauvés du désastre où les conduisait la doctrine par le bonheur qu'ils eurent d'être souvent des portraitistes. Si généralisé et conceptuellement « abstrait » qu'on le fasse, un portrait ne peut entièrement négliger les traits individuants du modèle. En allant entièrement du côté de l'individu, le réaliste ne fait que céder sans réserve à ce besoin de retour au réel. On le voit même cultiver le laid parfois plus qu'il n'est nécessaire, parce qu'en se tenant du côté de la laideur ou de la vulgarité sous toutes ses formes le peintre se sent protégé contre le péril de perdre entièrement contact avec le réel[62]. Il est heureux que l'artiste soit souvent averti par son génie des périls auxquels la théorie l'expose. Courbet, Manet sont d'excellents exemples de la réaction naturelle, presque inévitable, qui conduit l'artiste créateur à chercher dans un « retour au réel » le remède à l'anémie dont souffre l'art académique. L'*Enterrement à Ornans* et l'*Exécution de Maximilien* en attestent l'efficacité. Il n'en est pas moins vrai que la grandeur de telles œuvres tient à tout ce par quoi elles dépassent le rendu de l'individuel et la

62. Un excellent interprète *littéraire* de cette situation fut Émile Zola qui, en esthétique, fut une sorte d'anti-Baudelaire. Voir les paroles que cite de lui Bernard DORIVAL, *Les étapes de la peinture française contemporaine*, vol. I, pp. 12-13 et p. 21.

littéralité du réalisme[63]. Dans la mesure où l'art de peindre s'assigne pour objet l'imitation de l'individu, il en revient à la position initiale du problème, celle même que les peintres semblaient d'abord unanimement rejeter. La peinture a clos son propre circuit, non qu'elle renonce à imiter la nature, mais parce qu'après avoir cherché ce qu'est la nature, elle se trouve dans le même embarras que les philosophes. La nature n'est ni l'Idée de Platon, ni la forme abstraite et l'espèce d'Aristote, ni l'individu de l'empirisme. Comme on ne peut imaginer aucun autre genre d'être, la seule conclusion possible touchant l'objet de la peinture est qu'on ne sait pas ce qu'il est.

A moins peut-être qu'on ne se demande si l'origine de ces difficultés ne résiderait pas dans la position même de la question ? A cet égard, les réflexions de Delacroix sur son art sont un moment décisif dans l'histoire de la peinture moderne. Elle y atteint son point tournant lorsque, au milieu d'hésitations et de scrupules sans nombre, en dépit de sa pratique si profondément fidèle au passé, Delacroix en arrive à comprendre cette vérité, révolutionnaire par sa simplicité même : la beauté de la peinture ne tient pas à ce qu'elle représente. S'il en est ainsi, et Delacroix lui-même s'était avoué cette vérité dans son *Journal*, comme en passant, il n'est pas toujours nécessaire qu'un tableau ait un sujet. Mais il n'en devient alors que plus nécessaire qu'un tableau ait autre chose. Qu'est-ce donc ?

Pour éviter de systématiser la pensée d'un peintre au point d'en faire une philosophie, le mieux est de citer ici le passage en son entier : « Qui dit un art dit une poésie. Il n'y a pas d'art sans un but poétique. Le plaisir que cause un tableau est un plaisir tout différent d'un ouvrage littéraire[64]. Il y a un genre d'émotion qui est tout particulier à la peinture ; rien dans l'autre[65] n'en donne

63. Il est traditionnel de s'amuser des bourgeois que scandalisa jadis le *Déjeuner sur l'herbe* de Manet. Nous ne pensons pas que ce soit tout le problème. Les femmes n'y sont pas nues, elles sont déshabillées, et même, comme l'a spirituellement fait observer Odilon Redon, une au moins a hâte de s'en aller. Redon voit l'origine de la vulgarité inhérente à ce genre de réalisme dans son manque d'intellectualité : « Le peintre n'est pas intellectuel lorsque, ayant peint une femme nue, elle nous laisse dans l'esprit l'idée qu'elle va se réhabiller de suite... Les femmes nues de Puvis de Chavannes ne se réhabillent point, ainsi que beaucoup d'autres dans le passé, au gynécée charmant d'un Giorgione, d'un Corrège ». O. REDON, *A soi-même*, p. 91.

64. Lire : de celui que donne un ouvrage littéraire. C'est donc bien de poésie picturale qu'il est ici question, non de poésie au sens littéraire du mot. Voir plus haut, ch. I, p. 14.

65. Probablement : dans le plaisir que donne une œuvre littéraire.

une idée. Il y a une impression qui résulte de tel arrangement de couleurs, de lumières, d'ombres, etc. C'est ce qu'on appellerait la musique du tableau. Avant même de savoir ce que le tableau représente, vous entrez dans une cathédrale, et vous vous trouvez placé à une distance trop grande du tableau pour savoir ce qu'il représente, et souvent vous êtes pris par cet accord magique ; les lignes seules ont quelquefois ce pouvoir par leur grandiose[66] ».

Il est particulièrement important que Gauguin se soit souvenu de ces lignes et qu'il ait réfléchi sur les mots clés qu'elles contiennent : *la musique du tableau, cet accord magique ;* mais il importe plus encore de noter que ce dont parle Delacroix est une expérience que tout amateur de peinture considère moins comme une exception que comme la règle. L'amateur d'images va d'abord voir le nom du peintre et le titre du tableau ; il regarde la peinture ensuite, s'il la regarde. L'amateur de peintures ne se dérange d'ordinaire pour recueillir ces renseignements que si le tableau lui a déjà fait plaisir à voir. L'expérience esthétique s'est produite au moment où, entrant dans une salle de musée, dans une exposition ou dans une demeure privée, l'œil est tombé sous le charme d'un objet conçu et produit de telle sorte que l'appréhender soit pour nous cause de joie. L'érudition, l'histoire de l'art, la critique, bref la littérature sous toutes ses formes ont leur rôle et leur prix, mais elles ne viennent qu'ensuite. On les rencontre normalement dans le sillage de l'expérience esthétique, elles ne la précèdent pas.

66. E. Delacroix, *Œuvres littéraires*, vol. I, p. 63. Le passage est en réalité consacré, une fois de plus, à établir « la vraie supériorité de la peinture sur l'autre art » (c'est-à-dire, l'art littéraire). Ce qui conduit Delacroix au seuil de la vérité profonde, c'est le sentiment très juste que ce que le tableau représente relève de la littérature. Ce ne peut donc être par là qu'il agit sur nous, en tant que tableau. Baudelaire a paraphrasé ce passage et a fait par là une doctrine de ce que Delacroix avait dit comme en passant : « Un tableau de Delacroix, placé à une trop grande distance pour que vous puissiez juger de l'agrément des contours ou de la qualité plus ou moins dramatique du sujet, vous pénètre déjà d'une volupté surnaturelle. Il vous semble qu'une atmosphère magique a marché vers vous et vous enveloppe... Et l'analyse du sujet, quand vous vous approchez, n'enlèvera rien et n'ajoutera rien à ce plaisir primitif, dont la source est ailleurs et loin de toute pensée concrète ». 'L'œuvre et la vie de Delacroix', dans *Œuvres*, pp. 863-864. Dans *Le salon de 1859*, les chapitres III et IV (*Œuvres*, pp. 772-780) sont une sorte de systématisation de la pensée de Delacroix, unifiée par la notion d'imagination que Baudelaire emprunte de Poe. — Baudelaire et Delacroix suivent en ceci Mme de Staël : « Ceux qui n'aiment pas beaucoup la peinture en elle-même attachent une grande importance aux sujets des tableaux. » *De l'Allemagne*, II, 32, p. 378.

S'il avait appliqué sans réserves les conséquences de ces principes, Delacroix aurait devancé d'un siècle les formes les plus radicales de la peinture non-représentative. L'hypothèse est purement gratuite ; peut-être même est-elle dénuée de sens, mais il est du moins certain que cette remarque se reliait à un certain nombre de convictions apparentées, dont l'ensemble formait, sinon un système, du moins un ordre dans son esprit.

La première était sa condamnation radicale du réalisme. Le point est important. Si on l'associe à l'horreur qu'éprouvait Delacroix pour l'académisme, son rejet du réalisme avait pour conséquence de le sortir lui-même du cercle où s'était enfermé le calcul des peintres des dix-septième et dix-huitième siècles touchant l'objet de leur art. Avec Delacroix, pourrait-on dire encore, l'art de peindre débouche enfin du labyrinthe dont il cherchait depuis si longtemps l'issue, mais c'est qu'en rejetant le réalisme il rejetait ce qui, dans le réalisme, est absence de création, ou de poésie, parce que c'est de l'imitation[67].

Cette première conséquence se présente elle-même comme liée à une deuxième dans la note du *Journal* (22 février 1860) où, après avoir une fois de plus honni le réalisme — « le réalisme devrait être défini l'antipode de l'art » — Delacroix en vient à écrire la parole décisive : « Le premier des principes, c'est celui de la nécessité des sacrifices[68] ». En effet, si le peintre se propose une

67. Le réalisme conduit au trompe-l'œil : « Eh ! réaliste maudit... », etc. E. Delacroix, *Œuvres littéraires*, vol. I, p. 59. Peinture, réalisme, photographie, vol. I, p. 61. Ces remarques se lient à celles que fait Delacroix sur l'idéalisme de Kant : *op. cit.*, vol. I, pp. 66-67. L'intermédiaire reste Mme de Staël, dans *De l'Allemagne*, qui a fort bien compris l'un des enseignements principaux de la *Critique du jugement* : «le beau considéré, non pas comme la réunion et l'imitation de ce qu'il y a de mieux dans la nature, mais comme l'image réalisée de ce que notre âme se représente » (*De l'Allemagne*, III, 6, p. 425). Dans une langue lâchée et au prix de digressions sans nombre, cet étrange esprit finit souvent par tomber en plein sur la vérité : « Kant, qui semblait appelé à conclure toutes les grandes alliances intellectuelles » (III, 6, p. 428). Delacroix a fait, à son usage personnel, des extraits de cet ouvrage, où il semble avoir pris ce qui l'intéressait le plus. En concluant une grande alliance entre la science, la morale et l'art, l'idéalisme critique offrait aux artistes un point de vue dont la légitimité semble indiscutable en ce qui concerne l'art. La *Critique du Jugement* ne justifie pas les deux autres, mais elle est juste en elle-même. L'idéalisme critique est une vue artistique de la réalité ; il est naturel qu'elle soit vraie de l'art.

68. *Le Journal de Eugène Delacroix*, *loc. cit.*, vol. III, p. 268. On notera, p. 269, que Delacroix a fort bien vu la raison des retours périodiques de la peinture au réalisme : « Le réalisme est la grande ressource des novateurs pour réveiller les goûts blasés du public dans les temps où les écoles alanguies et tournant à la manière en sont venues à tourner dans le cercle des mêmes

autre fin que l'imitation, le premier des principes de l'art est la nécessité d'éliminer du tableau tout ce qui, quoique faisant partie de la réalité, ne rapproche pas le tableau de la fin que le peintre se propose. Ce qui serait indispensable à l'exactitude d'une image peut être nuisible au tableau. Il faut donc supprimer tout ce qui ne contribue pas à produire cet accord magique, cette musique du tableau qui en est la beauté même. Delacroix ne soupçonnait pas combien loin la peinture allait après lui s'avancer sur la voie des sacrifices, mais il en avait marqué l'entrée.

L'art de peindre allait désormais s'engager, à sa pointe d'avant-garde, dans un genre d'abstraction tout différent de celui dont avait parlé Reynolds. Non plus l'abstraction conceptuelle qui réduit la variété des individus à l'unité de l'espèce, mais l'abstraction, voulue et pratiquée par le peintre, de tout ce qui, ne servant pas la musique du tableau, ne peut que l'empêcher de naître.

L'histoire se réduit trop facilement en système dans les livres des philosophes, mais elle ne se compose pas que d'accidents. Lorsqu'elle suit le développement des doctrines philosophiques, de la connaissance scientifique ou des arts du beau, elle constate fréquemment, parmi bien du hasard, une continuité dans l'orientation générale de certains efforts. On peut dire en ce sens que bien avant d'avoir choisi le mot « abstraction » pour lui donner valeur technique, certains peintres s'inspiraient dans leur art de l'attitude qu'il conseille.

La plupart des grands styles de peinture qui se sont succédé depuis Delacroix ont probablement contribué au mouvement d'ensemble dont l'art dit abstrait est aujourd'hui l'aboutissement, s'il n'est déjà dépassé[69]. Une première étape irait de Delacroix aux

inventions. Le retour à la nature est proclamé un matin par un homme qui se donne pour inspiré... ». A. Joubin, l'éditeur du *Journal*, écrit en note : « Allusion à Courbet ». Nous le pensons aussi. Il y avait chez Courbet des vulgarités que Delacroix n'aimait pas, mais il ne s'est pas trompé sur l'importance de l'œuvre : *Journal*, 3 août 1855 ; vol. II, pp. 363-364. — Cf. Baudelaire, approuvant H. Heine : « En fait d'art, je suis surnaturaliste » ' Salon de 1846 ', dans *Œuvres*, p. 621.

69. Nous n'ignorons pas les objections dirigées contre cette appellation, mais chaque critique, irréfutable dans ce qu'il nie, devient extrêmement vague dans ce qu'il affirme. Nous nous permettrons donc, laissant chacun libre, d'user de la même liberté. Nous qualifions une peinture d'abstraite dans la mesure où la fin qu'elle poursuit est plastique plutôt que représentative. Une peinture complètement abstraite, si une telle peinture est possible, serait intégralement plastique et nullement représentative, ou imitative. — Nous nous permettons de rappeler que ce qui suit n'est en aucun sens une interprétation *historique* de la peinture moderne. L'impres-

Fauves en passant par Gauguin et Sérusier. On peut choisir comme symbole de ce mouvement le jour où Sérusier révéla aux élèves de l'Académie Julian l'enseignement de Gauguin. Les termes mêmes dans lesquels Maurice Denis a rapporté plus tard l'événement méritent de retenir l'attention. Sur la planchette coloriée par Sérusier et montrée par lui-même à ses camarades d'atelier, Denis ne distinguait qu'un « paysage informe à force d'être synthétiquement formulé » à l'aide de couleurs presque pures[70]. En fait Gauguin était déjà au-delà de la formulation, synthétique ou non, de tout paysage. Formuler un paysage, c'est encore parler, écrire, faire de la littérature peinte, alors que l'objectif visé par Gauguin était de conjurer une magie des couleurs et des lignes indépendantes de toute représentation.

Regarder un des Gauguin de Tahiti suffit à qui veut comprendre le sens de la réforme. Les merveilleux accords des verts, des jaunes et des rouges, éclatant comme des feux d'artifice, supposent que le peintre a déjà presque complètement dissocié les objets de leurs couleurs. Des terres rouges, des chevaux verts, un Christ jaune, on voit assez que les couleurs sont telles qu'elles doivent être pour la musique du tableau beaucoup plus que pour l'imitation des objets. Les premiers Derain, les anciens Matisse, bref,

sionisme n'y figure pas, ni beaucoup d'autres écoles. Les remarques suivantes esquissent simplement les idées qui sont pour nous-même, quand nous cherchons à nous retrouver dans cette histoire, des lignes d'intelligibilité. On ne peut d'ailleurs pas réduire l'histoire de la peinture moderne au seul problème dont nous tentons ici d'éclaircir le sens.

70. « C'est à la rentrée de 1888 que le nom de Gauguin nous fut révélé par Sérusier retour de Pont-Aven, qui nous exhiba, non sans mystère, un couvercle de boîte à cigares sur quoi on distinguait un paysage informe, à force d'être synthétiquement formulé, en violet, vermillion, vert Véronèse et autres couleurs pures, telles qu'elles sortent du tube, presque sans mélange de blanc. « Comment voyez-vous cet arbre, avait dit Gauguin devant un coin du Bois d'Amour : il est bien vert ? Mettez donc du vert, le plus beau vert de votre palette ; et cette ombre, plutôt bleue ? Ne craignez pas de la peindre aussi bleue que possible. » Ainsi nous fut présentée pour la première fois, sous une forme paradoxale, inoubliable, le fertile concept de la « surface plane recouverte de couleurs en un certain ordre assemblées. » Ainsi nous connûmes que toute œuvre d'art était une transposition, une caricature, l'équivalent passionné d'une sensation reçue ». M. Denis, *L'influence de Paul Gauguin*, dans *Occident*, oct. 1903 ; reproduit dans *Théories*, pp. 166-171 ; le passage cité se trouve pp. 166-167. Maurice Denis nous a donné à tenir cette relique un jour que nous étions allé le voir chez lui, au *Prieuré*, à Saint-Germain-en-Laye. Denis dit : « Nous l'appelions *Le Talisman ;* Sérusier nous l'a montré en nous disant : A partir de maintenant, on peindra comme ça ». Le Talisman est aujourd'hui exposé sous vitrine au *Musée d'Art Moderne*, à Paris (dit Palais de Tokyo).

tous ceux qui, alors assez semblables entre eux, constituent le groupe de ceux qu'on nomme aujourd'hui les Fauves, donnèrent le premier exemple d'une expérience consciemment tentée sur leur art, sur eux-mêmes et sur le public. Pour abstraire complètement les couleurs de leurs objets, il ne suffisait pas de les en rendre indépendantes, il fallait les leur rendre contraires. En attribuant aux objets des couleurs naturellement impossibles et pour ainsi dire absurdes, on espérait contraindre les spectateurs à chercher le sens du tableau ailleurs que dans sa fidélité à l'objet. Après cinq siècles d'un art voué à l'imitation de la nature, le spectateur pense simplement qu'on se moque de lui en s'employant à systématiquement contredire ce qu'il suffirait peut-être de ne pas systématiquement accepter. Pratiquée par les Fauves avant que le succès ne les eût domestiqués, l'abstraction de la couleur était une expérience provocatrice, non point en vue d'étonner, mais afin de mettre en évidence l'objet propre de l'art du peintre, qui n'est pas de faire une image, mais un tableau.

Cézanne, lui aussi, admirait Delacroix. Il a même nourri le projet de peindre un *Triomphe de Delacroix* dont on a plusieurs esquisses. Mais Cézanne n'était pas le mieux pourvu de ce qui, chez Delacroix, avait été la faculté dominante, l'imagination. Plus semblable en cela à Ingres, il éprouvait un grand besoin de style et ne pouvait trouver ce style qu'au contact immédiat de la nature, en stylisant les suggestions qui lui venaient du sujet. Il est clair qu'à cet égard les êtres naturels présentent, à côté de quelques invitations heureuses au style, quantité de détails, de lignes et de formes qui s'opposent au contraire à la naissance d'un ordre. Les formes naturelles contiennent des éléments plastiques mêlés à beaucoup d'autres qui ne le sont pas. En effet, la fin d'une forme naturelle n'est pas une fin plastique. Le modèle qui pose dans l'atelier est un animal vivant pourvu de membres et les lignes de son torse sont d'abord celles d'une enveloppe contenant des organes. Le peintre ne se permet tant de libertés avec la nature que parce que son art ne se propose aucunement de produire des êtres naturels, en quoi il a raison. Ingres couvrit un jour de ridicule un élève coupable d'avoir fait six doigs de pied[71] mais lui-même faisait exactement la même chose en ajoutant à la *Grande*

71. Jules LAURENS, *La Légende des Aleliers*, reproduit dans AMAURY-DUVAL, *L'atelier d'Ingres*, pp. 200-202. Si l'anecdote est vraie, elle fait surtout voir la férocité d'un maître qui se trompe sur l'essence même de son art.

odalisque des vertèbres supplémentaires. Comme son élève, il déférait alors aux requêtes de la forme, et cette fois, il avait raison.

Par un des aspects de son génie, Cézanne fut celui qui traita la forme naturelle comme une invitation à la forme plastique. L'entreprise était beaucoup plus hardie que celle dont Gauguin avait donné l'exemple en prêtant à la nature des couleurs qui n'étaient pas les siennes. La couleur est un accident ; que l'on peigne un homme blanc, noir ou brun-rouge, l'œil n'hésite pas un instant à reconnaître un homme ; mais si l'objet qu'on nous présente n'a plus forme humaine, nous ne savons pas ce qu'il est. Les formes sont pour l'œil le signe qui décèle la nature de l'être ; le changer de forme, c'est le changer.

La hardiesse de Cézanne est celle dont il a fait preuve en affirmant le primat de la forme plastique sur la forme naturelle en peinture. Les lignes et les volumes de ses compositions se justifient par le sens plastique de chaque œuvre, non par aucun désir de fidélité aux apparences visuelles seules. Cézanne est fidèle à sa propre volonté de construire certaines formes dont l'appréhension plaît à la vue. Il abstrait des objets leur forme, c'est-à-dire ce qui pour nous est l'expression visible de leur nature même. Il n'est donc pas surprenant qu'en formulant le sens de son entreprise, Cézanne l'ait présentée comme un effort pour ramener le divers des formes naturelles à un petit nombre de formes géométriques[72]. Celles-ci ne sont-elles pas les formes plastiques par excellence ? Elles concentrent dans la perception visuelle le maximum d'intelligibilité.

L'exemple de Cézanne invitait à des attitudes plus absolues, car si lui-même a déformé les objets pour purifier plastiquement leurs formes, il n'a jamais complètement séparé les formes peintes des

72. Un texte cité fréquemment, mais non point trop, doit l'être une fois de plus, parce qu'il marque un moment décisif dans l'évolution de la peinture moderne en quête d'un objet : « Permettez-moi de vous répéter ce que je vous disais ici : traiter la nature par le cylindre, la sphère, le cône, le tout mis en perspective, soit [= de sorte que] que chaque côté d'un objet, d'un plan, se dirige vers un point central ». Émile BERNARD, *Souvenirs sur Paul Cézanne et Lettres*, Lettre du 15 avril 1904, p. 72. S'il s'agissait ici d'histoire on rappellerait avec insistance que Cézanne n'avait aucune intention de donner dans cette variété de « l'esprit littérateur » qu'est la substitution du géométrique au plastique. Les formes géométriques n'ont droit de cité dans le tableau qu'en tant que plastiques ; la vraie voie du peintre reste donc « l'étude concrète de la nature » (p. 74). Seulement, il faut « pénétrer ce qu'on a devant soi et persévérer à s'exprimer le plus logiquement possible » (pp. 75-76). La stylisation géométrique est la logique du langage choisi pour refaire Poussin d'après nature.

formes naturelles dont il s'inspirait. Le nom même de « cubisme », avec tous les inconvénients qu'on peut lui reprocher, offre du moins l'avantage de marquer clairement le moment où la forme géométrico-plastique devient à la fois l'objet et le sens du tableau. On a raison de tenir le cubisme pour un moment décisif dans l'évolution de l'art moderne, car c'est avec lui que les peintres ont mis en évidence la possibilité soit de décomposer la forme naturelle en ses éléments plastiques pour les redistribuer selon un schème créé par l'artiste, soit de déformer, comme l'on dit, les êtres naturels pour les métamorphoser en êtres plastiques obéissant à leurs propres lois.

Cette notion de « déformation » n'a tant exercé la réflexion des peintres qui suivaient le mouvement du dehors[73] que parce que l'appellation, une fois de plus, était mauvaise. Les peintres qui en ont usé se sont laissé imposer le point de vue du spectateur. Vues comme formes naturelles, les guitares et les têtes de femmes de Picasso sont en effet déformées ; vues comme éléments plastiques, leurs traits et leurs tons sont au contraire formateurs et formés. Il y a là déformation naturelle parce qu'il y a formation plastique. Par sa volonté, irritante aux yeux de tant de spectateurs, de dominer et d'asservir à ses fins picturales les formes de la nature, le cubisme a presque entièrement libéré l'art de peindre du souci de l'imitation. Le pur artiste que fut Juan Gris en a d'ailleurs pris claire conscience. Par son aspiration la plus profonde, le cubisme devait tendre à dépasser Cézanne, c'est-à-dire, non plus simplement à généraliser les formes naturelles dans le sens des formes plastiques pures, mais, au contraire, à partir de ces dernières pour les individuer en objets concrets[74].

73. Voir les remarques de M. Denis sur les deux types de déformation, subjective et objective, dans *Nouvelles théories*, pp. 179-180.

74. On ne saurait trop dire quelle dette les lecteurs du *Juan Gris* de D.-H. Kahnweiler ont contractée envers lui, à la fois pour ses analyses et pour sa publication des textes profonds de Juan Gris. Ce grand peintre a clairement vu que le cubisme lui-même a couru le danger de prendre l'analyse des formes pour de la peinture. L'analyse des formes est un rapport du peintre aux objets (nous dirions, encore un mode de spéculation) ; la peinture consiste en rapports entre les objets eux-mêmes (p. 291) ; formule parfaite, p. 289 : « à son début, le cubisme n'était qu'un mode nouveau de représentation du monde. » Au contraire, comme technique picturale, le cubisme de Juan Gris va des formes aux objets. C'est une méthode de déduction de l'objet à partir de sa forme. « Je dis qu'elle [la méthode] est déductive parce que les rapports picturaux entre les formes colorées me suggèrent certains rapports particuliers entre éléments d'une réalité imaginative. La mathématique picturale me mène à la physique représentative.

Si haut qu'elle se fût alors élevée, la peinture restait encore un ballon captif. Ni chez Juan Gris, ni chez Picasso — et surtout pas chez ce dernier — l'art de peindre n'a vraiment rompu le câble qui l'attachait à la représentation. Tant que la forme naturelle demeure visible sous son traitement plastique, il est inévitable que des interférences se produisent et qu'il en résulte des absences de plasticité. On se demande, en lisant Juan Gris, pourquoi, partant d'un cylindre, il jugeait utile d'en faire une bouteille ? La vraie forme plastique étant ici le cylindre, on ne voit pas de raison de ne pas s'en tenir là.

Avec sa pénétration coutumière, Gris s'est posé la question et lui a même donné un commencement de réponse. Pourquoi, demande-t-il, ne m'en tiendrais-je pas aux rapports généraux de couleurs et de formes tels qu'ils sont avant que je ne les particularise en objets particuliers ? C'est, reprit-il, « pour éviter que le spectateur du tableau le fasse de lui-même et que cet ensemble de formes colorées ne lui suggère une réalité non prévue par moi[75] ». Mais pourquoi prévoir une réalité quelconque, que ce soit celle du spectateur ou celle du peintre ? Dès lors que tout le sens des formes tient à leur place dans une structure plastique, il n'y a plus de raison pour maintenir ce dernier lien avec l'ancien art imitateur de la nature. Après avoir fait le sacrifice de l'imagerie superflue, puis celui des couleurs naturelles, enfin celui des formes

La qualité ou la dimension d'une forme ou d'une couleur me suggère la dénomination ou l'adjectif d'un objet. C'est ainsi que je ne connais jamais d'avance l'aspect d'un objet donné. Si je particularise les rapports picturaux jusqu'à la représentation d'objets, c'est pour éviter que le spectateur d'un tableau le fasse de lui-même et que cet ensemble de formes colorées ne lui suggère une réalité non prévue par moi. » Juan Gris, *Notes sur ma peinture*, dans D.-H. Kahnweiler, *Juan Gris*, p. 278. Et le passage justement célèbre : « Je veux arriver à fabriquer des individus spéciaux en partant du type général... Cézanne d'une bouteille fait un cylindre, moi, je pars du cylindre pour créer un individu d'un type spécial ; d'un cylindre, je fais une bouteille, une certaine bouteille. Cézanne va vers l'architecture, moi j'en pars ; c'est pourquoi je compose avec des abstractions (couleurs) et j'arrange quand ces couleurs sont devenues des objets », etc. *Op. cit.*, p. 277. Il est intéressant de noter que, lui aussi, Juan Gris a perçu l'affinité entre l'art de peindre et l'art de penser, tout spéculatif, de la *Critique de la Raison Pure :* « Un philosophe a dit : « Les sens donnent la matière de la connaissance, mais l'esprit en donne la forme. » Ainsi de l'esthétique qui est la matière et de la technique, qui est le nombre. » Juan Gris, *Des possibilités de la peinture*, dans *op. cit.*, p. 287. La *Critique* de la raison pure comprise non plus comme une théorie de la connaissance, mais comme une théorie de l'art. Il fallait des artistes au cœur pur pour atteindre cette profondeur inaccessible à bien des philosophes.

75. Voir note précédente.

naturelles, il restait encore, après Juan Gris, à sacrifier jusqu'au souvenir et à l'image même du monde de la nature. Un peintre au moins a compris l'utilité de pousser l'expérience jusque-là, et il l'a fait.

L'œuvre de Piet Mondrian s'inspire du désir, éprouvé avant lui à quelque degré par d'autres peintres, d'éliminer une ambiguïté inhérente à la notion de forme. L'expérience la plus commune enseigne que la forme remplit une double fonction : elle est d'abord constitutive de l'objet lui-même, car la forme d'un objet est cela même qu'il est ; d'autre part, et pour cette raison même, la forme en tant que connue devient naturellement le signe de l'être qui lui correspond. Antérieurement à tout langage conventionnel, dans l'ordre de ce système naturel de signification où Delacroix voyait le domaine propre du peintre, l'image d'un arbre, d'un cheval ou d'un homme se forme de la même manière dans l'imagination de tous les hommes ; en conséquence, ces images signifient les mêmes objets dans tous les esprits. On ignore ce que peut avoir été le langage des peintres d'Altamira ou de Lascaux, mais les formes qu'ils ont tracées sur les murs de leurs grottes nous sont immédiatement lisibles. Ces signes sont les mêmes dont usent les peintres, mais l'usage qu'ils en font est encore d'une autre sorte. Quand il insère une forme dans une de ses compositions, le peintre ne produit pas l'être naturel correspondant ; il ne parle pas non plus, comme s'il voulait dire : ceci est un cheval, ceci est un homme ; il use de la forme en question comme d'un élément plastique, en vue de la fin propre à son art[76].

Pour atteindre cette fin, il faut donc que le peintre dissocie

76. Voir sur ce point les pages parfaites de Focillon dans *Vie des formes*, pp. 2-5 ; notamment : « Toujours nous serons tentés de chercher à la forme un autre sens qu'elle-même et de confondre la notion de forme avec celle d'image, qui implique la représentation d'un objet, et surtout avec celle de signe. Le signe signifie, alors que la forme *se* signifie. » (p. 4). Focillon a maintenu fermement cette position absolue : « le contenu fondamental de la forme est un contenu *formel* », mais il a fort bien vu aussi que « dès que la forme paraît, elle est susceptible d'être *lue* de diverses façons » (p. 5). Focillon avait donc entièrement raison dans son refus d'assimiler forme et signe, mais leur distinction est le résultat d'un effort dont on peut dire que l'histoire est, dans une certaine mesure, au cœur de celle de la peinture moderne depuis Ingres et Delacroix. Effort difficile, entièrement en faveur de l'art et, si l'on peut dire *contre nature*, car dans la nature une seule et même chose est à la fois forme et signe. — Comparez les remarques d'Amédée Ozenfant, *Foundations of modern art*, p. 249, et ses observations sur la différence des fonctions géométriques remplies par les figures dans Euclide et leurs fonctions plastiques dans la peinture moderne, pp. 245-248.

autant que possible la forme comme élément plastique de la même forme comme signe peint de la forme réelle correspondante. Il faut en venir à ce point pour comprendre en quel sens profond Poussin faisait profession de « choses muettes ». L'art austère de Piet Mondrian s'est précisément proposé de réduire les moyens d'expression du peintre à l'élément plastique seul, présenté dans son entière nudité[77].

De là des tableaux sans autres titres que *Peinture I*, *Peinture II*, où le seul élément plastique admis est la ligne droite, avec la figure dont l'intensité plastique est la plus forte, l'angle droit. Pourquoi exclure les courbes ? Parce que la courbe appartient en propre à l'ordre de la vie comme la droite appartient à celui de l'art. Impossible d'indiquer un segment de courbe sans que l'imagination du spectateur n'en fasse le signe de quelque réalité naturelle : une colline, une tête, un sein, une épaule. La droite, au contraire, est l'œuvre de l'homme ; il n'y en a pas dans la nature ; elle est donc le seul signe plastique dont on soit certain qu'il ne signifiera que soi-même. Non seulement la droite et l'angle ne représentent rien, mais ils empêchent toute représentation de naître dans l'imagination du spectateur[78]. Juan Gris voulait empêcher le spectateur de finir en imagination le tableau autrement qu'il ne le finissait lui-même en réalité. Dans l'art de Piet Mondrian, le tableau est complètement fini en ce qu'il est, l'imagination du spectateur est éconduite et la porte fermée sur lui. Cette fois, la forme peinte a vraiment trouvé en elle-même sa propre signification.

La peinture sortait ainsi du labyrinthe dont elle cherchait en vain l'issue depuis que les premiers maîtres de la Renaissance ita-

77. Piet MONDRIAN, *Plastic Art and Pure Plastic Art*, p. 31-32. Ce peintre a bien vu le nœud du problème : la forme qui délimite un objet et détermine ce qu'il est, *dit* toujours quelque chose ; elle est littéralement *descriptive*. De là l'impureté plastique coessentielle à la forme, et que l'effort de Mondrian voudrait pourtant éliminer. — Sur le naturalisme intrinsèque inhérent même au cubisme, op. cit., p. 26.

78. Mondrian considère que, selon ses principes, c'est une grande erreur de croire que, pour faire de l'art non-figuratf, il suffit de former des formes neutres, de tracer des lignes libres et d'obtenir des relations déterminées. Rien n'est fait tant qu'il y a danger de suggérer, fût-ce involontairement, une ou plusieurs formes particulières, donc une figuration. L'art non-figuratif résulte de l'établissement d'un rythme dynamique de relations mutuelles déterminées, qui *exclue la formation de toute forme particulière*. Suit cette profonde remarque : détruire ainsi la forme particulière n'est que faire plus complètement ce que l'art a toujours fait : Piet MONDRIAN, *Plastic Art and Pure Plastic Art*, p. 58.

lienne l'y avaient involontairement engagée. Elle n'y est parvenue qu'en prenant claire conscience de son essence propre. Il n'est plus question de savoir ce qu'est la nature, ni jusqu'à quel point ou comment il convient de l'imiter. La notion d'imitation n'y a plus de place ; transférée à l'art de l'imagerie dont elle est la fin propre, elle l'emplit tout entier. On voit le chemin parcouru. Quand Delacroix justifia la nécessité de faire des sacrifices par celle d'éviter le réalisme, qui est l'antipode de l'art, la peinture s'engagea sur la route de l'art plastique pur. Où fallait-il s'arrêter dans la voie des sacrifices ? Mondrian vient de le dire : au point où, non content d'éviter lui-même toute représentation, le peintre interdit que le spectateur ne se charge de la fournir. Mondrian a complètement abstrait l'élément plastique pur ; ils a conduit l'art de peindre à son terme sur la voie de l'abstraction.

La peinture se trouvait désormais en présence d'une situation entièrement différente de celle qu'elle avait connue depuis le seizième siècle[79]. Il ne suffisait plus au peintre de sacrifier une convention figurative de plus pour se trouver à l'avant-garde de son art. Après Mondrian, la recette n'avait plus à quoi s'appliquer. Le peintre se trouvait alors dans la situation du révolutionnaire au lendemain de la révolution. Après avoir lutté longtemps pour se libérer d'une certaine oppression, il est soudainement aux prises avec le problème de savoir que faire de sa victoire. Le fardeau d'une entière liberté pèse sur ses épaules. S'il subsiste une crise de l'art de peindre, c'est celle-là. La lutte de la peinture contre ce qu'elle comportait d'imagerie depuis le quinzième siècle vient de se terminer sur une victoire si complète qu'il faut aujourd'hui plus de courage et d'indépendance pour réserver dans le tableau quelque place à la figuration que pour exploiter les facilités de ce qui n'est trop souvent qu'une simple absence de forme. Ceux qu'Igor Strawinski appelle si comiquement les pompiers d'avant-garde se rencontrent ailleurs qu'en musique ; la peinture aussi a les siens.

79. Voir sur ce point le remarquable essai de R. V. Gindertael, « *L'art ' abstrait '. Nouvelle situation*, dans Robert Lebel, *Premier bilan de l'art actuel*, p. 35. L'auteur établit, sans contestation possible, que lorsque on a défini le nouveau style de peinture par son caractère abstrait on a pris l'effet pour la cause, si bien que ce qui n'était que la conséquence d'une révolution dans l'exercice de la création artistique a été pris pour cette révolution même. Gindertael a non moins clairement averti l'« art abstrait » du péril qui le menace si ce qui a été l'affirmation de l'*acte* pictural pur se trouve réduit à ce qui n'en est que la première manifestation, c'est-à-dire le *fait* « abstractionisme ». Une telle erreur aurait simplement pour résultat de stériliser une révolution artistique dont il importe de ne pas limiter arbitrairement les conséquences.

L'expérience poursuivie depuis Delacroix a irréfutablement établi qu'il ne suffit pas qu'un tableau soit une bonne image pour être de bonne peinture, mais on aurait tort d'inférer de là qu'un tableau est certainement de bonne peinture pourvu seulement qu'il ne représente rien. Pendant cinq siècles, on a pensé qu'il suffisait de bien imiter la nature pour être un peintre ; c'était une erreur, mais il ne suffit pas non plus de ne pas imiter la nature pour être un peintre. Certains redoutent que l'art abstrait n'élimine à jamais l'ancien art de peindre. Leurs craintes n'ont aucun fondement. L'extrême difficulté de l'art abstrait pratiqué à l'état pur le protège contre le péril de se vulgariser à son dam comme à celui des formes traditionnelles de l'art de la Renaissance italienne. Il est extrêmement facile de peindre des toiles qui ne soient ni des images ni des tableaux. On ne le sait que trop. Si peu stimulant qu'il soit de défiler devant des murs couverts de tableaux qui ne sont pas de la peinture, on a du moins parfois le plaisir d'y voir de bonnes images ; mais rien n'est aussi déprimant que certaines expositions d'art dit abstrait, où l'on trouve rarement à voir un tableau. et jamais aucune image. C'est l'expérience du non-être plastique, sans compensation.

Si nulle pratique personnelle de l'art de peindre ne vient à son secours, le spectateur de bonne volonté ne sait à quoi s'en prendre de son échec. N'importe qui peut juger du succès ou de l'échec d'une image ; au contraire, l'art abstrait demande un spectateur aussi exceptionnel que le peintre lui-même. De la part de l'artiste, il faut un génie des plus rares pour produire des objets capables de délecter la vue par l'appréhension du seul ordre particulier de qualités sensibles qui les constitue. Tant qu'il dispose d'un reste d'imagerie, le peintre a encore quelque chose à dire ; il lui faut le bien dire, le dire en peintre, mais il a du moins de quoi parler. Le peintre totalement non-figuratif porte la même responsabilité que ses prédécesseurs, mais il ne dispose de rien pour pallier son échec. Si le tableau qu'il peint n'est pas un être pleinement constitué comme ordre de couleurs et de lignes fait pour le plaisir des yeux, et pour rien d'autre, son travail se solde par un échec total, que rien ne dissimule. Mais de la part du spectateur, il faut une aptitude à percevoir, dans une structure sensible, l'intelligibilité qu'elle recèle, analogue à celle qu'il faut au peintre pour concevoir et exécuter un tel tableau. Quand l'expérience esthétique ne se produit pas, beaucoup se contentent d'en blâmer le peintre ; et ils peuvent avoir raison, mais eux-mêmes n'en sont pas tellement certains. Comment être surpris de les trouver parfois découragés ?

On se demanderait presque si la peinture n'est pas sortie d'un labyrinthe pour s'engager dans un autre, mais de bonnes raisons dissuadent de penser qu'il en soit ainsi. A la question : quel usage les peintres devront-ils faire de leur liberté enfin conquise ? les peintres seuls peuvent donner réponse. Leur art même y répondra. Le philosophe qui les écoute et s'efforce de les comprendre ne peut pas ignorer le rôle considérable joué par la dialectique dans l'évolution de la peinture moderne. Nous avons entendu Baudelaire déplorer que, quand il faut être peintre, le Français se fasse homme de lettres. Certains regretteront peut-être que, cette fois, il se soit fait philosophe, et l'on peut en effet craindre que les rigueurs de la déduction logique n'aient conduit parfois les peintres à s'imposer des sacrifices, cruels pour eux et pour nous, sans récompense évidente. Au total, pourtant, cette dialectique fut plutôt bienfaisante et, si l'esquisse que nous en avons tracée contient quelque vérité, elle était de toute manière inévitable. A supposer même que l'art non-figuratif fût une complète erreur, c'est l'art figuratif qui en serait responsable. Ses embarras ne pouvaient se dénouer sans que certains partis ne fussent pris et que certaines expériences ne fussent conduites à leur terme. Il reste désormais à unir ce que l'on s'était jusqu'à présent contenté de confondre. Il n'est pas nécessaire que le résultat de ce long effort soit de dresser l'un contre l'autre un monde des peintures et un monde des images. Si l'on en venait là, il faudrait conclure que, d'un côté comme de l'autre, le vrai problème à résoudre est de nouveau perdu de vue.

Le tableau est une peinture digne de ce nom si, né d'une forme germinale, il est entièrement déterminé dans sa structure et dans son être par l'unité régulatrice de cette forme. La véritable peinture abstraite n'est donc pas nécessairement celle qui représente l'abstraction réalisée qu'est l'espèce, mais elle n'est pas non plus nécessairement celle qui fait abstraction de la représentation jusqu'à l'exclure. Nous l'avons dit, il fallait que cette exclusion fût une fois prononcée, fût-ce seulement pour établir qu'une peinture entièrement libre d'imitation était chose possible, légitime et porteuse de sa beauté propre. La chose est faite. Cette liberté dernière a été conquise pour le peintre, et elle ne lui sera plus jamais enlevée, pourvu seulement qu'il soit du petit nombre des forts qui sont capables de la porter.

L'artiste seul sait ce qu'il peut tenter avec chance de succès. L'expérience de la peinture non-représentative ne prouve pas que tout autre genre de peinture soit devenu impossible ; elle prouve simplement que celle-là aussi est possible. Ayant reconnu la forme de l'œuvre à faire, forme qui ne représente rien d'autre que l'œuvre même dont elle est le germe, le peintre créera dans la beauté s'il sait faire abstraction de tout ce qui, étranger et inutile à l'incarnation de cette forme, doit rester étranger à l'œuvre même[80]. En d'autres termes, la véritable abstraction est le sacrifice voulu, pendant l'exécution de l'œuvre, de tout ce qui n'est pas nécessairement requis pour l'actualisation parfaite de la forme germinale présente à l'esprit du peintre. Ceci compris, il devient sans importance que l'artiste fasse appel ou non à des éléments représentatifs. S'il n'en use pas pour leur aptitude représentative, mais seulement pour leur signification plastique, il peut être assuré de se trouver sur la bonne voie. « Il y a littérature » disait Odilon Redon « toutes les fois qu'il n'y a pas invention plastique[81] ». Garder totale la liberté que l'art de peindre a enfin conquise, c'est lui réserver le droit d'user de toutes les formes sans exception aucune, pourvu qu'il les traite toujours en formes plastiques, jamais comme des signes. Les libertés nouvellement obtenues ne doivent pas se payer de la perte des anciennes. La notion d'une peinture *représentative en tant que peinture* est désormais sans avenir. Elle est reconnue pour ce qu'elle est : une contradiction dans les termes. Mais si le représentatif est moins ce qui représente que ce qui ne remplit dans le

80. Ces vérités ont été exprimées avec force par le peintre Jean Bazaine, *Notes sur la peinture d'aujourd'hui:* « L'art, à toutes les époques a toujours été non-figuratif », p. 48. — « Si, à de rares moments, l'invention a pu coïncider avec l'imitation et même avec le trompe-l'œil, ce n'est là qu'un miracle furtif, et ce n'est en effet qu'un trompe-l'œil : la réalité créée n'a ni plus ni moins de rapports avec la réalité représentée que dans le moins « figuratif » des tableaux ». *Op. cit.*, p. 54. — On méditera aussi avec profit cette page qui, à la lumière de la notion généralisée d'abstraction, est littéralement vraie : « Il faut donc une bonne fois, pour tâcher d'y voir clair, dissocier l'abstrait du non-figuratif : ce pouvoir d'intériorité et de dépassement du plan visuel qu'implique la création, n'est pas fonction du plus ou moins grand degré de ressemblance de l'œuvre avec la réalité extérieure, mais avec un monde intérieur qui englobe le premier et s'épanouit jusqu'aux « purs motifs rythmiques de l'être ». Zola est moins ressemblant (moins abstrait) que Mallarmé. Cormon est moins ressemblant (moins abstrait) que Klee, mais Klee est moins ressemblant (moins abstrait) que le douanier Rousseau : Et Kandinsky est beaucoup moins abstrait que Breughel, Vermeer ou Van Eyck : ce dernier pourrait bien représenter, dans toute l'histoire de la peinture, l'extrême pointe de l'abstraction ». *Op. cit.*, pp. 56-57.

81. O. Redon, *A soi-même*, p. 78.

tableau aucune autre fonction que celle de représenter, il devient clair que jamais l'art de peindre n'a dû sa grandeur à ses qualités représentatives. Même tandis qu'elle représentait, la peinture poursuivait d'abord ses fins propres. Désormais assuré de leur nature, cet art devrait donc se sentir libre même de ses propres conquêtes. On ne saurait s'engager plus avant sans commettre l'imprudence de prophétiser, mais il est du moins permis d'exprimer le vœu que ceux qui ne pensent pas qu'une option désormais s'impose, veuillent bien offrir à leur tour une réponse qui tienne compte des données principales du problème. L'une d'entre elles est le devoir qu'a tout esthéticien de répondre à la remarque bien connue de Pascal : « Quelle vanité que la peinture, qui attire l'admiration par la ressemblance des choses dont on n'admire point les originaux ! ». Si la peinture est imitative en son essence, on ne voit pas que personne ait encore relevé ce naïf défi.

CHAPITRE VI

La Peinture et la Parole

Si abondante soit-elle, la littérature publiée sur la peinture ne concerne qu'un nombre infime de tableaux, presque toujours les mêmes, selon que l'écrivain préfère suivre l'un des courants principaux entre lesquels se divise le goût du jour. De temps à autre, on essaie de « lancer » un artiste encore peu connu, ancien ou moderne, mais les tentatives de ce genre sont relativement rares parce qu'elles coûtent cher. De beaucoup le plus grand nombre de tableaux n'ont pas d'histoire. Ils disparaissent silencieusement sans laisser de traces. La plupart d'entre eux sont des délassements d'amateurs, entièrement justifiés par le plaisir que leurs auteurs prennent à les peindre, mais le plus souvent, quoique non toujours, de peu d'intérêt pour le reste du monde. Il se rencontre parfois d'authentiques artistes parmi les « peintres du dimanche ». Le Douanier, Gauguin même, furent d'abord de ce nombre, mais de tels cas font exception.

D'autres tableaux, en très grand nombre, sont des produits d'artisanat faits à la main, expressément en vue d'une vente aussi rapide que possible et souvent à bas prix. L'imagerie peinte, religieuse ou patriotique, l'aquarelle touristique vendue par l'auteur lui-même dans le hall du grand hôtel, les tableaux exposés et vendus en bordure du trottoir ; à un niveau social plus relevé, les peintures mises en vente dans des magasins élégants et coûteux, mais choisies avec un sens diabolique du goût de la foule : paniers de fleurs, femmes nues ou enfouies dans un nuage de tulle mauve, mers où courent des voiliers ; paysages de lacs ou de montagnes, et même, si l'on y met le prix, les deux à la fois ; bref des images de tout ce que l'homme aimerait avoir, voir ou faire, y compris chasser et boire, et même faire la guerre dont, grâce à Detaille, il finit par rêver qu'il l'a faite.

Ce genre de production représente la plus grande part de l'activité picturale en occident. On ose à peine y joindre les neuf dixièmes des œuvres exposées dans les Salons par des candidats à la dignité d'artistes, qui ne peuvent croire qu'on puisse aimer un art autant qu'ils aiment la peinture sans avoir les dons requis pour le pratiquer. Il serait intéressant de connaître l'histoire de certaines de ces œuvres. Devenues avec le temps des chefs-d'œuvre certaines sont jointes aujourd'hui au bagage de quelque peintre illustre, plus digne d'en être l'auteur que leur véritable auteur. La plupart disparaissent sans laisser de traces.

Les chefs-d'œuvre ont une destinée toute différente. Pour peu que leur auteur soit compté entre les maîtres, ses œuvres deviennent des signes de contradiction dès qu'elles ont franchi le seuil de son atelier. De son vivant déjà les journalistes s'en emparent, les critiques d'art en parlent ; articles, essais, livres illustrés ou non, cours et conférences s'amoncellent autour d'elles ; une fois entrées dans l'histoire, ces œuvres et leurs auteurs fournissent une inépuisable matière à des écrits que recueillent des bibliothèques spécialisées où professeurs et historiens viennent s'approvisionner en vue de leurs leçons ou de leurs livres. On consacre des analyses et des commentaires sans nombre à des tableaux de Gauguin ou de Van Gogh dont leurs commentateurs n'eussent voulu à aucun prix du vivant de ces peintres. Les philosophes enfin s'en mêlent, comme on peut voir. Ce flot de paroles est une marque assurée que l'art de peindre n'est plus véritablement en cause. Le silence n'a de voix que chez les rhéteurs et les poètes, mais on ne peut s'interroger sur l'essence de la peinture sans considérer brièvement son destin dans le monde de la parole, car elle y reste une étrangère, mais il lui est inévitable d'y tomber.

I. Langage et expérience esthétique

Les malentendus entre les peintres et leur public sont aussi divers que leurs causes. Ils sont d'ailleurs irrémédiables, pour la simple raison que moins un homme est apte à juger la peinture, moins il est capable de s'en douter. On ne parle donc de ces différends que pour essayer d'en comprendre la nature. Leur cause la plus générale est l'hétérogénéité foncière de la peinture et du langage. Les peintres ont fait choix d'un moyen d'expression silencieux ; même s'ils s'expriment par des images, ils n'en usent pas comme de signes analogues aux mots, mais comme d'éléments plastiques dont le sens est leur contribution à la magie sensible du tableau. Tous les autres hommes, et les peintres eux-mêmes lorsque, commençant de parler, ils cessent d'être peintres, s'expriment au moyen de mots.

Nous avons trop largement exploité les écrits de certains peintres pour méconnaître l'aptitude de beaucoup d'entre eux à pratiquer l'art d'écrire en même temps que l'art de peindre. Eugène Fromentin, qui ne fut pas un mauvais peintre, fut un délicieux écrivain. Mais le problème ne prend son vrai sens que dans les cas où l'artiste, ayant à choisir son principal moyen d'expression, se demande s'il sera un écrivain ou un peintre ? C'est là, pour lui, une décision d'importance capitale à prendre. Certains aspects de l'art littéraire si particulier de Ramuz s'expliquent mieux si l'on sait qu'ayant été d'abord élevé dans un milieu de peintres, il regretta toujours plus tard de n'avoir à sa disposition que les mots abstraits du langage de l'écrivain, alors que son esprit était plein des images vives, des couleurs et des formes en quoi s'incarnent les imaginations des peintres[1]. Ramuz se faisait illusion, car il a su admirablement parler, au lieu que, peintre, il n'aurait pu que faire voir, sans rien dire. En effet, être peintre n'interdit pas à l'artiste d'être aussi un écrivain, mais il ne saurait pratiquer les deux à la fois. Les vrais peintres savent bien qu'il leur faut choisir entre peindre, ou écrire et parler.

Cette proposition est facile à comprendre, mais il est difficile de saisir d'une seule vue la totalité de ses conséquences. A supposer même qu'on le pût, il serait impossible de conformer sa conduite aux règles pourtant si sages qui en découlent.

La première et plus générale de ses conséquences est que, puisque la peinture et le langage sont hétérogènes, il est aussi impossible de peindre à l'aide de mots qu'il l'est de parler au moyen de peintures. Assurément, un grand nombre de tableaux racontent, parlent, expliquent et par conséquent se laissent expliquer à leur tour. Ce sont ceux que nous avons nommés des images, ou dont on pourrait encore dire, si l'on espérait peser sur l'usage, que ce sont en effet des *tableaux,* non des *peintures*. De quelque manière qu'on formule la distinction, il reste vrai de dire que lorsqu'elle se substitue au langage, l'œuvre en question n'est pas de la peinture ; elle

1. Ferdinand RAMUZ, *Questions*, pp. 7-12.

sort de l'ordre de la plastique pour entrer dans celui de l'explication, de la littérature, bref, de la parole[2].

Un corollaire de cette conclusion est que ce qu'on peut dire au sujet d'un tableau ne s'applique pas à lui en tant que peinture, ou ne s'applique à lui qu'en tant qu'il n'est pas de la peinture. Les sentiments des peintres eux-mêmes sont divisés à ce sujet. Étant homme, un artiste déteste rarement qu'on le loue, mais les louanges qu'on lui décerne le laissent incertain lorsqu'elles sont motivées ; elles commencent même de l'inquiéter, s'il est peintre, dès le moment où l'écrivain qui en parle entreprend de donner en une ou deux pages un équivalent écrit du tableau peint. Comme le peintre visait une œuvre plastique indicible, les louanges que l'on en fait se trompent d'adresse, à tel point que les critiques lui causent souvent moins de déplaisir, tant elles s'égarent, que les compliments ne lui donnent de plaisir. On pouvait d'ailleurs compter sur Delacroix pour éclaicir ce point. Dans deux articles de la *Revue indépendante*, des 10 et 25 novembre 1847, le critique d'art Louis de Ronchaud avait longuement étudié et loué les travaux exécutés par Delacroix pour le Sénat et la Chambre des Députés. Delacroix fut sensible à l'hommage, mais eut des inquiétudes qu'il confia aussitôt à George Sand. Ce n'est pas un bon signe que la vue d'une peinture invite à en parler si longtemps. La beauté de la peinture « consiste surtout dans les choses que la parole n'est pas habile à exprimer[3] ».

Cette vérité s'impose au spectateur comme au peintre. L'expérience esthétique ne perd rien à être partagée, pourvu que ce soit entre gens qui se taisent. Admirée en commun, la beauté reste fidèle à sa vocation, car le beau est le bien de la perception sensible, étant l'intelligible perçu, et il est de la nature du bien de se communiquer par une sorte de générosité naturelle.

Nous voici entre amis, devant une de ces œuvres peintes dont on eût dit autrefois qu'elles sont d'une beauté « radieuse ». La merveille vient de nous éblouir. La beauté est certainement là, et nous la voyons, si complètement possédés par elle que son nom même ne nous vient à l'esprit. Nous sommes muets d'admiration, comme l'on dit[4]. Et comment pourrait-on mieux dire ? On connaît le genre de silence qu'impose la présence de la beauté,

2. M. Vlaminck, *Portraits avant décès*, p. 177.
3. E. Delacroix, *Correspondance générale*, vol. II, p. 332.
4. Remarque souvent faite, entre autres par l'abbé Bremond, et aussi par P. Valéry, *Degas, danse, dessin*, p. 137.

quand elle charge l'instant de son poids et le nourrit de sa plénitude. Mais l'homme est un animal parlant et l'on peut être certain que, tôt ou tard, quelqu'un rompra le silence pour dire son admiration. Rien n'est plus naturel. Il n'y a même pas grand mal à ce que l'émotion se soulage par quelque exclamation, simple geste vocal plutôt que parole ; mais si le spectateur cède à la tentation de penser, s'il exprime sa pensée à l'aide de mots, le charme est aussitôt rompu. On peut même s'attendre au pire, lorsque poussé par le curieux besoin d'apostolat que l'expérience esthétique inspire, l'un des admirateurs entreprend de convaincre les autres de la légitimité d'une expérience qui se passe fort bien de commentaires, et veut la justifier par des raisons. Même quand ils communient dans la même beauté, les hommes s'accordent rarement sur les causes de leur expérience. En effet, ils les ignorent. Ses causes étant perçues plutôt qu'intellectuellement connues, chacun éprouve de grandes difficultés à la formuler pour soi-même. Comment, dans ces conditions, plusieurs s'accorderaient-ils sur des mots dont celui-là même qui en use ne sait au juste ce qu'ils signifient ? L'unanimité si fréquente sur l'objet d'une admiration commune s'étend rarement aux motifs invoqués pour la justifier.

L'homme d'expérience sait se tenir à l'écart des discussions de ce genre, mais il est naturel que des désaccords se produisent ; leur cause est liée à l'essence même de la peinture et de la beauté. Si, comme il a été dit, le beau est l'être lui-même comme bonheur d'appréhension, il doit participer de la nature de l'être. Principe premier dans l'ordre de la connaissance comme dans celui de la réalité, l'être n'est pas explicable par des notions antérieures, puisqu'il n'y en a pas. Nous sommes incapables de penser autrement qu'en termes d'être et tout commentaire sur lui revient finalement à dire ce qu'il *est*. La même remarque s'applique au beau en tant précisément qu'il est une modalité de l'être. Tout ce que l'on en peut dire est tautologique ou s'applique à autre chose. C'est là une expérience première et, comme telle, elle est en même temps ultime en son ordre.

Une illusion regrettable, née de cette expérience même, consiste à rendre les œuvres d'art responsables de l'incohérence trop visible des jugements dont elles sont l'objet. La situation est naturelle et puisqu'elle tient à la nature des choses, la peinture continuera perpétuellement d'être une chose muette et telle que rien de ce que l'on en peut dire ne concerne son essence, mais les hommes continueront perpétuellement d'en parler.

Il n'est donc pas surprenant que les jugements esthétiques présentent des caractères opposés. D'une part, ce sont des assertions dogmatiques, et même d'autant plus passionnément telles qu'elles sont plus immédiatement engagées dans l'émotion dont s'accompagne l'expérience esthétique. Il en est de bouleversantes ; d'autres sont liées depuis si longtemps à certaines œuvres, qu'elles deviennent des réflexes conditionnés inséparables de la personne. Vue et jugée à froid, il y a quelque chose d'étrange dans la situation, tant l'ardeur passionnée qui s'exprime en jugements sans nuances tolère mal les hésitations, les réserves et moins encore la contradiction. Il ne suffit même pas d'approuver, il faut approuver avec enthousiasme. L'ami en expérience de beauté est un explosif à ne manier qu'avec prudence. La moindre réserve, la tiédeur même lui sont immédiatement perceptibles et insupportables. Comme disait Ingres : « La louange pâle d'une belle chose est une offense[5] ». La condamnation mesurée d'une chose laide, ou tenue pour telle, est d'ailleurs une insulte non moins coupable envers la beauté. Mais cette sorte de jugement dernier, dont chacun se constitue le juge suprême et sans appel, n'exclut pas les renversements de sentences. Si l'on ne voit un ami qu'à des intervalles assez longs, rien n'est plus imprudent que de repartir du dernier état de ses goûts pour reprendre l'entretien au point où on l'avait laissé. Les certitudes les plus absolues ne sont ici que provisoires. C'est même avec une pointe d'humeur que ce juge de l'art s'entend opposer ses propres règles quand lui-même a cessé d'y croire. Au fond, il ne *sait* pas vraiment ; l'affirmation vigoureuse d'un goût contraire au sien menace la solidité d'un système de jugements qui est lui-même et dont pourtant il ne connaît pas les raisons.

C'est enfin pourquoi l'expérience esthétique n'est pas transmissible ; elle ne s'enseigne pas. Il est de l'essence de l'enseignement que le maître puisse causer la présence de ce qu'il sait dans l'esprit d'un élève qui ne sait pas encore. S'il comprend l'ordre de la démonstration, s'il la répète dans son propre esprit en suivant le même ordre, l'élève ne peut pas ne pas consentir à la conclusion proposée ; il peut même la transmettre à son tour. Tel n'est pas le cas en matière de jugements esthétiques. On ne peut convaincre personne qu'il faille admirer une peinture sur la foi d'aucune démonstration. Suggérer est toujours possible : la méthode ne réussit même que trop souvent, mais c'est d'un phéno-

5. *Ingres raconté par lui-même*, p. 53.

mène de contagion plutôt que de communication qu'il s'agit alors. Les pensées ne sont pas directement communicables[6] ; c'est ce qui fait que l'équivoque est la plaie inguérissable des échanges intellectuels dès qu'on dépasse le niveau pratique. Pourtant, le langage est de l'ordre de la pensée même dont il est comme l'incarnation, si bien qu'en dépit de maint accident, la communication des concepts reste au moins approximativement possible ; mais puisque l'expérience esthétique se produit dans un autre univers que celui du concept quidditatif, comment se communiquerait-elle à l'aide de mots ?

On ne peut dire ces choses sans s'exposer au reproche de scepticisme en matière d'art. En effet, le reproche lui-même fait partie du système. Il en est un moment nécessaire. Si l'expérience esthétique est du même genre que la connaissance rationnelle abstraite, il est légitime d'attendre d'elle qu'elle soit capable de se formuler, de se décrire, de se justifier et de se communiquer au moyen du langage. On est alors dans l'univers de la parole, il est donc juste qu'on en veuille appliquer les lois. Il est également naturel qu'on taxe alors de scepticisme le refus d'admettre la possibilité même de jugements objectivement justifiables selon les règles de la démonstration rationnelle. Cela est si légitime qu'on s'explique l'obstination des mêmes esprits à maintenir le jugement esthétique sur le plan dialectique du discours, qui est le leur, et celui sur lequel ils se sentent non seulement à égalité avec l'artiste, mais supérieurs à lui.

Il n'en est pas moins vrai qu'en défendant la validité objective des jugements esthétiques ainsi entendus, ces défenseurs de l'art de peindre font voir qu'ils ne savent pas de quoi ils parlent et qu'ils ne se doutent même pas qu'ils ne le savent pas. Ils sont invincibles comme leur ignorance même[7]. Comment y aurait-il

6. C'est ce qu'un maître injustement oublié, Émile Egger, avait coutume de nommer « la loi des consciences closes ». Mais nul ne le dira mieux que le Fantasio de Musset, dans l'exquis couplet (I, 2), qui se termine par ces paroles : « C'est tout un monde que chacun porte en lui ! un monde ignoré, qui naît et qui meurt en silence ! Quelles solitudes que tous ces corps humains ! ».

7. On ne parle pas ici d'ignorance en général, mais de celle où un homme de vaste culture, et parfois même d'un goût très sûr, peut se trouver au sujet du véritable objet de son expérience esthétique. Les justifications dialectiques des jugements esthétiques sont souvent le fait d'écrivains qui sont eux-mêmes de remarquables artistes dans l'art d'écrire et, en outre, font preuve d'une grande perspicacité dans leur appréciation des œuvres d'art. Seulement, faute de pouvoir justifier dialectiquement des jugements

scepticisme à proclamer qu'on ne peut justifier à l'aide de raisonnements et de démonstrations des propositions qui, en aucun cas, ne peuvent être autre chose que des principes, non des conclusions ?

En oubliant que la substance de l'expérience esthétique est, comme son nom même l'indique, de l'ordre du sensible, on se condamne en effet à n'avoir d'autre choix qu'un dogmatisme instable dont la tyranie est tempérée seulement par la contradiction. Mais si l'on se tient sur le terrain de l'expérience sensible, la reconnaissance des étranges variations du jugement esthétique n'entraîne aucun scepticisme, car il n'y a pas doute là où il n'y a pas matière à douter. C'est une des vérités les plus fécondes de la philosophie traditionnelle que l'expérience sensible a son évidence propre, à partir de laquelle on peut justifier certaines conclusions, mais qui n'est pas elle-même une conclusion et que l'on ne saurait par conséquent justifier. En d'autres termes, dans leur ordre et à leur manière, les perceptions sensibles sont principes. Le propre des principes est d'être des connaissances évidentes et, dans tous les ordres, le propre de l'évidence est d'être indémontrable. Celle de l'expérience esthétique ne fait pas exception.

Voici deux jugements esthétiques apparemment contradictoires, mais le sont-ils vraiment ? Pour se contredire, deux jugements doivent porter sur la même notion entendue au même sens ; ils doivent porter sur le même objet. La plupart du temps, les discussions sur la peinture sont littéralement sans objet. Un esprit bien fait refuse de considérer les jugements du type : J'aime, ou bien, je n'aime pas la peinture moderne. Qui a jamais aimé ou condamné en bloc la peinture entière de son propre temps ? A la question :

si bien fondés, ils rattachent leur expérience esthétique à quelque système abstrait qui, loin de la justifier, la rendrait plutôt inexplicable ou même impossible. La désastreuse entreprise d'André Malraux en est un exemple. Le très grand écrivain que fut John Ruskin en est un autre. Selon lui, « l'objet des grands arts d'imitation est, et a toujours été, de ressembler et de ressembler d'aussi près que possible » (dans J. Bardoux, *John Ruskin*, p. 265) ; aussi son grand peintre est-il ... Turner. Mais c'est qu'en dehors de son goût, ici si juste, Ruskin a un autre système de justifications, radicalement étranger à l'art et qui, lui, est de l'ordre de la dialectique. Comme l'a démontré J. Bardoux, la clef de son esthétique se trouve dans la morale (*op. cit.*, p. 325) ; une de ces redoutables prédications de la Cité Nouvelle qui, en dernière analyse, pourraient accueillir avec faveur l'art à la planche d'imprimerie que préconise André Malraux. Le seul défaut de ces esthétiques est d'égarer la foule des lecteurs, justement séduits par la magie du style, vers des terrains vagues complètement étrangers au domaine de la peinture.

aimez-vous, ou n'aimez-vous pas la peinture de Picasso ? la réponse la plus raisonnable est que la « peinture de Picasso » n'existe pas. Il n'existe de lui que des œuvres individuelles, probablement de valeur inégale et dont il n'est pas certain que lui-même attribue à toutes la même importance[8]. Mais réduisons le problème à un seul tableau, vu en même temps sous un éclairage comparable par deux spectateurs différents. Leurs jugements aussi devraient être comparables, mais que regardent-ils ? Si l'un voit une peinture alors que l'autre regarde un spécimen du genre d'images coloriées que sont bien des tableaux, l'objet de leur perception n'est aucunement le même. Les qualités requises d'une bonne image peuvent être exclues par celles qui, dans le cas de l'œuvre en question, seraient exigées pour qu'elle fût une bonne peinture. Le *Flûtiste* de Meissonier est une meilleure image que *Le fifre* de Manet, mais *Le Fifre* est une meilleure peinture. Semblablement *Le bon bock* de Manet est une meilleure image que *Le buveur* de Franz Hals, mais le buveur de Franz Hals est une meilleure peinture. Les neuf dixièmes (au moins) des spectateurs ne pensant même pas à se demander ce qu'ils attendent exactement de l'art de peindre, leurs jugements ne peuvent ni se contredire ni s'accorder.

Il n'est pourtant pas impossible que plusieurs spectateurs regardent de la même manière la même peinture, mais voient-ils exactement la même chose ? Nous avons rappelé, avec Delacroix, qu'il en est des yeux comme des oreilles : tous ne sont pas également justes, tous ne sont pas également sensibles à l'exactitude ou à la subtile harmonie d'un accord de couleurs ou d'un passage de tons.

8. « Louant certains tableaux que je considérais comme insignifiants vous vous écriez : ah ! si Gauguin était toujours celui-là. Mais je ne veux pas être toujours celui-là ». A André Fontainas, Tahiti, mars 1899, *Lettres de Gauguin à sa femme...*, p. 288. — Émile Zola a vivement protesté contre la prétention si commune de dire aux peintres ce qu'ils *doivent* peindre. C'est même là le sens profond de sa formule : « Une œuvre d'art est un coin de la création vu à travers un tempérament », dans son apostrophe, d'ailleurs justifiée, à Proudhon (' Proudhon et Courbet ', dans *Mes haines*, p. 25) ; mais l'art reste encore, dans sa définition, une manière de voir et, surtout, Zola a toujours cru que son art d'écrire l'habilitait à juger les œuvres de l'art de peindre. Il proteste avec raison contre la foule qui « voit dans une toile un sujet qui la saisit à la gorge ou au cœur » ; pour moi, ajoute-t-il, « une œuvre d'art est, au contraire, une personnalité, une individualité » (*Mes haines*, p. 280). L'erreur n'est pas moindre, et c'est la même. Zola en est d'ailleurs aussitôt puni : « Le mot *art* me déplait... Ce que je cherche avant tout dans un tableau, c'est un homme et non pas un tableau » (p. 281). A la bonne heure ! Toute infraction à la vérité s'expie sur le champ.

On ne peut lire les pages écrites par certains peintres sans envier une sensibilité à la couleur qui leur a donné des joies dont, spectateurs de commune espèce, nous n'avons probablement aucune notion. Comme la musique, la peinture est profondément enracinée dans le corps. Un seul son musical, un seul rouge, un seul vert, un seul jaune, ou bien laissent une sensibilité indifférente, ou bien obtiennent d'elle une réponse harmonique attestant que le message du monde physique est parvenu à son adresse. On ne peut aller au-delà, sinon dans la mesure où l'éducation de ces dons naturels permet d'en affiner la sensibilité et d'en perfectionner l'exercice. Quand tout est dit, les mêmes œuvres ne recevront une approbation esthétique comparable que dans la mesure où elles seront objets d'expériences elles-mêmes comparables en intensité et en qualité.

Ces conditions sont réunies assez souvent pour qu'avec le temps une sorte d'impersonnelle sélection finisse par s'opérer comme d'elle-même. La valeur n'en est jamais absolue ni définitive ; surtout, elle est à peu près impuissante à guider, conseiller et orienter l'expérience esthétique des générations à venir. Personnelle par nature, cette expérience s'établit directement entre le spectateur et l'œuvre ; elle entre par les yeux et, pour qui l'éprouve, la question de sa validité ne se pose même pas. Faite par le peintre pour combler les pouvoirs d'appréhension d'une faculté de voir, la peinture ne peut que s'offrir aux regards jusqu'à ce qu'elle tombe sous un regard capable de capter son message. Elle est alors connue telle qu'elle est dans son être sensible, qui est sa beauté même. Quant au spectateur, on n'attend rien de lui sinon qu'il se laisse faire et, pour ainsi dire, qu'il se rende, dans une défaite heureuse à laquelle il consent lorsqu'elle le surprend, mais au devant de laquelle il se porte et qu'il provoque lorsqu'elle se fait attendre. Son secret est à lui ; s'il est sage, qu'il le garde ! Mais ce n'est pas chose facile, car l'homme est un animal parlant. On obtient difficilement de lui qu'il ne substitue pas à une intuition sensible, infaillible en son ordre mais muette, quelque formule rationnelle dont il puisse disputer. C'est pourquoi, autour du silence de la peinture, il se fait tant de bruit.

II. Les peintres et le monde parlant

Par « monde parlant », nous entendons l'ensemble des êtres humains en tant qu'ils usent de la parole et l'ensemble des choses en tant qu'elles constituent un univers parlé. Comme objets du langage, les tableaux ne diffèrent en rien du reste de la nature. En tant qu'ils s'expriment par le langage, les peintres sont des hommes comme les autres ; ils rejoignent les foules du monde parlant et leurs œuvres s'ajoutent à la masse du monde parlé.

Quand ils écrivent ou parlent de leur art, les peintres éprouvent autant de difficulté que les autres hommes à s'exprimer sur un sujet dont l'essence est étrangère au langage. Ils ont l'immense supériorité de savoir de quoi ils tentent de parler, mais même dans les cas les plus favorables : Constable, Delacroix ou Fromentin par exemple, un peintre qui écrit est un écrivain, non un peintre. Les cas les moins favorables sont ceux où, au lieu de parler d'expérience, le peintre se met à philosopher. Il n'est alors, le plus souvent, que l'écho de notions philosophiques devenues banales, dans le cadre desquels il s'efforce de faire tenir son expérience personnelle au lieu de réformer ces notions pour les lui adapter. Tel nous avons vu Reynolds, faisant appel à la doctrine aristotélicienne de l'espèce pour définir l'objet que doit imiter le peintre. Quant à l'intarissable flot du discours des amis de la peinture, il est légitime, mais on se demande dans quelle mesure la peinture en est véritablement l'objet.

Le point de vue le plus général dont on puisse envisager cet art, hormis celui des peintres eux-mêmes, est celui des philosophes. Malheureusement, il semble que lorsqu'un philosophe parle de peinture, aucun peintre ne comprend ce qu'il dit ; de toute manière, ce que les philosophes appellent peinture semble être autre chose que ce que les peintres eux-mêmes désignent de ce nom.

On peut citer à l'appui le cas de Delacroix, invité à une conférence de Ravaisson, y allant et profitant de la première occasion pour prendre la fuite. Ce qui fait l'intérêt de l'anecdote est que Ravaisson, auteur d'une étude pénétrante sur la métaphysique d'Aristote, y avait mis en évidence l'importance de la notion de forme entendue en son sens plastique. D'ailleurs, Ravaisson aimait les arts du dessin au point de s'intéresser activement à la manière de les enseigner dans les écoles. Si jamais philosophe fut qualifié pour parler intelligemment des arts plastiques, ce fut lui. Pourtant, en ce qui concerne Delacroix, l'expérience Ravaisson fut un échec. En date du mardi 4 mai 1853, on lit dans le *Journal* : « Invité par Nieuwerkerke à aller entendre au Louvre un discours sur l'art ou les progrès de l'art d'un sieur Ravaisson... Je m'en suis allé peut-être un peu scandaleusement après cette première partie, dont je ne donne qu'un pâle résumé. J'y ai été encouragé par l'exemple de quelques personnes qui se sont trouvées, ainsi que moi, suffisamment édifiées sur le Beau[9] ».

La même tiédeur se fait sentir dans les remarques de Delacroix sur une étude consacrée à Rubens dans le *Journal des Débats* « par un M. Taine que j'avais déjà jugé, sur d'autres pièces analogues, un pédant de premier ordre[10] ». Qui blâmerait Delacroix, ou tout autre peintre, de manquer de patience en ces matières ? Ce qu'un philosophe peut écrire ou dire sur l'art ne rejoint en aucun point les préoccupations très précises de l'artiste. Aux yeux du peintre, le philosophe n'entre jamais en matière, il ne rejoint jamais le sujet. Mauvaise humeur à part, Delacroix avait raison, mais ses deux victimes n'avaient pas tort. Les philosophes ont droit d'user de l'art comme d'un objet de réflexion philosophique, mais ce qu'ils en disent est de la philosophie ; il n'est pas surprenant que les peintres n'y reconnaissent pas leur art.

Les peintres devraient avoir plus de chance avec les écrivains qui, bien que leur moyen d'expression n'ait rien de plastique, n'en sont pas moins des artistes produisant eux aussi des œuvres d'art. L'écrivain devient un artiste dès que la manière de dire prend le pas sur

9. *Le Journal d'Eugène Delacroix*, vol. II, pp. 35-37. Delacroix était ce jour-là d'assez méchante humeur. Il a suivi de près la conférence et le résumé qu'il en donne contient d'intéressantes remarques, mais la composition de l'auditoire ne lui plaisait pas.

10. *Op. cit.*, 27 juillet 1858 ; vol. III, pp. 207-208. Cf., plus près de nous, l'irritation de Renoir lisant dans un journal un article sur l'Art (A majuscule) ; l'article était signé (??) H. Bergson (A. VOLLARD, *En écoutant Cézanne...*, p. 277). Voir encore une vive attaque contre une certaine philosophie de la peinture se réclamant (si nous comprenons bien) de la philosophie de L. Brunschvicg, dans M. VLAMINCK, *Portraits avant décès*, pp. 169-170. Nous ne savons de quelle doctrine il s'agit. De toute manière, Léon Brunschvicg lui-même était l'esprit le plus fin et le contraire d'un philistin. Peu importe d'ailleurs ; quel que soit le philosophe qui parle, le peintre ne reconnaît pas la peinture dans ce que le philosophe en dit.

ce qu'il dit. On ne voit pourtant pas que les peintres soient plus souvent satisfaits des artistes de la plume qu'ils ne le sont des philosophes. Ce qui vient d'être dit sur l'incommunicabilité de l'expérience esthétique s'applique à ce nouveau problème. Leur propre moyen d'expression étant le langage, les écrivains n'ont d'autre ressource que de parler de ceux des aspects de l'art qui se prêtent le mieux au discours. A cet égard, leur ingéniosité est sans limites. Un romancier décrira des peintres, se donnant ainsi prétexte pour attribuer aux peintres qu'il met en scène ses propres idées sur la peinture, mais les artistes s'y laissent rarement prendre. Les peintres dêcrits par les romanciers ne sont que des écrivains qui font semblant d'être des peintres, et les opinions sur la peinture qu'on leur prête sont celles d'hommes qui croient qu'un écrivain dépeint les choses avec sa plume ou qu'un peintre les décrit avec ses pinceaux. A cet .égard, les jugements de Van Gogh sur les résultats obtenus par Zola méritent d'être retenus ne serait-ce que parce qu'on y rencontre une admirable formule, bien faite pour ouvrir les yeux sur le sens profond du problème : « il est intéressant d'entendre Zola parler de l'art », dit Van Gogh, « c'est aussi intéressant que, par exemple, un paysage brossé par un portraitiste[11] ». Un peintre ne pouvait suggérer plus discrètement que la tendance naturelle de l'écrivain est de transposer la peinture dans son propre langage. Mais « tendance » n'est pas le mot juste ; comme elle devient philosophie en entrant dans l'œuvre du philosophe, la peinture devient littérature en entrant dans l'œuvre de l'écrivain.

Certains hommes de plume manquent d'imagination créatrice, mais ils aiment écrire et s'intéressent à la peinture ; plusieurs voies leur sont ouvertes qui permettent d'accorder toutes les données du problème. L'histoire de l'art en est une, la critique d'art en est une autre ; ces deux voies sont aujourd'hui très fréquentées, mais les peintres ne sont pas certains qu'elles conduisent véritablement à leur art.

11. *Lettres de Van Gogh à Van Rappard;* lettre non datée, p. 177. Vincent n'y entend pas malice. Il s'agit de *Mes haines:* à propos des articles sur le Salon : « Je les trouve fort mauvais et entièrement erronés... Ce n'est pas son genre, c'est superficiel, faux, mais quelle conception ! ». L'écrivain lui inspire une vive admiration ; « il donne à réfléchir, il est original et étincelant de vie. N'empêche qu'il est erroné, vraiment faux et qu'il remet tout en question. » Dans la même lettre : « Zola a ceci de commun avec Balzac qu'il ne comprend pas grand chose à la peinture », p. 178. En revanche, il n'est pas fâché de voir Zola « décocher en passant une flèche à Taine, car Taine est parfois agaçant avec ses analyses mathématiques ».

L'impossibilité de traduire les formes et les couleurs dans le langage des mots a des conséquences remarquables, dont la plus commune est que l'historien de l'art en vient à remplacer le chef-d'œuvre plastique du peintre par un chef-d'œuvre littéraire, qui est le sien. Tel était souvent le cas au temps où, les histoires de l'art étant rarement illustrées de planches, les historiens devaient décrire les tableaux, c'est-à-dire, de leur propre point de vue, les *sujets*. Ils accueillaient volontiers cette occasion d'un intéressant exercice de transposition artistique. Certains tentent encore l'aventure, mais quelque talent qu'ils y apportent, le résultat est le récit littéraire d'une anecdote ou d'une scène, ce n'est pas la description d'un tableau.

On peut s'en convaincre en comparant l'excellente description qu'André Fontainas a donnée de la *Noce juive au Maroc*, d'Eugène Delacroix, avec ce que Louis de Planet dit du même tableau dans ses *Souvenirs de travaux de peinture*. André Fontainas s'en donne à cœur joie ; il est vraiment brillant : « La lumière du plein jour méridional qui s'adoucit peut-être en se déversant du haut des murailles claires. Des hommes s'y tiennent debout et assis. Vers la gauche, sur des tapis, les femmes mieux abritées, dans une demi-ombre où la lueur des chairs, le chatoiement des riches costumes et les joyaux prennent un éclat plus vif, regardent une danseuse à la souple et ployante allure[12]. » Accordons qu'avec un effort d'imagination suffisant, surtout s'il a vu le tableau, le lecteur parvient à reconstituer à peu près la scène. Mais Louis de Planet parle de tout autre chose. Si l'on veut peindre un tableau tel que la *Noce juive au Maroc*, dit-il, voici d'abord les brosses dont il faut se servir ; ensuite, voici comment il faut poser le dessous gris, puis

12. André FONTAINAS, *Histoire de la peinture française au XXe siècle*, pp. 128-129. — Théophile Silvestre décrit l'*Enterrement à Ornans ;* il veut essayer d'en « donner une idée », et il le fait (*Les artistes français*, vol. II, pp. 135-137. Il note en passant les « robes rouges » et les faces « violacées » des chantres, des robes de mérinos « noir », des nuages « sombres » *(sic)*, enfin deux notations de peintre : la lumière qui frappe le cercueil, et « la blancheur des aubes et des surplis » qui « éclate à la Vélasquez » ; mais sa description est surtout celle des personnages. La composition est expédiée en trois lignes : « La composition de l'*Enterrement* viole toutes les règles : les personnages y forment une sorte de bas-relief désordonné. Les têtes trop accusées au dernier plan viennent au premier ». *Op. cit.*, p. 137. Cf. la description d'une aquarelle de Delacroix : « Par cette matinée d'été, si douce et si limpide, la mer se retire... Dans cette sérénité muette de l'air, le moindre bruit de l'eau est une grande voix. ». *Op. cit.*, vol. II, p. 170. Il s'agit si bien des images mentales du spectateur, non du tableau, que Silvestre note jusqu'aux bruits qu'il imagine, comme si Delacroix les avait peints.

comment il faut s'y prendre pour peindre toute la toile, bâtiments, objets et figures, dans les mêmes tons gris sur gris, en ayant soin de toujours proportionner la taille de la brosse à celle de l'objet que l'on peint. Quand il en vient aux couleurs, de Planet ne se contente pas de les nommer, il précise l'ordre selon lequel Delacroix veut que chacune d'elles soit placée sur la palette ; par exemple, il dit pourquoi la laque de garance et la laque Robert, n° 7 ou 8, doivent être placées tout à fait à part, sur la gauche, isolées du reste, afin de les avoir toujours sous la main pour en user, pures ou rompues, ou encore pour les glacis. Quatre pages entières de ces recettes picturales sont consacrées à ce seul tableau, et en vérité, pour Louis de Planet qui est peintre, ce qu'il importe avant tout de savoir d'une peinture, c'est comment on la fait[13].

Entre l'écrivain et le peintre, le contraste est visible. Fontainas n'a pas dit un mot des couleurs, Louis de Planet n'a pas parlé d'autre chose. En effet, pourquoi un écrivain se soucierait-il de brosses, de palettes et de couleurs, ce matériel et ces outils dont il ignore l'usage ? Le plus souvent, l'historien ni le critique d'art n'ont jamais dévissé un tube de couleurs, essayé la pâte en l'écrasant sur le bout du doigt, tenu une palette, manié un pinceau. A lire l'excellent Fontainas, l'art entier du peintre pourrait se décrire dans les mêmes termes que celui du grand écrivain. On se demande pourquoi Delacroix ne s'est pas contenté de dicter ses tableaux ? Car enfin, rien ne s'y opposait. Les dons d'invention qui le dominent n'en seraient pas devenus moins ordonnés pour cela ; sa sensibilité et sa précision dans la composition de l'œuvre seraient restées les mêmes, car il ne s'agit toujours, pour Fontainas, que de composition de l'œuvre dans la tête du peintre. Ce qui distingue pour lui Delacroix des autres peintres, c'est qu'avant d'établir cette composition il a laissé son « esprit poétique » s'échauffer au point où les mouvements y ont atteint toute l'intensité d'expression poétique dont ils sont susceptibles. Alors, quand tous ces mouvements ainsi exaltés et composés sont bien fixés dans sa mémoire, désormais assuré de sa vision, le peintre « en transporte l'image sur sa toile[14] ».

Comme c'est simple ! Celui à qui la nature a conféré cet admirable don d'invention poétique n'a rien d'autre à faire, pour être

13. Louis DE PLANET, *Souvenirs...*, pp. 23-27.
14. André FONTAINAS, *Histoire de la peinture française au XX*e *siècle*, p. 129.

peintre, que d'en faire un tableau. Mais c'est précisément là que commence l'art de peindre. En supposant même qu'il existe dans l'esprit de l'artiste une image du tableau fini antérieure au travail d'exécution, la question reste entière. L'imagination la plus vive, la sagacité la plus habile et la plus exigeante ne permettent au peintre de transporter ses images sur une toile que s'il dispose en outre d'une technique laborieusement acquise dont son œil, sa main, son poignet et son bras sont les instruments nécessaires. C'est dans cette opération finale du transfert, si simple à écrire, que se joue pour le peintre la partie décisive. Tant qu'il n'en est pas arrivé là, si longtemps qu'il ait mûri son œuvre dans son imagination, il n'a nullement commencé de peindre. Les petits drames, si obsédants parfois, de la technique du peintre, l'écrivain ne peut les imaginer que par analogie avec ses propres problèmes qui, eux, se posent et se résolvent entièrement dans l'esprit[15]. Il n'est donc pas surprenant que les effusions littéraires des écrivains sur les peintures soient généralement considérées par les peintres comme sans rapport avec leur art.

Ceci, qui est vrai des romanciers et des historiens, ne l'est pas moins des critiques d'art et de l'usage qu'ils font de la parole. Le problème est cette fois plus irritant, parce que le critique d'art fait profession de juger le travail du peintre et d'en apprécier le résultat. L'historien de l'art se fait souvent critique, mais ses jugements ne visent que des morts, qui ne s'en soucient guère ; le critique professionnel vise et atteint des vivants, qu'il peut blesser injustement ou favoriser plus qu'ils ne le méritent. S'il est un seul cas où les réserves faites plus haut sur la compétence des écrivains devraient être ici sans objet, c'est quand un peintre assume les responsabilité du critique d'art. Il semble que même en devenant écrivain le peintre ne saurait prendre de la peinture pour une autre forme de littérature. On ne le sait pourtant que trop, rien n'est

15. Voir les remarques de VLAMINCK, *Portraits avant décès*, p. 37. — Il serait amusant d'étudier le cas inverse sur l'exemple de Delacroix. Trompé par les facilités exceptionnelles du genre « journal intime », il en vint à se demander s'il n'était pas mieux doué pour écrire que pour peindre. Il entreprit alors son étude sur Poussin et découvrit qu'il y a aussi loin de la pensée à la page écrite que de l'imagination à la toile peinte : « Les matins, je me débats avec Poussin... Tantôt je veux envoyer tout promener, tantôt je m'y reprends avec une espèce de feu » (*Le Journal...*, vol. II, p. 43) ; cf. II, 47 ; II, 62 (« Tantôt je veux jeter Poussin par les fenêtres, tantôt je le reprends avec fureur ou par raison. ») ; l'article parut enfin dans le *Moniteur*, le 26 juin 1853.

plus commun qu'une hostilité plus ou moins ouverte entre peintres illustres, mais il faut introduire ici une distinction entre la critique d'art des artistes et la critique d'art du public.

En un sens, les peintres aussi font partie du public, mais les jugements esthétiques des peintres sont liés à leur effort créateur. Le caractère de l'artiste doit entrer en compte. Tous ceux qui l'ont connu accordent qu'Ingres ne supportait pas la contradiction. Il fulminait des condamnations et des excommunications sans appel, toutes d'ailleurs solidaires de sa propre notion de la peinture ; s'il se trompait, l'absence de nuances dont souffraient la plupart de ses jugements ne lui laissait aucune chance de se reprendre. Mais autre chose que le caractère est ici en jeu. Ayant lui-même opté pour une certaine conception de l'art de peindre, l'artiste n'a plus l'esprit libre quand il lui faut juger d'un style incompatible avec le sien. Les créateurs ne sont certes pas toujours satisfaits d'eux-mêmes, mais il leur est difficile d'approuver une forme d'art qui soit la négation du leur. Dans cette bataille entre le même et l'autre, l'autre doit être éliminé.

On n'a pas encore entrepris d'enquête systématique sur les goûts artistiques des artistes. Autant qu'on en puisse juger sur un très petit nombre de faits, il semble que les goûts d'un artiste forment un tout d'une cohérence analogue à celle d'un organisme vivant, et comme, selon l'adage grec, le semblable aime son semblable, on trouvera d'ordinaire un grand peintre aimant les artistes dont lés œuvres semblent justifier les siennes et détestant au contraire ceux dont le style est inconciliable avec le sien. La possibilité même de son œuvre est donc en jeu dans ses jugements esthétiques. Cette inférence a plus de chances d'être correcte si l'on s'en tient à l'art même où l'artiste fait œuvre créatrice. Hors celui-là, ses jugements n'ont aucune autorité particulière. Cela est si vrai que les goûts personnels d'un artiste sont difficilement prévisibles en d'autres arts que le sien. On remarque parfois des harmonies satisfaisantes entre l'esthétique picturale d'un peintre et les règles dont il s'inspire en jugeant les écrivains, Delacroix critique de Balzac est intéressant à observer[16], mais ses goûts musicaux ne sont pas ceux

16. Le point le plus intéressant est que Delacroix reproche à Balzac de ne pas savoir faire de sacrifices : « Toujours les mêmes détails lilliputiens... », 27 juillet, 1858 ; vol. III, p. 207 ; surtout, 22 février 1860, vol. III, pp. 267-268, où Balzac est certainement visé (mais peut-être pas seul) et qui conduit à la déclaration capitale : « Le premier des principes, c'est celui de la nécessité des sacrifices » (p. 268). Cf. 22 juillet 1860 ; III, p. 300, etc.

auxquels on pouvait s'attendre, à tort sans doute, à partir d'une vue peut-être superficielle de son art[17]. Même quand on sait quel genre de musique un peintre préférait entendre, on est encore bien loin de savoir quelle musique il eût aimé écrire, s'il en avait écrit. Il n'est pas surprenant qu'un peintre de goûts aussi classiques que l'était Ingres, qui adorait littéralement Raphaël, ait préféré Haydn, et Mozart plus encore, à tous les autres musiciens ; mais lorsque Monsieur Ingres décrit le genre de musique à réveiller les morts qu'il eût voulu écrire pour la Chapelle Sixtine, le *Requiem* de Berlioz lui-même pâlit en comparaison[18].

Les jugements expéditifs de certains peintres sur leurs confrères ne doivent donc pas troubler le spectateur. Il ne faut pas en conclure que puisque de si grands artistes sont en désaccord total

17. Delacroix place Mozart au-dessus de Beethoven ; Beethoven « est romantique au suprême degré », 7 mars 1847 ; I, p. 26 (pas un éloge) ; voir 7 avril 1849, le passage où, avec Chopin, il explique la supériorité de Mozart ; son musicien préféré est donc aussi celui d'Ingres ; comme pour porter le désordre à son comble, il conclut ainsi le passage (après une taloche à Berlioz) : « Ces hommes épris à toute force de style, qui aiment mieux être bêtes que de ne pas avoir l'*air grave.* Appliquer ceci à Ingres et à son école » (vol. I, pp. 283-285) ; l'ouverture de *Coriolan* est « mal composée » (20 janvier 1850 ; vol. I, p. 332 : à son tour de jouer avec les purs possibles !) ; il y a loin de l'ouverture de *Fidelio* à celle de la *Flûte enchantée* (3 février 1850 ; vol. I p. 336) ; dans l'une « tout ce que l'art et le génie peuvent donner de perfection ! Dans l'autre, quelles incultes et bizarres inspirations ! » (7 février 1850 ; vol. I, p. 338), Delacroix déteste « l'affreux *Prophète* » de Meyerbeer (23 avril 1849 ; vol. I, p. 290) mais, tout à trac, il prend à partie « les Berlioz, les Hugo, tous ces réformateurs prétendus » *(ibid.)*. Entre ces derniers, comptons « ce Wagner » qui « veut innover ; il croit être dans la vérité... Il est démocrate », 27 septembre 1855 ; vol. II, p. 390. L'intéressant est que Delacroix, si féru de compétence en matière de peinture, ne se doute même pas qu'il parle ici de ce qu'il ignore. Avec cela deux pages divinatrices sur l'avenir de l'art de Beethoven.

18. Ingres vient d'entendre le *Requiem* de Mozart (son dieu de la musique) ; il entre alors dans le monde des purs possibles : « A part l'admiration pour ce divin chef-d'œuvre, il m'était venu dans l'idée que si je pouvais faire la musique d'une messe des morts j'essayerais d'y ajouter certains prestiges pour produire des effets de pitié et de terreur inusités, à l'exemple des *Euménides* d'Eschyle. » Écoutons donc la grande *Messe de Requiem*, pour chœurs et orchestre,par Dominique Ingres : « Je ferais sortir de dessous terre des voix de trépassés, des hurlements, des effets d'orchestre à la Gluck... le ricanement des diables et le bruit des tortures des damnés... Il y aurait la plus grande obscurité et la plus grande lumière selon la situation des feux-follets... On ne verrait point les musiciens, pour que rien ne vînt distraire des effets mêmes de la musique... L'église obscure, parsemée de tombeaux, et ne recevant de clartés que par accidents ; pas d'instruments à cordes claires ; tous sombres, doux, mélancoliques : quintes, basses, hautbois, trompettes sourdes », dans *Ingres raconté par lui-même*, pp. 113-114 ; daté de Florence 1821.

sur certains de leurs jugements esthétiques, nous-mêmes devrions à bien plus forte raison tenir toutes les opinions de ce genre pour vaines. L'antagonisme bien connu entre Ingres et Delacroix, par exemple, fait partie du même système de goûts qui voulait qu'Ingres fût hostile à Rubens pendant que Delacroix tenait Rubens pour l'Homère de la peinture. Les choses ne sont d'ailleurs pas si simples. Ingres n'était pas insensible à la grandeur de Rubens comme peintre, mais les goûts de boucher que Rubens proclame dans ses étals de viande répugnaient au peintre de la Thétis d'Aix. De son côté, Delacroix n'était pas aveugle aux excès de Rubens, mais c'est surtout par lui qu'il a goûté la couleur des maîtres d'Italie, et c'en était assez pour qu'il passât sur tout le reste[19]. N'étant pas nous-mêmes des peintres, nous ne sentons pas la nécessité de choisir. En effet, beaucoup de goûts différents sont compatibles dans l'esprit et la sensibilité du simple spectateur, qui cessent de l'être chez un peintre engagé tout entier dans un art inséparable de sa personne même. Il est impossible d'être Ingres et de juger comme Delacroix, la nécessité d'être l'un entraînant le refus d'être l'autre. Nous prenons le plus vif plaisir à des portraits où l'art du dessin domine au point qu'on se contente du peu de couleur nécessaire — la « couleur historique », disait Ingres — et nous prenons un plaisir différent à un art comme celui de Delacroix où, au lieu de voir une couleur de dessinateur nous trouvons un dessin de peintre, mais si nous étions Ingres, convaincus comme lui qu'un tableau est toujours assez bien peint quand il est assez bien dessiné, nous penserions avec lui que l'art de peindre lui-même est en jeu et nous imiterions son intolérance. Il ne s'agit d'ailleurs pas à proprement parler d'intolérance, qui est chose mentale, mais plutôt du dogmatisme vivant qu'est naturellement tout organisme. D'autres artistes que ces deux grands peintres ont fait preuve de la même intransigeance[20] mais ceux-ci resteront dans l'histoire comme des cas exemplaires[21].

19. *Le Journal de Eugène Delacroix*, 21 octobre 1860 ; voè. III, p. 307.

20. Cézanne était pour Delacroix contre Ingres qu'il tenait pour un très petit peintre (*Correspondance*..., p. 265) ; il méprisait d'ailleurs tous les peintres vivants, sauf Manet et Renoir ; *Correspondance*..., p. 250 ; « Tous mes compatriotes sont des... à côté de moi ». *Correspondance*, p. 298.

21. Ingres aurait voulu faire enlever du Louvre le *Radeau de la Méduse* (*Ingres raconté par lui-même*, p. 111. Il recommandait à ses élèves d'aller directement à Raphaël en visitant le Louvre et, s'ils avaient à traverser la salle des Rubens, de passer droit sans regarder (pp. 182-183). Même hostilité envers Delacroix (Amaury-Duval, *L'atelier d'Ingres*, p. 93. Delacroix était plus compréhensif ; à l'occasion, il appréciait certains aspects de la

Souvenons-nous en les interprétant que la critique des créateurs a ses lois propres. Les jugements esthétiques du peintre lui sont dictés par son art.

La partie du public que forment les critiques d'art pose des problèmes si délicats qu'on ose à peine y toucher. Tous les peintres accordent que, de temps en temps, on voit paraître un critique plus compréhensif et compétent que le commun de l'espèce, mais ils ajoutent qu'en règle générale le critique d'art reste étranger à la réalité de l'art. Il est naturel que ce sentiment ait été exprimé avec plus de force par ceux des peintres que la critique a particulièrement malmenés. Delacroix pouvait à peine penser à ce genre de juges sans éprouver quelque irritation. Il est d'ailleurs vrai que le critique d'art du type commun est un juge qui s'est déclaré lui-même qualifié pour les fonctions qu'il exerce. Le fait que les juges de ce genre ajoutent à leur arbitraire l'autorité, non moins despotique et irresponsable, de la presse moderne, n'était pas pour réconcilier Delacroix avec ce qu'il a souvent dénoncé comme un mal nullement nécessaire[22]. Le sottisier de la critique d'art à travers les âges est aussi riche qu'amusant, mais il sera plus profitable de rechercher pour quelles raisons, selon les peintres eux-mêmes, une sorte de désaccord permanent semble exister entre eux et leurs critiques.

Il est de l'essence de la critique qu'elle se considère comme une autorité judiciaire permanente, antérieure et supérieure à l'art qu'elle juge. Le peintre est simplement un homme qui tente de peindre. Le critique est un homme spécifiquement différent ; il sait ce qu'est la peinture et, le sachant, il juge au nom de son savoir. N'allons pas lui demander s'il sait peindre. Et vous-même, répondrait-il, savez-vous faire une chaise ? Il n'est pas nécessaire d'en

technique d'Ingres et même parfois ses résultats (*Journal*..., 11 avril 1824 ; vol. I, p. 72) ; mais il le trouve lamentable dans sa personne et dans son art : ni logique ni imagination ; pour désigner l'*Apothéose de Napoléon Ier* (Hôtel de Ville), Delacroix dit : *le Monstre* (24 mars 1854 ; vol. II, p. 153, et 10 mai 1854 ; vol. II, p. 182). « J'ai vu l'exposition d'Ingres. Le ridicule, dans cette exhibition, domine à un grand degré ; c'est l'expression complète d'une incomplète intelligence ; l'effort et la prétention sont partout ; il ne s'y trouve pas une étincelle de naturel ». (22 mai 1855 ; vol. II, p. 327), etc.

22. Constable reprochait aux critiques d'être de grands parleurs intéressés à ce qui *devrait être ;* il les compare aux soldats du train des équipages, qui suivent les armées (*Memoirs*..., p. 107 ; cf. pp. 125-126. — « Impuissance et insolence... », dans une lettre très violente de Delacroix à Georges Sand, *Correspondance générale*, vol. III, p. 121, et vol. IV, p. 139. Lettre à Baudelaire, vol. IV, pp. 276-277.

être capable pour être à même de dire si une chaise est bien ou mal faite. Quand on sait ce qu'est la peinture, et surtout si, avec un goût naturel pour les arts, on a cultivé son jugement dans une longue familiarité avec les œuvres, on a toujours de quoi comparer une peinture à l'idéal de l'art dont cette œuvre particulière relève. Le critique ne conteste aucunement que le peintre qu'il juge ne sache, lui aussi, ce qu'est l'art de peindre, mais, comme dit le proverbe, c'est le résultat qui compte. On ne juge pas un peintre sur ce qu'il sait, mais sur ce qu'il peut. S'il ne veut pas qu'on le juge, qu'il s'abstienne de peindre ou qu'il ne montre pas ses toiles ! Car il ne saurait prétendre les exposer sans reconnaître aux spectateurs le droit de le juger selon ce qu'ils savent de la peinture. Le critique ne fait pas autre chose ; il juge de ce que le peintre peut au nom de ce que lui-même sait.

Aux yeux du peintre, c'est proprement là mettre la charrue avant les bœufs. Delacroix n'a jamais écrit le petit *Dictionnaire des Beaux-Arts*, auquel il a tant pensé, mais on sait ce qu'il y aurait dit de « l'insuffisance de la plupart des critiques », du peu d'utilité de la critique en général et surtout de la cause de ce peu d'utilité. C'est que « la critique suit les productions de l'esprit comme l'ombre suit le corps[23] ». La grande critique est toute différente, mais c'est que son auteur lui-même fait œuvre créatrice. L'inépuisable délice qu'on trouve, de la jeunesse à la vieillesse, dans la fréquentation de Sainte-Beuve, tient au charme d'une conversation où sans cesse renaissent des images nouvelles d'un art qui n'est pas le sien. Tout le Racine des *Portraits Littéraires*, ce n'est pas du Racine, mais ce n'est pas non plus l'ombre de Racine, c'est du Sainte-Beuve. L'incomparable *Molière* qui s'y trouve aussi n'est pas plus l'ombre portée de Molière que le portrait de l'*Homme au Gant*, par Titien, n'est l'ombre de son modèle. C'est le modèle qui n'est plus alors que l'ombre de son portrait. Mais précisément, Sainte-Beuve se place rarement au-dessus de son modèle, pour le juger, mais plutôt à sa hauteur, pour le comprendre. Nul n'a pratiqué mieux que lui le conseil de réserver toujours en soi une place libre pour y accueillir parfois son contraire, à l'essai.

Sainte-Beuve est l'honneur de la critique littéraire, mais il n'y a pas encore eu de Sainte-Beuve de la peinture, et sans doute ne peut-il y en avoir. En effet, on ne voit que peu de rapports entre la

23. *Le Journal de Eugène Delacroix*, 13 janvier 1857 ; vol. III, p. 14.

critique littéraire et la critique d'art. Dans la première, l'œuvre du critique est homogène à celle qu'il critique. L'auteur de l'œuvre critiquée est un écrivain, son critique aussi. Le plus modeste feuilletoniste, exprimant son sentiment sur le plus haut chef-d'œuvre littéraire sait au moins de quoi il parle. Les critiques littéraires font de la littérature à propos de littérature ; ils écrivent sur des écrits ; mais les critiques d'art n'écrivent pas de musique sur la musique ; ils ne peignent pas au sujet des peintures faites par les autres peintres ; bref, lorsqu'il s'agit d'autres arts que ceux du langage, et spécialement des arts plastiques, il y a hétérogénéité radicale entre le moyen d'expression de l'artiste et celui du critique. Le fait est que, puisqu'il parle d'un art qui n'est pas de l'ordre du langage, le critique d'art peut bien parler à propos de peinture, mais il n'en parle vraiment jamais.

On comprend d'abord par là pourquoi le critique d'art élève des objections qui lui sont propres contre certaines manières récentes de peindre. C'est que ces manières rendent difficile de parler de peinture et d'en juger. Un accord remarquable par sa spontanéité s'est récemment manifesté entre des écrivains d'inspiration très différente pour protester contre la pénible situation faite au critique par l'art dit abstrait. Tant que l'art demeure représentatif, imitatif, lié de quelque manière à l'imagerie, le critique dispose d'une règle de jugement qui est le succès ou l'insuccès du peintre à représenter son modèle. Quand on a sous les yeux l'objet et son image, ou le sujet et la représentation que le peintre en propose, chacun sait de quoi l'on parle. Au contraire, si ce que le peintre représente est seulement quelque forme, notion ou nécessité intérieure, lui seul la connaissant et nul autre que lui ne pouvant comparer l'œuvre à cette forme, le jugement devient impossible[24].

24. Voir les remarques de Lionel Trilling, *The Opposing Self*, pp. 97-98. Charles-Pierre Bru, *Esthétique de l'abstraction*, pp. 217-218. Raoul Ergman, « The Chances of a Dialogue : Berenson and Malraux », *Diogenes*, 7 (1954), 73-74. Ce dernier essai est parfaitement clair : si l'art ne peut pas être soumis à la discipline de la représentation, demande l'auteur, quelle mesure de sa valeur peut-on proposer ? Réponse : il n'y a jamais eu de *mesure* de la valeur de l'art de peindre ; il n'y en a que de celle de l'art de l'imagier. — Un exemple le dira mieux. En 1875, Manet envoya au Salon son *Argenteuil;* il avait peint la Seine bleue au lieu de la peindre verte. Le critique du *Figaro*, Jean Rousseau, en conclut que Manet était retourné au niveau d'un étudiant de vingt ans ; dans *Le Soir*, Gaston Gaillardin prononça que la toile était une faillite et Manet lui-même un simple excentrique. Dans *Paris-Journal*, le courageux défenseur de Manet, Ernest Chesneau, vola au secours de son ami : il maintint fermement qu'à certains jours, quand il vente et que le soleil brille, l'eau du fleuve est véritablement bleue ! Pourquoi, conclut

On surprendrait sans doute certains critiques d'art en suggérant que les peintures ne sont pas faites pour être critiquées et qu'un peintre n'a aucune obligation de peindre des œuvres telles que des critiques puissent trouver quelque chose à en dire. Telle est pourtant la vérité. Si l'objet de la peinture était le même que celui de l'imagerie, on blâmerait à bon droit les peintres qui, en renonçant à l'imitation, suppriment la relation de copie à modèle ou de signe à chose signifiée, et rendent ainsi tout jugement impossible. Mais telle n'est pas la fin de la peinture. Ce ne l'a jamais été. Les bévues qui constituent le sottisier de la critique, professionnelle ou privée, en matière de peinture, ont souvent pour origine l'habitude de traiter l'art de peindre comme une variété des arts du langage et de le juger en conséquence, quand ce que devrait juger le spectateur, critique ou non, est le rapport réciproque entre sa propre sensibilité et l'objet d'aperception que le peintre lui propose. Il est vrai, comme on l'a vu, que cette expérience esthétique est étrangère à l'ordre du discours, qui est l'ordre propre de la critique. Si donc il s'agit d'un art plastique, on peut dire que le critique a fait choix d'un objet dont il lui est impossible de parler.

C'est ce qui l'oblige à se retrancher dans la zone des notions et de la connaissance dont les mots sont naturellement les signes. Malheureusement, et ici Delacroix a tout à fait raison, le critique se condamne par là-même à toujours arriver trop tard. Si l'œuvre dont il parle est une image plutôt qu'une peinture, le critique a de quoi parler, car les images sont de l'ordre du langage et l'écrivain use alors de signes pour s'exprimer au sujet d'autres signes ; mais si ce dont il parle est une œuvre proprement picturale, il ne dispose d'aucun cadre tout fait, d'aucune notion antérieure à l'œuvre et qui soit prête à l'accueillir. Le peintre lui-même est parti d'une forme germinale qui ne s'est définie dans sa propre pensée qu'à mesure que l'œuvre se réalisait sous sa main. L'œuvre une fois terminée, le peintre n'est pas toujours certain qu'elle soit exactement celle qu'il se proposait de peindre. Pendant qu'il travaille, tous les problèmes à résoudre — choix d'une technique

triomphalement Chesneau, Manet serait-il obligé de peindre la Seine verte, puisqu'elle est parfois bleue ? (A. Tabarant, *Manet et ses œuvres*, pp. 262-266 ; tous les détails qui précèdent sont empruntés à ce livre). Il semble n'être venu à l'esprit de personne qu'en dépit de son titre, l'objet du tableau de Manet, aujourd'hui exposée au musée de Tournai, *n'était pas de représenter la Seine à Argenteuil*. Une fois privé de cette mesure de valeur qu'est la ressemblance au modèle, le critique éprouve l'impression de manquer de règle de jugement.

et moyens d'exécution — se posent et se résolvent pour lui en rapport avec ce germe de l'œuvre qui demande à naître en lui et par lui. Au contraire n'ayant aucune part à cet effort créateur, le critique ne peut juger de l'œuvre nouvelle qu'à partir de règles empruntées à la connaissance qu'il a d'œuvres antérieures, dont il a déjà l'expérience. Le voici donc à la traîne. Même s'il juge un artiste d'après certaines de ses œuvres antérieures le critique se réfère aux solutions de problèmes picturaux dont les données étaient différentes. Sans doute, il y a des règles générales validement applicables par l'art de tous les artistes, mais le critique ne connaît de ces règles que celles que les peintres du passé ont déjà découvertes. Le propre de la création artistique est de passer outre aux applications particulières de ces règles qui se prennent pour les règles elles-mêmes. C'est là l'œuvre créatrice du peintre, et elle est son style même : trouver dans les lois permanentes de son art de quoi se libérer d'autres styles, qui sont des conséquences légitimes mais non pas nécessaires de ces lois. Le critique n'a donc sous les yeux que la solution d'un problème dont les données lui échappent inévitablement.

Deux raisons principales empêchent que l'incongru de la situation n'éclate aux yeux. La première est liée à ce que nous avons déjà nommé la dictature du langage. Toutes les critiques naissent du même désir de réduire le réel à ce que l'on en peut connaître. En philosophie, l'idéalisme critique met l'esprit en repos par l'assurance qu'il lui donne, qu'étant lui-même la source de l'expérience, celle-ci ne saurait lui opposer aucune opacité invincible. La critique d'art cède pareillement au désir, confus mais intense, de penser l'art si exhaustivement qu'il se réduise exclusivement à de la pensée. Les historiens de l'art, les esthéticiens, ceux qui philosophent au sujet de la peinture comme ceux qui s'en constituent les juges, tous ont en commun, avec un grand amour de l'art, le manque des dons naturels qui leur eût permis d'être des artistes. Leurs écrits remplacent pour eux les tableaux qu'ils eussent aimé peindre. Il ne s'agit le plus souvent que de compenser une frustration, mais ces sortes de compensations sont parfois aussi des revanches. On ne peut pas tout faire, mais on peut parler de tout, ce qui revient pratiquement au même. Juger, c'est posséder en esprit et dominer ce que l'on juge. Comme on l'a si bien dit, il y a toujours un moyen d'atteindre la grandeur dans les arts plastiques, c'est la littérature : « Il n'y a qu'à *écrire* le tableau[25] ».

25. Gaston Bachelard, *La terre et les rêveries de la volonté*, p. 95.

La deuxième raison qui pallie l'invraisemblance de la situation est la manière dont, critique ou non, le spectateur rêve l'œuvre qu'il ne peut pas faire, mais qu'il parle. Son rêve ne sort pas un instant du domaine des possibles abstraits dont on a vu qu'ils n'impliquent aucun commencement de réalisation et ne sont, à aucun degré, orientés vers l'existence actuelle. Le spectateur pensait d'abord à tout autre chose que des tableaux, mais le seul fait d'en voir un lui suggère aussitôt les images d'autres tableaux possibles, et sa rêverie est libre. Au contraire, l'imagination du peintre est en quête d'un possible existentiel : la peinture même qu'à travers mainte incertitude il finira par faire exister. On ne peut garder présents à l'esprit deux possibles de ce genre. L'artiste fait plutôt effort pour expulser les images parasites d'autres œuvres possibles dont la présence empêcherait la première de se réaliser. De là, pour le spectateur, l'illusion que, s'il avait dû peindre ce tableau-là, lui-même l'aurait peint autrement. La critique se meut à l'aise dans le monde imaginaire des chefs-d'œuvre possibles. C'est un monde sans limites, charmant et où plus d'un artiste a failli se perdre, mais il y a toujours moins dans le plus glorieux des purs possibles que dans la plus modeste des réalités. C'est là ce qui séparera toujours le plus profondément les peintres de leurs critiques. Ces œuvres seulement rêvées, dont les images n'imposent aucun choix et dont chacune s'enrichit de l'éclat des autres, que deviendraient-elles si le critique entreprenait d'en amener une seule à l'existence ? Tous les autres s'évanouiraient comme des rêves ; il apprendrait alors la modestie de s'accepter lui-même et de tenir pour le seul véritable d'entre ses possibles celui qu'il a effectivement réalisé.

Ces problèmes se posent d'ordinaire au niveau plus modeste du simple public, qui n'éprouve d'ailleurs aucune timidité en la matière. Chacun s'estime qualifié pour juger un tableau. La plupart du temps, le dogmatisme du simple visiteur des Salons ou des expositions de peinture est beaucoup plus intransigeant et sûr de soi que le jugement des critiques de profession. Quelle que soit la valeur de ses opinions, celui que Théophile Silvestre nommait Monsieur Un Franc (c'était en 1867) ne soupçonne pas un instant qu'une compétence quelconque puisse être requise de qui veut se prononcer sur la valeur d'une peinture. Ils ne savent pas, disait Silvestre, que « les aveugles n'ont pas de manière de voir » ou, plutôt, ils ne savent même pas qu'ils sont aveugles. Cette cécité, ajoutait-il courageusement, « la majorité des savants, des lettrés et même des princes en est atteinte[26] ». On est heureux de pouvoir citer de telles opinions pour ne pas avoir à les formuler soi-même. Celle-ci n'est que trop vraie. Lamartine félicitant Delacroix d'avoir peint les tableaux de Michon, le philosophe Kératry jugeant une *Odalisque* d'Ingres « faible de dessin », Huysmans tenant une exposition rétrospective de Corot pour « un désastre[27] », ne diffèrent en rien de la masse des citoyens qui, usant de leurs droits naturels, n'hésitent jamais à juger. Une excellente raison d'être indulgent à leur imprudence et à leurs erreurs est que nous, qui les en blâmons, commettons les mêmes fautes. L'excellent Théodore Silvestre, si dur pour Monsieur Un Franc, donne lui-même la preuve qu'il ne comprend rien à l'art d'Ingres. On a l'amusement, en lisant ce critique des critiques, de le voir reprocher au maître de Montauban ce qui fait aujourd'hui sa gloire[28]. La sagesse est sans doute de tenir ce règne de l'incompétence pour un phénomène naturel et de l'accepter comme tel. Le Révérend John Fisher, l'un des plus anciens et plus fidèles amis de Constable, en faisait un jour la remarque mélancolique : « Alors qu'en toute autre profession les initiés seuls sont juges, en peinture, tous ceux qui ne sont pas aveugles s'estiment qualifiés pour donner leur opinion[29] ».

26. Théophile SILVESTRE, *Les artistes français*, Paris, G. Crès, 2 vol., 1926 ; vol. I, « Le public des expositions », p. 4.

27. *Ingres raconté par lui-même*, p. 264. — *Corot raconté par lui-même*, p. 199. — Voir les jugements sur Cézanne recueillis par A. VOLLARD, *En écoutant Cézanne...*, pp. 86-93.

28. « M. Ingres dessine les êtres vivants, comme un géomètre décrirait les corps solides. Et que ne fait-il pas pour établir le modelé dans ses dessins linéaires préétablis ! » Th. SILVESTRE, *Les artistes français*, vol. II, p. 25. « Cette bizarrerie de M. Ingres voulant exprimer par la seule combinaison des lignes la physionomie de la nature... », p. 26. Résumé : « Ingres, né en Gascogne, mort à Paris. Avorton de David », p. 30. — Notons à ce propos que Silvestre a déjà les pires mœurs du journalisme moderne : l'entrevue à domicile suivie de l'éreintement. Horace Vernet avait couru après le sien, mais non pas Ingres. L'article de Silvestre, reçu par Ingres sur demande de rendez-vous, est un abus de confiance. Delacroix supplia Silvestre de modifier son article : « pour vous, pour moi, et pour tout le monde ». Delacroix pressait Silvestre « d'ôter les personnalités qui sont déjà une dérogation aux usages d'autrefois, en parlant des écrivains, même quand on en dit du bien. » (vol. II, p. 155). Peine perdue ; on était déjà dans l'âge du mufle.

29. *Memoirs of the Life...*, p. 84. Voir l'anecdote qui précède sur la manière commune de juger la peinture. Notons à ce propos que la description d'un paysage de Constable par Leslie, peintre lui-même, est purement graphique (*op. cit.*, p. 77) : « A l'extrême gauche du spectateur, on voit la roue et une partie d'un moulin. Au premier plan, des enfants qui pêchent, admirables pour leurs attitudes expressives... Sur la droite et à mi-distance, un bateau... », etc. Selon Sir George Beaumont, le plus grand des jeunes pêcheurs était étonnant de naturel ; on voit qu'il a une touche ! Ainsi parlait

Une incongruité n'en est pas moins incongrue pour être commune et si les connaisseurs doivent toujours user de la liberté qu'ils ont de prononcer leurs oracles, les peintres devront aussi rester libres de s'en amuser. La loi du retard du spectateur sur l'art joue ici à plein ; Constable en a donné la formule : « Les connaisseurs considèrent l'art comme chose déjà faite[30] ». On conçoit donc aisément que les peintres n'aient guère d'illusions sur l'aptitude du public à comprendre leur art. « Le goût est le meilleur juge », écrivait Cézanne à Émile Bernard, « il est rare. L'art ne s'adresse qu'à un nombre excessivement restreint d'individus[31] ». Comme pour en donner une preuve inquiétante Cézanne lui-même venait alors d'écrire au même Bernard, en l'encourageant à persévérer dans la bonne voie : « vous arriverez vite à tourner le dos aux Gauguin et aux Van Gogh[32] ! ». Il ne faut pas considérer de trop près une telle parole ; on risquerait le désespoir[33].

déjà Vasari de Giotto à propos du pêcheur à la ligne dans la *Navicella*. — Beaumont était le type du *connaisseur;* il a toujours enseigné la peinture à Constable (*op. cit.*, p. 98).

30. *Memoirs of the Life...*, p. 273. Cf., p. 128. — Remarques de Constable sur l'écrivain d'art et collectionneur William Young Otley : « C'est plutôt un connaisseur qu'un artiste, et par conséquent plein d'objections. Bon pour défaire, mais faire n'est pas son fort, et un esprit sans originalité », *op. cit.*, p. 127. — Séguier vient voir Constable : « C'est vous qui avez fait ça ? Vraiment ! Et qui a fait ce dessin, vous ? Vraiment ! C'est vraiment très bon. », *op. cit.*, p. 216. — Après la visite que lui a faite Mr. Wells, de Redleaf, Constable note : « ... mes tableaux ne s'accordent pas avec les règles ou les modes de l'art, et il m'a dit que j'avais ' perdu ma route '. Je lui ai dit que j'avais peut-être sur l'art des idées autres que celles qu'ont généralement les amateurs de peinture ; que je considérais les peintures comme *des choses à éviter*, au lieu que les connaisseurs les considèrent comme *des choses à imiter*, et même à imiter avec une telle déférence, une soumission si humble, si proche d'un renoncement total à toute manière originale de penser et de sentir que le monde sera rempli d'œuvres avortées... Quelle tristesse qu'un art si charmant soit ainsi entraîné à sa perte ! ». (*op. cit.*, p. 218). — Notes semblables du côté français dans A. Vollard, *En écoutant Cézanne...*, pp. 257-265, sur le collectionneur Isaac de Camondo.

31. Lettre du 12 mai 1904, dans *Correspondance*, p. 261.

32. Lettre du 25 janvier 1904, dans *Correspondance*, p. 260.

33. Peut-être faut-il passer une bonne fois par le désespoir, pour se débarrasser de ce faux problème. Un utile exercice est de relire les critiques de Delacroix contre Courbet dans *Le Journal...*, 15 avril 1853, vol. II, pp. 18-19. Elles portent sur les vulgarités de Courbet ; après avoir dit que le fond tue les figures, Delacroix s'exclame : « O Rossini ! O Mozart ! O les génies inspirés dans tous les arts, qui tirent des choses seulement ce qu'il faut en montrer à l'esprit ! Que direz-vous devant ces tableaux ? Oh ! *Sémiramis !* Oh ! entrée des prêtres pour couronner Ninias ! ». Prononcer d'un seul souffle les noms de Mozart et de Rossini, et cela pour accabler Courbet sous *Sémiramis*, si l'on pense que c'est Delacroix qui parle, il faut vraiment désespérer de la parole en matière de peinture. Quand il suivit simplement son œil, Delacroix fut plus perspicace : note du 3 août 1855 ; vol. II, pp. 363-364.

Pourtant, le même Cézanne aspirait à voir ses œuvres acceptées au Salon de Bouguereau et même exposées dans les musées de peinture. Ce qui est vrai, c'est qu'au temps de sa création et pendant quelques années ensuite, un nouveau style ne trouve qu'un petit nombre d'individus dont le goût soit assez ouvert pour communier avec des structures plastiques nouvelles. Ceci n'est pas surprenant. Les premiers amis que trouve l'œuvre d'un peintre, même s'ils ne sont pas eux-mêmes des peintres, doivent au moins posséder une sensibilité aux couleurs et aux formes parente de celle de l'artiste qui ouvre à l'art des voies nouvelles. Certains peuvent être des historiens de l'art ou des critiques, d'autres sont de simples amateurs d'art ; de toute manière, leur nombre ne peut être très élevé, mais ils sont l'avant-garde des foules qui, dans l'avenir, iront admirer dans les musées ces mêmes peintures désormais passées à l'état de chefs-d'œuvre universellement reconnus comme tels. Le goût du public est naturellement en retard sur l'imagination créatrice de l'artiste, mais sa faculté d'adaptation est sans limites. Le drame mêlé de comédie qu'est l'histoire de l'artiste incompris, ignoré de ses contemporains et entouré par la postérité d'un culte superstitieux, se reproduira sans doute jusqu'à la fin des temps. Il a pour contre-partie la comédie de l'artiste à succès, transformé de son vivant en vedette de cinéma et coqueluche des journalistes auxquels il fournit une copie toujours actuelle. Ces choses font partie du spectacle que le public aime qu'on lui donne, d'autant plus qu'il paye sa place et ne désespère jamais d'y tenir un bout de rôle. Mais on entre alors dans l'ordre de la nature ; il y a longtemps qu'on est sorti du monde de l'art.

III. Plaisir de la peinture

Les cultes religieux ont leurs temples, les livres ont leurs bibliothèques, les lettres et les sciences ont leurs universités, la musique a ses conservatoires, les peintures ont leurs musées. L'origine des musées semble double. On a voulu offrir aux regards du public toutes sortes d'objets, rares ou communs, de nature à piquer sa curiosité, à lui fournir certaines informations et à contribuer à son éducation. Accessoirement, un musée était conçu comme une institution destinée à faciliter la recherche en divers domaines, mais il s'agissait alors surtout de géologie, d'histoire naturelle et même d'histoire nationale plutôt que de tableaux.

La seconde origine des musées d'art modernes se trouve dans les collections formées par des rois, des princes, des prélats ou des hommes de goût suffisamment riches pour se constituer, selon l'ancienne formule, un cabinet de peinture. Beaucoup de collectionneurs modernes les ont imités. Leurs raisons d'assembler des œuvres d'art ont sans doute été diverses et toutes n'étaient pas de la qualité la plus pure, mais toutes impliquaient au moins l'idée qu'une sorte de noblesse s'attache à la possession de telles œuvres. Rien n'autorise d'ailleurs à penser que l'amour de l'art n'ait pas été le plus puissant de ces motifs. Mais l'objet de notre réflexion n'est pas là. Nous nous proposons seulement d'examiner la conséquence principale de leur geste, savoir le rassemblement de collections de peintures dans des bâtiments nommés musées et l'ambition croissante qu'ont ces institutions de devenir des services publics.

La tendance naturelle d'un service public est de justifier son existence et l'argent qu'il coûte en rendant des services aussi variés que possible. Toutefois, ces institutions elles-mêmes sont essentiellement distinctes des causes supérieures qu'elles servent et représentent auprès du public. Les savants s'occupent de science, mais les universités s'occupent d'enseigner la science ; entre les nombreux maîtres qui l'enseignent, quelques-uns seulement s'emploient à la faire progresser. La même remarque s'applique à la philosophie : pas un seul des grands philosophes du dix-septième siècle n'a été professeur de philosophie ; l'action de communiquer la sagesse en interrompt la poursuite et la contemplation. Les écoles des beaux-arts ont pour objet de transmettre aux jeunes générations certaines techniques de l'art de peindre ; ce ne sont pas elles qui créent les peintures. Il en va de même des musées. Le travail d'un peintre est de produire des œuvres dont, plus tard, certaines iront peut-être enrichir quelque musée. La fonction d'un musée est de recueillir, conserver, préserver et exposer des peintures de tous les styles possibles, à quelque époque et dans quelques pays qu'elles aient été faites par des artistes représentant souvent les conceptions de leur art les plus opposées.

Cette impersonnalité est le caractère le plus frappant des musées. Une collection privée, si ample soit-elle, n'est pas un musée. Toute collection est l'œuvre d'un homme, parfois d'une famille dont elle reflète les intérêts et les goûts. Des conseillers peuvent avoir été consultés et, s'il en est ainsi, la collection portera aussi la marque de leur influence. De toute manière, il est juste que même après leur dispersion, de grandes collections continuent de porter le nom de ceux qui les ont faites. Il n'en peut aller ainsi des musées. Aucun d'eux n'est l'œuvre de personne en particulier, à tel point que même si tel de leurs directeurs, curateurs, conservateurs ou administrateurs rend d'exceptionnels services, ceux-ci ne seront pas du genre des soins tout personnels dont un collectionneur entoure sa propre collection. Le responsable d'un musée n'est pas chargé de recueillir les œuvres qui lui plaisent ; au contraire, pourvu seulement que les œuvres recueillies soient bonnes, il doit plutôt interdire à ses préférences de dicter trop rigoureusement ses choix.

Un musée n'est donc pas une immense collection d'œuvres d'art, mais ce n'est même pas une collection de collections. En y entrant, chaque collection y perd son caractère propre et, par là-même, son existence. Les œuvres dont elle se composait subsistent, mais le choix qui l'avait constituée cesse d'être visible et finalement elle disparaît. On ne voit d'ailleurs pas à quelle compétence personnelle il serait possible de confier le lent et patient effort qu'exige la formation d'une vaste collection de peinture. Les derniers à qui l'on pourrait s'adresser sont les peintres eux-mêmes. Dans un musée dirigé par Delacroix, il n'y aurait pas eu trois œuvres d'Ingres ; dans un musée dirigé par Ingres, il n'y aurait pas eu deux Rubens, et pas un seul Delacroix.

Ces remarques seront peut-être interprétées comme une critique des musées de peinture ; au contraire, elles disculpent ces institutions de plusieurs des reproches qu'on leur adresse. Certains viennent d'artistes, assez rares d'ailleurs, qui protestent contre l'influence stérilisante exercée sur l'art de peindre par l'exhibition permanente et la consécration quasi-officielle de chefs-d'œuvre du passé[34], mais d'autres peintres, entre les plus hardis, ont au

34. Le problème n'a pas été posé que par les Futuristes. John Constable, qui n'était pas un révolutionnaire, a redouté la création d'un musée national en Angleterre. « Je n'ai pu me retenir de penser ce que je vous ai écrit au sujet de ce que j'ai vu à l'Institut Britannique *(the British Institution)*. S'il y a jamais une *National Gallery* (et l'on en parle) ce sera la fin de l'art dans la pauvre Angleterre, et elle deviendra, en ce qui concerne la peinture, une nonentité exactement comme tous les pays qui ont un musée de ce genre. La raison en est simple ; au lieu de la nature, ce seront les fabricants de tableaux qui seront érigés en criteriums de la perfection. » *Memoirs of the Life...*, p. 97.

contraire conseillé et pratiqué l'étude attentive de l'art des musées. Juan Gris, qui n'était pas un timide, se réclamait de cet art. A supposer même qu'il y eût là une menace réelle, rien ne serait plus facile que de la conjurer. Pour échapper à l'influence des musées, il suffit de n'y pas entrer. Beaucoup de personnes usent de cette liberté et tout peintre peut faire de même. Il ne serait d'ailleurs pas juste, pour sauvegarder l'originalité de quelques artistes, de priver le reste des hommes du plaisir de fréquenter les musées. Si, pour des raisons quelconques, tous les peintres décidaient de rester à l'écart des musées et d'en abandonner la jouissance au commun des visiteurs, qui n'ont aucun art à perdre, personne ne s'en apercevrait ; il n'y aurait pour le public rien de changé.

Pour la même raison, les musées d'art doivent rester libres de s'organiser en vue des besoins variés du groupe social dont l'appui financier leur permet de naître et de se développer. Le plus grand service que puissent rendre ces institutions est de recueillir et d'exposer des œuvres peintes que nulle personne privée ne pourrait posséder, et dont, même s'il pouvait le faire, nul ne voudrait assumer la responsabilité. D'ailleurs, beaucoup d'œuvres anciennes ont été d'abord destinées à des édifices publics : églises, hôtels de ville et autres semblables ; elles n'ont pas été peintes pour orner des demeures privées. En outre, elles nous parviennent souvent en mauvais état et les conserver demande des compétences et des ressources dont peu de particuliers disposent. Les musées sont des asiles pour chefs-d'œuvre âgés. Il est naturel que les États, les villes ou les groupes sociaux de toute nature, qui assument libéralement ces charges et s'acquittent de ces tâches, assurent au public la jouissance des avantages qu'on peut attendre de telles institutions.

Entre ces avantages, aucun ne semble aujourd'hui plus important que l'éducation. L'importance qu'on attache à présent au mot tient peut-être à ce que la chose menace de disparaître. Sans entrer dans la discussion d'un problème qui n'est pas ici le nôtre, notons pourtant que la hantise d'avoir une éducation rend difficile de l'acquérir. L'idée que l'éducation soit une fin en soi représente le point de vue des éducateurs. Puisque leur fonction propre est d'éduquer, ils considèrent naturellement l'éducation comme la fin à laquelle toutes les autres activités de l'homme doivent s'ordonner. Mais l'éducation n'est pas une fin qu'on doive poursuivre pour elle-même ; elle est plutôt le sous-produit d'un effort désintéressé en vue d'acquérir ce qui mérite d'être aimé pour soi-même. Qui désirera l'art et la beauté en vue de l'éducation, manquera tout à la fois l'éducation, l'art et la beauté ; mais qui convoitera la beauté pour elle-même, obtiendra du même coup l'art, la beauté et l'éducation. Cherchez d'abord la vérité et la beauté, l'éducation vous sera donnée par surcroît.

L'éducateur est tenté de penser le contraire ; s'il s'intéresse à l'art, sa pente naturelle sera de conduire aux plaisirs de l'art par la voie toujours austère de l'éducation. La présence de musées dans les grandes villes est d'ailleurs pour l'éducateur une tentation presque irrésistible. Le musée n'est pas un lieu où l'on produise des peintures ; ceux qui le dirigent ne sont pas habituellement des peintres, mais la culture intellectuelle qu'ils ne cessent d'affiner dans un domaine où, incontestablement, ils sont maîtres, les habilite pour l'enseignement. On conçoit donc aisément qu'un musée de peinture tende irrésistiblement à se transformer en école. En effet, si ce n'est pas assez, pour justifier l'existence du musée, qu'il rende possible l'expérience esthétique désirée comme une fin en soi, l'enseignement reste la seule justification concevable de ces institutions coûteuses. Mais la première de ces deux fonctions n'en reste pas moins leur justification principale et suffisante. C'est même à cause d'elle surtout qu'un musée digne de ce nom a droit qu'on l'honore et qu'on l'entretienne. Son essence étant de constituer la possibilité d'un bien absolu, il n'a pas pour fonction de servir, il a droit d'être servi.

Ces paroles se comprennent d'elles-mêmes ; sinon, il est à peine possible de les faire comprendre. Les temps où nous vivons ne sont pas frivoles, mais ceux qui sont aux prises avec le problème de trouver des fonds pour créer des musées ou pour les entretenir, n'ont guère de chances de se faire entendre du public s'ils lui disent la vérité. A la question : Qu'est-ce qu'un musée ? la seule réponse honnête serait : C'est un lieu de plaisir. Alors, dirait-on, que ceux que ces choses amusent financent eux-mêmes leurs plaisirs. Pour trouver des motifs efficaces de créer et d'entretenir des musées, il faut imaginer autre chose. L'éducation, la formation du goût et la culture générale du public sont de ceux contre lesquels personne n'oserait publiquement protester. Il est donc naturel que les musées tendent à servir d'écoles et qu'ils ajoutent un service d'enseignement public à ceux dont ils assument déjà la charge.

On aurait mauvaise grâce à protester, mais il faut préciser la nature de l'entreprise. Après avoir suivi quelques-uns de ces tours conduits, où des conférenciers, souvent des conférencières, expliquent au public le sens de ce qu'il voit, on se trouve instruit de bien des choses que l'on ignorait. Explications concernant les noms des peintres, leurs vies, l'histoire de leurs œuvres, les sujets des tableaux, l'intérêt qu'ils présentent pour l'histoire générale de leurs époques, enfin quelques considérations sur le style des œuvres, le tout exposé avec compétence, en un langage souvent inspiré d'un sincère amour de l'art, rien n'y est sans intérêt. A vrai dire on pourrait être mieux placé pour voir les tableaux. Un mur solide de dos et une crête de têtes font souvent obstacle entre le spectateur et l'œuvre ; devant, on est trop près ; derrière, on ne voit plus rien que le haut du cadre, mais la chose est sans importance puisque, de toute manière, il faut choisir entre voir la peinture ou écouter le guide. A la fin de l'explication, les choses sont ce qu'elles devaient être : l'art a été remplacé par l'histoire de l'art. Cette discipline est aussi utile que toutes les autres formes de l'histoire. En outre, elle est charmante, n'occupant l'esprit que de belles choses ; on ne s'étonne donc pas que des hommes du goût le plus fin y trouvent l'emploi de toute une vie. Le seul inconvénient du musée-école est que les troupes de visiteurs qui les parcourent en groupes conduits, sortent généralement de là persuadés qu'ils viennent de consacrer quelques heures à la peinture, alors qu'ils viennent en fait de les consacrer à l'histoire. Au bout de l'histoire, on ne trouve que de l'histoire. Après avoir tant écouté, on a entendu, mais on n'a pas vu ; bref, on a le plus souvent appris beaucoup de choses, alors que l'expérience esthétique de la peinture n'exige aucune érudition préalable ; elle a pour cause l'art d'un peintre, non le savoir d'un professeur.

L'idée que quelque chose de bon ne puisse être enseigné, semble particulièrement absurde à ceux dont la vie est vouée à l'enseignement. Ils maintiendront donc fermement qu'il n'y a pas de distinction de principe entre s'instruire et s'amuser[35], mais la thèse est équivoque. Il n'y a certainement rien d'impossible à ce que certains s'amusent pendant que d'autres s'instruisent dans un seul et

35. « Il ne semble pas justifié d'introduire une distinction entre ' éducation ' et ' délectation ' *(enjoyment)* considérés comme deux fonctions séparées d'un musée, surtout s'il s'agit d'objets dont les qualités contribuent à l'éducation générale en affinant l'intellect et la sensibilité. Au contraire, ce devrait être l'une des tâches du musée de l'avenir, de convaincre les gens de ce qu'a de fallacieux une distinction de principe entre le plaisir et l'étude *(between enjoyment and learning)* ainsi que des amples possibilités que permet leur combinaison en une seule et même expérience ». Alma S. WITTLIN, *The Museum...*, pp. 190-191.

même édifice. Il est naturel que les uns s'instruisent d'un certain objet pendant que d'autres s'en délectent. Il est même fréquent qu'après s'être délecté d'un objet, on éprouve le désir de s'en instruire, mais il l'est beaucoup moins qu'on désire s'instruire de ce à quoi l'on ne prend aucun plaisir. La vraie difficulté n'est d'ailleurs pas là ; c'est plutôt que l'acte d'apprendre, ou de s'instruire, et celui de jouir de l'expérience esthétique, sont des actes spécifiquement distincts. On tend de plus en plus à transformer les musées en écoles et les écoles en lieu de plaisir, et il est vrai qu'on peut apprendre beaucoup dans un musée, ou prendre plaisir à fréquenter l'école, mais apprendre demande un effort et même si, comme il arrive, cet effort est ensuite récompensé d'un plaisir, celui-ci n'est pas inclus dans l'acte d'apprendre. Au contraire, le plaisir de la peinture accompagne gratuitement une sorte de contemplation sensible. Si l'on veut jouir des charmes de l'histoire de l'art, il faut apprendre cette histoire, mais pendant que l'on jouit des charmes de l'art lui-même, mieux vaut oublier ce que l'on en sait. La distinction entre s'instruire et s'amuser est donc vraiment une distinction de principe. Les musées ne sont pas essentiellement des lieux d'étude ; les musées sont essentiellement des lieux de plaisir.

Cette évidence est familière aux élèves dont les études portent sur des œuvres d'art d'un genre quelconque. Aussi longtemps qu'on le fait durer, le commentaire tue le plaisir de l'œuvre. Qu'il le sache ou non, l'ennemi de la joie qui noie les charmes de Virgile et de Racine dans un flot de paroles travaille contre la poésie aussi efficacement que s'il se proposait de la détruire. De même en ce qui concerne la peinture, où l'expérience esthétique et le commentaire *ne portent pas sur le même objet*. On peut aimer l'expérience sans aimer le commentaire ; en offrant simultanément les deux, le musée salle de cours peut involontairement faire croire aux amis de l'histoire qu'ils sont aussi des amis de l'art ou bien, au contraire, faire croire à des amis de l'art qu'ils ne sont pas aptes à en jouir parce qu'on le leur offre enrobé d'histoire. Combien d'enfants n'en sont-ils pas venus à croire qu'ils n'aimaient pas la poésie, parce qu'ils n'aimaient pas ce qu'on leur en disait ? Combien de parents n'ont-ils pas dégoûté à tout jamais leurs enfants de la peinture en les trainant de force dans les musées pour les en instruire ? Ce n'est pas accroître le plaisir de l'art que d'en faire une matière d'enseignement.

L'inflation pédagogique dont notre temps est le témoin n'est qu'un autre signe de l'agressivité croissante des disciplines du langage, excellentes interprètes du réel, mais incapables d'en produire ! S'il n'y avait pas de distinction essentielle entre la délectation et le savoir, les archéologues les plus érudits seraient aussi les meilleurs juges en matière de peinture. Ce n'est pas toujours le cas. Inversement, nous-mêmes ne pourrions jouir vraiment d'un musée sans avoir appris d'abord ce que l'on peut savoir des œuvres qu'il contient. En fait, sauf quelques spécialistes, les visiteurs savent peu de chose sur les chefs-d'œuvre des musées et ce qu'ils en savent n'affecte guère le plaisir qu'ils y prennent. Les peintures égyptiennes, les vases grecs peints, les miroirs étrusques, les peintures de la Chine, du Japon ou de l'Inde dont la beauté s'impose souvent à nous avec une impérieuse soudaineté, que savons-nous de leurs auteurs, de leurs dates, des civilisations ou des croyances religieuses dont elles sont les témoins attardés ? Il n'est pas sain, ni d'ailleurs conforme à la vérité, de laisser croire que le spectateur ne « comprend » pas une œuvre d'art parce qu'il n'en « sait » que peu de chose ou rien. Si la simple vue de certaines coupes grecques, dont la forme est d'une perfection vraiment divine, ne comble pas la vue d'une joie ineffable, c'est en vain qu'on lira la littérature accumulée sur le sujet. Redisons-le, l'histoire a son excellence, mais elle relève de la connaissance intellectuelle, non de l'expérience esthétique. La joie de l'appréhension s'offre à tous ceux dont l'œil est sensible à la perfection des objets que crée l'artiste en vue de combler les possibilités de son acte : voir quelque chose qui soit fait exclusivement pour le plaisir d'être vu.

Le point à ne jamais perdre de vue, dans ces discussions, est l'antériorité de l'expérience esthétique à toute forme de connaissance discursive. Qu'on se souvienne des observations de Delacroix et des remarques si justes de Baudelaire : c'est aux lignes, aux formes et aux couleurs, bref, à la magie du tableau qu'il faut d'abord laisser le soin de se faire connaître, le savoir n'interviendra qu'ensuite, à la manière dont l'amour se nourrit de la connaissance que l'amant prend des perfections de ce qu'il aime. Tout amateur d'art est compétent pour juger l'objet de son amour et l'amour déborde ici de beaucoup ce que la connaissance peut atteindre. Tous les arts primitifs en rendent témoignage ; la nature n'a mis aucune condition de savoir à la jouissance de la beauté.

On dit que Kojiro Matsukata, un armateur qui était aussi un grand ami de l'art, fit construire près de Tokyo un musée auquel il donna le nom de Kyoraku Bijutsu Kwan, qui signifie, en japonais, Pavillon du Pur Plaisir de l'Art[36]. On ne saurait dire en moins de mots ni mieux ce qu'un musée sera toujours avant tout pour les amis de la peinture. Au lieu de charger de scrupules la conscience de tant de visiteurs qui s'inquiètent de leur ignorance en ces matières, il faut au contraire leur assurer que tout ce qu'ils sont invités à faire en entrant au musée, est d'y prendre leur plaisir. Rien ne leur interdira d'ajouter plus tard la science à l'amour. Tout homme désire connaître ce qu'il aime, et le connaître mieux pour l'aimer davantage, mais l'amour et la joie ont le pas.

Il appartient donc à chacun de savoir faire bon usage des musées et d'utiliser au mieux les possibilités d'expérience esthétique qu'ils lui offrent. Rien n'y saurait troubler son plaisir. Les peintures y appartiennent au visiteur aussi totalement que s'il en avait la propriété légale, car voir une peinture, c'est l'avoir ; il n'y a même pas d'autre manière concevable de la posséder. Les seuls obstacles que les musées opposent au pur plaisir de l'art sont inséparables de leur nature même. En quelque sorte, les défauts inhérents aux musées sont la contre-partie de la bienfaisance de leurs fonctions.

Il n'y a guère plus d'un siècle que les artistes ont commencé de se représenter le musée comme une sorte de paradis où vont les bons tableaux après la mort de leur peintre. De nos jours, on voit se multiplier un genre d'œuvres peintes, nées de ce que l'on nommait naguère un « salon », mais que l'on pourrait nommer aussi bien des tableaux de musée. Ce sont des tableaux conçus et exécutés dans l'espoir que, s'ils sont bons, ils auront l'honneur de vieillir un jour au Louvre ou dans un quelconque Musée des Beaux-Arts.

L'idée est assez folle. Il est troublant de penser que le seul endroit où l'on puisse conserver tant de belles œuvres, soit aussi celui où l'on aura le plus de peine à les voir. De la quasi totalité des peintures antérieures au dix-neuvième siècle et conservées dans les musées, il n'en est pour ainsi dire pas une dont la survivance ne soit due à ce qu'elle fut un jour arrachée à son milieu naturel. Est-il rien de plus attristant qu'une salle de marbres grecs dans la lumière grise des hypogées qui les abritent ? On éprouve une désolation tragique à voir les fameux marbres d'Elgin naguère

36. Nous empruntons cette information à l'excellent ouvrage d'Adolphe Tabarant, *Manet et ses œuvres*, p. 120.

arrachés au Parthénon et aujourd'hui protégés du brouillard de Londres par une verrière. Mais s'ils n'avaient été transférés au British Museum, qu'en resterait-il ? L'admirable Musée d'Art Catalan, à Barcelone, fait toucher du doigt le problème. Pour le constituer, il a fallu dépouiller mainte église des restes de fresques romanes jadis peintes pour elles et que l'on voit à présent, hors de leur lieu naturel, dans des salles aménagées pour les recueillir. On y visite les ruines d'un grand désastre ; mais si elles n'avaient enfin trouvé cet abri, où seraient aujourd'hui ces peintures ? C'était pour elles une question de vie ou de mort.

Ce sont là des problèmes complexes, souvent liés à l'histoire politique des nations et sur lesquels un philosophe n'a rien à dire, sauf dans la mesure où leurs conséquences affectent les conditions de l'expérience esthétique. Par suite de guerres, de révolutions ou simplement de tractations financières, d'innombrables peintures ont quitté les places pour lesquelles elles avaient été faites et transportées en d'autres lieux où leur présence absurde fait peine à voir. Les églises de Dieu et les palais des rois se sont vidés de leurs chefs-d'œuvre au profit de ces dépôts de peintures sans domicile personnel que sont les musées. Comme il sied aux vieillards, ils y sont entourés de soins, mais ils semblent avoir atteint la limite d'âge au-delà de laquelle même un tableau doit prendre sa retraite et cesser ses fonctions. Cependant, en Italie, le voyageur s'arrête parfois devant un vaste pan de mur vide, emplacement pour lequel un grand Vénitien calcula jadis un chef-d'œuvre. Il le comprend et l'imagine pour la première fois dans sa splendeur, en voyant l'endroit où il devrait se trouver encore, ramené à ses justes proportions, à l'aise en sa place et encadré des architectures qui conviennent, au lieu d'écraser à bout portant la vue du visiteur qui débouche soudainement sur lui à l'entrée d'une salle de musée. Ceux qui ont la folie de croire aujourd'hui posséder cette œuvre, se trompent. Personne ne l'a plus jamais vue depuis qu'elle a quitté sa place, perdu l'espace qu'il lui fallait pour exercer son pouvoir, laissé vide le lieu sacré où elle exerçait sa fonction et qui seule y justifiait sa présence. On a vidé les palais de tous pays pour entasser leurs chefs-d'œuvre dans les fosses communes de la peinture. Des portraits de personnages connus ou inconnus suspendus aux murs d'on ne sait combien de salles, nous regardent passer avec on ne sait quel air de ressentir cette intrusion : « Allez-vous en ! » nous disent-ils, « je ne vous connais pas ». Certains triptyques ont connu un sort pire que de voir aujourd'hui leurs trois parties écartelées entre trois contrées différentes, un tiers pour chacune[37]. Nul n'est à blâmer de cette situation, mais cela ne suffit pas à la rendre bonne. Si elle est mauvaise, il faut du moins en reconnaître la nature pour en limiter les méfaits. Certaines personnes expriment le regret de ne prendre aucun plaisir à la peinture, et quand on leur demande ce qu'elles veulent dire, elles avouent, non sans quelque confusion, que les musées les ennuient. C'est plutôt un bon signe. Les musées sont des maux nécessaires et un mal est toujours ennuyeux.

Un autre inconvénient du musée tient à la nature même de l'œuvre peinte. Chaque tableau est une affirmation solitaire qui ne s'impose que dans la solitude ; elle se trouve contestée, parfois même ruinée par le voisinage d'une autre. Les musées modernes ont fait merveille à cet égard. Ils ont tout essayé, non sans un succès appréciable, pour aérer les présentations, éviter le heurt des époques et des écoles, respecter les affinités, bref, pour résoudre aussi heureusement que possible l'épineux problème de l'accrochage, cauchemar des directeurs de musées et dont si peu de visiteurs soupçonnent l'existence. Comment disposer quatre chefs-d'œuvre pour qu'aucun ne tue les trois autres ou, au contraire, ne soit pas anéanti par eux ?

Au moment où le directeur de musée triomphe, c'est le visiteur qui succombe. S'il a le bonheur d'être à Venise, l'amateur d'art est sauvé par la peine qu'il lui faut prendre pour aller voir les œuvres d'art chez elles, là où elles se trouvent. Le visiteur y arrive dispos pour une expérience nouvelle, du moins jusqu'au moment où ses forces physiques le trahissent. Aucun être humain ne peut soutenir avec succès l'expérience de centaines de peintures dont chacune n'a de sens que par rapport à elle-même, et résulte d'un effort distinct pour produire un être distinct qui, comme nous l'a dit Constable, n'obéit qu'à ses propres lois. On connaît le résultat. Après un effort d'abord soutenu et d'abord récompensé de succès mérités, le visiteur hâte insensiblement le pas ; il commence de choisir entre les œuvres, puis s'arrête au hasard devant ce qu'il

37. Il n'est même pas nécessaire qu'une peinture soit un tryptique pour qu'on en fasse trois morceaux dispersés. Un tableau d'autel de Veronèse, représentant le Christ mort adoré par les anges et par des saints, est ainsi reparti : le tiers supérieur à la *National Gallery* du Canada (Ottawa) ; le tiers inférieur gauche à la *National Gallery* d'Écosse (Edinburgh) ; le tiers inférieur droit à la *Dulwich Gallery* (près de Londres). Cette barbarie ne trouble personne.

peut encore regarder. Quand la tête lui tourne, le sage renonce à la lutte. Il s'en va sous les regards moqueurs de tableaux que, cette fois du moins, il n'aura pas vus[38].

Le problème, on voudra bien le noter, ne se pose à propos d'aucun des autres usages qu'on peut faire d'un musée. S'il s'agit d'y acquérir du savoir, n'importe qui, pourvu qu'il ait une bonne mémoire, peut absorber un nombre pratiquement illimité de noms, de dates, de faits et d'images concernant toutes les peintures qu'on voudra sans compromettre aucune expérience personnelle. Tout au contraire, si l'on envisage ainsi le problème du point de vue de l'érudition, de l'information historique, des études sociologiques, de la propagande nationale, bref, de tout autre point de vue que celui de l'art même, il n'y aura jamais trop de tableaux, de cours, de conférences, de tours accompagnés ou d'expositions destinées à glorifier l'art de tel peintre, de tel pays, de telle époque. Il ne s'agit plus alors d'œuvres d'art, mais de documents. L'homme peut absorber des doses pratiquement illimitées de savoir, d'information ou de propagande, mais l'aptitude de sa sensibilité au plaisir et à la joie est assez étroitement limitée. La connaissance ne rend jamais ivre, mais on peut s'enivrer de peinture, et toute ivresse empêche de goûter.

IV. Peinture et métaphysique

Lorsqu'elle tombe aux mains du philosophe, il y a longtemps que la peinture est entrée dans le monde du langage. Ce n'est donc plus d'elle qu'il s'agit alors, mais des considérations auxquelles le

38. Relire l'excellent essai de Paul Valéry, *Le problème des Musées*, dans *Pièces sur l'art*, pp. 93-99. Il est impossible de mieux dire et difficile d'y rien ajouter. La pensée que lui suggère « le démon de l'explication » n'explique probablement pas tout. La sculpture et la peinture peuvent avoir perdu leur mère, l'architecture, mais l'obstination des hommes à arracher ces arts à leur mère semble demander une explication particulière. Valéry n'en a pas moins raison ; seulement, c'est la vie qui s'est d'abord séparée des anciennes architectures. A la National Gallery of Art de Washington, le portrait de Mme Moitessier est une incongruité (comme il le serait ailleurs) ; mais le portrait date de 1851 et le salon de Mme Moitessier, sa seule architecture naturelle, ne peut pas plus être reconstitué qu'on ne peut ramener les temps de Louis-Philippe ou du second empire. Ces problèmes passent les limites de la philosophie de l'art.

philosophe est conduit s'il fait de cet art le sujet de ses réflexions. Puisqu'elles sont philosophiques, celles-ci débordent inévitablement les limites de l'art de peindre. S'interroger en philosophe sur le sens de la peinture moderne, c'est se demander quelles vues l'évolution remarquable de l'art de peindre au cours des cent dernières années suggère sur la nature ultime, non pas de la peinture elle-même, mais de la réalité.

Les vues de ce genre sont doublement limitées. Elles le sont d'abord par le point de vue particulier d'où elles sont prises : on ne peut poser qu'un nombre restreint de questions sur la réalité lorsque on s'interroge du point de vue de l'art de peindre. Les considérations de ce genre sont encore plus étroitement limitées par l'angle particulier sous lequel chaque philosophe envisage le problème. Le fait que l'art de peindre ait atteint de nos jours un point critique semble difficilement niable. Sans doute, les amateurs d'art ont toujours discuté des goûts et des couleurs ; ils ont été souvent en désaccord sur la valeur des hommes et des œuvres : il y a cent ans, en France, il fallait presque inévitablement choisir entre Ingres et Delacroix. Les désaccords de ce genre ne sont pas moins rares de nos jours, mais il s'en est ajouté un beaucoup plus radical qui ne porte pas seulement sur certains peintres et sur leurs œuvres, mais bien sur la peinture même, sa nature et son objet. Ce fait domine pour nous la discussion du problème. Il n'en est pourtant pas une donnée nécessaire. Un observateur se posant les mêmes questions dans deux siècles disposera de données nouvelles qui en changeront les formules. Ce qui paraît essentiel aujourd'hui ne sera peut-être alors tenu que pour un incident sans importance. Surtout, de nos jours même, d'autres observateurs poseront les mêmes questions en d'autres termes. Les explications seront différentes parce qu'il ne s'agira plus d'expliquer les mêmes faits.

Ceci est particulièrement vrai de la manière de concevoir la peinture qui fait l'objet de nos réflexions. Replacée dans l'histoire de l'art, et dans l'ensemble des goûts de notre propre époque, elle n'occupe qu'une place infime et ne semble digne d'attention qu'aux yeux d'un petit nombre, dont ceux mêmes qui en font partie s'exagèrent probablement l'importance. En fait, il n'y a peut-être jamais eu de peinture sans imagerie. La sagesse de l'Inde semble avoir conçu cet art comme une imitation graphique purifiée de tout plat réalisme, mais, en fin de compte comme une forme de langage intégralement spiritualisé[39]. Il est particulièrement naturel que, de notre propre temps, ceux qui ont charge et responsabilité des œuvres peintes, les prennent telles qu'elles sont, avec l'inextricable mélange de peinture, d'imagerie et de littérature qui a toujours été et restera sans doute toujours la condition normale de cet art[40]. La substance concrète de la peinture est là, aussi impure que possible, comme tout ce qui n'est pas essence abstraite, une sorte de tout-venant péniblement réel, couvrant des hectares de murs de son encombrante réalité. Tout ce qui est réel a sa justification dans ce qu'il est, mais on doit pouvoir distinguer dans l'immensité de cette production picturale une sorte d'orientation générale, bref, un sens.

De ce point de vue particulier, l'évolution suivie par la peinture moderne se comprend peut-être plus aisément si on la compare à celle d'autres arts, par exemple la musique, où l'imitation est pratiquement impossible. La « musique imitative » est immédiatement reconnue pour ce qu'elle est : l'insertion, dans le tissu musical, de bruits naturels rendus semblables à des sons. Dans la *Symphonie Pastorale*, le rappel de la caille et du coucou occupent la même place que les collages dans les œuvres des peintres qui prolongent certaines expériences des premiers cubistes. Dans les deux cas, la nature créatrice de l'art est soulignée par l'insertion, dans l'œuvre musicale ou peinte, d'un fragment de réalité. Mais même entre ce

39. Ananda K. Coomaraswamy, *The Transformation of Nature in Art;* sur la parenté entre les notions de peinture, de sculpture et de modelé, pp. 144-145. Un intéressant passage, pp. 108-109 fait bien voir la multiplicité des abords possibles de l'art de peindre. Un tableau donne au spectateur ce que celui-ci y cherche ou peut en comprendre. Tout le monde s'intéresse au sujet du tableau, cela va de soi (mais si, selon Delacroix, il n'est pas toujours nécessaire qu'un tableau ait un sujet ?) ; les hommes instruits s'intéressent à la correction de l'iconographie ; les hommes pieux, aux thèmes religieux comme tels ; les connaisseurs, à l'expression et à l'éloquence de l'œuvre ; les maîtres de l'art, au dessin et à l'habileté technique en général ; le grand public, à l'éclat des couleurs et à la dextérité de l'artiste : « Les amants désirent surtout qu'un portrait reflète tous les charmes de l'original. Il est rare que mention soit faite d'originalité ou de nouveauté. » *Op. cit.*, pp. 108-109. Il semble même assez rare qu'il soit fait mention de peinture.

40. Comme antidotes à notre propre essai, nous ne saurions trop conseiller l'usage des livres où l'importance des notions d'image et de représentation dans la peinture réelle est mise en évidence. Par exemple : G. Bazin, *Le Crépuscule des images*, où l'*imagerie* surréaliste reçoit l'attention qu'elle mérite, p. 12, p. 59. — R. Huyghe, *Dialogue avec le visible*, notamment le ch. V (pp. 235-372) où les notions de langage et d'image s'établissent naturellement au centre du sujet. Sur la question : l'art est-il langage ? voir pp. 95-102. Faut-il rappeler que, dans notre esprit, abstraction n'est pas exclusion ?

que l'on nommait jadis les « arts du dessin », il en est au moins un qui ne s'est jamais soumis à la servitude de l'imitation : l'architecture. Il n'y a rien, dans les matériaux employés par les architectes, qui ne soit ou ne puisse être pareillement inclus dans les statues ou les tableaux. Des matériaux solides, comme ceux dont usent les sculpteurs, sont assemblés par les architectes en un certain ordre et selon certaines proportions ; l'architecture a des lignes, des volumes, une intelligibilité géométrique immédiatement perceptible aux sens, des valeurs dues au jeu sans cesse changeant de la lumière sur les accidents des surfaces ; l'architecture peut même faire appel aux charmes de la couleur, si elle le désire, et pourtant l'architecture n'a jamais été un art d'imitation ; elle n'en est pas un et rien ne donne à penser qu'elle puisse le devenir.

Certains peintres, dont l'art n'a rien de commun avec l'abstraction géométrique, ont reconnu cette éminente dignité de l'architecture. Leurs remarques donnent un sens précis à l'antique tradition qui associait à la musique la construction de certains édifices ou de certaines villes. Il est devenu banal de dire que l'architecture est de la musique solidifiée. Un édifice est une symphonie dont les parties coexistent dans l'espace au lieu de se succéder dans le temps. Aucun de ces deux arts n'imite directement la nature[41]. Les cavernes pourvues par la nature ne sont pas des maisons, moins encore des temples, des centres communautaires ou des monuments commémoratifs d'un genre quelconque. L'architecte crée un espace intérieur dont les proportions, le parti et la décoration ne relèvent que de l'art plastique. Il est vrai que l'architecture, elle aussi, a ses limites. Ce que l'on nomme l'architecture fonctionnelle est entièrement légitime, pourvu qu'on la classe entre les arts de l'ingénieur plutôt qu'entre les beaux-arts. Sa beauté, quand elle en a, est un sous-produit. Inversement, il n'y a guère de bâtiment dont la structure ne soit en partie déterminée par des nécessités fonctionnelles : un temple grec, une église, un théâtre sont moins étroitement déterminés dans leurs formes que ne le

41. « *Sur l'architecture.* C'est l'idéal même ; tout y est idéalisé par l'homme. La ligne droite elle-même est de son invention, car elle n'est nulle part dans la nature... L'architecture ne prend rien dans la nature directement, comme la sculpture ou la peinture ; en cela elle se rapproche de la musique, à moins qu'on ne prétende que, comme la musique rappelle certains bruits de la création, l'architecture imite la tanière, ou la caverne, ou la forêt ; mais ce n'est pas là l'imitation directe, comme on l'entend en parlant des deux arts qui copient les formes précises que la nature présente. » *Le Journal de Eugène Delacroix*, 20 septembre 1852 ; vol. I, p. 489.

sont une gare de chemin de fer, une aérogare ou une usine ; seulement, dans la mesure où ils le sont, l'architecture poursuit une autre fin que la beauté, c'est-à-dire la construction d'un édifice dont la fonction soit de plaire aux yeux.

Puisque ce sont des choses faites de main d'homme, sans aucun modèle dans la réalité, les édifices peuvent être considérés comme autant d'additions au monde des œuvres de la nature. L'une des acquisitions les plus récentes du corps des disciplines scientifiques, la géographie humaine, a souvent incorporé l'étude de l'habitat humain à la description générale de la face de la terre, qui est la géographie. En commençant de construire des maisons, l'homme continuait simplement à sa manière le mouvement qui aboutit aux coquilles animales, aux carapaces, à l'aménagement des cavernes et autres abris naturels. Le processus est différent, mais le passage de l'activité purement biologique et de l'instinct à l'activité humaine dirigée par l'intelligence n'en rompt pas la ligne. Il est vrai que les coquilles sont généralement plus belles que les maisons, mais celles-ci sont restées belles tant que l'utilitarisme n'eut pas éliminé la part de poésie qui entrait jadis dans leur conception. Quoi qu'il en soit de ce point, l'effet de l'architecture a toujours été d'accroître le nombre des choses réelles, non de doubler la nature d'une série d'images qui la représentent. L'image d'un homme dans une glace n'ajoute rien de réel à la glace ni à l'homme. Il est donc certainement possible de faire des lignes, des surfaces et des couleurs un autre usage que l'imitation si souvent considérée comme essentielle à la peinture.

Il est remarquable que les arts primitifs fassent preuve de si peu d'intérêt pour l'imitation des choses naturelles. On explique le fait en alléguant l'inexpérience des premiers artistes : ils n'imitent que peu, ou ils imitent mal parce qu'ils ne savent pas encore imiter. Ceci revient à dire que l'*Iliade* et l'*Odyssée* furent écrites en vers parce que leurs auteurs n'étaient pas capables de les écrire en prose. Ce n'est pas absolument incroyable, mais avant d'en venir là, il serait bon de prendre en considération cette autre possibilité que, dès qu'il entreprend de produire, l'homme se propose naturellement et immédiatement de chanter plutôt que de parler, d'imaginer plutôt que d'observer, de créer des histoires feintes plutôt que d'en raconter de vraies, d'inventer des formes et des lignes faites pour plaire plutôt que de reproduire celles qu'il trouve données dans la nature où, puisqu'elles y sont déjà, il lui suffirait de les trouver. L'engouement moderne pour l'art dit « primitif » n'a pas d'autre sens. Les artisans du Benin ou du Congo, et longtemps avant eux ceux qui modelèrent ou sculptèrent les mats totémiques ou les statues aurignaciennes, n'ont certainement pas échoué à imiter la nature ; de quelques justifications qu'eux-mêmes l'aient entourée, leur activité était dirigée vers des fins spécifiquement autres que l'imitation. La tendance à mimer est assurément primitive, mais elle semble s'être renforcée avec le temps, à mesure que la connaissance et les techniques se faisaient plus précises. Au début l'homme semble avoir pensé qu'il était plus important de produire des choses que des images de choses. Le secret de sa survie pourrait être dû, en partie, à ce que l'homme fut un inventeur et un producteur avant d'être un imitateur.

Un fait devrait suffire à convaincre de cette vérité. Le développement de l'histoire de l'art et de la critique d'art à l'époque moderne semble accompagner l'admirable développement de la science moderne. Ni l'histoire de l'art, ni la critique, ni la science n'existeraient, si l'art et la nature ne leur donnaient d'abord quelque chose à connaître. Il s'agit ici d'une option fondamentale, qui décide de tout ce que l'on peut penser de l'art de peindre : parce qu'elle est art, la peinture se tient du côté de l'être, des choses (*res*) et comme l'on dit, de la réalité.

Ceux qui écriront plus tard l'histoire de l'histoire de l'art et de la critique d'art y relèveront probablement la trace d'un sentiment confus de cette vérité. Les peintres les plus admirés de notre temps sont ceux qui, comme Giotto et Piero della Francesca, contiennent déjà assez d'imagerie pour intéresser les spectateurs atteints de cécité picturale, mais encore assez d'art pour intéresser ceux d'entre eux qui ont l'œil peintre. On trouve chez beaucoup de soi-disant « primitifs » un heureux dosage, tout involontaire d'ailleurs, d'écriture et de peinture. Leurs œuvres sont encore produites par la nature à travers l'activité poiétique de l'homme, lui-même œuvre de la nature. On peut différer d'opinion sur la réussite ou l'échec de telles ou telles écoles modernes de peinture. On le peut avec d'autant moins de scrupules qu'en cas de désaccord entre le spectateur et l'artiste, il doit être admis une fois pour toutes que l'échec n'est pas nécessairement imputable à l'artiste. Quel que soit le responsable, il reste vrai de dire que les réussites présupposent le renoncement de l'art à la prétention de remplir une fonction cognitive ou spéculaire quelconque. On doit rendre cette justice aux peintres qui furent la pointe d'avant-garde de la peinture moderne qu'ils ont clairement discerné et exprimé cette vérité[42].

Il semble aujourd'hui naïf de partager l'admiration si souvent exprimée par les Grecs et les chrétiens pour cet être incomparable qu'est l'homme. On y voit un anthropomorphisme suranné. Pourtant, ce sentiment semble plus justifié que la tendance contraire à rabaisser l'homme au niveau commun de la vie animale. Toute notion théologique mise à part, c'est un fait observable que par l'homme, et par l'homme seul, la nature accède à la conscience de soi. On ignore s'il existe ailleurs que sur terre des êtres doués de connaissance intellectuelle. Il est du moins certain que nous n'en connaissons pas d'autre que l'homme. La science est la forme la plus parfaite de cette connaissance de soi que la nature atteint dans la raison humaine. On ne saurait être surpris qu'au moment où la physique remportait ses premiers triomphes, surtout en optique et en astronomie, l'élan qui jetait les hommes à la conquête de la nature ait entraîné la peinture sur les voies de la science. Comme les savants de son temps, le peintre a voulu tracer le tableau de la réalité qui l'entourait, décrire à sa façon le monde de la nature, bref, le représenter. Ce n'est pas sans une raison profonde que les peintres furent alors saisis d'une véritable passion pour l'optique, et qu'un esprit aussi universel que Léonard s'est porté d'un même mouvement vers l'art de peindre et vers la physique de son temps.

On ne conteste aucunement l'excellence des résultats obtenus d'abord. Ce qu'un artiste pense de l'art n'a pas d'importance décisive, tant qu'au moment de peindre il suit son génie plutôt que ses idées. On comprend pourtant le sens des positions adoptées par Maurice Denis, avant qu'il ne se fût laissé détourner, par le néoclassicisme de Gide, de la peinture vers la littérature. En 1896, Denis avait préféré l'art byzantin et Giotto à tout le reste. Sur Fra Angelico, il faisait alors des réserves, trouvant dans son art pourtant si pur un mélange de vrai symbolisme et de sentimentalité, bref, un commencement de cette « imitation de la nature » qui

42. Selon Mondrian, l'art plastique se manifeste sous l'aspect de deux tendances principales, la *réaliste* et l'*abstraite*. La première peut être considérée comme une réponse de notre sensibilité esthétique aux stimulations de la nature et de la vie. La deuxième est une expression abstraite de la couleur, forme et espace au moyen de formes et de plans plus abstraits, souvent même géométriques ; cet art « ne suit pas l'aspect de la nature et son intention est de créer une réalité nouvelle ». Piet MONDRIAN, *Libération de l'oppression dans l'art et la vie*, dans *Plastic Art and Pure Plastic Art*, p. 43. Cf. *op. cit.*, p. 50.

devait envahir plus tard l'art religieux. La recherche de « l'expression par le sujet », au lieu de l'expression par la peinture elle-même, lui semblait chez l'Angelico le début d'une décadence. Les choses s'étaient encore gâtées avec la célèbre *Cène* de Léonard de Vinci (1499). Par cette œuvre de génie, disait le jeune Denis, la peinture s'est engagée sur le chemin qui devait la conduire à sa perte. Léonard est le précurseur des Christs genre Muncakcsy et des évangiles illustrés par Tissot. Les pénibles Sacrés-Cœurs sont plus bas encore, mais sur la même ligne. Peu importe désormais la peinture ; le peintre compte sur le sujet lui-même pour produire son effet[43]. L'effort de l'art moderne depuis le début du dix-neuvième siècle eut pour objet, ou du moins pour résultat, de rendre la peinture à sa fonction propre, qui est de continuer, par l'homme, l'activité productrice de la nature. Ce faisant, elle ne condamnait rien, sinon des activités qui, se trompant sur elles-mêmes et se prenant à tort pour l'art de peindre, se trouvaient au contraire rendues par là-même à leur véritable essence. Du même coup, la peinture recouvrait la sienne et reprenait sa place entre les fonctions poiétiques de l'être humain.

Il est de la nature du problème que le sens vrai en échappe à beaucoup de bons esprits que leurs dons naturels invitent à ranger tous les arts dans le genre de la poésie parlée ou écrite[44]. L'évolu-

43. M. Denis, *Theories*, p. 39, p. 41, p. 42. D'où cette remarque, applicable à l'essence même du philistin : « Il ne regarde pas la peinture, il ne voit rien que le sujet » (p. 42). De ce point de vue toutes les imageries procèdent de la même manière. Imagerie religieuse, imagerie patriotique, imagerie sentimentale, imagerie érotique, toutes se proposent d'émouvoir par le sujet.

44. Chesterton, l'esprit le plus fin, et non dépourvu de dons pour le dessin humoristique, a peiné Eric Gill par son philistinisme inné en matière d'arts plastiques : « Nous sommes à une époque où les gloires sont partagées entre les faiseurs d'argent et les hommes de lettres. C'est une époque d'argent et une époque d'imprimerie. Ceci est inévitable... et l'un des résultats est que le critique littéraire des œuvres d'art ne cherche et ne loue jamais que le « contenu littéraire » de ces œuvres et, quand il n'en trouve pas, il pleure ou il hurle. La peinture de Giotto est admirable et d'autant plus remarquable qu'elle est de la grande peinture malgré le souci dont elle témoigne d'illustrer et de raconter des histoires. La peinture de Cimabue est à un niveau plus élevé, un plan plus éloigné de la représentation et sur lequel le peintre se trouve face à face avec Dieu. On peut légitimement soutenir que la grande école byzantine mérite un honneur encore plus grand car, là, il ne s'agissait pas seulement d'un individu baigné dans la vision de Dieu mais, semble-t-il, d'un peuple entier, et pendant plusieurs siècles, plein du Saint Esprit. Leurs œuvres en sont la preuve — pour les Juifs une pierre d'achoppement, pour les païens une folie, et pour Mr. Chesterton et Sir William Orpen, laideur et ennui. » *Letters of Eric Gill*, pp. 179-180.

tion de la peinture dans les temps modernes entraîne pourtant des conséquences qui débordent les frontières de l'art pur. Lorsqu'elles sont des conséquences philosophiques, le peintre en est moins que jamais responsable. Quant aux philosophes, il est facile de prévoir que, même s'ils acceptaient de discuter ces problèmes à la lumière de ce qui précède, chacun d'eux tirerait des mêmes faits des conclusions différentes. On se contentera donc ici d'indiquer les lignes les plus générales qui, à ce qu'il nous semble, prolongeraient le plus fidèlement les suggestions faites par les peintres eux-mêmes dans ceux de leurs écrits que nous avons lus.

Si une étude statistique était possible, elle ferait probablement voir que, même aujourd'hui la grande majorité des peintres reste fidèle à la tradition représentative issue de la Renaissance italienne. Il n'y a d'ailleurs aucune raison de penser qu'un style jadis si fécond en chefs-d'œuvre soit désormais sans vertu, mais il est certain qu'en suivant jusqu'au bout sa propre pente cet art a fini par produire un très grand nombre d'œuvres dénuées de valeur. Le plus grave est qu'il soit devenu décadent par fidélité à un authentique élément de sa propre essence, sans que lui-même ait jamais su exactement la nature de celui qu'il trahissait. Ils s'obstinaient à égaler sur le terrain de l'imagerie des maîtres dont le génie s'était manifesté sur celui de la peinture. Une sorte de révolution était nécessaire pour sortir de difficulté.

Les artistes qui ont ouvert des voies nouvelles, souvent fort diverses, ont éprouvé en commun l'ambition d'exercer leur art à la manière d'êtres naturels exerçant une fonction naturelle, non à la manière des peintres qui, cessant de produire pour décrire, avaient transformé la peinture en langage et conçu les tableaux comme des signes. Comme l'a dit Herbert Read : « L'activité esthétique est biologique dans sa nature et ses fonctions[45] ». Parole tout à fait juste pourvu qu'on entende le biologique dont il est ici question comme celui qui caractérise la vie de l'homme. L'homme seul peut acquérir l'art de peindre et l'exercer librement.

Le péril qui menace cette orientation récente des recherches sur

45. *The Philosophy of Modern Art*, p. 13. Cf. « Il n'y a pas une seule phase de l'art, depuis les peintures des cavernes de l'âge paléolithique jusqu'aux derniers développements du constructivisme, qui ne semble être une illustration du sens biologique et téléologique de l'activité esthétique de l'homme. » *Op. cit.*, pp. 13-14. Par « constructivisme, Herbert Read désigne la position soutenue par Naum Gabo dans *A Retrospective View of Constructive Art*.

l'art est l'oubli de l'élargissement de la notion de la biologie qu'elle impose. La vérité de la philosophie aristotélicienne de la nature tient à ce qu'elle avait de foncièrement réaliste dans sa manière de concevoir la vie, y compris l'intelligence et ses œuvres qui sont le sommet de l'ordre biologique. Ainsi entendue — et c'est ce que Franz Brentano a fort bien compris[46] — la philosophie n'a pas d'autres méthodes que celles de la science, elle ne s'inspire pas d'un autre esprit. En fait, la psychologie, la logique, la morale et la politique d'Aristote traitent toutes d'activités biologiques propres à l'homme en sa qualité d'animal doué d'intelligence et de volonté. Dans le cas de l'art, une différence importante en distingue donc les œuvres de celles de la nature commune. Les artistes et leurs critiques désignent communément ce genre de production par un nom emprunté, non aux sciences de la nature mais à la théologie. Ils parlent sans scrupules de « création » artistique, et cela seul suggère que le processus biologique grâce auquel les peintures accèdent à l'être diffère du mode de développement suivi par les animaux, et l'homme même, entre le moment de leur conception et celui de leur naissance. La distinction entre les deux niveaux biologiques qui vient d'être suggérée trouve ici son application.

Vues de l'extérieur, les œuvres d'art frappent par leur incroyable diversité. Civilisations, pays, écoles, artistes laissent derrière eux des peintures reconnaissables à leurs styles et portant les marques de leurs origines diverses. De l'intérieur — c'est-à-dire du point de vue de leurs auteurs — ces peintures sont remarquables par leur imprévisibilité. L'histoire n'hésite pas à expliquer comment et pour quelles raisons l'art de peindre a pris le cours qu'il a effectivement suivi. Ce que l'on n'a pas encore vu, c'est un peintre capable de prédire l'évolution de son art et le développement probable de sa propre activité créatrice. Dans les écrits des peintres, le mot « création » semble précisément exprimer le caractère de nouveauté caractéristique de l'œuvre d'art[47]. L'artiste n'opère pas avec la prévisibilité des forces naturelles ou des productions mécaniques. L'art est plein d'ignorances, d'incertitudes et de surprises pour l'artiste lui-même, qui voit parfois son œuvre

46. Cet aspect de la doctrine de Brentano est mis en évidence dans Lucie Gilson, *Méthode et métaphysique selon Franz Brentano*, Paris, Librairie philosophique J. Vrin, 1955.
47. Voir p. 138, note 17.

suivre docilement les décisions qu'il a prises, parfois, au contraire, le conduire par des voies qu'il n'a pas prévues.

Ces deux caractères, d'imprévisibilité et de liberté dans les limites de la forme, sont d'autant plus remarquables que, du consentement unanime des grands peintres, rien n'est pour eux plus dangereux que de se fier à la chance[48]. Le genre d'imprévisibilité qui caractérise la peinture est très différent de celui qui résulte du hasard. Un véritable artiste ne laisse rien au hasard de ce qu'il peut lui enlever par une attentive méditation de l'œuvre à faire. Pourtant, même quand tout a été préparé et calculé, le peintre ne sait pas encore exactement ce que sera son œuvre. L'objet de son calcul était moins son œuvre que la manière dont il allait la faire. Nous avons rappelé les profondes analyses où Bergson a décrit la progressive maturation de la décision libre et son essentielle imprévisibilité. Nous l'avons dit aussi, ce que Bergson décrivait sous le nom d'acte libre, c'était essentiellement la production de l'œuvre d'art. En effet, si on l'entend en ce sens, qui en est le sens absolu, le mot *création* signifie la même chose que les mots *production libre*. Il y a création et liberté dans la production de l'œuvre peinte, pour autant que l'on ne saurait passer des conditions matérielles ou formelles qui la déterminent, à ce qu'elle est, sans tenir compte de l'activité productrice de l'artiste. Cette activité est irréductible aux éléments qu'elle met en œuvre en vue de la fin qu'elle se propose d'atteindre. Comme l'a fort bien dit Éric Gill, suivant en cela saint Thomas d'Aquin, l'artiste ne crée pas *de nihilo*, mais il crée *de novo*[49]. Cela est si vrai que lorsqu'on veut dire d'un artiste que son art est épuisé, on dit simplement qu'il est incapable de se « renouveler ».

Les questions posées sur l'avenir probable de la carrière d'un peintre, ou sur l'avenir probable de l'art de peindre en général,

48. On peut appliquer à tous les peintres conscients de leur art la parole de Gernez à propos de son tableau *Nymphes et Satyre :* « J'ai cherché à y éliminer autant que possible l'aventure picturale. ». Nous empruntons ce trait à B. DORIVAL, *Les étapes de la peinture française contemporaine*, vol. III, p. 69.

49. « L'art spécifiquement et suprêmement art est celui de la création pure — *de novo, ad hoc et ex nihilo.* C'est l'art de Dieu et non de l'homme. Mais l'homme, au second degré, et en vertu de son libre arbitre *(free will)* peut créer (non pas de rien, mais *de novo* et *ad hoc*, à partir de ce que Dieu a fait). De cette manière il ne fait pas des types, mais des *uniques* — des choses qui ne représentent rien d'autre qu'elles-mêmes, et dont il n'y a ni ne peut y avoir d'autres exemplaires dans tout l'univers des êtres créés. » *Letters of Eric Gill*, p. 235 ; cf. *op. cit.*, pp. 275-276.

ressemblent à celles qu'un observateur aurait pu poser, il y a de cela bien des millénaires, sur le développement probable de la vie à la surface du globe. Même en présence des résultats, la science ne trouve pas facile d'expliquer comment ils se sont produits. Le mot « évolution » reste le symbole d'une explication encore à venir[50], mais s'il est vrai que l'homme fasse partie de la nature, et que les artistes soient des hommes, leur expérience personnelle de la création artistique devrait permettre de dévoiler, jusqu'à un certain point, le secret de la puissance d'invention dont font preuve les forces naturelles. A moins que l'homme ne soit, dans la nature, un être séparé du reste de la nature, ce qui se produit en lui doit avoir quelque rapport à ce qui se passe dans le tout dont il fait partie. Ce qui s'observe chez le peintre suggère la présence, à l'origine du devenir en général, d'une force intérieure d'invention et d'une créativité qui, partout à l'œuvre dans le monde de la matière, s'élève à la conscience de soi dans l'esprit des artistes.

Cet abord des problèmes cosmiques discutés par les savants a été négligé dans le passé par presque tous les philosophes. La raison en est que, comme la littérature d'imagination, la philosophie appartient au monde du langage et que les philosophes sont des écrivains. En effet, la philosophie est connaissance, et puisque, pour être, la connaissance doit être vraie, les problèmes philosophiques se rapportent le plus souvent à la vérité de certaines propositions. Or, la vérité est la conformité de l'intellection à son objet. Il n'y a donc pas de vérité là où il n'y a pas d'objet. Cette conséquence en entraîne une autre. S'il y a dans l'univers des forces, ou énergies, dont les opérations causent des effets qui soient nouveaux à la fois dans leur existence et dans leur nature, les philosophes inclinent naturellement à les négliger comme sans intérêt pour la philosophie. Tant que l'objet n'est pas là, le philosophe n'a rien à en dire ; une fois que l'objet est là, il est trop tard pour se demander d'où il vient[51].

50. Jean-Paul Aron, *Le problème de l'évolution*, dans *Diogenes*, 7 (1954) 94. Un résumé des conclusions de L. Cuénot, *L'évolution biologique*, dans *art. cit.*, p. 96.

51. On ne fait ici que reprendre les positions de l'article de 1916 : « l'artiste n'est pas seulement un artisan habile à capter les énergies du monde physique en vue de notre utilité, ni un savant ou un philosophe, miroirs en qui se reflète l'univers, il est une des forces créatrices de la nature » (pp. 253-254). — « Ainsi le progrès de notre enquête nous éloigne de plus en plus d'une conception théorétique de l'art. Si l'intuition philosophique est

En ceci, la science ne diffère pas de la philosophie. Toujours prête à rendre raison des œuvres d'art, et même des artistes, une fois que les artistes sont là et qu'ils ont déjà produit leurs œuvres, la sociologie et la psychologie sont incapables de dire quoi que ce soit de raisonnable touchant l'acte même par lequel les artistes les produisent. Certains peintres, comme Delacroix, ont cru voir presque une opposition entre science et art, mais cette opposition n'existe pas ; il y a simplement une distinction réelle entre leurs objets ; l'art et la science sont trop complètement distincts pour pouvoir même s'opposer. Si l'on adopte à l'égard des œuvres d'art l'attitude requise par toute tentative d'explication scientifique, on en vient nécessairement à considérer l'interprétation intellectuelle de l'art comme équivalente à l'art lui-même. Sans doute, ni les philosophes ni les savants ne prétendront apporter une explication exhaustive de l'art, mais ils penseront naturellement que ce qu'il reste à en connaître est homogène à ce qu'on en connaît déjà. Qu'il puisse y avoir dans le réel quelque chose qui ne soit pas de l'ordre de la spéculation et de la connaissance, c'est une pensée qui ne leur viendra pas spontanément à l'esprit.

S'il y a dans la nature des forces productrices de nouveauté, la seule discipline qui puisse directement communiquer avec elles est l'art, n'importe quel art, pourvu seulement qu'il reste fidèle à son essence et vocation : être une activité créatrice dans l'ordre de l'être formel. Abordée de ce biais, la réalité parait différente de ce qu'elle semble être quand on en fait un pur objet de spéculation. Elle n'est plus alors de l'être que dans la mesure où le devenir lui-même en est. L'art nous fait pénétrer dans un monde de formes dont l'achèvement s'offre comme le résultat d'une sorte de croissance biologique. L'idée que l'art imite la nature n'est pas nouvelle ; elle se trouve chez Aristote[52] et la scolastique en a rendu la formule proverbiale : *ars imitatur naturam*[53]. L'art imite la nature en opérant, c'est-à-dire que, comme la nature d'un être

sympathie et communion avec le réel : l'intuition esthétique est le point de départ d'un accroissement de la réalité » (*art. cit.*, pp. 255-256). — « On a pu voir enfin par les tentatives récentes du cubisme et du futurisme, auxquelles il est peut-être trop tôt pour refuser tout crédit, à quel point le monde de l'art, que régit la loi de la signification esthétique, peut devenir indépendant du monde physique donné » (p. 255). Les débuts de l'art « abstrait » datent de 1910.

52. Aristote, *Physique*, II, 2, 194 à 21.

53. « Les opérations de l'art imitent nécessairement celles de la nature, et les œuvres de l'art celles de la nature ». Thomas d'Aquin, *In libros Politicorum Aristotelis expositio*, Prooemium, 1 ; éd. Spiazzi, p. 1.

est la règle de ses opérations, de même aussi l'art de l'artisan est la règle de tous les mouvements requis pour la fabrication des œuvres d'art. On a voulu faire dire beaucoup plus aux scolastiques ; il suffit à notre propos d'observer qu'ils ont du moins compris, et dit, que nature et art se distinguent de la connaissance spéculative en ceci, que tous deux sont finalement orientés vers la production.

Ces deux productions ne sont pourtant pas de même ordre, car la croissance biologique ne semble avoir presque aucune latitude de choix, du moins au niveau de l'individu, au lieu que les artistes sont en quête de formes que leur libre arbitre seul peut choisir et conduire à complétion. Il n'y a pas lieu de s'étonner que les mêmes artistes qui se sentent maîtres de leur œuvre parlent néanmoins d'obéir à une sorte de nécessité intérieure[54]. En effet, le long effort de préparation qui précède la production artistique a précisément pour effet d'éliminer les obstacles — perceptions, images, tendance à l'imitation, habitudes acquises, et même habileté de la main — qui gênent le développement de la nouvelle forme germinale et empêchent son incorporation dans la matière. La nécessité intérieure à laquelle un artiste doit se soumettre ne pèse pas sur sa volonté ; c'est la nécessité de la forme même à laquelle l'artiste a librement choisi de donner l'existence actuelle dans une matière propre à la recevoir. D'autres disciplines, par exemple la morale, peuvent introduire le philosophe aux problèmes relatifs à la liberté dans l'ordre de l'action ; l'art est sa seule introduction aux problèmes relatifs à la liberté dans l'ordre de la production.

Ceci revient à dire que l'art invite la philosophie à prendre au sérieux des problèmes pour lesquels les philosophes ne montrent généralement que peu d'intérêt. Dans la doctrine de Platon, les questions relatives à l'existence des choses, ainsi qu'à leurs origines, sont reléguées hors du domaine de la science proprement dite et réservées à celui de l'opinion, ou vraisemblance raisonnable, qui s'exprime sous forme de récits, ou mythes. Dans la philosophie d'Aristote, au contraire, il n'y a pas de mythes, d'où vient

54. La notion de « nécessité intérieure » change de sens sous la plume de Kandinsky à mesure qu'il s'efforce de la définir. On est un peu déçu par la description des « trois nécessités mystiques » qui, selon lui, la constituent (*Du spirituel dans l'art*, p. 57), mais il devient de plus en plus clair que ce peintre en a finalement reconnu la vraie nature. A mesure qu'il s'émancipe de la nature (p. 83) l'art doit se soumettre de plus en plus à la forme que lui-même s'impose et dont la loi règle son opération, bien qu'il la produise (p. 87). Cf. pp. 88-89.

que les problèmes d'origine disparaissent tous à la fois. Le monde d'Aristote est incréé, donc éternel et indestructible ; tous les êtres éphémères qui ne cessent de naître et de périr n'y sont que les représentants passagers de leurs espèces éternelles. La seule nouveauté qu'il y ait dans l'univers d'Aristote est celle de l'accidentel ; il n'est donc pas surprenant que lorsque le temps vint pour lui de définir l'art, il n'ait rien trouvé de mieux à faire que de le réduire à l'imitation. Que pouvait-il faire d'autre ? Philosophie et science sont l'une et l'autre hostiles au devenir, sauf, bien entendu, au devenir d'êtres qui n'introduisent rien de réellement nouveau dans le monde et dont l'apparition n'y mette pas la prévisibilité en péril.

La théologie a souvent favorisé des vues de ce genre. Ayant à attribuer à Dieu la science de toutes choses, il était tentant de le concevoir comme analogue à un savant de savoir infini. Mais il y avait à cela des difficultés. D'abord, puisqu'il n'avait plus de problèmes d'origine à résoudre, Aristote n'avait eu que faire de la notion d'Idée. Il devint donc nécessaire, pour les philosophes, de compléter Aristote à l'aide de Platon. Or, ceci est une entreprise impossible. La nature même de la philosophie s'y oppose. On ne peut pas garder neuf dixièmes d'Aristote et ajouter un dixième de Platon. Si on le fait, le mélange est simplement de l'incohérence. Les théologiens n'ont donc eu d'autre ressource que d'élaborer leur propre notion du pouvoir créateur attribué à Dieu et de la manière dont ce pouvoir s'exerce.

Cet effort les a conduit à deux conclusions qui, difficilement conciliables du point de vue de l'homme, doivent être réconciliées s'il y a un Dieu. La première est que, puisque la science divine doit être parfaite, l'avenir de l'univers doit être un livre éternellement ouvert aux yeux de Dieu. La deuxième est que, puisqu'il y a de la liberté et de la contingence dans l'univers, la science parfaite qu'a Dieu de l'avenir n'empêche pas la contingence et la liberté de jouer leurs rôles dans l'histoire générale du monde. Des réponses diverses ont été données à ce problème essentiellement théologique ; le seul fait qui nous intéresse, comme philosophes, est que cette position purement spéculative de la question ait naturellement conduit à réduire l'importance des éléments de nouveauté et d'imprévisibilité naturelle présents dans un monde créé par la liberté d'un Dieu tout-puissant. C'est ce qui se produit encore. Presque tous les mystères théologiques relatifs à l'origine du monde surgissent au point de rencontre de ces deux notions. Si

Dieu lui-même est éternel et immuable, comment le monde peut-il avoir été créé *de novo* ? Si la science divine est parfaite, comment peut-il y avoir encore place, dans le monde, pour de l'indétermination et de la contingence ? Même la réponse de l'aristotélisme, le hasard, est sans valeur dans une vue chrétienne du monde. Sous le gouvernement d'une providence parfaite, il n'y a pas de hasard. Pourtant, si tout effet ressemble à sa cause, un monde librement créé doit offrir aux yeux quelques traces du libre pouvoir créateur dont il tient l'être.

C'est une des raisons pour lesquelles malgré des ressemblances de langage, l'univers créé des théologiens chrétiens n'a jamais été le même que l'univers incréé d'Aristote ; mais la même raison explique probablement aussi que lorsque des peintres modernes, croyants ou non, ont entrepris de scruter la nature de leur art, ils en ont spontanément parlé dans le langage créationniste de la théologie chrétienne. Tout en ne s'inspirant au fond que de ses propres principes, la théologie se comporte ici comme une lumière directrice pour les philosophes qui considèrent la nature du verbe et pour les artistes qui s'interrogent sur la nature de l'art. Il est même assez curieux qu'on ait de plus en plus parlé de création à propos de l'homme alors qu'on en parlait de moins en moins à propos de Dieu.

S'il y a un art divin, il doit être infiniment différent du nôtre. D'abord, comme il a déjà été dit, l'art humain ne crée pas, au sens propre du terme, parce que la puissance qui le sert est limitée[55]. L'artiste ne crée pas l'existence de la matière dont il use ; il ne fait qu'assembler et transformer des éléments plastiques empruntés à la nature. Son art compose des objets d'appréhension esthétique doués d'une forme propre et qui, puisqu'ils ont une forme, *sont*. En outre, si l'on peut parler de Dieu comme de l'Artiste suprême, son art ne peut comporter aucun tâtonnement, aucune incertitude, aucun accident dus à l'incomplète prévisibilité de ses œuvres. A la différence des Idées de Platon, celles du Dieu chrétien sont identiquement l'acte infini d'exister qu'est le Créateur lui-même. A la différence du Premier Moteur d'Aristote, le Créateur de l'univers est les idées de toutes les choses créables et le pouvoir de les créer. Pour la même raison, rien de ce qui accède à l'être ne peut être pour Dieu quelque chose de nouveau.

Tout ceci est vrai, mais il reste aux théologiens quelque chose

55. Thomas d'Aquin, *Summa theologiae*, I, 45, 5, 1 obj. et réponse.

de difficile, non pas même à comprendre, mais à concevoir. Quand tout est dit, c'est un fait que le Dieu des Juifs et des Chrétiens a créé l'univers. C'est même un fait premier, irréductible[56]. C'est le fait sans lequel il n'y aurait pas d'autres faits, pas même l'existence d'un monde à connaître ni d'hommes pour se le représenter. Si l'acte créateur n'a rien été de nouveau pour Dieu, il a certainement été le commencement de toute nouveauté pour le monde lui-même. L'existence de l'artiste humain et des matériaux dont il use présuppose cet acte créateur premier, mais il n'est pas nécessaire d'avoir le pouvoir divin pour suffire à produire du nouveau en conférant une forme née de l'esprit à quelque matière préexistante. C'est là ce que font les artistes, et parce que la peinture moderne l'a fait au suprême degré, elle mérite de retenir l'attention des philosophes, peut-être même des théologiens.

On dit communément que, puisque les effets ressemblent à leur cause, les créatures ressmblent à leur créateur. Parce qu'en Dieu ce que l'on nomme ailleurs essence est l'acte pur d'être, le monde créé par lui est, ou existe. Parce que l'être du monde est dû à l'efficace de la puissance divine comme à sa cause, tous les êtres créés causent à leur tour, agissent et opèrent de diverses manières selon leurs natures différentes. Les choses, disait volontiers Thomas d'Aquin, imitent Dieu en ceci, qu'elles sont, et qu'elles sont causes. A la distance infinie où notre production se tient de la création proprement dite, mais de manière analogue pourtant, c'est ce que font les peintres, car ils sont, et ils sont causes. Ils ne sont pas simplement causes de ces mécaniques, d'ailleurs souvent admirables, dont toute l'unité se réduit à la coordination de leurs parties en vue du produit à fabriquer. L'œuvre peinte elle-même est la fin visée par le peintre. Si, comme nous l'avons dit, l'objet proche de l'art est de faire que certains êtres nouveaux soient, c'est-à-dire de leur conférer l'être en leur attribuant des formes dont l'intelligibilité soit perceptible aux yeux, l'artiste est l'image la plus haute qui soit du Dieu créateur, précisément en tant que créateur.

56. « Nullo modo voluntas Dei causam habet ». *Summa theologiae*, I, 19, 5, Resp. Augustin l'a enseigné avant Thomas d'Aquin, et Jean Duns Scot, plus vigoureusement encore si possible, après l'un et l'autre. Mais de ce qui n'a pas de cause, que peut-on dire ? Rien. L'acte créateur est la première des opérations existentielles qui ait souffert de leur ineffabilité. Une théologie de la création ne se sent à l'aise qu'à partir du problème des Idées et de la science divine. Le langage se flatte d'y retrouver un emploi.

Cette notion de l'art est, en un sens, moderne, mais ses racines plongent dans le passé lointain de la philosophie chrétienne. Puisque saint Thomas d'Aquin n'a nulle part posé explicitement le problème de la nature des arts plastiques, en particulier de la peinture, il ne serait pas honnête de la placer sous son autorité. Il faut même reconnaître que ce qu'il a dit de l'art en général en met mieux en lumière l'élément cognitif et spéculatif, d'ailleurs réel et nécessaire, que sa productivité dans l'ordre de l'être. La scolastique s'engageait ainsi sur la voie du théorétisme, d'ailleurs hérité de Platon, dont la philosophie de l'art aura toujours peine à sortir, mais que la même philosophie traditionnelle a de quoi surmonter.

Elle ne le fera pourtant qu'en revenant d'abord, comme à son vrai point de départ, à ses propres principes, dont le premier n'est ni la Pensée, ni la Volonté, ni la Puissance, ni l'Évolution Créatrice, mais l'Être entendu dans la perfection et l'infinité de son acte. Faute de remonter à l'acte pur d'être, on trouvera toujours difficile de concilier l'intelligibilité de l'art et sa fécondité. On le voit à ce que, reprenant à l'envie le vocabulaire de Platon, tant de philosophes anciens ou récents situent l'essence de l'art dans une connaissance d'un type spécial, par mode d'idée plutôt que de concept, ou même franchement irréductible au concept.

Incontestablement cette activité intellectuelle existe et elle est essentielle à l'art, mais la question n'est pas de lui trouver un nom. Il s'agit d'abord de savoir si, en tant précisément qu'art, un art plastique tel que la peinture est réductible à un acte de connaître d'un type quelconque. En fait, on ne voit pas comment une *connaissance* pourrait être *poïétique* en tant précisément que connaissance. La connaissance connaît ; d'elle-même, elle ne *fait* rien. Mais c'est justement ici qu'on peut en appeler à la vérité la plus profonde de la philosophie traditionnelle pour compléter la philosophie de l'art dont elle n'a laissé qu'un fragment. De même qu'en Dieu l'*esse* divin est la cause propre de la créature à quoi le créateur confère librement l'existence en même temps que l'intelligibilité, de même aussi, dans l'image analogique du Créateur qu'est l'homme, c'est de l'actualité même de l'être que suivent, à la fois et indivisément, la conception de l'œuvre à faire, l'amour du bien qu'elle peut être, la volonté de le faire être et le pouvoir intelligemment réglé de le faire exister. Ici comme ailleurs la philosophie chrétienne, acceptée dans son expression la plus parfaite, permet de maintenir la vérité totale dont d'autres doctrines, utiles à leur niveau mais incomplètes, ne retiennent chacune qu'un fragment. Comme elles sont entièrement centrées sur lui seul, elles donnent l'impression d'éclairer la vérité d'une lumière éblouissante, mais la métaphysique de l'Exode est la seule qui, après tant de siècles, reste prête à ordonner sous sa propre lumière, la totalité des faits en question sans qu'une seule de leur justes requêtes soit frustrée.

Tel est aussi le fondement le plus solide sur lequel on puisse s'appuyer pour parler d'art religieux. Dans un univers créé, tout est religieux, parce que tout être imite Dieu du seul fait qu'il existe et qu'il opère. En ce sens, la fonction la plus haute d'un être est de déclarer son auteur. De toutes les choses qu'il fait, celle-ci est la première et la plus noble. L'art est donc éminemment religieux, en tant même qu'il est art. Il l'est dans son essence même, parce qu'en produisant, l'artiste imite ce que Dieu fait en créant. Le sentiment confus, mais juste, de ce rapport d'analogie, explique pourquoi l'habitude s'est répandue de recourir au vocabulaire théologique de la création en parlant de la production artistique. C'est que l'artiste est producteur d'être en un sens qui, au niveau de l'homme, est unique. Tout artisan fait que certaines choses soient en vue d'autre chose qu'elles mêmes ; l'artiste seul fait de l'être même de son œuvre la fin de ses opérations et de son effort. Il cause par amour de l'être qu'il donne. En effet, il engendre dans la beauté. Puisque la beauté est l'être même, faire que l'objet soit et faire qu'il soit beau sont une seule et même chose. La beauté faite de main d'homme est donc, au plan de l'être fini, l'image la plus parfaite de l'acte vraiment créateur dont le monde tient à la fois son être et sa beauté. En ce sens, dans l'univers créé du christianisme, on peut dire que l'art fidèle à son essence est religieux de plein droit.

Certaines religions excluent les images par crainte de matérialiser, dans l'imagination des hommes, l'objet de leur culte ; d'autres, au contraire n'hésitent pas à faire appel aux images comme à des auxiliaires dans l'enseignement de la vérité religieuse. Le Christianisme l'a fait d'autant plus volontiers qu'il dérive son nom de celui de Jésus-Christ, ressemblance parfaite du Père, Dieu fait homme, devenu visible, imaginable et représentable aux yeux. D'ailleurs, enseignant l'unité substantielle de l'être humain, l'Église a toujours associé à l'esprit de l'homme, dans le culte et la prière, son imagination, son affectivité et son activité. Il semble donc évident que la représentation des scènes principales de l'Histoire

Sainte et l'expression figurée de certaines vérités dogmatiques — soit spéculatives, soit pratiques — remplissent une importante fonction dans le culte chrétien. Plusieurs semblent avoir perdu de vue cette évidence élémentaire en discutant, parfois avec passion, de la place que l'art dit abstrait peut occuper dans l'ensemble de l'art religieux. En tant qu'il se propose de parler, de faire voir, de représenter, l'art d'église est essentiellement imagerie. L'Église ne renoncera jamais à faire appel à cette aide si précieuse ; elle ne le ferait que si, par impossible, elle abdiquait sa fonction d'église enseignante et de docteur de l'église enseignée[57].

Des peintres chrétiens, éminents par leur talent et la profondeur de leur foi, ont commis sur ce point des confusions qu'il vaudrait mieux éviter. Faute de savoir distinguer entre la peinture et l'imagerie, ils ont décidé que le tableau religieux devait agir sur le spectateur, non par le sujet, mais par lui-même. Pour peu qu'il participe de la nature de l'imagerie, l'objet propre du tableau est au contraire d'évoquer en nous la représentation du sujet, d'éveil-

57. C'est ce qu'oublient ceux qui, pensant avant tout à la peinture, voudraient universaliser l'art abstrait comme art religieux et chrétien. Ils soutiennent trois thèses à la fois : la supériorité de l'art moderne non-représentatif sur l'art représentatif traditionnel, ce qui est une opinion esthétique entièrement libre ; que l'art non-représentatif a droit à sa place dans l'art religieux, ce qui semble incontestable ; que l'art non-représentatif doit remplacer les formes antérieures d'art religieux, ce qui ne peut se défendre. Le christianisme a besoin de l'imagerie et les défenseurs de l'art abstrait nuisent à leur propre cause en perdant de vue les limites entre lesquelles elle est juste. Ceci dit, reconnaissons que le foisonnement de l'imagerie religieuse, qui se prend à tort pour de la peinture, est très nuisible à l'art. Le résultat de cette situation est que, trop souvent, l'imagerie religieuse a chassé des églises la peinture proprement dite, au moment même que la peinture pure et simple, inutilisable comme imagerie, s'élevait au niveau où, de par son essence même, tout art authentique a quelque chose de religieux. Il est assurément regrettable que l'imagerie confessionnelle reste quasi seule en possession des églises, pendant que la peinture se voit confinée dans les ateliers et les musées : « Le travail moderne le plus irréligieux se trouve dans les églises et, d'autre part, le plus religieux est celui des hommes de ce qu'on nomme les écoles post-impressionistes ; car ces hommes ont osé proclamer dans leur œuvre qu'il est légitime de rendre un culte à ce qui est beau en soi-même, et non pas aux choses qui plaisent simplement parce qu'elles amusent » (Eric GILL, *Art-Nonsense*, pp. 72-73). Gill n'avait pas la simplicité de tenir pour essentiellement religieux, ni même sérieux, tout l'art post-impressionniste. Il y a des charlatans partout, disait-il. D'accord avec sa conviction profonde que ce qui rend l'art religieux n'est pas qu'il représente des choses religieuses, Gill citait Matisse comme exemple d'un art vraiment religieux *(godly art)*. En 1929, si longtemps avant la chapelle de Vence, c'était une étonnante prophétie. Mais l'art de Matisse était, dans son essence, *godly art*, précisément parce qu'il était authentiquement art. — Cf. R. ESCHOLIER, *Matisse ce vivant*, pp. 247-264.

ler ou de raviver en nous les émotions qui lui sont liées ; bref, la fin et l'essence même de l'imagerie religieuse veulent qu'elle agisse, non par l'art du peintre, mais par le sujet. Si l'on exige que l'art du peintre y joue son rôle, il faudra dire que la fin de l'imagerie est atteinte grâce à l'habileté dont l'imagier fait preuve en représentant son sujet. Le réalisme vériste, parfois si profondément émouvant, de l'imagerie religieuse espagnole tient précisément à ce que, dans cette forme de l'art religieux, c'est le sujet surtout qui compte et sur lequel on compte. A bien y penser, il y a quelque chose d'un peu trouble dans l'ambition du peintre religieux qui, mu par la haute idée qu'il a de la peinture, désire qu'en peignant une Crucifixion, ce soit son art, et non pas la Crucifixion, qui émeuve[58]. Celui à qui n'importe quelle image de la croix ne suffit pas, n'est peut-être pas aussi chrétien qu'il devrait l'être. Celui qui ne voit dans l'image du Crucifié que l'œuvre d'art qu'elle peut fort bien être, et non pas Jésus-Christ lui-même, se comporte en ami de l'art et en visiteur de musée, plutôt qu'en ami du Christ.

L'art de faire des images édifiantes n'exclut pas la possibilité de faire des peintures chrétiennes, mais celles-ci ne peuvent être faites que par des peintres d'assez de génie pour que les éléments significatifs qui constituent l'image, sans perdre leur valeur de langage et de représentation, soient traités par l'artiste en éléments essentiellement plastiques. Dans la mesure où le peintre conçoit la possibilité de cette tentative, et la réussit, il produit des œuvres où l'imagerie est entièrement absorbée par la peinture. Les grands chefs-d'œuvre de la Renaissance italienne ont souvent réussi cet exploit. Moins souvent qu'on ne le croit, d'ailleurs, car les Vierges de Fra Filippo Lippi, ou de Sodoma le bien nommé, venues de sources assez troubles, ont peut-être égaré parfois les imaginations sur des voies autres que celles de la spiritualité. Il n'est pas impossible de concevoir que la distinction de ces arts et de leurs fins ne rende leur union de nouveau possible, comme elle le fut jadis, dans l'esprit des peintres. L'art dit abstrait peut fort bien s'associer à la vie religieuse et aux fonctions du culte. Pour les regards auxquels il est perceptible, un tel art peut offrir des équivalents plastiques des objets de la piété et de la foi. C'est un art extrêmement

58. Voir plus haut, p. 182. — Georges Desvallières disait un jour à ses élèves des Ateliers d'Art sacré : « Nom d'un pétard ! je prie bien mieux devant les machines de Saint-Sulpice que devant leur fameux art religieux. » Il ajoutait d'ailleurs aussitôt : « Les affaires de Saint-Sulpice ne me gênent pas ; je ne les vois pas. Mais les autres ! ».

pur et dont les possibilités religieuses sont loin d'avoir été suffisamment explorées, mais c'est un art spécifiquement autre que celui de l'imagerie religieuse, dont il ne saurait assumer les fonctions. Celle-ci existera toujours ; il faut seulement souhaiter qu'elle cesse de se prendre pour de la peinture et, faute de vouloir être belle, qu'elle ne se croie pas religieusement tenue de cultiver la laideur[59].

Elle a d'autant moins obligation de le faire que tous les grands moments de la vie humaine, que la peinture représente, ont assumé une signification religieuse depuis l'Incarnation. Toute naissance est désormais une Nativité, toute mort est une Passion et une Mise au Tombeau, toute mère tenant son enfant mort entre ses bras ne sait que trop ce qu'une Pietà signifie. Pour que de telles images eussent une beauté vraiment religieuse, il suffirait de les traiter avec le respect que ces grands sujets méritent, et non pas comme des photographies de mauvais tableaux vivants.

Généralement parlant, tout, dans un univers chrétien est pour l'artiste une invitation à louer Dieu en imitant à son humble manière la féconde puissance du Créateur. A ce niveau, l'art de l'imagier devient incapable de remplacer celui du peintre. En tant qu'œuvre proprement religieuse, une fresque de Michel-Ange est quelque chose d'autre, et de plus grand, que la simple illustration peinte d'un enseignement ou d'une prédication. L'ambiguïté essentielle des formes permet de lire le plafond de la Sixtine comme une simple histoire sans paroles ; par le plus profond d'elle-même, pourtant, une telle œuvre est d'abord un analogue humain de l'acte créateur même dont elle illustre le récit. La religion peut se passer de l'art de peindre, mais celui-ci plonge dans le religieux par ses racines les plus profondes.

59. On se trompe, nous semble-t-il, en qualifiant de mensonge l'art dit « de Saint Sulpice ». En tant qu'imagerie, cet art ne ment pas ; il remplit correctement et utilement sa fonction d'auxiliaire du culte et de la prédication. Son tort n'est pas d'emprunter « à la légende qui est imprimée sous l'image l'admiration et la vénération qui devraient aller à l'image elle-même » (A. Cingria, dans *Les créateurs et le sacré*, p. 147). D'abord, la vénération du fidèle ne doit pas aller à l'image, mais à la réalité sacrée qu'elle représente. Ensuite, emprunter à la légende imprimée l'objet de sa vénération, c'est exactement ce que l'image se propose d'obtenir du fidèle. Le tort de l'imagerie est d'être presque toujours laide, même comme imagerie. Cingria a donc raison de demander une « croisade » pour « chasser la laideur de l'art religieux » (*Op. cit.*, p. 145). Le beau étant un aspect du bien, le laid est un aspect du mal et le mal est particulièrement haïssable quand il s'engage, moyennant finance, au service de Dieu.

C'est donc par un étrange paradoxe qu'à supposer qu'elles-mêmes ne soient pas laides, indifférentes, ou des manifestations concrètes du degré que peut atteindre la fausseté dans l'art, les églises de tous pays sont devenues autant de temples dédiés à l'exhibition de la laideur industrialisée et à la vénération du non-être peint. Les fidèles d'aujourd'hui n'en vont pas à leur salut moins sûrement que ceux qui prièrent dans Notre-Dame de Chartres ou dans la chapelle des Scrovegni en la fleur de leur nouveauté, mais ils y vont dans l'humiliation d'un art qui, en des lieux dédiés au culte de la Sagesse et de la Vérité faites chair, est lui-même un mensonge incarné. Son excuse est d'être un mensonge qui s'ignore. Mais quand un artiste chrétien se sent appelé à célébrer la gloire de Dieu en coopérant, à sa modeste manière d'homme, au grand œuvre de la création, il n'y a pour lui d'autre façon de le faire que d'introduire les fruits d'une activité créatrice en son ordre dans les temples du Créateur. C'est dire que ses œuvres ne sauraient honorer Dieu en le représentant — c'est l'affaire de l'imagier — mais en étant belles. C'est la manière de servir Dieu qui convient proprement au peintre, car à moins que ses œuvres ne soient belles, elles ne *sont* pas ; il ne contribue donc en rien au service de Celui Qui Est.

La philosophie trouve ainsi auprès des peintres plus d'occasions de s'instruire que de les enseigner. Leur art est pour le philosophe une source privilégiée d'informations sur l'acte en vertu duquel les êtres naturels ont accédé à l'être. Il serait naïf d'imaginer la Nature opérant comme un artiste — c'est-à-dire comme un homme — mais la crainte de cette sorte d'anthropomorphisme ne doit pas nous séduire à l'erreur opposée : croire que l'homme est dans le monde un être séparé, se suffisant à soi-même et complètement différent de l'univers qui l'entoure. Les énergies physiques à l'œuvre dans la nature affleurent dans la conscience que l'homme a de soi-même et de ses opérations.

Il est difficile, pour des esprits spéculatifs, sans expérience du pouvoir de créer, de fonder des inférences sur les paroles d'artistes qui, dès qu'ils parlent, perdent à leur tour contact avec leur propre expérience. Les peintres aussi cherchent alors des mots pour rendre universellement accessibles des certitudes qu'ils ne parviennent pas réellement à communiquer. Le monde de la nature est pour eux le même que pour nous, mais ils le perçoivent, semble-t-il, comme quelque chose qui doit être transcendé. Le peintre perçoit les réalités naturelles comme les apparences d'un autre univers, entièrement différent de celui-ci, où rien n'aurait d'autre raison d'être que d'être beau. La fin de leur art, et ils la sentent plus souvent qu'ils ne la formulent, est d'amener cet autre monde à l'existence ou, du moins, d'en réaliser quelques fragments, imparfaits sans doute, mais témoins fidèles du genre d'êtres dont, s'il existait, cet autre univers serait constitué. Cette matérialité doit être d'abord produite, pour être connue et révélée. L'opposition sans cesse renaissante des peintres de toutes écoles contre la copie littérale de la nature trouve sa justification la plus profonde dans le sentiment de cette nécessité. Cette certitude n'est d'ailleurs pas particulière aux peintres. Le « principe poétique » dont parlait Edgar Poe, et qu'il nommait simplement « un sens du beau », semblait n'obéir pour lui qu'à une seule loi. L'œuvre ne doit pas se contenter de mimer les formes, les sons et les parfums de la nature, ni même les sentiments qu'ils inspirent communément aux hommes[60]. En disant que « simple répétition n'est pas poésie », Poe exprimait la conviction, affirmée par tant de peintres, que prendre l'initiative de réalités nouvelles, et non pas répéter celles qui existent déjà, est la fin propre de leur art.

L'univers où vivent les peintres est donc un monde encore incomplet. Non sans inquiétude, l'artiste se sent choisi pour accroître la réalité de toute une famille d'êtres nouveaux. D'autres avant lui ont été élus pour la même mission. Leurs œuvres sont là pour dire que la réussite n'est pas impossible, mais aussi qu'un immense désir de bien faire n'est pas un gage suffisant de succès. Il n'y a rien en tout ceci qui le dispense d'entreprendre. Le peintre n'aurait pu faire les œuvres de ses grands devanciers, mais le curieux est que, bien qu'il les admire, lui-même n'éprouverait aucun désir de les faire, même s'il le pouvait. Ce qu'ils ont fait, nul autre qu'eux ne le pouvait faire, mais nul autre que lui-même ne pourrait faire ce qu'il fait.

Le trait le plus remarquable de cet univers des artistes créateurs est la relation particulièrement étroite qu'il révèle entre l'être et l'intelligibilité. Le monde mécanique de Descartes et des cartésiens était très différent de celui à l'existence duquel les peintres nous demandent de croire. Avec une quantité de matière suffisant et les lois élémentaires du mouvement Descartes se flattait de reconstruire *a priori* l'univers même où nous vivons. Aucun artiste n'a jamais vécu dans un univers de ce genre, non qu'il y

60. E. A. POE, *The Complete Tales and Poems*, p. 893.

ait moins d'intelligibilité dans celui de la peinture moderne qu'il n'y en avait dans celui de Descartes, mais parce qu'au lieu de précéder l'être, comme elle fait naturellement dans un monde de la connaissance spéculative, l'intelligibilité y suit l'être et trouve en lui sa signification. C'est un univers qui essaie toujours de dire plus qu'il n'a encore été dit, ou, du moins, de le dire autrement, mais qui ne connaît pas encore clairement le sens de ce qu'il va dire. Le sens deviendra tout à fait clair quand ce qu'il essaie de dire sera dit. Toutes les vraies œuvres d'art, si surprenantes qu'elles soient d'abord pour l'œil, l'oreille ou l'esprit, réussissent finalement à révéler une intelligibilité sans laquelle elles ne sauraient *être*. Mais c'est en conférant l'être à leurs œuvres que les peintres eux-mêmes prennent conscience de cette intelligibilité.

De quelque manière qu'on les interprète — et les artistes ne sont pas responsables des réflexions inspirées au philosophe par leur art — les faits qui motivent ces remarques méritent d'être retenus, ne serait-ce qu'au titre d'invitations à poursuivre le dialogue avec les découvertes de l'art comme nous le poursuivons avec celles de la science de notre temps. Il serait difficile de dire quelles sont les plus importantes, non certes dans l'ordre de la vie pratique, où la science appliquée triomphe sans rivale, mais dans l'ordre désintéressé de la spéculation philosophique.

Une vie entière n'est pas trop longue pour assimiler le sens de tant de peintures dispersées aujourd'hui sur une si vaste surface du globe. On ne saurait craindre de s'embarquer trop tôt pour les aventures parfois déconcertantes où l'art de notre temps nous convie. Il est fort possible qu'en raison de leur hardiesse créatrice et de leur inattendu, certaines œuvres soient destinées à demeurer pour nous toujours semblables à ces domaines secrets dont, en certains rêves, on cherche en vain la clef. Nous ne saurons jamais qui avait tort ou raison, mais, ici encore, les probabilités sont en faveur du génie. Celui qui, s'ouvrant sincèrement aux influences de l'art créateur, accepte d'en partager les risques, sera souvent récompensé par la découverte, faite dans la joie, qu'une accumulation sans cesse croissante de beauté se poursuit encore, et plus activement que jamais peut-être, sur la planète habitée par l'homme. A un niveau plus élevé encore, il connaîtra le sentiment réconfortant de se trouver en contact avec l'analogue le plus fidèle de la puissance dont procèdent radicalement tous les êtres, ceux du monde de la nature et ceux du monde de l'art.

Ces deux mots ne sont pas rapprochés par hasard. Il est dangereux de comparer des mouvements aussi différents que les évolutions de disciplines différentes. Si l'on avait le goût des généralités pures, il ne serait pourtant pas impossible de relever certaines analogies entre l'histoire de la peinture moderne et celles de la poésie ou de la musique au cours des cent dernières années. En un certain sens, l'entreprise de Mallarmé et des représentants de la « poésie pure » était plus ardue encore que celle des peintres. Il n'est même pas certain qu'elle puisse tout à fait réussir. L'ambiguïté de la forme plastique, si aisément lue comme une forme naturelle, est peu de chose auprès de celle du mot. Les mots sont des signes, et rien d'autre. Avec la ligne droite, Mondrian disposait d'au moins un élément plastique étranger à l'ordre de la nature et par conséquent, pur de toute ambiguïté. Le poète ne dispose que de mots, ces mots sont tous des signes et c'est une gageure que de choisir, comme matière de l'art d'écrire, des signes vidés de leur signification. La gageure a été pourtant tenue : « Rien, cette écume, vierge vers A ne désigner que la coupe » ; comme un verre vide, un vers vide peut avoir aussi sa beauté.

C'est aux historiens des Lettres qu'il appartiendra de poursuivre cette enquête. Ceux de la musique auront pareillement à se demander si la destruction voulue des tons, suivie de celle des modes auxquels on avait demandé une sorte de libération partielle de la contrainte tonale, ne se sont pas inspirées d'un esprit analogue. Assurément, la gamme bien tempérée est elle-même une œuvre d'art ; mais ce matériau préfabriqué ne l'a pas été sans tenir compte des exigences naturelles de l'oreille humaine. L'unisson est un fait ; sa transformation en intervalle d'octave, dont la structure interne est commandée par les trois notes génératrices, est devenue un autre fait. La question se pose donc de savoir si une musique sans dominante est possible, c'est-à-dire, non pas si on peut l'écrire, l'exécuter et l'entendre, ce qui est évidemment possible, mais si l'on peut encore construire à partir de cette matière musicale des structures qualitatives sonores dont l'intelligibilité plaise à entendre. Les philosophes n'ont aucune compétence pour répondre à cette question.

Il semble du moins permis de dire que bien qu'ils soient entièrement distincts, l'univers de la physique et celui de la peinture moderne ont subi des transformations, sinon de même nature, du moins analogues. C'est à la science de l'optique que les peintres de la Renaissance ont demandé conseil. Comme la peinture traditionnelle, la science issue de l'esprit cartésien se mouvait sur le plan de l'imaginable, du représentable et des modèles mécaniques réalisables. Elle inclinait à penser que ce que l'on ne voit pas, à cause de ses dimensions trop vastes ou trop réduites, est analogue à ce que l'on voit. On peut dire qu'en ses développements récents, la physique est devenue, elle aussi, de plus en plus abstraite. Elle vise et atteint une intelligibilité payée du sacrifice de la représentabilité. L'effort requis pour s'accrocher à la connaissance intellectuelle pure, sans assistance possible de l'imagination, ou même, s'il le faut, contre son témoignage et ses exigences, ne va pas sans héroïsme. Il est, en tout cas, une preuve éclatante de confiance dans l'essentielle intelligibilité du réel.

La peinture ne saurait renoncer à la qualité sensible. Elle en est faite ; c'est là son domaine propre et elle ne peut en sortir sans cesser d'être, mais l'effort obstiné de tant de peintres, surtout depuis 1910, pour amener le spectateur à transcender le représentable, n'est pas sans quelque rapport avec le mouvement d'ensemble de la physique moderne. Dans les deux cas, il s'agit pour l'esprit de s'attacher indéfectiblement à l'intelligible au-delà de tout ce qu'il est possible d'imaginer. Le paradoxe de la peinture moderne est qu'elle invite la sensibilité elle-même à percevoir directement l'intelligible, qu'elle est incapable de connaître, mais qu'elle peut du moins appréhender dans la qualité. Entièrement distinctes, ces deux entreprises simultanées n'en vont pas moins dans le même sens et paraissent animées d'un même esprit. L'une et l'autre sont également à l'honneur de l'homme. Dans les deux cas, le crépuscule des images fut la veille d'une aurore. Si encombré de catastrophes qu'ait été ce premier demi-siècle qui vient à peine de finir, il n'en aura pas moins donné à ceux qui l'ont vécu le privilège d'assister aux deux moments de l'histoire des sciences et de l'histoire des arts plastiques les plus puissamment inventifs peut-être qu'aucune génération d'hommes ait jusqu'à présent connus. On accordera sans doute au moins que cette époque n'est pas indigne d'être comparée aux plus grandes. S'il ne commet la folie de renier la Sagesse dont il a tiré ses forces et nourri son génie, on ne voit aucune raison pour que l'homme d'Occident perde cœur et désespère aujourd'hui de son avenir.

BIBLIOGRAPHIE

DES ÉCRITS CITÉS DANS CET OUVRAGE

ADDISON [JOSEPH], STEELE [RICHARD], *et autres. The Spectator.* Édité par G. G. Smith. 4 vol. London : J. M. Dent, 1930-34. (Everyman's Library, N°s 164-67.)

ALAZARD, JEAN. *Le Portrait florentin de Botticelli à Bronzino.* Paris : H. Laurens, 1924. (Publié comme thèse sous le titre : *Essai sur l'évolution du portrait peint à Florence de Botticelli à Bronzino.*)

AMAURY-DUVAL. *L'Atelier d'Ingres.* 5e éd., Paris : G. Crès, 1924.

APOLLINAIRE, GUILLAUME. *The Cubist Painters : Aesthetic Meditations.* Traduit par Lionel Abel. New York : Wittenborn, 1949. (The Documents of Modern Art.)

ARBER, AGNES. *The Mind and the Eye : A Study of the Biologist's Standpoint.* Cambridge University Press, 1954.

—. *The Natural Philosophy of Plant Forms.* Cambridge University Press, 1950.

ARISTOTE. *La Métaphysique,* trad. par J. Tricot, 2 vol., Paris, J. Vrin, 1953.

—. *Aristotelis Ethica Nicomachea,* recognovit F. Susemihl. Édition revue par Otto Apelt. Leipzig : B. G. Teubner, 1903.

—. *Physique,* par Henri Carteron, 2 vol., Paris, Les Belles-Lettres, 1926, 1931.

ARON, JEAN-PAUL. « The Problem of Evolution », *Diogenes* (Chicago), VII (1954), 90-103.

ARP, JEAN (ou HANS). *On My Way : Poetry and Essays. 1912-1947.* New York : Wittenborn, Schultz, 1948. (The Documents of Modern Art.)

AUGUSTIN, St. *S. Aureli Augustini Confessionum* libri tredecim post Pium Knoell iteratis curis edidit Martinus Skutella. Leipzig : B. G. Teubner, 1934.

BACHELARD, GASTON. *La Terre et les rêveries du repos.* Paris : J. Corti, 1948.

—. *La Terre et les rêveries de la volonté.* Ibid., 1948.

BALTRUŠAITIS, JURGIS. *Anamorphoses où Perspectives curieuses.* Paris : O. Perrin, 1955.

BARAZZETTI, SUZANNE. *Maurice Denis, 25 novembre 1870-13 novembre 1943,* avec une préface par Robert Rey. Paris : B. Grasset, 1945.

BARDOUX, JACQUES, *Le culte du beau dans la cité nouvelle. John Ruskin, poète, artiste, apôtre,* Paris, Calmann-Lévy, 4e éd., 1931.

BARR, ALFRED H., JR., ed. *Masters of Modern Art.* New York : Museum of Modern Art, 1954.

BASCH, VICTOR. *Titien.* 2e éd., Paris : Albin Michel, 1926.

—. *Essai critique sur l'esthétique de Kant,* nouv. éd., Paris : J. Vrin, 1927.

BATAILLE, GEORGES. *Lascaux, ou la naissance de l'art.* Genève : Skira, 1955.

BATTAGLIA, FELICE. « Forme naturalistiche e forme estetiche », *Convivium* (Turin), n. s., V (Sept.-Oct., 1954), 513-33.

BAUDELAIRE, CHARLES. *Œuvres,* Paris, 1956 (Bibliothèque de la Pléiade).

BAZAINE, JEAN. *Notes sur la peinture d'aujourd'hui.* 2e éd., Paris : Éditions du Seuil, 1953.

BAZIN, GERMAIN. *La Crépuscule des images.* Paris : Gallimard, 1946.

BEHRMAN, S. N. *Duveen.* New York : Random House, 1952.

BERENSON, BERNARD. *Aesthetics and History.* Garden City, N. Y. : Doubleday, 1954. (Anchor Books.)

BERGSON, HENRI. *L'évolution créatrice,* Paris, F. Alcan (33e édition), 1929.

—. *La Pensée et le mouvant.* 22e éd., Paris : Presses universitaires de France, 1946. Contient, pp. 253-291 : *La vie et l'œuvre de Ravaisson.*

—. *Le rire,* Paris, Presses Universitaires, 67e éd., 1946.

BERNARD, ÉMILE. *Souvenirs sur Paul Cézanne, et lettres.* Paris : A la Rénovation esthétique [1920].

BLANC, CHARLES. *Grammaire des arts du dessin : architecture, sculpture, peinture.* 7e éd., Paris : H. Laurens, 1888.

BODKIN, THOMAS. *The Approach to Painting.* London : Collins, 1945.

BOETHIUS, ANICIUS MANLIUS SEVERINUS. *De Trinitate.* In : H. F. Stewart and E. K. Rand, trs. *Theological Tractates.* New York : Macmillan, 1918. (Loeb Classical Library.)

BOSCHOT, ADOLPHE, « Attraction des grands noms », dans *Portraits de peintres*, Paris : Plon, pp. 194-198.

BOULDING, KENNETH. *The Image*. Ann Arbor : University of Michigan Press, 1956.

BRADLEY, MORTON C., JR. *The Treatment of Pictures*. Cambridge, Mass. : Art Technology, 1950.

BRAQUE, GEORGES. *Le Jour et la nuit : Cahiers, 1917-1952*. Paris : Gallimard, 1952.

BRETON, JULES. *La Vie d'un artiste : Art et nature*. 2e éd., Paris : Lemerre, 1890.

BRINCOURT, ANDRÉ et JEAN, *Les œuvres et les lumières*, Paris, La Table Ronde, 1955.

BROCKWELL, MAURICE W. *The Pseudo-Arnolfini Portrait : A Case of Mistaken Identity*. London : Chatto & Windus, 1952.

BRU, CHARLES-PIERRE. *Esthétique de l'abstraction : Essai sur le problème actuel de la peinture*. Toulouse : Privat, 1955.

BURCKHARDT, JAKOB. *Recollections of Rubens*. Édité par H. Gerson. London : Phaidon Press, 1950.

BURNET, JOHN. Explanatory notes to *The Discourses of Sir Joshua Reynolds*. Voir REYNOLDS, SIR JOSHUA.

CAIRNS, HUNTINGTON, ed. *The Limits of Art : Poetry and Prose Chosen by Ancient and Modern Critics*. New York : Pantheon Books, 1948. (Bollingen Series XII.)

CARCO, FRANCIS. *L'Ami des peintres : Souvenirs*. Paris : Gallimard, 1953.

CASSOU, JEAN. *Situation de l'art moderne*. Paris : Les Éditions de Minuit, 1950.

CELLINI, BENVENUTO. *The Life of Benvenuto Cellini, Written by Himself*, éd. par John Pope Hennessey. London : Phaidon Press, 1949.

CÉZANNE, PAUL. *Paul Cézanne : Correspondance*, éd. par John Rewald. Paris : B. Grasset, 1937.

CHASSÉ, CHARLES. *Gauguin et le groupe de Pont-Aven : Documents inédits*. Paris : H. Floury, 1921.

CLAUDEL, PAUL. *Introduction à la peinture hollandaise*, Paris : Gallimard, 1935.

CLERICI, FABRIZIO. « The Grand Illusion : Some Considerations of Perspective, Illusionism and Trompe-l'œil », *Art News Annual* (New York), XXIII (1954), 98-178.

COCTEAU, JEAN, *Le coq et l'arlequin*, Paris : Éditions de la Sirène, 1918.

CONSTABLE, JOHN. *Memoirs of the Life of John Constable.* Voir LESLIE, C. R.

COOMARASWAMY, ANANDRA K. *The Transformation of Nature in Art,* New York, Dover Publications, réimpression de 1956.

COURTHION, PIERRE. « Le Temps libre et enchaîné », *XXe Siècle* (Paris), n.s., 5 (Juin 1955), 37-40.

COUTURE, THOMAS. *Méthodes et entretiens d'atelier.* Paris, 1868. (*Conversations on Art Methods.* Translated by S. E. Stewart. New York, 1879).

CUENOT, L. *Évolution biologique.* Paris : Masson, 1951.

DANTZIG, M. M. VAN. In : *True or False ?* [Catalogue of] an exhibition organized... by the Stedelijk Museum in Amsterdam (Holland), circulated in the U.S.A. by the Corning Glass Center, 1953-54 season. n.p., 1953. (Voir pp. 6-10.)

DEBIDOUR, VICTOR-HENRI, *et al.* (Bernard Champigneulle, Henri Charlier, Michel Florisoone, Joseph Paramelle, Pie-Raymond Régamey, Paul Romane-Musculus). *Problèmes de l'art sacré.* Paris : Le Nouveau portique, 1951.

DEGAS, EDGAR. *Lettres de Degas,* éd. par Marcel Guérin, préface par Daniel Halévy. Paris : B. Grasset, 1945.

DELACROIX, EUGÈNE. *Correspondance générale d'Eugène Delacroix,* éd. par André Joubin. 5 vol. Paris : Plon, 1936-38.

—. *Journal de Eugène Delacroix,* éd. par André Joubin. 3 vol., Paris : Plon, 1950.

—. *Œuvres littéraires.* 2 vol. Paris : G. Crès, 1923. (Bibliothèque dionysienne.)

DEMEURE, FERNAND. *Les Impostures de l'art.* Paris : F. Chambriand, 1951.

DENIS, MAURICE. *Charmes et leçons de l'Italie.* Paris : A. Colin, 1933.

—. Fragments d'un « Journal » dans Catalogue pour l'*Exposition Maurice Denis (1870-1943).* Paris : Musée d'art moderne, 1945.

—. *Journal,* tome I (1884-1904), Paris, La Colombe, 1957.

—. *Nouvelles Théories sur l'art moderne, sur l'art sacré (1914-1921).* Paris : L. Rouart & J. Watelin, 1922.

—. *Sérusier, sa vie, son œuvre.* Paris : H. Floury, 1942.

—. *Théories (1890-1910) : Du symbolisme et de Gauguin vers un nouvel ordre classique.* 4e éd., Paris : L. Rouart & Watelin, 1920.

—. Voir aussi BARAZZETTI, SUZANNE.

DERAIN, ANDRÉ. *Lettres à Vlaminck,* Paris, Flammarion, 1955.

DEWEY, JOHN. *Art as Experience.* New York : Minton, Balch, 1934.
—. *Intelligence in the Modern World : John Dewey's Philosophy,* éd. par Joseph Ratner. New York : Random House, 1939. (Modern Library.)
DIDEROT, DENIS. « Essai sur la peinture », in : *Œuvres,* éd. par A. Billy. Paris : Gallimard, 1946. (Bibliothèque de la Pléiade.)
DORIVAL, BERNARD. *Les Étapes de la peinture française contemporaine.* 3 vol. Paris : Gallimard — vol. I, 19e éd., 1943 ; vol. II, 18e éd., 1944 ; vol. III, 18e éd., 1946. (Vol. IV, planches, nous est inconnu.)
DRESDEN, S., « Les idées esthétiques de Bergson », dans *Les Études Bergsoniennes,* vol. IV, Paris, Albin Michel, 1956.
DUFRENNE, MIKEL. *Phénoménologie de l'expérience esthétique.* 2 vol. Paris : Presses universitaires de France, 1953.
DUFRESNOY, CHARLES-ALPHONSE. *The Art of Painting,* traduit en vers anglais par William Mason avec annotations par Sir Joshua Reynolds, in *The Works of Sir Joshua Reynolds* (voir REYNOLDS, SIR JOSHUA), III, 3-92 (contient le texte latin du poème avec sa traduction anglaise.)
EGGER, VICTOR-ÉMILE. *La parole intérieure,* Paris, F. Alcan, 1881.
ERGMANN, RAOUL. « The Chances of a Dialogue : Berenson and Malraux », *Diogenes* (Chicago), VII (1954), 68-89.
ERNOUT, A. et MEILLET, A. *Dictionnaire étymologique de la langue latine. Histoire des mots.* Paris, C. Klincksieck, 1939.
ESCHOLIER, RAYMOND. *Matisse, ce vivant, Paris,* A. Fayard, 1956.
ESTIENNE, CHARLES. *L'Art abstrait est-il académique ?* Paris : Éditions de Beaune, 1941.
FLAHIFF, GEORGE B. « Commentaries on a Way of the Cross », *Liturgical Arts* (New York), XX (Aug., 1952), 112, 121-22.
—. Voir aussi GILSON, JACQUELINE.
FOCILLON, HENRI. *Hokousai.* Paris : F. Alcan [1914].
—. *Vie des formes.* Paris : E. Leroux, 1934. (La 2e éd., Paris : F. Alcan, 1939 — inclut une addition : « L'Éloge de la main », pp. 137-171.)
FONTAINAS, ANDRÉ. *Histoire de la peinture française au vingtième siècle.* Paris : Mercure de France, 1906.
FONTAINE, ANDRÉ. *Les Doctrines d'art en France, peintres, amateurs, critiques, de Poussin à Diderot.* Paris : Librairie Renouard-H. Laurens, 1909.
FRANCASTEL, PIERRE. « L'Expérience figurative et le temps », *XXe Siècle* (Paris), n.s., V (Juin, 1955), 41-48.

—. *Art et technique*, Paris, Éditions de Minuit, 1956.

FRANKFURTER, ALFRED M. « The Gentle Art of Faking », *Art News* (New York), 52 (Feb., 1954), 16-19, 66-67.

FROMENTIN, EUGÈNE. *Dominique*. Paris, Nelson, s. d.

—. *Les maîtres d'autrefois*, Paris, Nelson, s. d.

GABO, NAUM. « A Retrospective View of Constructive Art », in : J. J. Sweeney, Katherine Dreier, and Naum Gabo. *Three Lectures on Modern Art*. New York : Philosophical Library, 1949.

GAERTNER, JOHANNES A. « Art as the Function of an Audience », *Daedalus* (Boston), LXXXVI, N° 1 (1955), 80-93.

GAUGUIN, PAUL. *The Intimate Journals of Paul Gauguin*. Traduits par Van Wyck Brooks, avec une préface par Émile Gauguin. Melbourne, London et Toronto : William Heinemann, 1952.

—. *Lettres de Gauguin à sa femme et à ses amis*. Notes et préface, par Maurice Malingue. Paris : B. Grasset, 1946.

—. *Lettres de Paul Gauguin à Georges-Daniel de Monfreid*. Avec un hommage par Victor Segalen. Paris : G. Crès, 1918. (Réimprimé à Paris : Plon, 1930.)

GHYKA, MATILA C. *Le Nombre d'or : Rites et rythmes pythagoriciens dans le développement de la civilisation occidentale*. Avec une lettre de Paul Valéry. 2 vol. Paris : Gallimard, 1931 (9e éd., 1952.)

GIDE, ANDRÉ. *Journal (1889-1939)*. Paris : Gallimard, 1948. (Bibliothèque de la Pléiade.)

—. *Journal II. Écrits intimes*. Paris : Gallimard, 1954. (Bibliothèque de la Pléiade.)

GILL, ÉRIC. *Art-Nonsense and Other Essays*. London : Cassell and Francis Walterson, 1929.

—. *Autobiography*. London : Jonathan Cape, 1940.

—. *Beauty Looks After Herself*. London : Sheed & Ward, 1933.

—. *Christianity and Art*. Capel-y-ffin, Abergavenny : Francis Walterson, 1927. (Réimprimé dans *Art-Nonsense*, pp. 216-49.)

—. *Letters of Eric Gill*. Édité par Walter Shewring. London : Jonathan Cape, 1947.

—. *Work and Property, & c*. London : J. M. Dent, 1937.

GILLET, LOUIS. « Visites au musées de Province : III. Aix-en Provence », *Revue des Deux-Mondes* (Paris), XI (Sept. 15, 1932), 315-44.

GILSON, ÉTIENNE. « Art et métaphysique », *Revue de métaphysique et de morale* (Paris), 23 (Jan., 1916), 243-67.

—. *L'École des muses*. Paris : J. Vrin, 1951.

—. *L'être et l'essence*. Paris : J. Vrin, 1948.
—. *Introduction à l'étude de saint Augustin.* 2e éd., Paris : J. Vrin, 1943.
—. *Le Thomisme.* 5e éd., Paris : J. Vrin, 1948.
GILSON, JACQUELINE. « Stations of the Cross, Saint Basil's Seminary, Toronto, Canada : Fourteen Plates », *Liturgical Arts* (New York), XX (1952), 116-17.
GILSON, LUCIE, *Méthode et métaphysique selon Franz Brentano*, Paris, Librairie philosophique J. Vrin, 1955.
GINDERTAEL, R. V. « L'Art « abstrait » : Nouvelle situation », in : LEBEL, ROBERT. éd., *Premier Bilan de l'art actuel*, pp. 35-39.
GLEIZES, ALBERT, et METZINGER, JEAN. *Du Cubisme.* Paris : E. Figuière, 1912.
GOETHE, JOHANN WOLFGANG VON. *Zur Farbenlehre* (1810), in : *Sämtliche Werke*, XXVIII. Stuttgart and Tübingen, 1851.
—. *Einfache Nachahmung der Natur, Manier, Stil*, in *Schriften zur bildenden Kunst :* Reclam-Verlag, Stuttgart, 1952, pp. 56-62.
GOGH, VINCENT VAN. *Lettres de Vincent van Gogh à son frère Théo.* Traduites en français par Georges Philippart ; introduction par Charles Terrasse. Paris : B. Grasset, 1937.
—. *Lettres de van Gogh à van Rappard.* Traduites en français par L. Roelandt. Paris : B. Grasset, 1950.
GOLDWATER, ROBERT, and TREVES, MARCO, eds. *Artists on Art, from the XIV to the XX Century*. Éd. revue, New York : Pantheon Books, 1947.
GOODHART-RENDEL, HENRY STUART. *Fine Art.* Oxford : Clarendon Press, 1934. (Cité par OSBORNE, HAROLD, q.v.)
GRIS, JUAN. Voir KAHNWEILER, DANIEL-HENRY.
GROHMANN, WILL. *Paul Klee.* New York : H. N. Abrams [1954]. Trad. française par J. Descoullages et J. Philippon, Paris, Flinker, 1954.
GUIGNARD, JACQUES. « Maurice Denis et l'art du livre », *Le Portique* (Paris), IV (1946), 48-71.
HAHN, HARRY J. *The Rape of La Belle.* Avec une introduction par Thomas Hart Benton. Kansas City : Frank Glenn Publishing Co., 1946.
HAYDON, BENJAMIN ROBERT. *The Autobiography and Journals of Benjamin Robert Haydon (1786-1846)*. Avec une introduction par Malcolm Elwin. London : Macdonald, 1950.
HEINE, HEINRICH, *Französische Maler, Gemäldeausstellungen von 1833 und 1843*, dans *Sämtliche Werke*, Leipzig : Max Hesses Verlg, s. d., vol. X, pp. 116-168.

HERBIN, AUGUSTE. *L'art non-figuratif, non objectif*. Paris : Lydia Conti, 1949.

HERSCH, JEANNE. *L'Être et la forme*. Neuchâtel : Les Éditions de la Baconnière, 1946.

HESS, THOMAS B. « Artists/Writers : an Impure Excursion », *Art News* (New York), LIV (Dec., 1955), 26-29, 59-60.

HOURTICQ, LOUIS. *L'Amateur de peinture*. 2e éd., Paris : H. Floury, 1926.

—. *La Jeunesse de Titien*. Paris : Hachette, 1919.

HUIZINGA, JOHAN. *The Waning of the Middle Ages : A Study of the Forms of Life, Thought and Art in France and the Netherlands in the XIVth Centuries*. Translated by F. Hopman. Garden City, N. Y. : Doubleday, 1954. (Anchor Books.)

HUYGHE, RENÉ. *Les Contemporains*. Paris : P. Tisné, 1949.

—. *Dialogue avec le visible*, Paris, Flammarion, 1955.

—. « Simple Histoire de 2414 faux Corots », *L'Amour de l'art* (Paris), XI (Feb., 1936), 73-76.

ILYIN, MAXIMILIAN, *Jean Bazaine*, Paris, Maeght, 1954.

INGRES, JEAN-AUGUSTE-DOMINIQUE. *Ingres raconté par lui-même et par ses amis*. 2 vol. Vésenaz-Genève : Pierre Cailler, 1947-48.

—. Voir aussi WILDENSTEIN, GEORGES.

ISNARD, GUY. *Les Pirates de la peinture*. Paris : Flammarion, 1955.

JAMOT, PAUL. *Dunoyer de Segonzac*. Paris : H. Floury, 1929.

JEAN DE ST. THOMAS. *The Material Logic of John of St. Thomas : Basic Treatises*. Traduit par Yves R. Simon, John J. Glanville, G. Donald Hollenhorst, avec une préface par Jacques Maritain. University of Chicago Press, 1955.

JOHN, AUGUSTUS. *Chiaroscuro : Fragments of Autobiography*. New York : Pellegrini & Cudahy, 1952.

JOUFFROY, ALAIN. « Pour 1.250 francs on peut se procurer les chefs-d'œuvre de la peinture », *Arts* (Paris), 504 (Feb. 23-Mar. 1, 1955), 14.

JOYCE, JAMES. *A Portrait of the Artist as a Young Man*. New York : W. B. Huebsch, 1916. (Aussi un Signet Book, N° 664. 5e tirage, New York : New American Library, 1953.)

KAHNWEILER, DANIEL-HENRY. *Juan Gris : sa vie, son œuvre, ses écrits*. 5e éd., Paris : Gallimard, 1946. (*Juan Gris, His Life and Work*. Translated by Douglas Cooper. New York : Curt Valentin, 1947.)

—. *The Rise of Cubism*. Translated by Henry Aronson. New York : Wittenborn, Schultz, 1949. (The Documents of Modern Art.)

L'original allemand, *Der Weg zum Kubismus*, écrit en 1915, d'abord publié à Munich : Delphin-Verlag, 1920).

KANDINSKY, WASSILY. *Du spirituel dans l'art et dans la peinture en particulier.* Éditions de Beaune, Paris, 1954. (*Concerning the Spiritual in Art, and Painting in Particular.* New York : Wittenborn, Schultz, 1947. The Documents of Modern Art.)

KANT, IMMANUEL, *Kritik der Urteilskraft*, dans *Sämtliche Werke*, Leipzig : Inselverlag, 1921, vol. VI, pp. 9-399. Trad. fr. J. Gibelin, Paris, J. Vrin, 1942. — Voir BASCH, VICTOR.

KEATS, JOHN. *The Letters of John Keats.* Éditées par Maurice Buxton Forman. 4e éd. revue et augmentée, New York : Oxford University Press, 1952.

KECK, CAROLINE K. *How to Take Care of Your Pictures : A Primer of Practical Information.* New York : Museum of Modern Art and Brooklyn Museum, 1954.

KLEE, PAUL. In : *Schöpferische Konfession* [une anthologie d'écrits d'artistes]. (Tribüne der Kunst und Zeit, K. Edschmid, XIII.) Berlin : E. Reiss, 1920. (Texte de Klee, pp. 28-40 ; extraits traduits dans GROHMANN, WILL, op. cit.)

—. *Ueber die moderne Kunst.* Bern-Bümpliz : Benteli, 1945. (*On Modern Art.* Trad. by Findlay, with an introduction by Herbert Read. London : Faber & Faber, 1948. Extraits traduits par GROHMANN, op. cit.)

KLEIN, ADRIAN BERNARD. *Colour-Music : The Art of Light.* London : C. Lockwood, 1926.

— « Colour-Music », *The Encyclopaedia Britannica*, 14th edn., VI, 64-65.

KRESTOVSKY, LYDIE. *La Laideur dans l'art à travers les âges.* Paris : Éditions du Seuil, 1947.

LALO, CHARLES. « Classification structurale des beaux-arts », in : Lalo *et al. Formes de l'art, Formes de l'esprit.* Paris : Presses universitaires de France, 1951.

LAMING, ANNETTE, and EMPERAIRE, JOSÉ. *L'Art préhistorique : peintures, gravures et sculptures rupestres.* Paris : Braun, 1951.

LAPOUJADE, RENÉ. *Les Mécanismes de la fascination.* Préface par Jean Hippolyte. Paris : Éditions du Seuil, 1955.

LEBEL, ROBERT, éd. *Premier Bilan de l'art actuel (1937-1953).* Paris : Le Soleil noir. Positions (Nos III and IV), 1953.

LEONARDO DA VINCI. *The Notebooks of Leonardo da Vinci.* Arranged, rendered into English and introduced by Edward MacCurdy. 2 vol. London : Jonathan Cape, 1938 (5th edn., 1948). Trad. française, 2 vol. Paris, Gallimard, 1942.

LESLIE, C. R. *Memoirs of the Life of John Constable.* Edited by Jonathan Mayne. London : Phaidon Press, 1951.

LHOTE, ANDRÉ. *De la Palette à l'écritoire.* Paris : Éditions Corrêa, 1946.

—. *La Peinture, le cœur et l'esprit.* Paris : Denoël et Steele, 1933.

—. *La peinture libérée,* Paris, Grasset, 1956.

—. *Traité du paysage.* 3e éd., Paris : H. Floury, 1946 (*Treatise on Landscape Painting.* Translated by W. J. Strachan. London : A. Zwemmer, 1950).

—. *Traité de la Figure,* Paris, Floy, 1950 (comme le *Traité du paysage,* ce volume contient un grand nombre de planches accompagnées de commentaires.)

MAGNY, CLAUDE-EDMONDE. « Malraux le fascinateur », *Esprit* (Paris), 149 (Oct., 1948), 513-34.

MAI-MAI SZE, *The Tao of Painting,* with a translation of the seventeenth-century *Chieh Tzu Yüan Hua Chuan* or *Mustard Seed Garden Manual of Painting,* 2 vol., New York, Pantheon Books, 1957 (Bollingen Series XLIX).

MALRAUX, ANDRÉ. *Le Musée imaginaire de la sculpture mondiale.* 3 vol. Paris : Gallimard, 1952-54.

—. *Les voix du silence,* Paris, N.R.F., 1951.

MARITAIN, JACQUES. *Creative Intuition in Art and Poetry.* (The A. W. Mellon Lectures in the Fine Arts, 1952.) New York : Pantheon Books, 1953. (Bollingen Series XXXV : 1.)

—. *Art et scolastique,* nouv. éd., Paris : Louis Rouart, 1927.

—. *Frontières de la poésie et autres essais,* Paris : Louis Rouart, 1935.

MAROGER, JACQUES. *The Secret Formulas and Techniques of the Masters.* Translated by Eleanor Beckham. New York and London : Studio Publications, 1948.

McCARTHY, PEARL. « Jacqueline Gilson », *Arts et pensée* (Montreal), XIV (Nov.-Dec., 1953), 53-54.

McLUHAN, HERBERT M. *The Mechanical Bride : Folklore of Industrial Man.* New York : Vanguard Press, 1951.

MEIER-GRAEFE, JULIUS. *Vincent van Gogh.* 4e éd., Munich : R. Piper, 1918.

MIRIMONDE, A. P. DE. *Pour mieux comprendre la peinture.* Paris : F. Nathan, 1953.

MONDRIAN, PIET. *Plastic Art and Pure Plastic Art (1937) and Other Essays (1941-1943).* With a preface by Robert Motherwell. New York : Wittenborn, Schultz, 1945 (3rd edn., 1951). (The Documents of Modern Art.) Voir aussi SEUPHOR, MICHEL.

MORGAN, CHARLES. *Sparkenbroke.* 5th edn., London : Macmillan, 1950.

MOTHERWELL, ROBERT. Voir MONDRIAN, PIET, *Plastic Art.*

MOUTON, JEAN. *Suite à la peinture.* Paris : Flaize, 1952.

MUNRO, THOMAS. *The Arts and Their Interrelations.* 2nd printing, New York : Liberal Arts Press, 1950.

—. « The Concept of Beauty in the Philosophy of Naturalism », *Revue internationale de philosophie* (Bruxelles), 31 (1955), 33-77.

—. « Form and Value in the Arts. A Functional Approach », *The Journal of Aesthetics and Art Criticism* (Baltimore), 13 (Mar., 1955), 316-41.

—. and GRIMES, JANE. *Educational Work at the Cleveland Museum of Art.* 2nd edn., Cleveland Museum of Art, 1952.

NADEAU, MAURICE, *Histoire du surréalisme.* Paris : Éditions du Seuil, 1945.

NEWTON, ISAAC. *New Theory About Light and Colours.* 1672.

ORLANDI, PELLEGRINO ANTONIO. *Abecedario Pittorico.* 1719. (Cité par CLERICI, FABRIZIO, q.v.)

OROZCO, JOSÉ CLEMENTE. « Orozco « Explains », *Bulletin of the Museum of Modern Art* (New York), 4, VII (Aug., 1940).

—. Voir BARR, ALFRED H., JR.

OSBORNE, HAROLD. *Theory of Beauty : An Introduction to Aesthetics.* London : Routledge & Kegan Paul, 1952.

OZENFANT, AMÉDÉE. *Foundations of Modern Art.* Translated by John Rodker. Nouv. éd. augmentée, New York : Dover Publications, 1952 (première édition française, 1928).

PANOFSKY, ERWIN. *Meaning in the Visual Arts : Papers in and on Art History.* Garden City, N. Y. : Doubleday, 1955. (Anchor Books.)

PAREYSON, LUIGI. « Contemplation du beau et production des formes », *Revue internationale de philosophie* (Bruxelles), XXXI (1955), 16-32.

PIA, PASCAL. « Derain au musée », *Arts* (Paris), 493 (Dec. 8-14, 1954), 14.

PICON, GAETAN. *Introduction à une esthétique de la littérature.* Paris : Gallimard, 1953.

—. « Rigueurs d'un pluralisme esthétique », *Critique* (Paris), X (1954), 864-77.

PISSARRO, CAMILLE. *Camille Pissarro : Lettres à son fils Lucien.* Éditées par John Rewald. Paris, Albin Michel, 1950.

PLANET, LOUIS DE. *Souvenirs de travaux de peinture avec M. Delacroix*, éd. par André Joubin. Paris : A. Colin, 1929.

PLATON. *La République*, éd. et trad. par Émile Chambry, Paris, Les Belles-Lettres, vol. III, 1934.

POE, EDGAR ALLAN. *The Complete Tales and Poems of Edgar Allan Poe.* With an introduction by Hervey Allen. New York : Random House, 1938. (Modern Library.)

POPE, ARTHUR. *The Language of Drawing and Painting.* Cambridge, Mass. : Harvard University Press, 1949.

PORTMANN, ADOLF. *Animal Forms and Patterns : Studies of Appearances of Animals.* Translated by Hella Czech. London : Faber & Faber, 1951.

POUSSIN, NICOLAS. *Lettres de Poussin*, éd. par Pierre du Colombier. Paris : La Cité des livres, 1929.

RAMUZ, CHARLES-FERDINAND. *Questions.* Paris : B. Grasset, 1936.

RAVAISSON-MOLLIEN, FELIX, articles *Art* et *Dessin*, dans BUISSON, FERDINAND. *Dictionnaire de Pédagogie.* Paris, 1882.

READ, HERBERT. *Art and the Evolution of Man.* (Conway Memorial Lecture.) London : Freedom Press, 1951.

—. *The Meaning of Art.* Rev. edn., Harmondsworth and Baltimore : Penguin Books, 1951. (Pelican Books.)

—. *The Philosophy of Modern Art : Collected Essays.* London : Faber & Faber, 1952.

REDON, ODILON. *A soi-même : Journal (1867-1916). Notes sur la vie, l'art et les artistes*, introduction par Jacques Morland. Paris : H. Floury, 1922.

REVERDY, PIERRE. *Le Gant de crin.* Paris : Plon, 1927. (Le Roseau d'Or, 12).

REWALD, JOHN. « Modern Fakes of Modern Pictures », *Art News* (New York), LII (Mar., 1953), 16-21, 46-49.

REY, ROBERT, *Contre l'art abstrait*, Paris, Flammarion, 1957.

REYNOLDS, SIR JOSHUA. *The Discourses of Sir Joshua Reynolds.* Illustrated by explanatory notes and plates by John Burnet. London, 1842.

—. *The Works of Sir Joshua Reynolds ; Containing His Discourses, Idlers, A Journey to Flanders and Holland, and His Commentary on Du Fresnoy's Art of Painting*, to which is prefixed an account of the life and writings of the author by Edmond Malone. 3 vol. 4th edn., London, 1809.

RIMINGTON, ALEXANDER WALLACE. *Colour Music : The Art of Mobile Colour.* New York : F. A. Stokes, 1911.

ROGER-MARX, CLAUDE. *Vuillard : His Life and Work*. Translated by E. B. d'Auvergne. New York : Éditions de la Maison française, 1946.

ROSENBERG, LÉONCE. *Cubisme et tradition*. Paris : Éditions de « L'Effort moderne », 1920. (Préface d'un catalogue de tableaux français, févr. 1920.)

RUYER, RAYMOND. « L'Esprit et l'œil », *Critique* (Paris), XI (1955), 161-71.

SAINTE-BEUVE, C. A. « Horace Vernet », 4 articles de 1863, dans *Nouveaux Lundis*, Paris, Calmann Lévy, 1884 ; t. V, pp. 42-149.

—. « Gavarni », 3 art., op. cit., t. VI, pp. 138-212.

SAINTE-LAGUE, ANDRÉ. *Le Monde des formes*. Paris : A. Fayard, 1948.

SAINT-SAENS, MARC. « Le Carton et la création dans la tapisserie », in Lalo *et al.*, *Formes de l'art* (voir LALO, CHARLES).

SAND, GEORGE. « Lettre à Eugène Delacroix, 27 juillet 1855 », *Nouvelle Revue française* (Paris), I (1953), 573-74.

SARTRE, JEAN-PAUL. *L'Imaginaire : psychologie phénoménologique de l'imagination*. Paris : Gallimard, 1948.

SCHOPENHAUER, ARTHUR, *Sämtliche Werke*, Berlin, Bibliographische Anstalt, 6 vol., s. d.

SCUDO, P., *Critique et littérature musicales*, Paris, 1850, 2e éd., Garnier Frères, 1852.

—. *L'art ancien et l'art moderne, nouveaux mélanges de critique et de littérature musicale*, Paris, Garnier Frères, 1854.

SÉAILLES, GABRIEL. *Essai sur le génie dans l'art*. Paris, F. Alcan, 5 éd., 1923.

SERTILLANGES, ANDRÉ-DOMINIQUE. *Art et apologétique*. 2e éd., Paris : Bloud, 1909.

SÉRUSIER, PAUL. *ABC de la peinture, suivi d'une étude sur la vie et l'œuvre de Paul Sérusier par Maurice Denis*. Paris : H. Floury, 1942.

SEUPHOR, MICHEL [FERDINAND-LOUIS BERCKELAERS]. *L'Art abstrait, ses origines, ses premiers maîtres*. Paris : Maeght, 1949.

—. « Matière à discussion », *XXe Siècle*, n.s., V (Juin, 1955), 9-14.

—. *Piet Mondrian*, Paris, Flammarion, 1957.

SEVERINI, GINO. « *L'Intuition futuriste du dynamisme plastique* », *XXe Siècle* (Paris), n.s., (5 Juin 1955), 49-52.

SIGNAC, PAUL. *D'Eugène Delacroix au néo-impressionnisme*. 4e éd., Paris : H. Floury, 1939.

SILVESTRE, THÉOPHILE, *Eugène Delacroix : Documents nouveaux.* Paris : Michel Lévy, 1867.

—. *Les Artistes français.* 2 vol. Paris : G. Crès, 1926. (Bibliothèque dionysienne.)

SITWELL, EDITH. *Alexander Pope,* Penguin Books, 1948. (Série *Biography,* n. 636).

SLONIMSKY, NICOLAS. *Lexicon of Musical Invective.* New York : Coleman-Ross, 1953.

SOURIAU, ÉTIENNE. *La Correspondance des arts : éléments d'esthétique comparée.* Paris : Flammarion, 1947.

—. *Les Différents Modes d'existence.* Paris : Presses universitaires de France, 1942.

—. « L'insertion temporelle de l'œuvre d'art », in Lalo..., *Formes de l'art* (voir LALO, CHARLES).

STAEL, Madame de. *De l'Allemagne,* Paris, Firmin-Didot, s.d.

STECHOW, WOLFGANG. « Optics and Opulence : A Brilliant View of Dutch Painting », *Art News* (New York), LIII (Nov., 1954), 18-25, 74-75.

STEIN, GERTRUDE. *Picasso.* New York : B. T. Batsford, 1948.

STITES, RAYMOND S. *The Arts and Man.* New York : Whittlesey House, McGraw-Hill, 1940.

STOKES, ADRIAN. *Colour and Form.* London : Faber & Faber, 1950.

SWEENEY, JAMES JOHNSON. « Miro », *Art News Annual* (New York), XIII (1954), 58-81, 185-88.

TABARANT, ADOLPHE. *Manet et ses œuvres.* Paris : Gallimard, 1947.

TAINE, HIPPOLYTE. *Philosophie de l'art.* 2 vol. 16e éd., Paris : Hachette, 1918.

TAPIÉ [DE CÉLEYRAN], MICHEL. « Fautrier Paints a Picture ». *Art News* (New York), 54 (Déc., 1955), 30-33, 63.

—. « Messages sans étiquettes », *XXe Siècle* (Paris), n.s., 5 (Juin, 1955), 17-24.

THIBAUDET, ALBERT, *Le bergsonisme,* 2 vol., 2 éd., Paris, Nouvelle Revue Française, 1923.

THOMAS D'AQUIN St. *Basic Writings of St. Thomas Aquinas.* Edited and annotated, with an introduction, by Anton C. Pegis. 2 vol. New York : Random House, 1945.

—. *In Aristotelis libros De sensu et sensato, De memoria et reminiscentia commentarium.* Éd. par Raymond M. Spiazzi, 3e éd., Turin et Rome : Marietti, 1949.

—. *In decem libros Ethicorum Aristotelis ad Nicomachum expo-*

sitio. Éd. par Raymond M. Spiazzi. Turin and Rome : Marietti, 1949.

—. *In libros politicorum Aristotelis expositio*. Éd. par Raymond M. Spiazzi : Marietti, 1951.

—. « Quaestiones disputatae de virtutibus in communi », in : *Quaestiones disputatae*. Éd. par Raymond M. Spiazzi. 8e éd., Turin and Rome : Marietti, 1949. (II, 707-52.)

—. *Sancti Thomae Aquinatis Summa theologica*... cura et studio Collegii Provinciae Tolosanae... apud S. Maximum. 6 vol. Paris : A. Blot, 1926-35.

TOEPFFER, RODOLPHE, *Mélanges*, Paris et Genève, Joël Cherbuliez, 1852 (surtout *De la plaque Daguerre*... (1841), ... pp. 233-282.

—. *Histoire de M. Pensil*, Paris, Garnier Frères, s. d., pp. 2 et 3.

TRILLING, LIONEL. *The Liberal Imagination : Essays on Literature and Society*. Garden City, N. Y. : Doubleday, 1953. (Anchor Books.)

—. *The Opposing Self : Nine Essays in Criticism*. New York : Viking Press, 1955.

UNESCO. « The Care of Paintings », *Museum* (Paris), III (1950), 2, 3 : IV (1951), I.

VALÉRY, PAUL. *Degas. Danse. Dessin*. Paris : Gallimard, 1938.

—. « Le Problème des musées », in : *Pièces sur l'art*. Paris : Gallimard, 1934 (pp. 93-99.)

VASARI, GIORGIO. *The Lives of the Painters, Sculptors and Architects*. Translated by A. B. Hinds. 4 vol. London : J. M. Dent, 1927. (Everyman's Library, Nos 784-87.)

—. *Le Opere di Giorgio Vasari, pittore e architetto aretino*. 2 vol. Florence, 1832-38. (« Introduzione alle tre arti del disegno, cioè architettura, scultura e pittura » dans vol. I, 17-51.)

VENTURI, LIONELLO. *History of Art Criticism*. Translated by Charles Marriott. New York : E. P. Dutton, 1936.

VLAMINCK, MAURICE DE. *Portraits avant décès*. Paris : Flammarion, 1943.

—. *Paysages et personnages*, Paris : Flammarion, 1953.

VOLLARD, AMBROISE. *En écoutant Cézanne, Degas, Renoir*. Paris : B. Grasset, 1938.

WERTH, LÉON. *La Peinture et la mode : quarante ans après Cézanne*. Paris : B. Grasset, 1945.

WILDENSTEIN, GEORGES. *Ingres*. London : Phaidon Press, 1954.

WITTGENS, FERNANDA. « Leonardo's *Last Supper* Resurrected » (introduction par Bernard Berenson), *Art News Annual* (New York), 24 (1955), 28-52.

WITTLIN, ALMA S. *The Museum, Its History and Its Tasks in Education.* London : Routledge & Kegan Paul, 1949.

WORMSER, HENRI, and DURAND, LÉOPOLD. *Introduction à la peinture moderne.* Paris : Studio Raber, 1945.

ZOLA, ÉMILE. « Proudhon et Courbet », « Mon Salon (1856 », « Édouard Manet, étude biographique et critique », dans *Mes haines*, nouv. éd., Paris, Bibliothèque Charpentier, 1895.

ADDITION

GILSON, ÉTIENNE. *Painting and Reality*, The Mellon Lectures in the Fine Arts, 1955 ; 117 illustrations. Bollingen Series XXXV-4 ; Pantheon Books, New York, 1957.

—. *L'Europe et la libération de l'art*, conférence faite le mardi 10 septembre 1957 aux Rencontres Internationales de Genève ; sera publié dans le compte rendu collectif de cette réunion.

TABLE DES MATIÈRES

Achevé d'imprimer en juin 2024
sur les presses de
La Manufacture - Imprimeur – 52200 Langres

Tél. : (33) 325 845 892

N° imprimeur : 240321 - Dépôt légal :janvier 1972
Imprimé en France